The Test of Constitutionality

The Current of Constitutional Cases in the United States

Edited by
Tatsuhiko Yamamoto & Keigo Obayashi

違憲審査基準

アメリカ憲法判例の現在

山本龍彦／大林啓吾 編

はしがき

　本書は、大沢秀介教授の慶應義塾大学ご退職の記念論文集であると同時に、アメリカの違憲審査基準の現在(いま)を描き出すものである。2018年3月、大沢教授が長年勤められてきた慶應義塾大学をご退職されるにあたり、慶應義塾大学と弘文堂からそれぞれ退職記念にちなんだ出版物を刊行する運びとなった。そこで、各執筆者が思い思いのテーマで寄稿するいわゆる記念論文集を慶應義塾大学の紀要である「法学研究」の記念号として出版し、1つのテーマのもとにアメリカ憲法の水準を示すものを弘文堂から上梓することとなった。

*　　*　　*

　大沢教授はアメリカの司法に光を当てながら、司法と政治の関係や司法と社会の関わりを中心に研究を続けてこられた。特に、大沢教授の初期の研究は司法と社会の関係を分析したものが多く、その研究成果は『現代アメリカ社会と司法――公共訴訟をめぐって』(慶應通信・1987年)と『現代型訴訟の日米比較』(弘文堂・1988年)として世に出されている。また、最近のご著書としては『司法による憲法価値の実現』(有斐閣・2011年)を刊行され、アメリカにおける司法をめぐる議論を分析されている。

　このように、大沢教授は一貫してアメリカにおける司法の研究に取り組んでこられた。一連の研究は、憲法訴訟論の興隆とともに、司法のあり方、さらには違憲審査基準論の発展に貢献してきたものと拝察される。もっとも、日米ともに時代の変化の波は激しく、従来日本に紹介されてきたアメリカの違憲審査基準には変動がみられる。そこで、本書では、違憲審査基準をテーマとして、現在の状況を明らかにし、それを分析することにした。

*　　*　　*

　いま述べたように、本書は、アメリカが積み上げてきた違憲審査基準の現

在の姿を明らかにし、もって日本の違憲審査基準論の発展に多少なりとも寄与できればとの想いで編まれたものである。日本においては周知の通り、法科大学院制度の影響もあり、違憲審査基準（論）をめぐる議論が活発である。もともと、日本の違憲審査基準論はアメリカ型を中心に発展してきたという経緯があり、かつて憲法訴訟論が興隆した頃は憲法学界においてさまざまなアメリカの法理が紹介・導入された。

しかしながら、日本の裁判所が示す判断方法とは距離があるのではないか、そもそもアメリカの違憲審査基準を導入すべきといえるのかどうかなどの疑問が呈されるようになり、さらにはアメリカ自身においても違憲審査基準に揺れがみられた。そうした状況を踏まえると、一旦立ち止まって、現在のアメリカにおいて違憲審査基準がどのような状況にあるのかを把握し、冷静にそれを分析する必要があるように思われる。

このような問題意識のもと、本書はアメリカの違憲審査基準の現在を明らかにしようと試みるものである。最初に違憲審査基準の動態を概観したうえで、各基準の展開を分析することにした。基本的には判例法理の展開を明らかにしつつ、その基準の意義や機能、さらには理論的課題を検討するものとなっている。

＊　＊　＊

憲法訴訟論が注目されるようになった頃、芦部信喜先生が主催された「憲法訴訟研究会」ではアメリカの憲法判例の分析が行われ、それをもとに多くの研究成果が世に出されてきた。本書は憲法訴訟研究会と直接の関係があるわけではないが、同研究会で大沢教授と研鑽を積まれてきた先生方を中心に執筆していただいた。本書が憲法訴訟の発展に少しでも寄与することができればと願っている。

2018 年 3 月

執筆者を代表して

山本　龍彦　
大林　啓吾　

目次

はしがき　i

違憲審査基準論の動態
二重の基準と行政国家の邂逅、そして相剋　　　　　　　　大沢秀介

- Ⅰ　はじめに……………………………………………………………1
- Ⅱ　アメリカにおける食品関連法制の動向と行政国家化…………5
    - 1　連邦における食品規制の生成と変化（5）
    - 2　商工会議所連合事件（6）
    - 3　POM Wonderful 事件（8）
    - 4　Food Law and Policy 分野の誕生（11）
    - 5　食品安全現代化法（12）
    - 6　FSMA の構成と内容（13）
    - 7　FSMA と 2 つの立場（15）
- Ⅲ　行政国家をめぐる最近の議論と 1930 年代への回帰…………18
    - 1　議論の背景（18）
    - 2　トランプ政権誕生と行政国家への対応（20）
    - 3　行政国家をめぐる最近の議論（22）
- Ⅳ　行政国家批判──二重の基準との関係で………………………26
- Ⅴ　若干の検討──結論にかえて……………………………………30

厳格な基準
その形成過程へと至る「物語」の素描　　　　　　　　　　尾形　健

- Ⅰ　はじめに……………………………………………………………33
- Ⅱ　審査基準前史──19 世紀の連邦最高裁……………………………36
    - 1　総説──共和主義的観念と政治部門の裁量論（36）
    - 2　具体的展開（37）
    - 3　「他部門の裁量原理」の維持と限界（41）
- Ⅲ　司法審査の黎明期──20 世紀初頭の連邦最高裁…………………42
    - 1　総説──「境界線画定（boundary tracing）」としての司法審査（42）
    - 2　具体的展開（44）
    - 3　境界線画定の司法審査（47）
- Ⅳ　厳格審査基準に向けて──20 世紀半ばの連邦最高裁………………49
    - 1　総説──「境界線画定」型司法審査から、厳格度を伴う段階的審査基準へ（49）
    - 2　具体的展開（50）
    - 3　厳格審査基準の展開と背景（55）
- Ⅴ　むすびにかえて……………………………………………………57

合理性の基準
その源流と、遥かなる〈res publica〉　　　山本龍彦

- I　はじめに……………………………………………………………………61
- II　合理性基準の展開…………………………………………………………63
  - 1　合理性基準の一般的説明（63）
  - 2　展　開（65）
- III　「古典的」合理性基準とは何であったか………………………………74
  - 1　基本的特徴（74）
  - 2　最近の議論動向（83）
- IV　おわりに……………………………………………………………………87

比較衡量論
憲法上の権利の理解の深化に向けて　　　川岸令和

- I　はじめに……………………………………………………………………91
- II　比較衡量の意義と限界……………………………………………………93
  - 1　比較衡量の手法の形成（93）
  - 2　比較衡量への疑義（97）
- III　比較衡量と範疇化………………………………………………………101
  - 1　範疇化の基礎としての定義づけ衡量（101）
  - 2　Chaplinsky判決とその後（103）
  - 3　定型的思考の限界（114）
- IV　比較衡量をめぐる駆け引き……………………………………………115
- V　グローバル化、アメリカ、そして日本――むすびにかえて………119

パブリック・フォーラム
21世紀と「パブリック・フォーラム」の法理　　　紙谷雅子

- I　3つのはじめに……………………………………………………………125
- II　連邦最高裁の「パブリック・フォーラム」…………………………129
- III　歩道は伝統的なパブリック・フォーラム？…………………………131
  - 1　裁判所の敷地を囲む歩道（131）
  - 2　大使館など外交施設周辺の道路（133）
  - 3　道路にある設置物（134）
  - 4　住宅地域の道路（135）
  - 5　連邦の施設である郵便局のための歩道（135）
  - 6　クリニックや医療施設の入り口周辺の歩道や道路：
「緩衝帯規制」は合理的な時間、場所、方法と態様の規制？（136）

Ⅳ	パブリック・フォーラム理論化の背景………………………………	140
Ⅴ	連邦最高裁のパブリック・フォーラム法理に対する批判…………	142
Ⅵ	21世紀におけるパブリック・フォーラム法理の要請………………	143

信教の自由
アメリカにおける展開とわが国への示唆　　　　　　　　安西文雄

Ⅰ	問題の焦点………………………………………………………………	147
Ⅱ	判例の展開（1）——Sherbert 判決まで…………………………………	148
	1　Reynolds 判決と Cantwell 判決（148）	
	2　Sherbert 判決による理論提示（149）	
Ⅲ	判例の展開（2）——Sherbert 判決以降…………………………………	151
Ⅳ	判例の展開（3）——Smith 判決…………………………………………	153
	1　Smith 判決（153）	
	2　Smith 判決の検討（1）——理論枠組みについて（155）	
	3　Smith 判決の検討（2）——実際上の相違はどの程度か（156）	
	4　Smith 判決の検討（3）——基本的な立場の変更の背後にあるもの（156）	
Ⅴ	判例の展開（4）——Smith 判決以降……………………………………	159
	1　Lukumi 判決における理論展開（159）	
	2　Hosanna-Tabor 判決（160）	
Ⅵ	Smith 判決以降の立法による信教の自由保障…………………………	161
	1　RFRA（161）	
	2　Boerne 判決における合憲性審査（162）	
	3　Boerne 判決以降の信教の自由の保障（163）	
Ⅶ	わが国における信教の自由の保障………………………………………	165
	1　エホバの証人剣道受講拒否事件を素材に（165）	
	2　他の人権領域からの示唆（167）	
Ⅷ	まとめにかえて…………………………………………………………	168

立法裁量
その有無の問題と広狭の問題　　　　　　　　　　　　　藤井樹也

Ⅰ	はじめに…………………………………………………………………	171
Ⅱ	アメリカ連邦最高裁と立法裁量論………………………………………	172
	1　連邦制度と立法裁量論（172）	
	2　違憲審査基準と立法裁量論（180）	
Ⅲ	近年の動向………………………………………………………………	182
	1　NFIB 判決（182）	
	2　Windsor 判決（184）	
Ⅳ	日本法への示唆…………………………………………………………	186

動機審査

憲法事実審査の可能性　　　　　　　　　　　　　　　大林啓吾

　序 ··· 189
Ⅰ　動機審査 ·· 192
　　1　動機審査の意味（192）
　　2　動機審査の展開（194）
　　3　立法動機審査の課題（195）
　　4　課題の克服（197）
Ⅱ　動機審査と審査基準との関係 ····································· 202
　　1　動機審査と審査基準（202）
　　2　ファロンの分析（204）
Ⅲ　行政機関の判断に対する動機審査 ································· 206
　　1　動機審査の必要性（206）
　　2　判　　例（208）
　　3　動機と事実（209）
Ⅳ　憲法事実審査 ·· 210
　　1　憲法事実審査の意味（210）
　　2　行政国家統制としての憲法事実（213）
　　3　憲法的および司法的統制の強化（216）
　　4　憲法事実審査と権力分立（217）
　　5　行政機関の憲法事実審査の内容（220）
　　6　動機審査と憲法事実審査の関係（222）
　後　　序 ·· 224

刑事手続

憲法学的検討の序として　　　　　　　　　　　　　　君塚正臣

Ⅰ　はじめに ·· 227
Ⅱ　逮捕・捜索・押収・取調手続 ····································· 230
Ⅲ　訴訟手続 ·· 239
Ⅳ　刑事実体法 ·· 246
Ⅴ　おわりに ·· 251

主張適格

憲法上の争点を提起する当事者適格　　　　　　　　　渋谷秀樹

Ⅰ　はじめに ·· 253

Ⅱ　ブランダイスルール ………………………………………………………… 254
Ⅲ　アメリカ合衆国における当事者適格をめぐる問題状況 …………… 256
　　1　2 種類の当事者適格（256）
　　2　「訴えの利益」としての当事者適格（258）
　　3　「主張の利益」としての当事者適格（259）
Ⅳ　第三者の憲法上の権利の実現に必要不可欠の関係にある事案 ……… 259
　　1　原告適格があわせて問題となる場合（259）
　　2　原告適格が問題とならない場合（265）
Ⅴ　他者への法令の適用の違憲性の主張の事案 ……………………… 270
　　1　漠然性と過度の広汎性（271）
　　2　原告適格があわせて問題となる場合（272）
　　3　原告適格が問題とならない場合（278）
Ⅵ　むすびにかえて ……………………………………………………… 280

司法積極主義
その多面性および憲法理論との連関　　　　　　　　　　会沢　恒

Ⅰ　はじめに …………………………………………………………… 283
Ⅱ　「司法積極主義」概念の多面性 …………………………………… 286
　　1　「制度的積極主義」と「イデオロギー的積極主義」（287）
　　2　「積極性」の諸側面（290）
Ⅲ　司法積極主義の時代と憲法理論 ………………………………… 294
　　1　ロックナー時代（295）
　　2　ウォーレンコートから初期バーガーコートへ（298）
　　3　レーンキストコートから現代へ（304）
　　4　統計的研究からの眺望（307）
Ⅳ　別の視角から：司法積極主義を懸念すべきか？ ………………… 312
Ⅴ　結　　語 …………………………………………………………… 315

事項・人名等索引　　317
判例索引　　318

違憲審査基準論の動態
―― 二重の基準と行政国家の邂逅、そして相剋

大沢秀介

Ⅰ　はじめに
Ⅱ　アメリカにおける食品関連法制の動向と行政国家化
Ⅲ　行政国家をめぐる最近の議論と1930年代への回帰
Ⅳ　行政国家批判――二重の基準との関係で
Ⅴ　若干の検討――結論にかえて

Ⅰ　はじめに

　アメリカでは1930年代後半以後、連邦最高裁が二重の基準の考え方をもとに違憲審査の基準を発展させてきた。二重の基準とは、いうまでもなく精神的自由に対する規制の合憲性については厳格な審査基準を適用し、経済的な自由に対する規制の合憲性についてはゆるやかな審査基準を適用するというものである。もっとも、この二重の基準は判例法上徐々に形成されてきた。その起源は、Lochner v. New York 事件[1]に遡る。この事件で連邦最高裁は「契約の自由に介入する法律が支持されるには、それが公衆の健康と少しばかり関連があるとの主張では不十分であり、当該法律は目的に対する手段として、より直接的な関連をもたねばならない。また、目的そのものが適切で正当でなければならない」と判示して、パン工場における労働者の労働時間の上限を規制するニューヨーク州法を合衆国憲法修正14条のデュープロセス条項に反し違憲であるとの判決を下した。この判決によって、契約の自由を絶対視するロックナー時代が幕を開けることになり、連邦最高裁は「実体的適正手続原則を根拠として、財産権や契約の自由を規制する州や連邦の社

---

[1] 198 U.S. 45 (1905).
[2] 宮川成雄「Lochner v. New York 198 U.S. 45, 25 S.Ct. 539, 49 L.Ed. 937 (1905) 経済的自由とデュー・プロセス条項(1)」藤倉皓一郎ほか編『英米判例百選』74頁（有斐閣・1996年）。

会経済立法を違憲無効」とする姿勢を示したのである[3]。

しかし、このような判例の考え方は、経済放任主義の思想をデュープロセス条項の中に裁判官が読み込むものであるとして、強い批判を浴びることになった。この指摘を受けて、連邦最高裁は United States v. Carolene Products Co. 事件[4]以後の判例において、社会経済立法に非常に強い合憲性の推定が働くことを認める姿勢を示すようになった。たとえば、Carolene Products 連邦最高裁判決は、連邦議会の州際通商規制権限を広範に認め、「通常の商取引に影響を与える規制立法は、知られているか、あるいは一般にそう思われている事実に照らして、それが立法者の知識と経験の範囲内において何らかの合理的な根拠（基礎）にもとづいているとの仮定を排除するような性格のものでない限り、違憲と宣言されるべきではない」として、連邦の脱脂ミルク禁止法を合憲と判示した[5]。また、民間職業紹介所の手数料を就職後の最初の給与の 10 パーセントなどとする上限を設けたネブラスカ州法の合憲性が争われた Olsen v. Nebraska 事件[6]でも同様に合憲判断が示された。この事件で、原告が当時の支配的な先例であった Ribnik v. McBride 連邦最高裁判決[7]を引用して、この種の立法は契約の自由を侵害するものであり、それを正当化するためには例外的な状況の存在が立証されなければならないと主張したのに対して、ダグラス（William O. Douglas）裁判官の執筆する法廷意見は、Ribnik 判決の存在を認めたうえで、次のように判示した。本法廷は、立法が賢明なものであるか必要性があるか、あるいは適切なものであるかについて関与するものではなく、それは合衆国憲法によって州（および連邦議会）に委ねられた判断である。また、公共政策の観点からの判断については、ホームズ（Oliver W. Holmes, Jr.）裁判官が論じたように、憲法上その根拠を見出すことはできないから、州の社会経済立法の合憲性の判断基準としてはもはや用いることはできないとした。

---

3) 畑博行「West Coast Hotel Co. v. Parrish 300 U.S. 379, 57 S.Ct. 578, 81 L.Ed. 703 (1937) Lochner 時代の終焉」藤倉ほか編・前掲注 2) 80 頁。
4) 304 U.S. 144 (1938).
5) 松井茂記「United States v. Carolene Products Co. 304 U.S. 144, 58 S.Ct. 778, 82 L.Ed. 1234 (1938) 市民的権利の制限と司法審査のあり方」藤倉ほか編・前掲注 2) 834 頁。
6) 313 U.S. 236 (1941).
7) 277 U.S. 350 (1928).

いま述べたように、連邦最高裁は社会経済立法の合憲性については、Carolene Products 判決以後の判例の示すように、非常に広範な立法裁量を認めてほぼ無審査に近い形の審査基準を採用してきた。ただ、よく知られているように、Carolene Products 判決の脚注 4 [8] は、権利章典（Bill of Rights）に含まれる基本的な権利については、合憲性の推定の働く範囲が狭くなり、また政治過程の働きにとって重要な権利を侵害する立法そして人種的少数派の権利を侵害する立法の合憲性の判断は、より綿密な司法審査いわゆる厳格審査の基準（strict scrutiny standard）[9] が適用されることを示唆した。そして、連邦最高裁は、その後の判決において、ここでいう厳格審査の基準が適用される場合には、争われている立法については違憲性の推定が働き、やむにやまれぬ利益を促進する立法であることが証明されない限り違憲と判断されるとしてきた。[10]

　二重の基準が社会経済立法に対してゆるやかなほぼ無審査に近い審査基準を適用し、政治過程の円滑な活動に関わる基本的権利を侵害する立法や人種差別的立法という領域を限定して厳格審査を加えるという形を示したのは、ある意味では Lochner 判決に対する過剰な反応ともいえた。それは、二重の基準が比較衡量にもとづく審査を行わずに、Lochner 判決で憲法上の基本的権利としてきわめて重視された契約の自由に取って代える形で、政治過程を支える基本的権利や人種的平等を厳格審査によって憲法上保障されるべき核としたからである。これに対して、スライディングスケールのような比較衡量にもとづく審査を行えば、憲法上の権利に対する規制であるとしても、

---

8) 304 U.S. at 152 n.4.
9) 厳格審査基準（strict scrutiny standard）という言葉が初めて用いられたのは、黒人と白人の婚姻を規制する立法の合憲性が争われた Skinner v. Oklahoma 事件（316 U.S. 535 (1942)）であるが、その基準の具体的な内容は不明確であった。Helen Garfield, *Privacy, Abortion, and Judicial Review: Haunted by the Ghost of Lochner*, 61 WASH. L. REV. 293, 346 n.320 (1986). 連邦最高裁は、その 2 年後、第二次大戦中に西海岸の軍の指定地域から日系人を排除した大統領命令が人種差別にあたるのではないかとして争われた Korematsu v. United States 事件（323 U.S. 214 (1944)）において、人種的区分（racial classification）はただちに疑わしいもの（immediately suspect）とされ、最も厳格な審査（most rigid scrutiny）に服するから、その区分が正当化されるのは、差し迫った公共的必要性（pressing public necessities）による場合のみであるとして、その内容を明らかにした。*Id.* at 216.
10) Garfield, *supra* note 9, at 346.

種々の要素を考慮して規制の必要性と適切さを個別具体的に判断し憲法上正当化する道が残され、より柔軟な判断をとる余地もあったと思われるからである。

いま述べた経緯の中で形成されてきた二重の基準は、その後さまざまな批判を受けることになった[11]。たとえば、二重の基準は柔軟性を欠いているとか、厳格審査基準を適用する基本的権利の範囲が不明確であるとか、さらにプライバシーや堕胎の権利などを基本的権利とすることが適切であるかの疑問とか、多くの批判を浴びせられてきた。しかし、二重の基準は、その後中間審査基準として厳格な合理性の基準を設けて実質的にその柔軟性の欠如を補い、また基本的権利として認められるためには、「アメリカの歴史と伝統に深く根ざしている」か、または「秩序立てられた自由に黙示的に含まれている[12]」必要があるとして、その範囲を制限するなどの対応をとることによって、これまで投げかけられてきた批判に対してある程度対応しながら、今日まで依然としてその立場が維持され用いられてきている。

そのような中で、注目されるのは、最近のアメリカ憲法学において、現代の行政国家の進展と社会経済立法の著しい増大、そして大統領への権力の集中といった状況を擁護しようとする議論がある一方で、行政国家化と大統領への権力集中に対して権力分立の観点などから批判的ないし懐疑的な立場もみられることである。後者の批判的立場からは、行政国家における社会経済立法に対する裁判所の審査基準の強化を説くものがみられるのである。このような見解は、二重の基準のあり方を1930年代さらにはロックナー期にまで遡って検討することを要請するものと考えられ、アメリカにおける違憲審査のあり方を理解するうえで無視できないものであると思われる。

そこで、本稿ではそのような議論の背景、議論の内容を紹介したうえで、若干の検討を加えることにしたい。具体的には、第1に、アメリカにおける行政国家の現実を食品衛生の分野を通して瞥見する。食品衛生の分野を選択したのは、最近の食の安全という関心の増大に対応して、新たな法制が展

---

11) わが国でのこの点をめぐる代表的な学説とそこでの論争をまとめた論考として、市川正人「最近の『二重の基準論』論争をめぐって」立命館大学政策科学3巻3号3頁（1996年）がある。
12) Bowers v. Hardwick, 478 U.S. 186, 194 (1986).

開しているからである。第2に、行政国家の急激な進展がレーガン（Ronald W. Reagan）大統領以後、大統領への権力の集中を招いていることから、憲法学の分野でも権力分立の観点などから関心がもたれ、行政法学上の成果をも取り入れた形で論じようとする立場がみられる。ただ、それに対して批判的な見解も存在する。そこで、この議論の内容について紹介する。第3に、第1点と第2点を踏まえたうえで、二重の基準の今後さらにはアメリカの違憲審査基準のあり方について、若干の考察を行うこととしたい。

II アメリカにおける食品関連法制の動向と行政国家化

1 連邦における食品規制の生成と変化

アメリカでは、連邦段階での行政国家現象が予想以上に広範囲にわたって進んでいる。その具体例として、ここではアメリカにおける食品関連法制の展開をみてみることにしたい。アメリカにおいて連邦段階で食品関連の法制が誕生したのは、20世紀に入ってからである。そのきっかけとなったのは、1906年に出版されたアプトン・シンクレア（Upton Sinclair）の小説『ジャングル』[13]であった。『ジャングル』は、リトアニアからの移民たちが働くシカゴの食肉産業の惨状を明らかにし、連邦食肉立入検査法（Federal Meat Inspection Act）[14]とともに、純粋食品医薬品法（Pure Food and Drug Act）[15]を連邦議会が成立させる要因となった。これらの連邦法の制定によって、連邦政府に規制機関としての食品医薬品局（Food & Drug Administration; 以下「FDA」という）が創設された[16]。その後1938年に、現在においても食品関係の代表的連邦法である食品医薬品化粧品法（Food, Drug, and Cosmetic Act; 以下「FDCA」という）[17]が成立した。FDCAの制定によって、FDAに食品の成分、質、容量の基準を定める権限や工場立入検査の権限などが付与された。このように

---

13) UPTON SINCLAIR, THE JUNGLE (1906). 邦訳としてアプトン・シンクレア（巽孝之監修・大井浩二訳）『ジャングル』（松柏社・2009年）がある。
14) Pub. L. No. 59-242, 34 Stat. 120 (1906).
15) Pub. L. No. 59-384, 34 Stat. 768 (1906).
16) John P. Swann, *FDA's Origin*, U.S. FOOD & DRUG ADMIN., *available at* http://www.fda.gov/AboutFDA/WhatWeDo/History/Origin/ucm124403.htm.
17) Pub. L. No. 75-717, 52 Stat. 1040 (1938).

FDCA の成立によって食品に関する法制が整うことになったが、同じFDCA の規制する医薬品や化粧品等に比較して、食品に重点がおかれることは少なかった。

　このような状況を大きく変化させることになったのが、最近の食の安全を求める声の増大であった。それは、国際的には BSE 問題、国内的には肥満問題として典型的に示されるものであった。BSE 問題については、すでにさまざまな論者によって広範に論じられている[18]ので、ここではアメリカ国内における食の安全、とくに肥満をめぐる訴訟について2つの事件をみておきたい。1つ目の事件は、New York Statewide Coalition of Hispanic Chambers of Commerce v. New York City Department of Health and Mental Hygiene 事件（ヒスパニック全ニューヨーク州商工会議所連合対ニューヨーク市保健精神衛生局事件；以下「商工会議所連合事件」という[19]）である。

2　商工会議所連合事件

　ニューヨーク市は、アメリカにおける近年の国民病ともいえる肥満に関して肥満者の率を引き下げるために、トランス脂肪酸の禁止やレストランでのカロリー表示などの肥満対策を実施してきたが、それらの規制はほとんど反対意見もなく裁判で争われることもなく行われてきた[20]。しかし、商工会議所連合事件では、ニューヨーク市で肥満を抑制するためにビックサイズ（16オンス以上[21]）の清涼飲料水の販売規制案（Sugary Drinks Portion Cap Rule）を、市の健康委員会（Board of Health）が州議会の委任を受けず、また議会の指針も示されていない中で作成したことが、州議会の権限を侵害し権力分立違反であるか否かが争われることになった。

---

18)　この問題について、わかりやすく解説したものとして、池田正行『食のリスクを問いなおす――BSE パニックの真実』（筑摩書房・2002 年）がある。

19)　Recent Cases—New York Statewide Coalition of Hispanic Chambers of Commerce v. New York City Department of Health and Mental Hygiene, 16 N.E. 3d 538 (N.Y. 2014).

20)　Administrative Law - Separation of Powers - New York Court of Appeals Affirms Invalidation of Soda – Portion Cap. - *New York Statewide Coalition of Hispanic Chambers of Commerce v. New York City Department of Health and Mental Hygiene, 16 N.E.3d 538 (N.Y. 2014)*, 128 HARV. L. REV. 1508 (2015).

21)　16 オンスは、約 450cc にあたる。

この事件でニューヨーク州最高裁 (State Court of Appeals) は、本件規制が市の健康委員会の規制権限の範囲を超えて作成されたと判示した。ピゴット (Eugene F. Pigott, Jr.) 裁判官の著した法廷意見は、ニューヨーク州最高裁の権力分立に関わる先例である Boreali v. Axelrod 判決[22]を引用して、市の健康委員会は立法権限を不当に行使したと判断した。法廷意見はその理由として、Boreali 判決に従い健康委員会はそもそも立法権限を有しないとしたうえで、行政機関の規則制定 (rule-making) もさまざまな要素を考慮することから、規則制定と立法機関の政策形成 (policy-making) との間に明確な線引きを行うことは困難であり、行政機関が立法権を行使したと判断するには、行政機関が考慮した要素をすべて含めて考えたうえで政策形成を行っているという結論が得られることが必要であるとした。そのうえで法廷意見は、規則制定と判断される行政機関の決定とはどのような性質のものかについて、「健康や安全の維持と規制の関係がきわめて直接的であり、規制により健康が保護される者の受ける個人的自律に対する干渉が最低限であり、そして（規制の）根底にある目的に関する価値判断が広く共有されている[23]」ことであるとし、この点からみると、本件規制は行政機関による規則制定ではなく、立法的な政策形成であるとした。また、健康委員会が「これまでの状況を大きく変えるまったく新しい規則を制定することは新たな政治的選択」であるとした[24]。法廷意見によれば、本件規制と比べ、これまでの健康委員会の規制であるレストランにおけるトランス脂肪酸の禁止などは、公衆の健康により直接的にリンクし、ニューヨークの人々の個人的自律に対する最小限の介入にとどまっているとした[25]。

　この法廷意見に対して、より広範な規制権限を行政機関に認めるべきであるとする本件リード (Susan P. Read) 裁判官の反対意見や「創造的な規制のあり方に従事する行政機関の能力に暗雲を投げかけるものである」とするコロンビア大学教授ブリフォルト (Richard Briffault) らの批判[26]が存在した。も

---

22)　517 N.E.2d 1350 (N.Y. 1987).
23)　16 N.E.3d at 548.
24)　Id.
25)　Id.
26)　Michael M. Grynbaum, *New York's Ban on Big Sodas Is Rejected by Final Court*,

っとも、本判決は一応の判断枠組みとして行政機関の規則制定と立法機関の政策形成を区分するために4つの要素にもとづく審査を行ったBoreali判決に従った形をとっているものの、その内容をみるとBoreali判決が否定しようとした政策形成的な費用便益分析を肯定していた。そのうえで、むしろ健康委員会の決定の重要性について、種々の要素につき一度に費用効果分析を行ったうえで、健康委員会の決定が立法的な政策形成であると判断したものともいえた[27]。これらの批判や指摘は、行政機関による規則制定と立法機関による政策形成の区分を維持することの困難さと行政の拡大に伴う裁判所による判断と役割を行政との関係でどのように制度的に位置づけていくのかという課題を示していたといえる。

3 POM Wonderful 事件

　食の安全に関して連邦最高裁の判断が示された事件として重要なのが、POM Wonderful, LLC v. Coca-Cola Co. 事件[28]である。この事件で、連邦最高裁は、食品関連法制の発展に対して、それを運用する行政機関の解釈に対して、慎重な見方を示したのである。この事件は、原告のポム・ワンダフル社がザクロブルーベリーという名前の飲料を販売していたところ、2007年になってコカ・コーラ社が自社製品のラベルにザクロベリーと大書し、その下に小さい文字で5種類のジュース（ザクロとブルーベリーの含有量は0.5パーセントにすぎなかった[29]）をミックスしたものと書いた飲料を発売したことに始まる。このコカ・コーラ社の行為に対して、ポム・ワンダフル社は、コカ・コーラ社製品の飲料の名称、ラベル、マーケティング、宣伝が自社に損害を与えたとして、製品の不当表示（misleading）を禁じる連邦法であるランハム法（Lanham Act）[30] 43条に反することを理由に、損害賠償と差止命令を求めて出

---

available at https://www.nytimes.com/2014/06/27/nyregion/city-loses-final-appeal-on-limiting-sales-of-large-sodas.html.
27) Recent Cases, *supra* note 19, at 1511.
28) 573 U.S.＿＿(2014)(slip opinion).
29) Michael Bobelian, *POM's High Court Victory over Coca-Cola Opens the Door to New Litigation*, available at https://www.forbes.com/sites/michaelbobelian/2014/06/12/poms-high-court-victory-over-coca-cola-opens-the-door-to-new-litigation/#72b7dd166e48.
30) Pub.L. 79-489, 60 Stat. 427 (1946). なお、Lanham Actのカタカナ表記についてはさま

訴した。この訴えに対して、連邦地裁はランハム法にもとづくポム・ワンダフル社の訴えは、FDCAにより排斥されているとし、正式な事実審理を経ないでコカ・コーラ社勝訴の判決を下した。控訴審の第9巡回区連邦控訴裁も地裁判決を支持したため、連邦最高裁にサーシオレイライが求められた。

　この上訴に対して、連邦最高裁は、ポム・ワンダフル社の主張を支持して下級審の判断を覆した。その判決の中でケネディ（Anthony M. Kennedy）裁判官の執筆する8名[31]の裁判官全員一致の法廷意見[32]は、本件でのFDCAとランハム法との関係について、次のように述べた。被告は、ランハム法が一般法でありFDCAは特別法の関係にあるからFDCAが適用されるべきであると主張するが、そのようには解されない。ランハム法とFDCAは、一般法と特別法の関係にはない。したがってFDCAが規制するラベルに関してランハム法にもとづく規制が行えないわけではない。ランハム法もFDCAも明示的にそのことを禁ずるものでも制限するものでもない。

　法廷意見によれば、ランハム法とFDCAは、1946年にランハム法が制定されて以来70年以上にわたって共存していることからみて、連邦議会はFDAのみが食品および飲料のラベルを監視する機関とする意図を有していなかったとした[33]。すなわち、ランハム法は不公正な競争から商業的利益を保護するねらいを有するものであり、他方FDCAは公衆の健康と安全を保護しようとするものであって相互補完的であるとした[34]。また、法廷意見は、2つの法律はその救済に関しても相互補完的であり、FDCAの執行はFDAの制定する規則に大部分委ねられ、かつ規制の程度が弱いものであるのに対し、ランハム法は事案ごとに自らの利益を保護するために競争者を訴える権限を

　　　ざまな読み方がなされているが、ここではわが国で一般的に使用されている「ランハム法」とした。なお、吉田清悟「欧米語のカタカナ表記について－ Lanham Act の発音をめぐって」民事法情報：総合情報検索誌223号23頁（2005年）参照。
31)　ブライヤー（Stephen G. Breyer）裁判官は参加していない。
32)　この事件ではFDCAとランハム法との間に連邦法による専占が存在するという被告の主張もなされたが、法廷意見は、本件は連邦法による州法の専占という場合とは異なり、FDCAとランハム法は両者共に連邦法であり、連邦法間の関係が争われているときには専占という問題は存在しないとした。
33)　573 U.S.___（slip opinion）at 9.
34)　Id. at 11.

私人の当事者に与えているとした。

　POM Wonderful 判決に対しては、次のような好意的な評価が存在する。それは、この判決が、ラベルに関する規制について、FDA による規制と相互補完的なものとしてランハム法があり、ラベルの虚偽または不当表示により商売上の損失を蒙った私人の提訴を認めるという統合的な規制の枠組み（integrated regulation scheme）をとったこと、そしてそのことによって、食品および飲料のラベルにおけるより正確な表示が求められることになり、消費者および競業者（competitor）に大きな利点をもたらすと期待されるというものである[35]。このような評価がみられるのは、消費者が虚偽または不当表示にだまされやすいということばかりではなく、真実および明確なラベルの記載が、様々な情報が大量に飛び交う中で消費者が十分な情報を選択したうえで製品の購買を決定するなどの際に必須のものだからである。そして、このような情報を得るうえで、FDA の不十分な予算、不適切な執行権限、FDA が規制対象業界の虜となっていること（agency capture）から、FDA が重大な執行上の制約に直面していることがこの判決にも表れている。そのような点を補うという意味では、POM Wonderful 判決の影響として、同判決がランハム法を重視していることから、競業者の訴訟を通して消費者向け製品のラベルに関する消費者への情報提供を求める訴訟が続くことが予想される。そのように考えれば、連邦最高裁が行政機関に対して、すべてを委ねているのではなく、その限界を設定するなどして、一定の慎重な姿勢を示したとみることができる[36]。また、そのような連邦最高裁の姿勢は、食の安全に対する規制として FDA では不十分であり、私人による規制を認めることによって、消費者の権利を重視する姿勢を示したものともいうことができよう。

35）　Jennifer Thurswell Radis, Note, *The Lanham Act's Wonderful Complement to the FDCA*: POM Wonderful v. Coca-Cola *Enhances Protection against Misleading Labeling through Integrated Regulation*, 47 LOY. U. CHI. L.J. 369 (2015).
36）　もっとも、このような見方に対する批判もみられる。その立場は、私人（競業者）による訴訟の提起は、損害が発生した後に行われる事後的な手段であり、それを通しての法の執行や規制の実現は訴訟が長引くことによって過度に費用と時間がかかるものであり、むしろ FDA の権限を強化して中央集権的に規制することが全国的に統一した規制を行うために必要であることなどという理由をあげる。

4　Food Law and Policy 分野の誕生

　いま述べた2つの事件は、最近のアメリカにおいて食の安全に関し社会的に注目を浴びているものをあげたにとどまる。食の安全に関して、アメリカではこのほかにも多くのことが語られている。たとえば、現在アメリカで「食の問題が政治的および社会的争点になってきている[37]」背景として、食物に起因して人口の6人に1人にあたる4800万人が病気に罹り、12万8000人が入院し、3000人が死亡すると指摘されていることがあげられる[38]。そのほか、遺伝子組換え作物（GMOs）、有機栽培、貿易、学校での昼食をめぐる問題などが、評論家、マスメディア、政治家によって多様な形で論じられ、さまざまな情報がみられるという状況にある。

　このような食の安全に対する意識の高まりを受けて、現在新たな法分野として「フード・ロー＆ポリシー」（Food Law & Policy; 以下「FL&P」という）が形成されつつあり、環境法などと同様に、その定着化が指摘されている[39]。FL&Pは、FDCAと農業法の進展を背景に誕生したものであり、この2つの法分野を全体論的な枠組みとしての「食品に関する法および政策」（Food Law & Policy）のもとに統合しようとする動きである。統合化の背景には、食料をめぐる動きを一連の動きの中でとらえることの重要性・必要性に関する学問的認識の登場、現代の食料をめぐるシステムの構造の複雑化・大規模化とその変化の大きさ、将来的な動向の把握の困難性が指摘されてきた[40]。その結果、FL&Pは、「われわれが育て（grow）、栽培し（raise）、生産し（produce）、運搬し（transport）、購入し（buy）、販売し（sell）、配分し（distribute）、分け合い（share）、調理し（cook）、食べ（eat）、そして飲む（drink）食料および飲料を対象とする法律または規制の基礎ならびにインパクトを研究する」もの

---

37)　*Salad Days: Professor Jacob Gersen on the rise of food law – Harvard Law Today*, available at https://today.law.harvard.edu/salad-days-professor jacob-gersen-on-the- rise-of-food-law/.

38)　Debra M. Strauss, *An Analysis of the FDA Food Safety Modernization Act: Protection for Consumers and Boon for Business*, 66 FOOD & DRUG L.J. 353 (2011).

39)　*Salad Days, supra* note 37.

40)　当初、FDCAは、最終的な食料製品の発展とマーケティングに関連する法分野であり、他方農業法は農場主、牧場主、アグリ・ビジネスおよび食品加工、マーケティングに関係する法分野として異なるものとして理解されていた。Stephanie Tai, *Food Systems Law from Farm to Fork and Beyond*, 45 SETON HALL L. REV. 109, 110 (2015).

として誕生することになったのである。[41]そこでみられるのは、あらゆる食料は、その生産、配分、販売そして消費という一連の構造を定める法のもたらす結果とみる立場であり、[42]現代の食料をめぐる法的因果関係を把握するためには食料に関するシステム的理解だけにはとどまらない、全体論的な把握のもとで個々の部分について事件の文脈や地理的条件を踏まえて理解する必要があるという主張である。[43]

5 食品安全現代化法

いま述べたように、アメリカでは現在食に起因するリスクをめぐって、さまざまな事件、判決、新たな法分野の動きがみられる中で、連邦議会や政府による法律や規制がどのような形で行われるのかが注目されてきた。そのような中で最も重要とされているのが、FDCAのうち食品に関わる部分の規定を大幅に改正して、オバマ大統領の署名を得て2011年1月4日に成立した食品安全現代化法[44](Food Safety Modernization Act; 以下「FSMA」という)である。[45] FSMAは、1938年以来FDCAがほとんど重要な改正がなされてこなかったために長く懸案とされてきた、食品規制システムの改革を志向するものである。[46]

---

41) Baylen J. Linnekin, Emily M. Broad Leib, *Food Law & Policy: The Fertile Field's Origins and First Decade*, 2014 WIS. L. REV. 557, 584 (2014). ここであげられている個々の行為はフードチェーンにおけるフードシステムといわれる「生産、製造、配分、消費そして廃棄物処理」を構成するものとみることができる。Kameshwari Pothukuchi & Jerome L. Kaufman, *The Food System: A Stranger to the Planning Field*, 66 J. AM. PLAN. ASS'N 113 (2003).
42) *Salad Days, supra* note 37.
43) Tai, *supra* note 40, at 110.
44) Pub. L. No. 111-353, 124 Stat. 3885 (2011).
45) FSMA制定の直接のきっかけとなったのは、2006年と2007年の大腸菌に汚染されたほうれん草による食中毒およびサルモネラ菌に汚染されたピーナッツバターによる多数の死者の発生により、所管するFDAが効果的な予防行為をなす権限のないことが明るみに出たことにあった。RECENT LEGISLATION, ADMINISTRATIVE LAW—ADMINISTRATIVE LAW—REGULATORY DESIGN—FOOD MODERNIZATION ACT IMPREMENTS PRIVATE REGULATORY SCHEME.—FDA Food Safety Modernization Act, Pub. L. No. 111-353, 124 Stat. 3885 (2011) (codified in scattered sections of the U.S. Code), 125 HARV. L. REV. 859-860 (2012).
46) *Id.* at 859. FSMAは、原則として対象となる食品の製造・輸入・販売に係るアメリカ国内外の事業者すべてを対象としていることから、わが国でも関心が高い。わが国での紹介として、以下のものがある。日本貿易振興機構(ジェトロ)「米国食品安全強化法(FSMA)の概要」;「米国食品安全強化法に関するよくある質問集(FAQ)(仮訳)―米国食品医薬品局

FSMAは、80年近く前の1938年に制定されたFDCAのうち、食品安全規制のシステムについて、前述したようにかつてない規模で改正するものであり、その規制対象にはアメリカへ食品を輸出する外国事業者も含まれる広汎なものとなっている。[47]それは、食品安全規制の現代化について、FDAの食品安全プログラムを包括的にかつ徹底的に見直すことを通して行おうとするものであり、[48]FDAの食品規制部門の権限と組織をとくに強化しようとしたものである。[49]

6　FSMAの構成と内容

　FSMAの構成は3つの編（titles）から構成されている。第1編は、「食品安全問題を予防するための能力（Capacity）の改善」であり、FDAに国内の食品供給先に対する監視（monitor）の権限を付与しようとするものである。その目的は、これまでサルモネラ菌や大腸菌に汚染された食品による食中毒などが生じた場合に、FDAの対応が事件の生じた後に対応するという事後的なものであったのを改め、食品の供給というところに遡ってあらかじめ予

　　　（FDA）―」（2017年1月）；同「米国食品安全強化法Q&A―ジェトロに寄せられた質問から―（第2版）」（2017年8月）；同「米国食品安全強化法（FSMA）概要」（最終更新日2017年10月20日）、*available at* https://www.jetro.go.jp/world/n_america/us/foods/fsma/basic.html. なお、わが国ではFSMAの訳語として食品安全強化法があてられることが多いが、本稿ではFSMAの目的が現代の食品に起因するリスクに対して、これまでと異なる新たな規制を施すものであるという観点を重視して食品安全現代化法と訳出した。
47)　Robert Shawn Hogue, *FSMA: The Future of Food Litigation*, 48 U. MIAMI INTER-AMERICAN L. REV. 1 (2016).
48)　Caroline Smith DeWaal, *FDA Food Safety Modernization Act: Out of the Box*, *available at* http://foodsafetynews.com/2011/01/fda-food-safety-modernization-act-out-of-the-box/#.WgQdrhOOM8Y. ここで若干注意が必要なのは、アメリカの食品行政に関わる行政機関が多岐にわたっていることである。現在アメリカの食品提供システムは、FDA、USDA、疾病予防センター（Centers for Disease Control）のもとにある15の行政機関によって規制されている。Hogue, *supra* note 47, at 2.
49)　FDAは、前述のように、連邦保健福祉省所管の連邦行政機関である。日下部哲也「米国食品医薬品局FDAの組織構造」1頁（2012年）、*available at* http://www.pmda.go.jp/files/000157750.pdf. その組織はコミッショナー局（Office of the Commissioner）と4つの主要所管事項を監督する部局から構成されている。具体的には、食品・動物用医薬品部（Office of Foods and Veterinary Medicine）、グローバル規制業務・政策部（Office of Global Regulatory Operations and Policy）、医薬製品・タバコ部（Office of Medical Products and Tobacco）、総務部（Office of Operations）の4つの部局である。FDA, *FDA Organization*, *available at* https://www.fda.gov/AboutFDA/CentersOffices/default.htm.

防的な対応策をとることを可能にするという点にある。第2編は、「食品安全問題を発見し対応する能力の改善」であり、その目的はFDAの食品の立入検査能力を増大させることにある。そこではFDAが高リスクの施設を確認し立入検査の回数を増やすことなどを求めている。第3編は、「輸入食品の安全性の改善」であり、合衆国外で生産される食品に関わる規制の部分である。そこでは、国内の輸入業者に対して、輸入先の外国の業者がその食品の生産者がリスクを基礎にした予防的監督を履行して、合衆国に輸入される食品が合衆国内で生産され販売されている食品と同程度に安全であることを確認するように求めている。

　以上述べたようなFSMAの趣旨を踏まえて、FDAの食品に係る所管権限と組織の強化を図っている。強化を図るにあたっての狙いは、予防を中心として規制を行うということにある。予防という概念自体は新しいものではない。そのような中で、FSMAの新しさは、「アメリカの食品の安全性を確保するためには、農場からテーブルまでの食品に関する一連のつながりの中で、一か所でも破損されれば、消費者の健康に対する破滅的な害悪（catastrophic harm）が及び大混乱を生じまた食品産業の経済的損失を引き起こしうる」という認識を示した点にあり、また、それへの対処として広範囲に及ぶ公的および私的な利害関係者とともに協働することによって、新しい食品安全監視システムを創設することを狙いとするところにあるとされる。[50] そこでは、フードシステムを全体としてとらえ、すべてのフードシステムに関わる利害関係者の責務を明らかにし、国内および国外を問わず全フードシステムを通して予防に対する説明責任を強化する必要があるという考え方がみられる。

　FDAに新たに与えられた重要な権限と責務は大きく5つからなるとされている。[51] 第1に、予防（Prevention）に関する権限であり、FSMAはFDAに対して食品供給に関する包括的で科学的に根拠を有する監督を求めた。具体的には①工場や小売店、レストランなど食品関連施設に対して事前予防的監督計画の立案とその履行を義務づけ、②FDAに対して、果物および野菜に

---

50) Margaret A. Hamberg, *Food Safety Modernization Act: Putting the Focus on Prevention*, available at https://www.foodsaafety.go/new/fsma.html.
51) FDA, *Background on the FDA Food Safety Modernization Act (FSMA)*, available at https://www.fda.gov/Food/GuidanceRegulation/FSMA/ucm239907.htm.

関する安全な生産と収穫のための科学的根拠にもとづく最低限の基準の策定を求め、③FDA が食品を意図的な不良化から保護するための規則を発出する権限を認めた。第 2 に、検査およびコンプライアンスの権限である。これらの権限は、事前予防的監督基準により食品の安全が改善されるのは、生産者や加工業者がそれに応諾する限りにおいてであるとする考え方を基礎にしている。そのため、FDA は業者がその要件を応諾することを監督しそれを確保するとともに、問題が生じた場合に効果的に対応するため、FSMA は食品関連施設のリスクに応じた検査回数を定め、高リスクの国内食品関連施設については法制定後 5 年以内に、その後は 3 年ごとに検査を行うことを FDA に求めた。第 3 に、事前予防的手段が実施されたにもかかわらず問題が生じた場合に適切に対応するための諸権限が FSMA によって与えられている。具体的には、安全でない食品についての FDA からの自主回収要請に対して事業者がそれを行わない場合に、強制的リコールの権限を認めている。第 4 に、FSMA はこれまでに前例のない権限として輸入食品が合衆国の安全基準に適合し、合衆国の消費者にとって安全であることを確保するための権限を FDA に与えている。この法律により、初めて輸入業者は、外国の供給者がその提供する食品の安全性を確保するために、適当な事前予防的監督を行っていることを検証する明示的な責任を有するとされた。具体的には、FDA は資格を有する第三者が外国の食品関連施設が合衆国の食品安全基準に適合していることを認証する (Certify) プログラムを策定することとされた。第 5 に FSMA は、すべての食品安全規制機関が統合された方法で公衆衛生の目的を達成するために協調して機能する必要があるとして、国内外の政府機関との公式な協調制度の形成を求めている。なお、FSMA は、FDA の将来における食品安全規制の活動のために、5 年間で総額 14 億ドルに及ぶ政府予算の追加支出と 2014 年までに 5000 人職員を増員することを認めていた。

7　FSMA と 2 つの立場

　FSMA は、食品規制の範囲を拡大するものであるが、その特色としてその規制が実施されているか否かの監視権限 (oversight authority) を非政府機

関（non-U.S. governmental actors）に委ねていることがあげられる。このような状況に対して、2つの対立する見解が存在する。ひとつの見方は、行政法の最も中心的な目的が行政機関の説明責任の確保であるという立場からのものである。もうひとつは、憲法の観点から行政機関による権限の濫用を重視しようとする立場である。前者の立場からは、次のように説かれる[52]。規制機関の説明責任は、私人や非政府機関が規制に参与する場合には、政府の規制機関に対して求められるのと同様な政治的説明責任を確保する方法を欠く場合が多いことが問題となる。このような場合について、連邦裁判所は説明責任の重要性および私人の規制者が規制の公益目的を重視しない場合を認識して、それらの規制行為の適切さを判断するための3つの点からなる基準を明らかにしてきた。第1に、政府の行政機関は実際に監視を行うある程度の能力を有しなければならず、私人の規制者に対して、盲判を押すことがあってはならない。第2に、連邦議会が私人の規制者による規制に対して積極的に権限を付与したものでなければならない。第3に、行政機関は、私人の規制者をコントロールするために、私人の規制者についてその活動を終結させることについて、明白に定義された基準を規定しそして執行する権限をもたなければならない。このような基準からみた場合に、FSMAは連邦議会が明示的に権限を付与したものであり、また同法のもとでFDAは権限を委任した機関や私人の規制者に対する定期的な検査を行う権限を有していること、および私人の規制者を認定する基準に関する規制を発出するように求められているから、FDAは監視と基準設定についてある程度の手段を有しており、形式的にはFSMAを違憲とするものではない[53]。

　このような見方に批判的な立場は、次のように説く。行政機関による規制の進展を、政治的説明責任の確保ということに焦点を当ててその正当化を図ることは適切ではない。そのような政治的説明責任を重視する見解は、行政機関の行為の正当性を確保するうえで重要な行政の裁量の濫用をいかにコントロールするかという点を看過するものだからである。このように正当性の

---

52) RECENT LEGISLATION, *supra* note 45, at 862-864.
53) もっとも、このような立場からみてFSMAに問題がないわけではない。それは、FDAの監視は機能的には弱いものであり、政策的にみれば、FDAが私人の規制者に対してその行動の説明責任を問うことのできる程度の十分さが問題となるとされる。*Id.* at 864.

問題を説明責任の観点から説明することは、次のような問題点をはらむ。すなわち、裁量の濫用の問題を行政機関の政策形成に対する日常的な関心事項から分離ないし二次的関心事として区分する見方は、憲法の枠組みにおける政治的説明責任の適切な役割を誤って考えるものである。とくにこの考えを進めて、行政機関の政策的決定を公選の大統領の民主的コントロールのもとにあると解することによって正当化しようとすることは適切ではない。仮にそれによって行政機関の行為をつねに憲法上有効として正当化しようとすることは、行政国家の進展と立憲民主政をとる憲法構造との緊張をより増幅するものであるとともに、行政の裁量に常に伴う濫用の可能性を看過するものである。[54]

いま2つの立場を述べたが、この2つの異なる見解は、FSMAという個別的な法律の問題を超えて、現代の行政国家を行政法や憲法の観点からどうとらえるかという問題と連なるものである。アメリカにおける行政国家化は、ニューディール以後半世紀以上にわたって、徐々にその領域を拡げて進展したものであり、その存在は意識されつつも正面から賛否の議論の対象とされることはなかった。それは、いわば所与の前提とされてきた。ところが、近年ニューディール以後の行政国家をどのように把握するかが、現代アメリカ憲法学の重要なテーマとして浮上し、ひとつの議論のトピックとなっている。この論争は直接的にはトランプ大統領が当選し、大統領首席戦略官兼上級顧問であったバノン（Steve Bannon）が「行政国家を解体せよ」と主張したこと[55]などに起因しているが、それは市場経済における個人の自由の尊重と政治の分権化としてのフェデラリズムを重視する政治的保守派の主張[56]が声高になったことを背景としている。そのような政治的状況を受けて、これまで連邦

---

54) Lisa Schultz Bressman, *Beyond Accountability: Arbitrariness and Legitimacy in the Administrative State*, 78 N.Y.U. L. Rev. 461 (2003).
55) Rich Lowry, *Yes, Steve Bannon, Go Ahead and Deconstruct the Administrative State*, Stanford Examiner (Wednesday, Mar. 1, 2017), *available at* http://www.standard.net/National-Commentary/2017/02/28/Steve-Bannon-CPAC-Trump-bureaucracy-regulations-administrative-state-FTC-EPA-FCC-Clean-Air-Act-Congress-Obama-column-Lowry.
56) Peter J. Wallison, *Decentralization, Deference, and the Administrative State*, Nat'l Affairs (fall, 2016), *available at* https://www.nationalaffairs.com/publications/detail/decentralization-deference-and-the-administrative-state.

政府の行政国家化を前提としてきたアメリカ行政法そして憲法学者の間において、行政国家が急速に進展したニューディールをどのように把握するのかという問題に関心が集まるようになったのである。そのことは、ニューディール期における判例理論を基礎に成立した二重の基準の現代におけるあり方とも強く関係するものと考えられる。そこで以下、現在の議論の背景、内容そして憲法との関わりについて考察することにしたい。

III　行政国家をめぐる最近の議論と1930年代への回帰

1　議論の背景

　アメリカにおける行政国家の登場は、ニューディール政策が合憲とされるようになった1930年代後半から始まる。そこでは、国家観が消極国家から積極国家へと変更されることになったわけであるが、そのような国家体制の変化は本来憲法上予定されている憲法上の手続によらない憲法修正が行われた結果ともいわれ[57]、その理論的説明の問題は先送りとされていた。そのような中で、アメリカは積極国家そして行政国家へとその国家体制が着実に変化してきた。その体制は半世紀近くにわたって強化され、行政国家は徐々にかつ確実に確立していった[58]。とくに行政国家化の進展が顕著にみられるようになったのは1981年に誕生したレーガン政権以後のことである。ただ、行政国家化の進展の早さと広がりの大きさ、そして1980年代に比べ極端に二極化した最近のアメリカ政治のために、ニューディール後の行政国家の合衆国憲法典との整合性という点について、これまでのように事実上存在するとし

---

[57]　この点については、アッカーマン（Bruce A. Ackerman）の所説が有名である。その所説については、大江一平「ブルース・アッカーマン―We the Peopleの高次法形成とアメリカ合衆国憲法の変動」（駒村圭吾＝山本龍彦＝大林啓吾編『アメリカ憲法の群像―理論家編』159頁（尚学社・2010年）。

[58]　サンスティン（Cass R. Sunstein）は、その理由としてニューディール立法の合憲性をめぐる訴訟が一段落した後、ニューディール政策に対する賛否をめぐる論争は、行政手続法（Administrative Procedural Act）制定の是非をめぐる論争へと移行し、ニューディール支持派は行政の自律性を求め、反対派はニューディール以前の個人的自由と抑制と均衡の観点から行政機関に対する厳格な抑制を求めたとする。Cass R. Sunstein, *Constitutionalism After the New Deal*, 101 HARV. L. REV. 421, 447-448 (1987). このような対立が最近の論争にもより強くみられる。その点については、後述する。

て肯定するのではなく、法的な観点から理論的に問うべきであるという批判的な議論も強くなったのである[59]。

たとえば、ローソン（Gary Lawson）は、次のように述べる。合衆国憲法はその制定時にはいくつかの重要な憲法秩序に関する構造上の指針として、制限政体（Limited Government）、非委任法理（Nondelegation Doctrine）、単一執行府（Unitary Exective）、司法の独立（Independent Judiciary）、権力分立（Separation of Powers）の諸原理を有していた。しかし、ニューディール期以後みられるアメリカ連邦政府の現実の構造と作用は、合衆国憲法典それ自体とは実質的には何ら関係のないものとなっているとするのである[60]。

そこでは、合衆国憲法典と異なる形で発展した行政国家については、憲法典との整合性が問われているのである。その整合性に関する議論としてこれまでいくつかの見解が示されてきた。たとえば、生ける憲法（living constitution）[61]の観点から憲法解釈の柔軟さを強調して憲法典が行政国家を是認しているという結論を引き出すことによってその関係を肯定する立場、オリジナリズム的解釈[62]をまったく否定することによって現状を肯定する立場、アッカーマン[63]のようにニューディール期も憲法政治の時期として憲法修正5条の憲法改正手続によらずに実質的に憲法改正が行われたと考える立場などが、その整合性を保つための根拠として示されてきた。しかし、生ける憲法とオリジナリズムの立場については、両説とも司法判断の基準に関して両極端の性格をもつ点で問題を有しており[64]、またアッカーマンの見解はアッカーマンの示す憲法政治の時期における憲法修正の要件が憲法起草者の意思と関係を有しない

---

59) Gary Lawson, *The Rise and Rise of the Administrative State*, 107 HARV. L. REV. 1231-1232 (1994).
60) 具体的には、連邦議会は憲法上その立法事項が限定されているにもかかわらず、実質的には広範な立法権を行使している点で憲法に反する。また連邦議会はその一般的立法権をしばしば行政機関に委任しており、憲法1条に反している。そのうえ、これらの行政機関は大統領の直接的な監督にも服さず、かつ司法権を行使したりするなど法の執行作用だけに限らず、準司法作用や準立法作用をも行っている点で権力分立原理に反する、とする。Id. at 1233.
61) DAVID A. STRAUSS, THE LIVING CONSTITUTION (2010).
62) この点については、Ⅴで後述するトーマス裁判官の見解を参照のこと。
63) アッカーマンの所説については、大江・前掲注57）参照。
64) そのため、生ける憲法とオリジナリズムの対立を止揚しようとする立場がある。JACK M. BALKIN, LIVING ORIGINALISM (2014).

という問題点を抱えている。また、判例の積み重ねの中にその整合性の根拠を見出すことについても、憲法と行政法との関係を水平的にとらえるものとなってしまう。そのように考えると、行政国家と憲法に対する忠誠を同時に誓うことは困難となるといえる。[65]

もっとも、このような行政国家に対する憲法を含めた法的観点からする批判は、かなり早くからなされていたものの、それはニューディール後の行政国家化が選挙民に受け入れられ、連邦政府の機関や制度もそれに従って形成されていく中では正面から議論されることはなかった。[66]その結果、行政国家と憲法との整合性は正面だって議論されることはこれまでほとんどなかったのである。しかし、前述したように、1981年にレーガン政権が誕生して以後の小さな政府論の中で問われた連邦政府と州との分権化の議論や、連邦政府規制緩和による自由主義経済の復活という流れにのる政治的潮流のもとで争われた2016年の大統領選挙においてトランプ大統領が誕生したことによって、この問題がいよいよ正面から問われることになったのである。

2 トランプ政権誕生と行政国家への対応

トランプ政権のもとで、前述のように、行政国家の解体という議論がなされ、その中でその主張を実現する具体策として、いくつかの法案の準備がなされてきた。その代表的な例が、権力分立回復法案 (Separation of Powers Restoration Act) である。この法案は、行政手続法を大幅に改正し、行政機関による規則制定に関する手続要件を増加させることによって行政機関の規則制定を遅らせることをねらいとする規制説明責任法案 (Regulatory Accountability Act) 第2編[67]に関わるものであり、そのねらいは行政手続法706条を改正して、連邦最高裁の2つの先例である Chevron U.S.A. v. Natural Resources Defense Council, Inc. 連邦最高裁判決[68]と Auer v. Robbins 連邦最高裁判決[69]を覆すことにある。

---

65) Lawson, *supra* note 59, at 1249-1253.
66) *Id.* at 1254.
67) 規制説明責任法案は、下院案が通過し、上院案も委員会を通過している (S.951 — Regulatory Accountability Act of 2017 (April 26, 2017))。Jonathan J. Darrow, *The Regulatory Accountability Act of 2017 — Implications for FDA Regulation and Public Health*, New England J. Medicine (Dec. 20, 2017), *available at* http://www.nejm.org/doi/full/10.1056/NEJMp1711643#t=article.

具体的には、行政機関の行為を審査する裁判所は、憲法および法律に関する解釈を含めて、法に関するすべての関連する問題について、覆審的審査（de novo review）を行うとするものである。Chevron 判決で連邦最高裁は、法律が曖昧であるときには当該法律を執行する行政機関の合理的な法律解釈に対して、連邦裁判所は敬譲を払わなければならないと判示し、また Auer 判決も同様に、行政機関の規制に関する解釈については、それが当該規制との関係で明白に誤っているかまたは不一致なものでない限り、支持するべきだとするシェブロン法理を確認していた。トランプ政権とそれを支持する議員らは、シェブロン法理のもとでの司法による行政機関の法律解釈への敬譲が権力分立を弱めるものであり、それは恣意的な行政機関の行為を違法と判断するという自らに与えられた役割を回避する動機を裁判所に与えて司法権からその権限を奪うものであり、またシェブロン法理は執行府のもとで行政機関を強化し、連邦の官僚制が発展し統制が及ばないものとすることになるという批判的見解を有していた。

　この法案に対しては、行政法学者や憲法学者から多くの批判が寄せられている。たとえば、行政法学者のレビン（Ronald Levin）は、行政機関はその規制領域の複雑さについてジェネラリストの裁判所よりも精通しており、裁判所はそのような行政機関の専門的知識を尊重した審査を行うべきであり、権力分立回復法案はこれまで裁判所、法律家、裁判官によって問題の複雑さに対して長い時間をかけて築き上げてきたものを壊すことになると批判する。また、憲法学者のバーミュール（Adrian Vermeule）もシェブロン法理なしでも、法律自体が敬譲を払うことを求めることがある場合には裁判所は行政機関の法律解釈に敬譲を払うことになるとする。また、今後トランプ政権によ

---

68)　467 U.S. 837 (1984).
69)　519 U.S. 452 (1997).
70)　Jordan Rodriguez, *Chevron Deference and the Proposed "Separation of Powers Restoration Act of 2017,"* LEXOLOGY (Feb. 2017), *available at* https://www.lexology.com/library/detail.aspx?g=18e5cafd-0820-4282-a31f-a5c4a320068b.
71)　467 U.S. at 866.
72)　519 U.S. at 461.
73)　Kathleen Nelson, *Prof. Levin: Proposed Separation of Powers Restoration Act Is Misconceived*, WASHINGTON UNIVERSITY LAW, *available at* http://law.wustl.edu/news/pages.aspx?id=10735.

って任命される裁判官が共和党政権下で成立した法律を解釈する場合に行政機関の法律解釈に敬譲を払わないとすることは、むしろ法案を提出した共和党議員の思惑とは異なる結果を招くことになると指摘する[74]。

3　行政国家をめぐる最近の議論

いま述べたような背景や議論の中から、最近では「行政国家（Administrative State）」を正面から取り上げる議論が増えている。そのような中で注目される論考として、メッツガー（Gillian E. Metzger）の「戻ってきた1930年代：包囲下の行政国家（*1930s Redux: The Administrative State Under Siege*）」がある[75]。まずその内容を概観することにしたい。

メッツガーは、最近の行政国家に対する批判の政治的背景と1930年代のニューディール政策に対する保守派の議論との類似性を指摘したうえで、現在の反行政国家観における最も問題とされるべき点は、行政国家の憲法上の位置づけに関する誤った診断にあるとする。反行政国家観に立つ論者は、行政国家が憲法の権力分立に根本的に合致しないとするが、行政国家は今日における権力分立を現実化するために必須のものであり、行政国家は執行府を抑制するとともに大統領の単独推進主義（unilateralism）の危険を低減し効率的な統治を可能にするものであると主張する[76]。

メッツガーは、20世紀初期にまで遡る行政国家に反対する保守派の議論を[77]、とくにニューディール政策の時期に焦点を当てて、それを現在の反行政国家主義との対比で論じる。そのうえで行政国家の憲法上の機能（constitutional functions）を分析し、行政国家を憲法上積極的な性格を有するものとして位置づけようとする。最終的には現代における行政国家の中心的問題である委任について、憲法上義務づけられたものとして肯定しようとするのである[78]。

---

74)　Adrian Vermeule, *The Separation of Powers Restoration Act (in the Age of Trump)*, YALE J. ON REG.: Notice & Comment (Nov. 10, 2016), *available at* http://yalejreg.com/nc/the-separation-of-powers-restoration-act-in-the-age-of-trump-by-adrian-vermeule/.
75)　Gillian E. Metzger, *The Supreme Court 2016 Term—Foreword: 1930s Redux: The Administrative State Under Siege*, 131 HARV. L. REV. 1, 6-7 (2017).
76)　*Id.* at 7-8.
77)　メッツガーのいう行政国家とは、国家的規制および行政を形成しかつ履行することに関わるすべての行為者および活動を含むものとされる。*Id.* at 8.

メッツガーによれば、現代の反行政国家主義 (anti-administrativism) とパラレルに議論されるべきものは、1930 年代のニューディール期の反行政国家主義であるとする。それは、次のようなものである。1930 年代前半の経済恐慌を乗り切るための産業復興法 (National Industrial Recovery Act) を歓迎していた経済界は、その後の労働者保護、政府による経済規制そして増税に直面して、裁判所に働きかけて抵抗を示すようになった。その結果、主要なニューディール立法を違憲とする連邦最高裁判決を勝ち取ることになった。[79] もっとも、その後の連邦最高裁の合憲判決を受けて、前述のように憲法問題は沈静化し、反対派は行政機関の規則制定に対するより多くの手続的要件、司法審査の強化、さらに行政規則の内容に関する包括的な法律の制定を目指し、1946 年の行政手続法の成立をみることになった。[80] その結果、1940 年代には現代的国家としての行政国家を支える法的前提が確立することになった。そしてそれに続く、1960 年代から 70 年代はメディケア (Medicare) やメディケイド (Medicaid) などの「偉大な社会」計画の進展が進展し、さらにそれ以後は環境、労働者の健康と安全、消費者保護、健康保険、財政規制などに関する主要な社会経済立法が次々と制定されることになった。

　このような社会経済立法の制定に伴う行政国家の定着にもかかわらず、現在提起されている反行政国家主義について 1930 年代との比較が有効である理由について、メッツガーは次のように述べる。1930 年代は全米的な行政国家化に対して現在の批判と同様に憲法上の疑義が提起されていた。また、現代における行政機関の活動を制約することを目的とする法案は、1930 年代に反行政国家論者によって提案された法案と同じような行政機関の規則制定を抑制しようとするねらいをもっている。したがって、現在の反行政国家論者の立場を受け入れることは、1930 年代後半以後の 80 年間にわたって維持されてきた憲法秩序の改革を意味することになり、その動きには大きな

---

78) *Id.* at 8.
79) 代表的なものとして産業復興法を違憲とした A.L.A. Schechter Poultry Co. v. United States 事件 (295 U.S. 495 (1935)) や農業調整法を違憲とした United States v. Butler 事件 (297 U.S. 1 (1936)) がある。
80) Metzger, *supra* note 75, at 59.

ものがある[81]。そこでは、1930年代の保守派と同様な、アメリカの憲法秩序を修正し、保守主義的原則とより一致したナショナルな国家を樹立することをめざす憲法構築（constitutional construction）の試みがなされているとして理解することができるとする。したがって、それは政治的なものにとどまるものではなく、裁判所や学界をも巻きこんだものである必要があるとするのである[82]。

　メッツガーによれば、現代の反行政国家主義者の憲法上の核となる批判は、ナショナルな行政国家において説明責任を有さずかつ権力を強大化させている執行権の行使という点に向けられている。具体的には選挙によらない官僚が、事実上の立法権、司法権、そして執行権に関わる権限を、政治的または司法による制限の範囲外で行使するということを問題とし、それは憲法上疑わしいものとされるのである[83]。このような批判に対して、メッツガーは、次のように反論する。今日の行政国家は、憲法上疑わしい存在などではなく、むしろ現代の統治における決定的な特徴である執行権に対する法律による権限の広範な委任によって憲法上義務的なもの（obligatory）となっているとする。そのように考えられるに至った背景として、メッツガーは1936年に設けられたブラウンロー委員会の報告書が行政活動の拡大と責任の急激な増大を踏まえ、その中で官僚機構を一体のものとして把握し、民主的な統治を行うためには国民によって選出される大統領を通して行政の政治説明責任を確保することを必須の手段として認識していたことをあげる[84]。もっとも、その後ブラウンロー委員会の報告書をもとにした法案は成立せず、行政法学者のランディス（James Landis）は、行政国家の政府（administrative government）の説明責任にとって主たる鍵となるのは、専門技術（expertise）、特殊専門性（specialization）、効果的な規制（effective regulation）であると主張した[85]。その

---

81) メッツガーによれば、現代の保守的な反行政国家主義は、ビジネスおよび経済的保守主義ばかりではなく、宗教および社会的保守主義、ナショナリスト的および軍事的保守主義をも含むものであり、それらが共有するのが行政国家化の阻止と軍事力増強や移民法の執行の強化であるとする。*Id.* at 65.
82) *Id.* at 69.
83) *Id.* at 71.
84) *Id.* at 73.
85) *Id.* at 74.

結果、行政国家から独立した専門技術集団モデルが第二次大戦後の学界を席巻した。しかし、その後レーガン政権が誕生することによって行政国家を大統領が統率するという、ブラウンロー的見解が優位することになった。そのような中で、大統領は、政府に対する国民の期待を一身に負うことになったとするのである。[86]

いま述べたような、大統領が行政国家全体を統率する可能性を大きくしていることは、大統領による権力濫用のおそれも大きくなることを意味する。これに対して、メッツガーは、大統領によるコントロールばかりではなく、官僚制も共に説明責任を有し、統治にとって必要なものであるとする。官僚制が重要であるのは、合衆国憲法2条の法律誠実執行条項にもとづく大統領の監督や連邦議会により委任立法に付される要件などによる内部的な抑制が有用であり、それらを通して裁判所の判断が官僚機構内部に浸透するからであるとする。また、官僚機構の内部構造から分化し独立した行政機構が存在していることも、憲法上重要性をもつとされる。このような中で行政国家は、執行権に対する外部的チェックの権限を強め実行することに加えて、行政機構に対する内部的な抑制を通じて、行政国家政府の末端にまで権力分立の価値をはめ込むことにより憲法上の機能を遂行している。憲法上の権力分立制度が部門間の権力関係を拡散させることによって、権力が1つの部門に集積することを阻止するように、官僚機構の内部的抑制は執行府内の権力を分散させ、大統領の権力が増大することの機先を制することになる。また、政府の意思決定におけるキャリア官僚や専門家の重要な役割を確実なものとすることによって、官僚機構の内部的抑制が、持続性と安定性という法の支配の価値を育てることになるとする。もちろん、このような行政機構の内部的抑制による説明責任は、ときに失敗することがあっても、そのことはそのような説明責任が効果がないということを意味するわけではない。そのような存在それ自体が、反行政国家論者の論拠の薄さを意味するというのである。[87]

---

86) *Id.* at 76. もちろん、連邦議会は執拗な規制改革法を制定することによって、大きな制約を課すことはある。また公聴会、国政調査、予算、大統領人事の同意拒否などによって執行府に影響を与え、抑制する能力を有している。

87) *Id.* at 78-85.

またメッツガーは、ケーガン（Elena Kagan）の主張[88]を援用しながら、行政国家が効果的な統治を強化し、その手段を提供しているとする。すなわち、議会や裁判所よりも、行政機関は専門性と制度的能力を、また現代社会において要求されるペースに応じて政策を適応させる能力を広範な領域において有するとする。そして、このような効果的な統治は、執行権における説明責任の重要な局面であるとし、メッツガーは「統治を効果的なものとすることは、行政国家の最も重要な憲法上の機能のひとつである」とする[89]。また、メッツガーは、ポザン（David Pozen）の説[90]を引用して、効果的な統治を達成することがナショナルな政府を意図したときの憲法起草者の明白かつ中心的な関心であったとするのである[91]。

　さらに、メッツガーは、行政国家化は、現代においては憲法上義務づけられているとする。その理由として、非委任法理は1930年代において例外的に主張されたものであって、委任はそれ以前からみられていたとする。そして、現代においては委任の範囲はさらに大きく拡大されており、連邦議会は実質的な政策形成権限をさまざまなコンテクストにおいて執行権に委任しているとする[92]。メッツガーによれば、委任が原理の問題から程度の問題に移るときには、裁判所は連邦議会の意図を判断するのに適しているとか資格を有するとか判断することは困難であるとする。そして、メッツガーは、「結局のところ、最も重要な要点は、委任という現象は、実務において裁量の余地のない義務的なものであるという現代の統治の基本的かつ必要な特徴を示している」とするのである[93]。

IV　行政国家批判──二重の基準との関係で

　いま述べたようなメッツガーの見解は、行政国家批判に対して、行政法の

---

88)　Elena Kagan, *Presidential Administration*, 114 HARV. L. REV. 2245 (2001).
89)　Metzger, *supra* note 75, at 86.
90)　David E. Pozen, *Self-Help and the Separation of Powers*, 124 YALE. L.J. 2, 75 (2014).
91)　Metzger, *supra* note 75, at 87.
92)　*Id*. at 87-89.
93)　*Id*. at 91.

分野で展開される擁護論の代表的な立場である説明責任確保のためには公選の大統領が官僚を統制することが民主政の確保をももたらすとするブラウンロー委員会の報告書やケーガンに代表される見解、および行政機構内部の機構や機能の分化、独立性を有する機関の存在などから行政国家化を肯定したランディスに代表される議論を総合したうえで、消極的権利から積極的権利を保障しようとする国家観の転換をもとに行政国家を擁護しようとするものである。[94]

このような見解は行政法や憲法の分野では多くの賛同を得る議論であると思われるが、他方すでにみたように、行政国家の解体を主張するトランプ政権やそれを支持する政治家などの存在もみられる。とくに、最近のアメリカ憲法学でみられるオリジナリズムの立場からは、1930年代に大きく行政国家に転換したこと自体が、憲法起草者の意図に反するという議論が容易に行えるように思われ、それをメッツガーの議論が規範的な意味で克服しているかといえば、必ずしもそうはいえないように思われる。その意味では、権力分立原理の観点からする批判は避けることのできないものであるように思われる。

もっとも、重要な点は最近の保守的な反行政国家論者がレーガン以後の保守的な政治的背景のもとで、規制緩和および分権化を主張する中で行政国家が問題とされているということである。さらに、本稿の関心との関連では、このようなLochner判決にまで遡ることができ、そして1930年代のニューディール政策の肯定によって急激に進展してきた行政国家化が批判されているとき、同様な背景を踏まえて連邦最高裁によって長年とられてきた二重の基準にどのような影響を及ぼすのかということである。そこで、以下その点に関わる行政国家批判をみていくことにする。

いま述べたような点から興味を引くのがベーカーとヤング（Lynn A. Baker & Ernest A. Young）の論考「フェデラリズムと司法審査に関する二重の基準[95]

---

94) ランディス、ケーガン、さらにジャッフェ（Louis Jaffe）という行政国家の正当性をめぐる議論の相互関係を検討した論考として以下の文献を参照のこと。Adrian Vermeule, *Bureaucracy and Distrust: Landis, Jaffe and Kagan on the Administrative State*, 130 HARV. L. REV. 2463 (2017).

95) Lynn A. Baker & Ernest A. Young, *Federalism and the Double Standard of Judicial*

(*Federalism and the Double Standard of Judicial Review*)」である。ベーカーとヤングは、フェデラリズムが尊重されていない理由は、二重の基準によって経済的自由の規制と同様にゆるやかな審査基準が適用されているためであり、それは不当であることを、次のように主張する。かれらによれば、二重の基準は1937年の憲法革命以来、そもそもは経済的規制を他のすべての政府活動から区別するものであった。しかし、経済的要素を含む営利的表現に対して、判例上より厳格な基準が適用されることにみられるように[96]、それは単なる原理の適用ではなく、歴史的に形成されてきた側面があり、その意味で、二重の基準の正当化理由を問う必要が存在する[97]。正当化の理由としては、経済規制を実体的デュープロセスの観点から判断することは困難であることを理由とする司法の能力的限界論、政治部門が適正に機能して憲法上の価値を保護することができない場合に裁判所が政治過程を補強する必要性があるとする議論、優越的地位にある権利は裁判所による特別な保護を受けるべきだとする規範的な理論づけがなされる場合だとする議論、の3つであるとする。しかし、ベーカーとヤングはそれぞれの正当化論について、次のように批判を加える。まず能力的限界論については、二重の基準を用いて経済的規制とその他の規制とを区別する原理の存在の曖昧さなどからみて、裁判所の能力的限界論からの二重の基準の正当化は、それが憲法のどのような部分を裁判所が執行するべきかを判断する際に裁判所を指導するような包摂と排除の決定的な原則を提供することはできないとする[98]。

次に、政治過程補強論については、連邦最高裁は、政治過程が憲法上の価値を保護するような事案においても、裁判所は厳格な審査を行ってきたとする。具体的には、Garcia v. San Antonio Metropolitan Transit Authority 連邦最高裁判決[99]以来、裁判所は権力分立が関わる領域を大統領の権限を擁護するために司法審査を行っており、また政治過程補強論はイリー（John Hart

---

    Review, 51 DUKE L.J. 75 (2001).
96) *See* Virginia State Board of Pharmacy v. Virginia Citizens' Consumer Council, Inc., 425 U.S. 748 (1976).
97) Baker & Young, *supra* note 95, at 84-85.
98) *Id*. at 101.
99) 469 U.S. 528 (1985).

Ely）によって提唱されたものであることはよく知られているが、ベーカーとヤングは実際には裁判所はそのような考え方に従っているわけではないとする。たとえば、連邦最高裁は営利的表現や選挙運動資金の支出を憲法上保護しているが、営利的表現は政治過程補強との結びつきが弱く、また選挙運動資金の支出の保護は、現実には政治過程を損なうものであるとする[101]。

　さらに、二重の基準を支える優越的地位にある権利の保護という規範的な観点からの正当化理由について、ベーカーとヤングは、規範的な優位は変化するのであり、憲法が一定の価値についてそれを変化の範囲外としているのであるから、財産権や契約の自由などをブルジョワ的権利としてその他の権利と対比してとらえる憲法学者による判断もそこに加えられてはならないことになるとする。また、ベーカーとヤングは、個人の自由は特定の権利を個人に認めるだけで保障されるのか、抑制均衡という制度的な構造を通して保護されるのか、あるいは両者のコンビネーションによるのかが問題であるとし、憲法起草者は明らかに当初は構造的なメカニズムを全面的に強調してきたとする。そして、その後憲法起草者は権利章典を認めることによって、2つのアプローチのコンビネーションをとったのであるとする[102]。さらに憲法起草者は、個人の権利を限定的に列挙することによって、個人の自由に対する十分な保護を提供しているということを示唆したことはないとする。一方で憲法修正9条が憲法上規定されていない人権保障の根拠のようなものとなっており、他方で権利章典がおかれているのは、そのような認識を反映しているとする[103]。いま述べた見解は、端的にヤングによって次のように述べられている。「現在の連邦最高裁の法理はフェデラリズムや経済的自由に関する憲法上の規範を過小執行している」が、その法理が無傷のままでとどまるこ

---

100) JOHN HART ELY, DEMOCRACY AND DISTRUST: A THEORY OF JUDICIAL REVIEW (1980).
101) Baker & Young, *supra* note 95, at 131-132.
102) この点に関連して、サンスティンとバーミュールの議論が注目される。Cass R. Sunstein & Adrian Vermeule, *Interpretation and Institutions*, 101 MICH. L. REV. 885 (2006). その議論を紹介し検討したわが国の論考として以下のものがある。松尾陽「法解釈方法論における制度論的転回(1) 近時のアメリカ憲法解釈方法論の展開を素材として(1)」民商法雑誌140巻1号36頁（2009年）。稲谷龍彦『刑事手続におけるプライバシー保護―熟議による適正手続の実現を目指して』226頁以下（弘文堂・2017年）。
103) Baker & Young, *supra* note 95, at 133-135.

とはない。この過小執行の状況は歴史依存的な現象であり、かつて変化をみせた法理は再び変化しうるのである。もし連邦最高裁がその根拠を転換するならポピュリスト的立憲主義（popular constitutionalism）の諸側面に対する対応の結果として理解されることになろう。[104] すなわち、経済的自由や裁判所の役割それ自身の変化を引き起こす可能性がある。これらの領域において、世論はニューディール的解決の鍵となる側面から離れつつあるということを信じる理由がある。憲法それ自体とは異なり、法理それ自体は歴史依存的なものであることを十分にわきまえる必要があるとするのである。[105]

V　若干の検討——結論にかえて

　本稿では、二重の基準の背景に遠因として存在する Lochner 判決以後、とくに 1930 年代のニューディール政策に対する合憲判決以後の連邦最高裁が、経済的自由の規制にはゆるやかな審査を行うべきであるとしたことをきっかけにアメリカで進展した行政国家について、その実情、そしてそのような行政国家が合衆国憲法のとる権力分立の考え方との間で矛盾を来しているというトランプ政権の批判、およびそれに同調する共和党議員による法案提出についてまず瞥見した。その法案は、現在の行政法において重要なシェブロン法理を制限することをねらいとしたものにとどまる。ただし、そのシェブロン法理の背景にはすでに述べたように、1930 年代のニューディール政策以後の歴史があり、シェブロン法理を擁護するためには、その歴史が法的にどのような意味をもっていたのかを探る必要が生じる。そのような認識を示す論考として、本稿ではメッツガーの議論を紹介した。もっとも、メッツ

---

104) Popular Constitutionalism という名前は、LARRY KRAMER, THE PEOPLE THEMSELVES: POPULAR CONSTITUTIONALISM AND JUDICIAL REVIEW (2004) に由来する。ポピュリスト的立憲主義は、合衆国憲法の起草者は憲法の解釈について選挙を経ていない裁判官ばかりではなく人民自身によっても行われるべきだと考えていたとするものである。そのため当初リベラルな憲法学者によって用いられていた。しかし、その見解はときの政権に反対する人々によって同じように用いられやすいものであり、近時は保守派もリベラル派もその考え方を用いている。Jeffrey Rosen, *Popular Constitutionalism*, NEW YORK TIMES MAGAZINE (Dec. 12, 2004), *available at* http://www.nytimes.com/2004/12/12/magazine/popular-constitutionalism.html.
105) Ernest A. Young, *Popular Constitutionalism and the Underenforcement Problem: The Case of the National Healthcare Law,* 75 LAW & CONTEMP. PROBS. 157, 201 (2012).

ガーの議論は、それがニューディール政策以前の合衆国憲法のあり方にまで及ぶとき、憲法起草者の意図していた権力分立の考え方と接合することが困難であるように思われる。それは、West Coast Hotel Co. v. Parrishr 連邦最高裁判決[106]によって、連邦最高裁が経済的デュープロセスの考え方を放棄したときに、それまでの消極国家から積極国家へとアメリカの国家体制が大きく変化する憲法革命が生じ、行政国家への道を歩むことになったからであり、そこでは憲法起草者の意図した権力分立の考え方も変容を蒙ることになったからである。

そのようなことを考えるとき、レーガン政権以後のアメリカの行政国家化に対する規制緩和と分権化を根拠とする批判は、ニューディール期以前への回帰をめざすことになる。そして、そのことは Lochner 判決を拒否し、ニューディール立法を合憲とした連邦最高裁の姿勢変化の中で生み出されてきた二重の基準についても、その根幹を揺さぶりかねないものとなっている。もっとも、そのような揺さぶりが一時的なものに終わるか否かは定かではない。たしかに二重の基準に対する批判はこれまでしばしばみられてきたが、それは二重の基準の内容を部分的に変化させることはあっても、その基本を動かすものではなかった。ただ、今回の動きはより注意を払ってみておく必要がある。それは、メッツガーのいうように、現代の動きを 1930 年代の保守派の動きとパラレルに理解しうる可能性があるからである。とくに問題となるのは、現代における連邦最高裁が裁判所として反行政国家主義の立場をとることによって、それを政治的な観点から判断し、二重の基準を根本的な形で変える可能性があることである。

現在のところ、連邦最高裁内部で憲法起草者の意図を重視して権力分立の考え方を説く裁判官は、トーマス（Clarence Thomas）裁判官にとどまっている。トーマス裁判官は、オリジナルな権力分立に関する広範囲に及ぶ探究を行うことによって現代における規制権限の委任の違憲性を支持する姿勢を示している[107]。そして、最近連邦最高裁入りしたゴーサッチ（Neil M. Gorsuch）裁判官も第 10 巡回区連邦控訴裁裁判官の時に下した一連の判決で、Chevron

---

106) 300 U.S. 379 (1937).
107) Metzger, *supra* note 75, at 23.

判決は権力分立原理と一致しないとの理由で批判的な姿勢を示していた[108]。そのため上院での公聴会において、シェブロン法理に関する質問がなされることによって、ゴーサッチ裁判官の反行政国家主義に対する判断を問うという動きがみられたことが注目される[109]。

もっともシェブロン法理が仮に否定されたとしても、それが二重の基準にどの程度の影響を与えるかは未知数のところがある。メッツガーの主張する、行政国家はいまや憲法上要請されているということが、司法審査の存在などを考えるときにはやや言いすぎであるとしても、行政国家に反対する者も委任立法の存在や行使それ自体を正面から争うことはしておらず[110]、またトーマス裁判官を除けば、裁判所における行政国家に対する批判も、行政国家に反対する者の憲法上の主張に同調して急激な変化を生み出そうとはしていないように思われる[111]。ただし、トランプ政権になって以後、連邦下級裁判所の裁判官が大きく入れ替わっているということも指摘されており、今後の動向は注目される。もっともあらためて言うまでもなく、そのような動向を正確に理解するためには、アメリカにおける違憲審査の現在の状況をしっかりと把握することが必要である。それらの内容は本書に収録された各論考で展開されることになる。

---

108)　*Id.* at 26.
109)　*Id.* at 70.
110)　*Id.* at 89.
111)　*Id.* at 95.

厳格な基準
―― その形成過程へと至る「物語」の素描

尾形　健

I　はじめに
II　審査基準前史――19世紀の連邦最高裁
III　司法審査の黎明期――20世紀初頭の連邦最高裁
IV　厳格審査基準に向けて――20世紀半ばの連邦最高裁
V　むすびにかえて

I　はじめに

　「最高裁の合憲・違憲の判断は、柔軟といえば柔軟であるが、その判断過程に一定の法則性がなく、個々ばらばらでアドホックなものである。強いて言えば、最高裁は、影響が限定的な場合は、踏み込んで違憲判断をすることがあるが、影響が全国に及ぶ場合は、途端に謙抑的になる傾向が見られるという程度である。最高裁は、裁判規範となるような違憲審査基準を構築していない。この点が、最高裁の違憲審査権行使に関する一番の問題点であると考える[1]」。そのキャリアの半分近くを最高裁事務総局で過ごした後、6年3か月最高裁判事を務め、その間、数々の憲法事件において多くの個別意見を執筆した泉徳治元最高裁判事は、最高裁の憲法判例を以上のように評している[2]。
　周知のように、現在、憲法判断のあり方について議論が活況を呈している

---

1)　泉徳治『私の最高裁判所論―憲法の求める司法の役割』164～165頁（日本評論社・2013年）。
2)　泉徳治元最高裁判事の経歴等については、泉・前掲注1)「はしがき」のほか、泉徳治（渡辺康行＝山元一＝新村とわ・聞き手）『一歩前へ出る司法―泉徳治元最高裁判事に聞く』（日本評論社・2017年）、山元一「"空前"の『司法官僚』出身最高裁判官―泉徳治」渡辺康行＝木下智史＝尾形健編『憲法学からみた 最高裁裁判官―70年の軌跡』323頁（日本評論社・2017年）など参照。

が、いずれの考え方によるにしても、「憲法の求める司法の役割」を考えるうえで、憲法上の権利ないし憲法条項の意義を踏まえた憲法判断の枠組み——泉元判事の言葉を借りれば、「裁判規範となるような違憲審査基準」——をいかに構築するかは、「最高裁がようやく違憲審査基準論的な考え方を取り入れて、積極的に違憲審査を展開しようとする兆しが見え始め」たと評される今日、なお重要な課題であろう。とくに、最高裁の憲法判断の枠組みが、当事者の主張・立証のあり方や、国・地方公共団体が法令等を制定する際の指針としても機能しうることも踏まえるなら、「結論の方向性をより明確に指し示す審査基準論が、思考と判断の整理における補助線として、有用性を失うことはないであろう」。

　こうして、裁判所による憲法判断枠組みを考察することは、なお重要な課題であるといえるが、それは、憲法上の権利ないし憲法の各条項の意義に応じたものでなければならない。この点で、わが国憲法学がアメリカ憲法論か

---

3) すでに多くの論考が蓄積されているが、議論状況を概観するものとして、さしあたり青井未帆「三段階審査・審査の基準・審査基準論」ジュリスト1400号68頁（2010年）、市川正人「最近の『三段階審査』論をめぐって」法律時報83巻5号6頁（2011年）、松本哲治「審査基準論と三段階審査」曽我部真裕＝赤坂幸一＝新井誠＝尾形健編『憲法論点教室』16頁（日本評論社・2012年）、長尾一紘『基本権解釈と利益衡量の法理』終章（中央大学出版部・2012年）、宍戸常寿『憲法 解釈論の応用と展開〔第2版〕』60頁以下（日本評論社・2014年）、渡辺康行＝宍戸常寿＝松本和彦＝工藤達朗『憲法Ⅰ』78～81頁〔松本和彦〕（日本評論社・2016年）、長谷部恭男編『注釈日本国憲法(2)——国民の権利及び義務(1) §§10～24』35～39頁〔長谷部恭男〕、153～160頁〔土井真一〕（有斐閣・2017年）、高橋和之『体系 憲法訴訟』239頁以下（岩波書店・2017年）など参照。もっとも、自由権制約立法に関する判断枠組みについていえば、①問題となる権利・自由が憲法の条項で保障されているか、②問題となる公権力によって侵害がなされているか、③当該侵害が正当化されるか、という枠組みは、いずれの立場をとるにせよ共通するものということができ、議論の構成の相違は、③の正当化の場面に関するものということができる。長谷部編・前掲35頁〔長谷部〕、157～158頁〔土井〕、伊藤健「目的審査に関する違憲審査基準（一）」法学論叢181巻2号153頁、157～158頁注(9)（2017年）など参照。
4) 山元・前掲注2) 323頁。
5) 長谷部恭男＝土井真一「法律学の学び方③〔対談〕憲法の学び方」法学教室375号59頁、65頁（2011年）〔土井真一発言〕。なお参照、長谷部・前掲注3) 159～160頁〔土井〕。
6) 長谷部編・前掲注3) 38～39頁〔長谷部〕。同旨の指摘として、君塚正臣「二重の基準論とは異質な憲法訴訟理論は成立するか」横浜国際経済法学18巻1号39～40頁（2009年）、同『司法権・憲法訴訟論（下巻）』107～108頁（法律文化社・2018年）。

ら学んできた、厳格度を高めた審査基準――「厳格審査」（strict scrutiny）基準――の意義は、なお考察に値する。本稿に与えられた課題は、厳格審査基準を論ずることにある。しかし、とくに最近の学界では、厳格審査基準を含めた審査基準の意義・機能に関する比較法研究が飛躍的に深化し、本稿がそれらの優れた業績に付け加えることはほとんどないといってよいであろう。ここでは、きわめて限られた範囲ではあるが、アメリカ憲法論において、今日知られるようになった段階的な違憲審査基準論がどのようにして形成されたかを素描することによって、厳格度を高めた司法審査の意義一般を考えてみたい。もっとも、こうした作業もすでになされていることではあるが、違憲審査制が確立された19世紀から、今日知られる厳格度の異なる違憲審査基準が形成される20世紀半ばないし後半の展開を追うことは、違憲審査基準の本来の意義を考察し、かつ、「裁判規範となるような違憲審査基準を構築」することをあらためてめざすうえでも、意味のない作業とはいえないであろう。もちろん、200年余りの歴史を有するアメリカ違憲審査制にあって、連邦最高裁の憲法判断のあり方を網羅的に検討することは到底困難であり、ここでは各時代における代表的な判例の検討を通じ、特徴的な思考を素描するという、違憲審査基準論の「物語」の一端を垣間見る作業にとどまらざるをえず、その意味できわめて限定されたものであることを、あらかじめお断

---

7) たとえば、青山武憲「厳格な審査（と基本権）（一）（二・完）」日本法学74巻2号223頁（2008年）、3号87頁（同）、駒村圭吾「憲法的論証における厳格審査」法学教室338号40頁（2008年）、阪口正二郎「人権論Ⅱ・違憲審査基準の二つの機能―憲法と理由」辻村みよ子＝長谷部恭男編『憲法理論の再創造』147頁（日本評論社・2011年）、同「憲法上の権利と利益衡量―『シールド』としての権利と『切り札』としての権利」一橋法学9巻3号703頁（2010年）、金原宏明「厳格審査の基準の機能と利益衡量について（一）（二・完）」関西大学法学論集66巻3号100頁（2016年）、4号143頁（同）、伊藤・前掲注3）、伊藤健「目的審査に関する違憲審査基準（二）（三・完）」法学論叢181巻4号103頁（2017年）、5号78頁（同）など参照。

8) 平等保護条項をめぐる判例法理の展開につき、戸松秀典『平等原則と司法審査』第2章（有斐閣・1990年）、表現の自由に関する萎縮効果論の形成につき、毛利透『表現の自由―その公共性ともろさについて』第5章（岩波書店・2008年）、表現の自由における厳格審査につき、城野一憲「表現の自由と厳格審査―アメリカ連邦憲法の修正1条解釈におけるルーツと展開」早稲田法学会雑誌65巻2号99頁（2015年）など参照。「二重の基準」論の形成については、芦部信喜『憲法訴訟の現代的展開』第Ⅱ論文（有斐閣・1981年）、松井茂記『二重の基準論』第一部（有斐閣・1994年）などがある。

りしておきたい[9]。

II　審査基準前史——19世紀の連邦最高裁

1　総説——共和主義的観念と政治部門の裁量論

　まず、Marbury v. Madison 連邦最高裁判決（1803年）によって違憲審査制が確立された[10]、19世紀の違憲審査の有り様をみておきたい。

　当時の背景的思考は、共和主義的な憲法観と政治部門の裁量論に特徴づけられる、といわれる[11]。憲法制定者は党派性を強く警戒していたが[12]、共和政体は党派性や腐敗によって退廃する危険性を常に抱えている。当時、裁判官は、人間の激情や利害ではなく、憲法を頂点とする法の指示するところに従うことによって、アメリカ共和政体を腐敗と専制から守り、もって共和政体を維持するという、合衆国憲法の主題を肯定し続けることのできる立場にある者と考えられた。こうした裁判官像には、2つの基本原理があるとされる。1つは、司法の優越性原理（the principle of judicial supremacy）である。裁判官は、法的な訓練を受けた公平無私な公職者であって、法の権威的淵源に具体化さ

---

[9] 違憲審査基準の展開を歴史的に分析ないし跡づけたものとして、see David M. Bixby, *The Roosevelt Court, Democratic Ideology, and Minority Rights: Another Look at* United States v. Classic, 90 YALE L.J. 741 (1981), Michael Klarman, *An Interpretive History of Modern Equal Protection*, 90 MICH. L. REV. 213 (1991), G. Edward White, *Historicizing Judicial Scrutiny*, 57 S.C. L. REV. 1 (2005), Greg Robinson & Toni Robinson, Korematsu *and Beyond: Japanese Americans and the Origins of Strict Scrutiny*, 68 L. CONTEMP. PROBS. 29 (2005), Richard H. Fallon, Jr., *Strict Judicial Scrutiny*, 54 UCLA L. REV. 1267, 1273-1285 (2007). 憲法論そのものを歴史的展開の中に跡づけつつ概観するケースブックとして、see PAUL BREST ET AL., PROCESSES OF CONSTITUTIONAL DECISIONMAKING : CASES AND MATERIALS (6th ed. 2015). 本稿は以上のうち、White 論文および Brest らによるケースブックにみられる判例理解ないし憲法観に大きく依拠している。歴史的展開からアメリカ憲法を読み解く邦語文献としては、阿川尚之『憲法で読むアメリカ史（全）』（筑摩書房・2013年）、同『憲法で読むアメリカ現代史』（NTT出版・2017年）のほか、大沢秀介『アメリカの司法と政治』（成文堂・2016年）が参照されなければならない。

[10] Marbury v. Madison, 5 U.S. (1 Cranch) 137 (1803).

[11] *See* White, *supra* note 9, at 7-14.

[12] マディソン（James Madison）によれば、「よく構成された連合体がもたらす多くの利益にあって、党派（faction）の猛威を打ち砕き統御する特質ほど、より詳細に論ずるに値するものはないであろう」。1 THE FEDERALIST No. 10, at 52 (James Madison) (LawBook Exchange, 2001) (1788).

れた共和主義的信念を適用するのにふさわしい地位にあるが、その権限は、ただ法的争訟にのみ及ぶ。司法府は、共和政体における人民意思の顕現である「法」の領域でのみその活動を行う存在であり、法を適用し法的争訟を権威的に解決する権能を有し、この領域においては他の部門に優越する。一方、この司法の優越性原理から導出されるのが、他部門の裁量原理 (the departmental discretion principle) である。つまり、「法」の領域ではない「政治」の領域は、司法がその優越性を主張できるところではなく、他の国家機関に委ねられる。Marbury 判決でマーシャル (John Marshall) 長官が次のように述べるのは、以上2つの原理を象徴的に語るものとみることができる。「裁判所の領分とは、ひとえに、個人の権利について判断するというものであって、執行府または執行府の職員が、裁量を有している職責をいかに遂行しているかを審査するものではない。その本質上政治的な問題、または、憲法および諸法により執行府に委ねられた問題は、当裁判所で扱われることは決してないのである」。ここに「その本質上政治的な (in their nature political)」とされているが、それは、単に司法判断が不適合な問題があるという言及にとどまらず、きわめて多くの立法および執行府の行為がこれに該当する可能性を秘めるカテゴリー化をも意味するものであった。

2 具体的展開

こうした、法の領域における司法の優越性と、いわばその反照としての政治部門への裁量論という思考は、マーシャル長官期またはその後のトーニー (Roger B. Taney) 長官期のいくつかの判例にみられる。

(1) 「司法の優越性原理」と「他部門の裁量原理」　「司法の優越性原理」をよく伝えるものとしては、Marbury 判決中の次の一節をあげることができる。「強調されなければならないのは、何が法であるかを宣明するのは、司法府の領分と職責である。特定の事件に法規範を適用する者は、必然的に、当該法規範を詳述し、解釈しなければならない。2つの法が互いに抵触するならば、裁判所は、それぞれの適用範囲を決しなければならない」。法と憲

---

13) *Marbury*, 5 U.S. (1 Cranch) at 170.
14) White, *supra* note 9, at 14.

法のいずれもが特定の事件に妥当するのであれば、「裁判所は、これら抵触する法規範のいずれが当該事件を支配するかを決しなければならない。これこそが、まさに司法の職責の本質である」。マーシャルは、憲法が至高の法とされるべきことに異議を唱える立場がありうることに対し、次のように斥ける。「この法理論では、一切の成文憲法のまさに根本を破壊するものである。……この立場は、立法府が〔憲法上〕明示的に禁じられた行為をした場合、たとえ明示的な〔憲法上の〕禁止があったとしても、そのような行為は実際に有効なものとされてしまう」。このような理解は、成文憲法の意義を没却させかねないが、「合衆国憲法の際立った表現は、以上の立場を斥ける、さらなる論拠を提供する。合衆国の司法権は、憲法のもとで生じる一切の事件に及ぶ、ということである[15]」。このように、「何が法であるかを宣明する」ことが司法の職責であり、成文憲法の明示的な禁止規定に反する立法府の行為もまた、合衆国憲法のもとで生じる「一切の事件（all cases）」に含まれるものとして、司法審査が及ぶことになる。

　他方、「司法の優越性原理」を踏まえつつ「他部門の裁量原理」を示す例としては、McCulloch v. Maryland 連邦最高裁判決（1819年）中の、次の部分があげられる。「すべての者が認めなければならないように、当裁判所は、政府の権限は限界づけられており、その限界を超えてはならないということを認める。しかし、当裁判所は、次のように考える。すなわち、憲法の真摯な解釈によれば、連邦議会には、憲法上授権された権能を執行する手段に関し、裁量が認められており、それが、人民にとって最も裨益するあり方で、当該国家機関に委ねられた高貴な職責の遂行を可能とするのである。目的が正当であって憲法の範囲内にあれば、手段が適切であって当該目的に明らかに適合し、〔憲法上〕禁じられておらず、憲法の文言および精神に合致するものはすべて、憲法に適合する」。「連邦議会が、その権限の行使に際し、憲法上禁止された手段を採用し、または、連邦議会が、その権限の行使を口実に（pretext）、連邦政府に託されていない目的の達成のため法律を可決するときは、当裁判所に係属した事件がその判断を要請するのであれば、そのような法律が合衆

---

15) *Marbury*, 5 U.S. (1 Cranch) at 177-178.

国の法ではないと宣言するという、当裁判所にとって困難な責務をもたらすことになろう。しかし、法律が〔憲法上〕禁止されておらず、かつ、連邦政府に託された何らかの目的を実現するために真に考慮されたときは、その必要・・・性の審査をここで引き受けるということは、司法府に画された境界線を越え・・・・・・・・・・・・・・・・・・・・・・・・・・・・・・・・・・・・ることとなり、かつ、立法府の領域に足を踏み入れることとなる。当裁判所は、そのような権限を求める主張をすべて排斥する」(傍点筆者)[16]。

(2) 「他部門の裁量原理」の展開　この時期、とくに「他部門の裁量原理」が示されたと考えられる事案がある。たとえば、Foster v. Nelson 事件 (1829年) では、1800年初頭に、条約にもとづき、スペインからルイジアナ領等を譲渡されたフランスが、条約にもとづきこれを合衆国に譲渡したことを背景に、スペイン国王の特許を経て取得したとする上訴人らの土地の所在する区域が、本件取得当時いずれの国家に属したものであるかが争われた。マーシャル長官は、国境をめぐる国家間の紛争に関し、各国の裁判所は自国政府の措置に従わないことは困難であるとして、次のようにいう。「司法府は、外国政府に対する権利主張について託されている政府の部門ではない。その職責は、一般に、当該国家の政治部門が定立した諸原則に従い、個人の権利について判断することにある。……したがって、当裁判所は、個々の裁判官がいかに〔本件で問題となった条約を〕解釈しようと、立法府の意思が明示的に示された場合、その意思に従った判断をするのが裁判所の領分であると考える」。「……本件のような、国家間の境界に関する問題は、これまでまさにそういわれてきたように、法的問題というよりは政治的なものであって、・・・・・・・・・・・・・・・・・・・・・・・・・その審理に際し、各国の裁判所はすべて、立法府の宣明された意思を尊重し・・・・・・・・・・・・・・・・・・・・・・・・・・・・・・・・・・・・なければならない」(傍点筆者)[17]。また、アメリカ＝イギリス戦争 (1812年) 勃発の際、民兵の招集に応じなかったため処罰された者が、その招集の根拠となった大統領の州政府に対する要請等の適法性を争った事案で、ストーリー (Joseph Story) 裁判官は、大統領に州の民兵を招集する権限を認めた連邦法を踏まえつつ、次のようにいう。「制定法がある者に裁量的権限を付与し、当該事実に関するその者自身の見解にもとづき行使されることとしたときは、

---

16) McCulloch v. Maryland, 17 U.S. (4 Wheat.) 316, 421, 423 (1819).
17) Foster v. Nelson, 27 U.S. (2 Pet.) 253, 307, 309 (1829).

厳格な基準　　39

常に、次のことが正当な解釈準則となる。すなわち、当該制定法は、その者について、当該事実の存否に関する唯一かつ排他的な判断権者とした、ということである」。「大統領が、法律によって授権された権限を行使したときは、それが法に適合するものであるという推定が働くのである[18]」。

こうした傾向は、次のトーニー長官期にもみられる。死亡した海軍准将の妻が、一般法で遺族に支給される海軍年金に加え、連邦議会の決議にもとづき支給されることとなった給付の支給を求めて、海軍長官に対する最終的職務執行令状（peremptory mandamus）の発給を求めた、Decatur v. Paulding 事件（1840年）では、職務執行令状の発給は当該職務が羈束行為（ministerial act）の場合に認められるため、その該当性が問題となった。トーニー長官は、連邦議会の決議にもとづく海軍長官の職務は、連邦政府の各部の長としてなされるものであるとして、次のように述べた。「法律がその者に裁量権または判断権を行使することを授権するときは、裁判所は、いかなる事案であっても、〔各部の〕長官の判断に対する上訴について、関与することもできず、また、その判断を是正することもできない。また、裁判所は、職務執行令状をもって当該職員に対し直接要請することや、通常の職務の遂行に関しその者の考慮に委ねられた事項について、その判断または裁量を指示し統制したりすることもできない[19]」。

一方、Luther v. Borden 事件（1849年）では、ロードアイランド州政府の正当性が不法侵害訴訟（action of trespass）において争われた。上訴人は、被告らが上訴人の自宅に侵入したとして訴えを提起したが、被告らは、当時、州内各地において州政府転覆のための集会が開催され、州に対し戦争が企てられようとしているとして、暴動阻止のため州に戒厳令が発布され、州軍隊隊員であった被告らは、上官の命令のもと原告に対し家宅捜索等を行った、と主張した。原告は、被告らが侵入した当時、その依拠する州政府はロードアイランド州民によって覆されたので、被告らに正統な権限はなかった、などと主張した[20]。本稿との関係では、トーニー長官が次のようにいう点のみ確

---

18) Martin v. Mott, 25 U.S. (12 Wheat.) 19, 31-33 (1827).
19) Decatur v. Paulding, 39 U.S. (14 Pet.) 497, 514-515 (1840).
20) 本件は、1842年のドーアの反乱（Dorr's Rebellion）を背景とするものであった。

認しておきたい。「合衆国憲法は、本件のような緊急事態について規定する限り、そして、州の内部で生じた出来事に関与する権限を連邦政府に授権する限りにおいて、この問題を、その本質上政治的なもの（as political in its nature）としているのであって、そのための権限を、政治部門の手に委ねているのである」。合衆国憲法4条4節は、すべての州に共和政体を保障し、侵略または州の立法府または執行府の要請により州内で生じた暴動から各州を守る権限を連邦政府に与えているが、「これらの合衆国憲法の規定においては、州においてどの政府が確立されたかを判断するのは、連邦議会に委ねられている。……そして、その判断は、連邦政府の他のあらゆる部門を拘束し、司法裁判所において審尋することはできない」[21]。

2　「他部門の裁量原理」の維持と限界

　以上で示される法理の一部は、いわゆる「政治問題の法理」とも共通する部分があり[22]、一般化して論ずることにはなお留意が必要であるが、司法審査の厳格度という観点からみると、この時期の特徴として、次の点が指摘される。第1に、合衆国憲法上司法権が及びうる法的紛争が生じたときは、裁判所は、他部門の行為であっても完全な審査権を有し、合憲性または適法性を判断する。他部門の行為について、ひとたび適法に法的紛争が提起されたならば、それらの行為が合憲ないし適法であるといった推定は一切生じない。

　　ロードアイランド州は、1842年まで州憲法をもたず、イギリス植民地時代の特許状に依拠して統治が行われていたが、そのもとでは、選挙権資格がきわめて限定されていた。ドーア（Thomas W. Dorr）は、選挙権が拡張されるべく新州憲法の制定をめざして活動し、彼が組織した人民党（People's party）により州憲法制定会議が組織され、人民憲法が起草された。州政府はこれを承認しなかったが、1842年、ドーア支持派はドーアを州知事に選出し、ドーアは新たな州政府を設立しようと企てた。州政府はこれを暴動であるとして戒厳令を発布し、原告のようなドーア支持派の自宅に侵入し、これらの者を拘束した。一方、州政府は、新たな州憲法制定会議を招集した（この州憲法は1843年に施行）。*See generally* 3 WEST'S ENCYCLOPEDIA OF AMERICAN LAW 507 (2005); Luther v. Borden, 48 U.S. (7 How.) 1, 34-37 (1849).
21）　*Luther*, 48 U.S. (7 How.) at 42.
22）　Luther 判決はその例としてあげられる。*See* Baker v. Carr, 369 U.S. 186, 218-222 (1962); Zivotofsky v. Clinton, 566 U.S. 189, 205 (2012) (Sotomayor, J., concurring in part and concurring in the judgment); 1 RONALD D. ROTUNDA & JOHN E. NOWAK, TREATISE ON CONSTITUTIONAL LAW: SUBSTANCE AND PROCEDURE 464-465 (5th ed. 2012).

現代的にいえば、そこでの司法審査は、およそ「厳格な（strict）」司法審査である。第2に、他方で、他部門の行為が、その裁量の範囲内にある場合、すなわち、「その本質上政治的な（in their nature political）」行為については、司法府は、これらの法的紛争を判断する権能をもたない。この場合、他部門の行為が司法権の及びうる法的問題を生じさせているかのみが審査される。つまり、ここでは、およそ厳格な審査がなされることはない。マーシャル長官時代の裁判官は、階層的な審査基準をまったく考慮しておらず、他部門の行為が、憲法および法に関する争点を提起するものであるか、つまり、司法的（法的）か非司法的（非法的）かの線引きを確立することを考えていた、というのである。[23]

ただ、いかなる国家行為が「裁量」とされるべきかは、それほど自明のこととはいえないことに加え、「裁量」とされる行為にかかる事案であっても個人の法的権利が直接問題となる事案もありうるから、「司法的」・「非司法的」の区別を文字通り貫徹することは、そもそも困難な面があるといえるであろう。[24] また、マーシャル長官期にあっては、州際通商条項（合衆国憲法1条8節3項）解釈を通じ、州の規制権限に対する全国的統制を可能とする途が開かれ、州際通商条項が州の立法権に対する監視の根拠となっていったとされるが、その際、マーシャルは、その監視の役割が、司法審査という形で、連邦最高裁裁判官に委ねられていることの意義を十分自覚していた、とされる。[25] そうだとすると、カテゴリカルに「裁量」の存否を問うことの困難に加え、連邦最高裁としては、何らかの形で、他部門ないし他の機関の行為を統制する司法審査の手がかりが求められることとなる。

III 司法審査の黎明期——20世紀初頭の連邦最高裁

1 総説——「境界線画定（boundary tracing）」としての司法審査

さて、南北戦争を経たあと挿入された修正条項、とくに修正14条は、司

---

23) White, *supra* note 9, 18-19.
24) *Id.* at 20-21.
25) *See* FELIX FRANKFURTER, THE COMMERCE CLAUSE UNDER MARSHALL, TANEY AND WAITE 47 (1937).

法審査のあり方にも一定の影響を及ぼすことになる。この頃になると、州のポリスパワーによる規制がさまざまな側面でなされるようになり、修正14条1節の適正手続条項は一定の権利等を保障するものと観念され、それに対する違憲訴訟も提起されることになった。

　フロインド（Ernst Freund）は、ポリスパワーによる規制が問題となる文脈で、合衆国憲法の適正手続条項が立法に対して有する意味を、次のように述べていた。政府の行為が、不特定多数の人々に等しく適用され、影響のある者すべてに適正手続で要請される告知を行うことが困難となると、「恣意的および不合理であることに対する保障が、一般的原則となっていく。……個人に対する手続に関し、正当な理由（just cause）を確保できなければ、告知と聴聞は、行政においてさえ意味をなさない。したがって、適正手続の本質は、正当な理由の存否であって、これがあらゆる立法の基礎になければならない」（傍点筆者）。そして、19世紀末頃から20世紀初頭にかけて支配的とされた思考は、公的領域と私的領域の区分であって、ポリスパワー等による規制の文脈でもそれが維持された、といわれる。つまり、正当な立法——フロインドの言葉を借りれば、「正当な理由」に根ざす立法——とは、真に公共の目的に適うものであって、特殊利益に根ざしたものであってはならない、という意味での中立性が要請されることになる。司法審査の観点からいえば、この時期、連邦最高裁は、州のポリスパワーによる規制に関し、公権力と私的権利との境界線の画定——"boundary tracing"——に乗り出すこととなった。以下、その具体例を、いくつかの判例を素材にみておきたい。

---

26) たとえば、19世紀において、産業界での技術革新や疾病の原因の発見およびその治療などに関する研究の進展により、公衆衛生・安全に対する公的規制の必要性が高まったとされる。See Ernst Freund, Standards of American Legislation: An Estimate of Restrictive and Constructive Factors 20 (Lawbook Exchange, 2006) (1917).
27) White, *supra* note 9, at 35.
28) Ernst Freund, The Police Power: Public Policy and Constitutional Rights 15 (1904).
29) *See* Barry Cushman, Rethinking The New Deal: The Structure of a Constitutional Revolution 47 (1998). *See also* Cass R. Sunstein, *Lochner's Legacy*, 87 Colum. L. Rev. 873 (1987).
30) White, *supra* note 9, at 35.

2 具体的展開

(1)「公益(public interest)」にもとづく規制 Munn v. Illinois 連邦最高裁判決(1876年)は、ポリスパワー規制に関し、「境界線の確定」を行った例ということができる。ここでは、穀物倉庫所有者等に対し、倉庫使用料の上限を定めた州法が、修正14条1節の適正手続条項等に反するとして争われた。ウェイト(Morrison R. Waite)長官はまず、「あらゆる制定法は、合憲なものと推定される」、として合憲性推定原則を確認し、かつ、修正14条制定以前から、私有財産の使用等に対する規制は許容されてきたとしたうえで、次のように述べ、その合憲性を支持した。「こうして当裁判所は、この規制権限が依拠する原理について考察することとなる。それによって、何がその規制の効果が及ぶ範囲にあり、何がそうでないかを決することができるのである。さて、合衆国憲法が保障する権利が由来しているコモンローをみると、当裁判所は、私有財産が『公益に関連する(affected with public interests)』ときは、それが私人の権利(*juris privati*)であることをやめる、と解する。……財産は、公共の成果のために用いられ、かつ共同体全体に関わるときは、公益を身に纏う」。イギリスの先例等を通じてみると、「私有財産は、公共の用に供されるとき、公の規制に服する」。そして、「ここでの目的において、当裁判所は、本件のような立法を正当化する事実状態が存しうるのであれば、現在審査している制定法が可決されたとき、それが実際に存していたと推定しなければならない。……当該制定法を正当化する事実状況が一切存することがないというのであれば、当裁判所は、州の立法権の限界を超えたとして、当該制定法を違憲と宣言するであろう。しかし、事実状況が存しうるのであれば、我々は存したと推定しなければならない。立法権の範囲内にある立法府の干渉が適切か否かは、立法府こそが専ら審判者となる」[31]。

また、Mugler v. Kansas 事件(1887年)では、酒類の製造・販売を規制する州法が、修正14条1節の特権免除条項および適正手続条項に反するとして争われた。ハーラン(John M. Harlan)裁判官は、次のようにいう。「Munn 判決がいうように、純然に専ら私的な権利について、これを規制する権限は

---

31) Munn v. Illinois, 94 U.S. 113, 123, 125-133 (1876).

人民全体に存しないが、政府は、『市民各人は、他者を不必要に害しないよう、自身が行動し、その財産を用いること』を要請することはできる」。飲料製造が他者に弊害を生じさせるか否かの判断は、州のポリスパワーを行使する州立法府に属するが、それがすべて合憲とされるわけではない。「したがって、公衆衛生、公の道徳、公共の安全を保持することを目的とした制定法が、それらの目的と、実際上もしくは実質的になんら関連しないとき、または、根本法で保障された権利を明白に侵害するときは、そのように判断し、憲法を有効なものとすることは、裁判所の職責である」。この Mugler 判決を引用しつつ、Powell v. Pennsylvania 判決（1888 年）は、オレオマーガリンバターの製造・販売を規制する州法の合憲性を支持した。同じくハーラン裁判官によれば、「本件制定法が、州民の健康保護および虚偽の防止のための、州のポリスパワーの正当な行使であるときは、この修正条項〔修正 14 条〕に反するものでないということは、ほぼいうまでもないことである。というのも、次のことは、当裁判所の確立した法理であるからである。すなわち、政府は、とりわけ公衆衛生および公の道徳の維持を目的として組織されるので、これらの目的のために規制する権限を不要とすることができず、そして、修正 14 条は、州によるこの種の権限行使に干渉することを企図したものではない、ということである」。この判決は、裁判所が違憲と判断することは、「極度の繊細さ（extreme delicacy）」を伴う職責であるとして、制定法と合衆国憲法との抵触が「明白または顕著な（clear or palpable）」な場合に違憲となると述べており、同時期に出された、セイヤー（James B. Thayer）の理論（「明白な誤り」の準則）と共鳴する審査のあり方が示されている。

（2）　偽りのポリスパワー規制？──Lochner 判決　　以上の審査手法では、立法府の判断に今日でいう合憲性の推定に近い配慮はするものの、一方で、ポリスパワーの行使として許容された正当な規制とはいいがたい、「公益」を保護することを装った、いわば「偽り」の規制とされたものについては、裁判所は違憲とすることをためらわない。その代表例として、Lochner v.

32)　Mugler v. Kansas, 123 U.S. 623, 660-661 (1887).
33)　Powell v. Pennsylvania, 127 U.S. 678, 683 (1888).
34)　*Id.* at 686. *See also* James B. Thayer, *The Origin and Scope of the American Doctrine of Constitutional Law*, 7 HARV. L. REV. 129, 144 (1893).

New York 事件（1905年）をあげることができるであろう。ニューヨーク州のパン工場労働時間規制立法について、ペッカム（Rufus W. Peckham, Jr.）裁判官は次のように述べた。「当裁判所は、本件において、ポリスパワーの限界に達し、それを超えたものと考える。当裁判所の判断では、本件法律が、公衆衛生またはパン製造業に従事する個人の健康を保護する衛生法として、必要または適切であると判断しうる、いかなる合理的基礎も存しない」。「本件法律は、その語のいかなる正当な意味においても、衛生法ということはできず、使用者および被用者双方が有する、当事者が最善と判断し、当該契約の相手方と合意しうる条件で労働に関し契約を締結する個人の権利に、違法に干渉するものである」。労働時間の規制が、労働者の清潔さを保持することとなり、ひいてはその商品（パン）の清潔さも維持されるとの主張は、「当裁判所が思うに、不合理であっておよそ恣意的である。当裁判所が言及した以上のような主張が、当該法律が『衛生法』であるとする主張のありうる基礎とするために必要になるのであれば、少なくとも、そこには、公衆衛生または公共の福祉に寄与する目的というより、立法府を支配していた他のなんらかの動機があったのではないかと、疑念を生じさせるのである[35]」。

いわゆる黄犬契約（yellow dog contract）の州による規制が被用者と使用者の「契約の自由」を侵害するとして違憲とした Coppage v. Kansas 事件（1915年）も、同じような傾向を示している。ピトニー（Mahlon R. Pitney）裁判官は次のようにいう。「明確かつ支配的な区別とは、次の通りである。すなわち、〔ポリスパワー規制として合憲とした〕事例は、たとえ自由および財産への私人の権利の享受が付随的に制約されたとしても、公共の福祉に直接影響のあるなんらかの目的を確保するために正当にも必要と考えられた規制を採用する州法が、許容されたものであった。目下審査しているカンサス州法の当該部分にあっては、……財産を有する者から『経済的自立』の一部を奪い、運の不平等を是正するという企図以上に、衛生、安全、道徳または公共の福祉について、明示的または黙示的に関連するといえる趣旨または目的が、一切ないのである。要するに、個人の自由および財産権の通常の行使に対する干

---

[35] Lochner v. New York, 198 U.S. 45, 58, 61, 62-63 (1905).

渉が、本件法律の主たる目的であって、一般的福祉の増進に付随するものではないのである」。[36]

2 境界線画定の司法審査

これらの事例は、ポリスパワー規制と私的権利の境界線画定を、規制権限の合理的行使の観点から審査するものであった。これと近い時期には、州際通商条項規制（合衆国憲法1条8節3項）をめぐって、許容される規制とそうでないものとを二分論的に判断する例がみられるなど、やはり「境界線画定」的な思考がみられている。[37]

審査基準論の観点から、ここでいくつかの点に留意しておきたい。第1に、この時期の司法審査は、制約される権利・自由の内容・性質等を区別することなく、いずれの場合であっても、同一の審査――ポリスパワーの行使が合理的であるか、すなわち、それが公衆衛生の維持等、公益に根拠をおく規制といえるか――を行っていた点である。それを端的に示すと考えられるのが、一定の学年に達しない児童に対し英語以外の語学を教育することを禁止した州法の合憲性が問題となった、Meyer v. Nebraska 事件（1923年）の次の一節である。マクレイノルズ（James C. McReynolds）裁判官は、次のようにいう。連邦最高裁は、修正14条の適正手続条項で保障される自由について、正確な定義をしてこなかったが、「疑いもなく、身体的拘束からの自由のみを意味するのではなく、次のものも含むと解してきた。すなわち、個人が契約をすること、いずれかの社会的な職業生活に従事すること、有益な知識を獲得すること、婚姻し、家庭を築き子を養育すること、自己の良心に従い神を敬うこと、そして、自由人として幸福を秩序ある形で追求するうえで不可欠な、

---

36) Coppage v. Kansas, 236 U.S. 1, 18 (1915). これに先駆け、連邦法による黄犬契約規制も違憲とされた。「使用者および被用者は、権利において対等であって、その対等性を阻害するいかなる立法も、契約の自由に対する恣意的な干渉であり、自由なわが国にあって、それは、いかなる政府も適法に正当化しえないのである」。See Adair v. United States, 208 U.S. 161,175 (1908).

37) See, e.g., Hammer v. Dagenhart, 247 U.S. 251, 272 (1918)（州際通商の規制は、州際間の「運送（transportation）」には及びうるが「物品の製造（production of articles）」には及ばない）; A.L.A. Schechter Poultry Co. v. United States, 295 U.S. 495, 546-550 (1935)（州内の事項が州外にどれほど影響を与えるかについて、「直接的（direct）」・「間接的（indirect）」影響の区別を用いる）.

厳格な基準

コモンロー上長きにわたり認められてきた特権を享受すること、への権利である。……確立された法理とは、次の通りである。すなわち、この自由は、公益を保護することを装って (under the guise of protecting the public interest)、恣意的であるか、または、州が実施すべき権能の範囲内にある目的と合理的な関連性がないのに、立法府の行為によって侵害されてはならない、ということである。何が適切なポリスパワーの行使であるかについての立法府の判断は、終局的または決定的なものではなく、裁判所の審査に服するのである」[38]。白人種と有色人種とで鉄道客車を区別することを求める州法の合憲性が争われた、Plessy v. Ferguson 事件（1896 年）も、州のポリスパワー行使は合理的でなければならないところ、その合理性を判断するにあたり、人々の確立された慣習等、人々の快適さの向上、そして公の平穏および秩序維持を勘案して立法することは自由であって、本件州法は不合理とはいえない、と判断する部分があり、ここでも、ポリスパワー規制の合理性のみが専ら問題とされている[39]。

　第 2 に、Lochner 判決が顕著に示すように、ポリスパワー規制として伝統的に正当化されてきた領域から逸脱し、実質的には特定の者の個別利益を保護するかにみえる規制については、公的規制として許容される規制を超え、不当に私的権利に干渉するものとして、有無をいわさず違憲とされる。周知のように、こうした姿勢が政治部門から強く反発を受け、1937 年、連邦最高裁は、経済規制立法全般について、立法府の判断の合憲性を尊重し、敬譲的な司法審査へと舵を切ることになる[40]。ただ、それ以前にあっても、労働規制立法の合憲性が適法なポリスパワーの行使として支持された例があったほか[41]、「公益」関連性の有無で境界確定を行うことに疑問を呈するものもあった。Nebbia v. New York 事件（1934 年）では、牛乳販売にかかる価格規制を行っていた州法の合憲性が争われたが、これに関し、ロバーツ（Owen J.

---

38)　Meyer v. Nebraska, 262 U.S. 390, 399-400 (1923).
39)　Plessy v. Ferguson, 163 U.S. 537, 550-551 (1896).
40)　*See, e.g.,* West Coast Hotel Co. v. Parrish, 300 U.S. 379, 399 (1937); NLRB v. Jones & Laughlin Steel Co., 301 U.S. 1, 37 (1937).
41)　女性の労働時間規制立法が合憲とされた例として、*See* Muller v. Oregon, 208 U.S. 412 (1908).

Roberts）裁判官は、1876年のMunn判決以来の、当該私的権利が「公益に関連する（affected with public interests）」か否かで規制範囲を検討する審査に関し、「公益」に関連する業態について厳密に確定されたカテゴリーがあるわけではないので、裁判所としては、各事案において、当該規制が合理的な権限行使として許容されるか、あるいは恣意的なものとして許されないかを判断することとなる、と述べた[42]。このように、ロックナー期の最高裁に対する政治部門の反発もさることながら、「境界線画定」型の司法審査には、判例内部においても疑問が呈されていたという点で、本来的に問題を抱えていたということもできるであろう。こうした状況を経て、新たな司法審査のあり方が求められていくこととなる。

IV　厳格審査基準に向けて──20世紀半ばの連邦最高裁

1　総説──「境界線画定」型司法審査から、厳格度を伴う段階的審査基準へ

「境界線画定」型の司法審査は、さまざまな面で限界を来すようになる。ポリスパワー規制のみならず、州際通商規制の領域でも、二分論的な審査手法が放棄されるようになっていった[43]。Lochner判決におけるよく知られたホームズ（Oliver W. Holmes, Jr.）裁判官の反対意見が端的に示していたように、これらの手法には、特定の経済的な偏向を反映するものとするイデオロギー的批判があり[44]、こうして、「境界線画定」型の司法審査は、理論的にも、ま

---

42)　Nebbia v. New York, 291 U.S. 502, 536 (1934). そのうえで法廷意見は、適正手続に関していえば、その他の憲法上の制約がない限り、公共の福祉を促進すると合理的に考えられる経済政策ならいかなるものでも自由に採用することができ、その目的に適合した立法によって当該政策を実現することも許される、としている（at 537）。

43)　州際通商条項による規制の領域では、州内の行為が州際通商に与える影響について「直接的」または「間接的」かを問う審査手法ではなく、州際通商に「実質的な影響（substantial effect）」があるかどうかを問う審査手法へと変化した。*See* United States v. Darby, 312 U.S. 100, 119-120 (1941). *See also* Wickard v. Filburn, 317 U.S. 111, 125 (1942).

44)　*See* White, *supra* note 9, at 63-64. *See* Lochner v. New York, 198 U.S. 45, 75 (1905) (Holmes, J., dissenting).「本件は、わが国の大半が賛意を示さない経済理論に依拠して判断された。……修正14条は、ハーバート・スペンサー氏の『社会静学』を具体化したものではない。……憲法は、それがパターナリズムならびに国家および市民との有機的な関係にもとづくものであれ、または自由放任主義のものであれ、特定の経済理論を具体化しようとしたものではないのである」。

厳格な基準　　49

た、実際的にも、維持することが困難となった。一方で、IIIでふれた判例も言及していたように、「境界線画定」型の司法審査の時期には、立法府に対する配慮も存在していた。「当裁判所は、マーシャル長官から今日に至るまで、揺るぎない判例の系譜によって、次の準則に強固に依拠してきた。すなわち、合理的な疑いを超えない限り、連邦議会の法律の合憲性のために、あらゆる推定を可能な限り措定する、ということである」[45]。この時期の司法審査にあっては、憲法上の権利・自由の内容・性質にかかわらず審査がなされていたのであるが、「境界線画定」が困難となると、そこに残るものとしては、ただ、立法府の制定法に対する合憲性推定の原則ということになろう。しかし、ここで理論的な問題が生ずる。つまり、憲法上の権利・自由に関する制約は、すべて合憲性推定の原則のもとに、およそ立法府に敬譲する形で審査されることになるのか、という点である[46]。この段階において、ある種の自由・権利については、立法府に敬譲的な司法審査が妥当しないと考える立場が、連邦最高裁裁判官から示されるようになる。

2　具体的展開

(1)　**段階的審査基準の端緒**　まず、ある種の権利・自由は、合衆国憲法が保障する憲法上の権利・自由として一定の意味があるとの思考がみられるようになる。審査基準論とは文脈が異なるが、合衆国憲法の権利章典のいずれが州に対しても適用されるかが問題となった Palko v. Connecticut 事件(1937年)で、カードーゾ（Benjamin N. Cardozo）裁判官は、それぞれ先例をあげながら、次のように述べていた。「修正14条の適正手続条項は、州に対し、その制定法によって、修正１条が連邦議会による侵害から保護する言論の自由、……同様に、出版の自由、……宗教の自由な行使、……これがなければ言論が不当に制約されてしまう、平穏に集会する権利、……犯罪の訴追を受けた者が弁護人を要求する権利、を奪うことを違法とする。これらの事例およびその他の状況にあって、各修正条項の格別の要請によって連邦

---

45)　Adkins v. Children's Hospital, 261 U.S. 525, 544 (1923). 同判決は、コロンビア特別区における女性等に対する最低賃金を規制する連邦法を違憲とした。
46)　*See* Fallon, *supra* note 9, at 1287-1288.

政府に対し妥当する〔制約からの〕免除は、秩序づけられた自由という概念（the concept of ordered liberty）に含意されたものと考えられてきたのであって、こうして、修正14条を通じ、州に対しても妥当することになる」（傍点筆者）。ここでの言明は、合衆国憲法の修正条項に関する州への適用の有無の判断にかかるものであるが、一定の自由——表現の自由、信教の自由、集会の自由、刑事被告人の弁護人依頼権等——が、「秩序づけられた自由という概念」に含意されたものと位置づけられている点に、留意しておきたい。

そして、一定の権利・自由については、合憲性推定原則が弱まるか、または妥当しない可能性を示唆したのが、いうまでもなく、United States v. Carolene Products Co. 事件（1938年）の判決における、脚注4である。脱脂乳に植物性脂肪を加えた牛乳の州際通商を規制する連邦法の合憲性が争われたこの事件で、ストーン（Harlan F. Stone）裁判官は、州際通商条項違反の主張を排斥し、また修正5条にも違反しないとしたが、その際、次のようにいう。「……立法府の判断を支持する事実の存在は、推定されなければならない。というのも、通常の商取引に影響を与える規制立法は、公知または一般に推認される事実の観点から、立法府の知識および経験の範囲内にある一定の合理性に依拠したものとの推定を排除するような性質のものでない限り、違憲と宣言されてはならないからである」。この末尾に付されたのが脚注4であって、わが国憲法学でも周知のものであるが、次のようなものであった（番号は筆者付加）。「〔①〕合憲性推定の適用の範囲は、合衆国憲法の特定の禁止規定の射程に明らかに含まれるとみえる立法の場合には、狭くなるかもしれない。たとえば、最初の修正10か条であり、これらは修正14条に含まれた場合には等しく特定的〔な禁止〕となる。……〔②〕望ましくない立法を廃止すると通常期待しうる政治過程を制約する立法が、その他多くの類型の立法に比べ、修正14条の一般的禁止のもと、より厳密な司法審査に服すべきか否かは、目下のところは検討する必要がない〔選挙権、情報の伝達、政治的結社、平穏な集会への制限など〕。……〔③〕以上と同様の考慮が、特定の、

---

47) Palko v. Connecticut, 302 U.S. 319, 324-325 (1937).
48) United States v. Carolene Products Co., 304 U.S. 144, 152-153 n.4 (1938). 脚注4の形成過程についての包括的かつ代表的研究として、松井・前掲注8）第1章参照。

宗教、……国籍、……人種的な少数者に向けられた制定法の審査に及ぶか否か、分離され孤立した少数者 (discrete and insular minorities) に対する偏見が特別の条件となって、通常であれば少数者を保護するうえで依拠しうる政治過程の運用を重大に阻害する可能性があり、それに応じてより徹底した司法審査が要請されるか否かについてもまた、検討する必要はない」。

(2) **段階的審査基準の形成**　Carolene 判決脚注 4 は、経済規制立法には合憲性の推定を及ぼしつつ、一定の権利・自由あるいは「分離され孤立した少数者」にかかる場合などには、踏み込んだ司法審査がありうることが示唆され、ここにおいて、権利・自由の意義に応じた段階的な司法審査への途が開かれていくこととなる。そして、時期を同じくして、いくつかの権利の重要性が肯定されていく。自治体によるビラ配布規制等の合憲性が問題となった Schneider v. Irvington 事件 (1939 年) で、修正 1 条が保障する言論および出版の自由が修正 14 条で保障されるとしたうえで、ロバーツ (Owen J. Roberts) 裁判官は次のように述べた。「当裁判所は、言論の自由および出版の自由は、個人の権利および自由にとって根本的なものであると位置づけてきた。この言辞は空虚なものではなく、軽々に用いられたものでもない。合衆国憲法の制定者が有していた、これらの権利行使は、自由な人々による自由な政府の基礎にあるという信念を反映しているのである」[49]。また、冊子等の配布の許可制を定める市の条例の合憲性が争われた Lovell v. Griffin 事件 (1938 年) でも、ヒューズ (Charles E. Hughes) 長官は次のようにいう。「言論の自由および出版の自由は、修正 1 条によって連邦議会の侵害から保護されているが、これらは、・基・本・的・な・個・人・の・権・利・お・よ・び・自・由であって、修正 14 条によって、州による侵害から保護されるものである」(傍点筆者)[50]。路上等での書籍販売等に免許税を課す市の条例を合憲とした Jones v. Opelika 事件 (1942 年) でも、リード (Stanley F. Reed) 裁判官は、信仰や見解の表明が「個人の権利および自由にとって根本的なもの」であって、これらを規制することが、「民主政の原理的基礎を破壊する」こととなりうる点を強調した[51]。さらに、

---

49) Schneider v. Irvington, 308 U.S. 147, 161 (1939).
50) Lovell v. Griffin, 303 U.S. 444, 450 (1938).
51) Jones v. Opelika, 316 U.S. 584, 594 (1942).

宗教書籍行商人（religious colporteur）に対し免許税（license tax）を課す自治体条例の合憲性が問題となった、Murdock v. Pennsylvania 事件（1943年）において、ダグラス（William O. Douglas）裁判官は、「特許税は、修正1条で保護される特権を、呼び売り商人・行商人の商品・販売品と同列にし、これらと同様に扱うことで合憲性を獲得できるわけではない。出版の自由、言論の自由、信教の自由は、優越的地位（preferred position）に位置するのである」。

ただ、こうした一定の自由が憲法上意義を有し、それに応じた厳格な司法審査が妥当するか否かについては、この時期では、必ずしも裁判官間でコンセンサスがあったとはいえない面があった。Minersville School District v. Gobitis 連邦最高裁判決（1940年）と、これを覆した West Virginia State Board of Education v. Barnette 連邦最高裁判決（1943年）とで、この間の経緯が示されている。両者は、公立学校の児童に国旗敬礼を要請する州の行為の合憲性が争われた点で共通するが、前者において、フランクファーター（Felix Frankfurter）裁判官は、宗教をめぐる苛烈な闘争という過去に言及しつつ、宗教の自由な行使が「貴重な権利（precious rights）」であり、「その射程が問題となるのは、個人の良心と社会が求める必要性とが衝突した場合のみである」、として、信仰上の義務と世俗の利益との対立にかかる両者の調和について、「考えられるあらゆる〔許容の〕余地は、宗教的信仰の主張に与えられなければならない」、とした。しかし彼は、本件を愛国心教育の問題ととらえ、「伝統的な民主政理念に対する実効的な忠誠を確保する一方で、人種的出自や宗教的忠誠によってかように多様化した人々の間での異見を同時に尊重するという、微妙なプロセスにおいて競合する考慮事項を選択することは、当裁判所の領分ではない」、として、合憲性を支持した。

これに対し反対意見を執筆したのが、Carolene 判決法廷意見を執筆したストーン裁判官であった。本件が児童に対し、自己の意に沿わず、根底にある宗教的確信を侵害する感情の表明を強制するものであるととらえたうえで、

---

52) Murdock v. Pennsylvania, 319 U.S. 105, 115 (1943). この事件や、後述の Gobitis 事件・Barnette 事件の当事者は、いずれもエホバの証人を信仰する者であった。
53) とくに Barnette 判決のジャクソン裁判官法廷意見の思考については、蟻川恒正『憲法的思惟―アメリカ憲法における「自然」と「知識」』（創文社・1994年）参照。
54) Minersville School District v. Gobitis, 310 U.S. 586, 593-594, 598 (1940).

厳格な基準

彼は、次のようにいう。「市民的自由の保護は、専ら人間の精神の自由と、それを表明する理に適った自由と機会の保護にある。これらは、その者が望む意見をもち、理に適った形で自由に表明する機会が与えられる権利、および、州と同様に、思想の伝達によって、他者に教え、説得する自由を前提とするのである」。さらに、フランクファーターの法廷意見が、民主政の過程に対する是正のチャンネルが開かれている限り裁判所が関与するのは控えるべきというのに対し、まさに Carolene 判決を援用して反駁する。「この言明は、ごくわずかの少数者の憲法上の権利保障を、人民の意思に委ねることと同義のように思われる。当裁判所は先に、分離され孤立した少数者に対する偏見が、通常であれば少数者を保護するものとして依拠される政治過程の運用を阻害する場合、立法府の判断に対する厳格な司法審査（searching judicial scrutiny）が重要であることを指摘したのである。……これらの場合に、市民的権利がなんらかの保障を受けるものとするならば、望まれた信念を強制的に肯定させられることによって、信条または意見の同化を確保しようとする立法府の試みに対し、慎重な精査（careful scrutiny）が、とりわけ必要となるのである」。

この3年後、Barnette 判決は、ストーン意見に沿う形で Minersville 判決を覆した。ジャクソン（Robert H. Jackson）裁判官はいう。「当事者の主張の検討にあたり、次の区別をすることが重要である。すなわち、修正1条の諸原理を伝達する手段としての修正14条の適正手続条項と、それ自体で適用される場合との区別である。修正1条に抵触するがゆえに修正14条に抵触する立法の審査基準（test）は、専ら修正14条のみが関わる場合の審査基準に比べ、はるかに厳密な（definite）ものである。修正1条による格別の禁止がその判断基準となる場合、適正手続条項の抽象性は霧消する。たとえば、公益企業を規制する州の権限は、適正手続条項の審査基準に関する限り、立法府がその採用にあたり『合理的基礎』を有すると考えた制約すべてを課すことが認められる。しかし、言論および出版の自由、集会の自由、そして礼拝の自由は、そのような根拠の薄弱な理由で侵害されてはならない。これ

---

55) *Id.* at 599 & *Ibid.* n.6.
56) *Id.* at 601, 604, 606 (Stone, J., dissenting)

らは、州が適法に保護しうる利益に対して生ずる、重大かつ差し迫った危険を防止する場合にのみ、制約に服される。次のことに留意しなければならない。つまり、州に対し直接制約するのは修正14条であるが、最終的に本件を支配するのは、修正1条の、より特定され限定された原理である、ということである」(傍点筆者)。ここでは、修正14条によって編入される権利とそれ以外との区別という形ではあるが、修正1条に関わる権利・自由の場合とそれ以外との場合で、審査基準の厳格度を異にすべきこと——「合理的基礎」の有無のテストと、「重大かつ差し迫った危険」のテスト——が明確に区別されている。ここに、憲法上の権利・自由の内容・性質に応じた、段階的な違憲審査基準の形成の端緒を確認することができる。

2 厳格審査基準の展開と背景

以上は精神的自由の優越的地位に関わるものであったが、それ以外の論点でも、権利の重要性に着目した厳格な審査が示されるようになった。たとえば、平等保護に関して、常習的犯罪者に対する強制的断種を定めた州法の合憲性が争われた Skinner v. Oklahoma 事件（1942年）において、ダグラス裁判官は、本件州法が婚姻や生殖という、種の存在にとって不可欠なものである「人間の基礎的な市民的権利」を侵害し、「不快な差別（invidious discrimination）」にあたるとしたうえで、断種法による区別を「厳格審査」に服させるものとした[58]。また、日系人の強制退去命令の合憲性が争われた Korematsu v. United States 事件（1944年）において、ブラック（Hugo L. Black）裁判官は、次のように述べ、人種にもとづく区別が厳格審査に服することを示唆した。「はじめに留意しなければならないのは、単一の人種的集団の市民的権利を法的に制約するものはすべて、直ちに疑わしい（suspect）ものである、ということである。とはいえ、そのような制約はすべて違憲となる

---

57) West Virginia State Board of Education v. Barnette, 319 U.S. 624, 639 (1943). これに対しフランクファーターは、反対意見を執筆し、「司法の自己抑制は、政治的または立法的な権限の行使が争われた場合は常に、等しく求められるのである」、として、およそ規制の種類（反面からいえば権利の内容・性質）に応じて司法審査のあり方に差が生ずることに強く反発した。*See Barnette,* 319 U.S. at 648 (Frankfurter, J., dissenting).

58) Skinner v. Oklahoma, 316 U.S. 535, 541 (1942).

わけではない。裁判所は、これらの規制を、最も厳格な審査 (most rigid scrutiny) に服させなければならない、ということである。圧倒的な公共の必要性はしばしばそのような制約を正当化するかもしれないが、人種的敵意は決して正当化しないのである」。同判決は、結論として戦時下の軍事的必要性を強調して強制退去の合憲性を支持し、今日知られる厳格審査の形式を明示したわけではなかったが、その後、Brown v. Board of Education 事件 (1954年) と同じくコロンビア特別区の人種別学の合憲性が問題となった Bolling v. Sharpe 事件 (1954年) においても、「専ら人種にもとづく区別は、格別の慎重さをもって精査しなければならない。というのも、それは、わが国の伝統に反するものであって」、「憲法上疑わしいもの」だからである、とされた。

　今日知られる厳格審査——当該規制が、きわめて重要な (compelling) 政府利益を促進するうえで密接に適合しているか否か——の淵源が何かについてはさまざまな議論があるようであるが、さまざまな領域で同時多発的に生じてきた、との指摘がある。いずれにしても、憲法上の権利の内容・性質に応じ、段階的な審査基準が妥当する方向性が示されたのは、1940年代前後といってよいであろう。そして、ある研究によれば、Carolene 判決脚注 4 で示された思考が誕生した背景として、次の点が指摘されていることに、本稿では注目しておきたい。つまり、このような思考の変化には、1930年代のアメリカ国内外の政治・社会状況によってもたらされた、民主政とその欠陥に関するとらえ方の変容が影響しているのではないか、というのである。つまり、ヨーロッパにおけるナチスドイツのユダヤ人迫害等を目の当たりにした当時のアメリカ知識人たちは、歯止めなき不寛容な多数派が少数者を迫害することによって、民主政の危機が生じうることを認識し、多数派の少数派

---

59) Korematsu v. United States, 323 U.S. 214, 216 (1944).
60) Korematsu 判決のこうした言及にもかかわらず、この段階での連邦最高裁は、平等保護条項に関し、Carolene 判決脚注 4 の洞察を必ずしも具体化できていなかったとの指摘がある。See Klarman, *supra* note 9, at 240.
61) Bolling v. Sharpe, 347 U.S. 497, 499 (1954). *See also* Brown v. Board of Education of Topeka, 347 U.S. 483 (1954). 人種別学訴訟において、Korematsu 事件等に関与した日系アメリカ人が一定の役割を果たしたことにつき、*See generally* Robinson & Robinson, *supra* note 9.
62) *See* Fallon, *supra* note 9, at 1275.

に対する偏見が動員されることで、民主政が脆弱さを露呈することを強く意識した、という指摘である。歯止めなき多数決主義と、少数派に対する多数派の感情的な敵意が動員されることが民主政にとって危機となりうることを認識した当時の知識人は、独立した司法による民主政過程の維持に、その防御措置を見出そうとしたとされ、ルーズヴェルト（Franklin D. Roosevelt）大統領によって任命された一部の最高裁判事たちも、こうした思潮の一定の影響下にあったのではないか、とされる。

V　むすびにかえて

　以上、きわめて限られた範囲ではあるが、厳格度を高めた審査基準の形成過程を、各時代の代表的な判例を手がかりに素描してきた。19世紀には政治部門の裁量とされるか否かで司法審査の可否が決せられていたが、19世紀末から20世紀初頭には、公権力による規制と私人の法的権利の境界の確保という、「境界線画定」型の司法審査がみられたこと、そして、20世紀半ばにさしかかり、憲法上の権利・自由の内容・性質に応じ、厳格度に段階をもたせた司法審査への途が開かれたという「物語」を、本稿は追いかけたことになる。

　これらのことからわが国が学ぶとすれば、さしあたり次の点を指摘しうるのではないか、と思われる。第1に、こうした歴史的経緯を振り返ることは、審査基準のもつ本来の意味を再確認させる端緒となるように思われる。わが国が受容した「アメリカ流」の違憲審査基準は、その技術的性格ないし図式的あてはめが批判されることがあるが、ただ、「しばしばいわれるところの

63）　Bixby, *supra* note 9, at 745, 746-759. さらにより詳細な検討として、蟻川・前掲注53）第三章参照。政治参加の機会に関する権利と労働者の権利等社会経済的地位に関する権利の促進が重視されてきたことを背景に指摘するものとして、*See* White, *supra* note 9, at 54-55. 平等保護に関してではあるが、当時の社会状況・意識の変容につき、see BREST ET AL., *supra* note 9, at 1093-1098. 表現の自由について、桧垣伸次『ヘイト・スピーチ規制の憲法学的考察―表現の自由のジレンマ』（法律文化社・2017年）140～144頁参照。
64）　この問題点を指摘するものとして、長尾・前掲注3）187頁以下。同書は、「審査基準」とは、「本来、具体的事案における判例法理を定式化したものであるはずなのであるが、

『審査基準（standards of review）』とは、時として次のようなものであり、またただそうあるべきものである。すなわち、合衆国憲法がいかに最もよく解釈され、主たる意思決定者に適用されるかに関する連邦最高裁の考えの具体化ではなく、連邦最高裁が、憲法の実施（constitutional implementation）という、〔他の国家機関と〕共有されたプロジェクトにおいて、司法の適切な役割をいかに考えているか、ということの省察である、ということである」。そして、その形成は、その時々の時代状況や社会的・経済的諸条件のもとにおいて、裁判所の役割をめぐるアメリカ市民の理解を反映した歴史的経緯があったことも、確認しておいてよいように思われる。わが国の最高裁判事経験者が、日本社会における司法の役割を意識しながらそれぞれ議論を展開しているのも、こうした点と軌を一にする。本稿が垣間見た経緯は、アメリカの政策過程とは、「時にはどうしても必要な利益の代表は立法府に委ね、司法府にはより長期的に考える責任を託する、という大まかな分担」によって行われ、その中で形成されてきたのが、「民主制の行き過ぎをチェックし、民主制を支える違憲審査基準の展開」であったことを裏付けるものともいうことができる。「裁判規範となるような違憲審査基準」のわが国における確立のために、審査基準の歴史的経緯と本来的意義を確認しておくことは、無意味な作業ではないであろう。

　第2に、これと関連して、Carolene判決脚注4の背景として本稿がみたように、審査基準とは、社会における司法の役割をめぐる理解と併せて、その時々の社会における、憲法上保障されるべき実体的権利・利益をめぐる理解とも不可分の関係にあるということも、あらためて認識しておきたい。

　　　日本の学説においては、このことは意識の外におかれる」、という（188～189頁）。
65)　RICHARD H. FALLON, JR., IMPLEMENTING THE CONSTITUTION 39 (2001). この点についてはさらに、大沢秀介『司法による憲法価値の実現』224頁以下（有斐閣・2011年）参照。筆者自身の検討として、尾形健「憲法判断の過程と司法審査のあり方」大石眞先生還暦記念『憲法改革の理念と展開（下巻）』101頁（信山社・2012年）を参照されたい。
66)　泉・前掲注1）第4章、千葉勝美「違憲審査——その焦点の定め方」ii～iii頁（有斐閣・2017年）、同「『憲法学からみた最高裁判所裁判官』の意義と今後の展望」渡辺＝木下＝尾形編・前掲注2）3頁。
67)　佐藤幸治「『国民の司法』へのさらなる発展を求めて」滝井繁男先生追悼『行政訴訟の活発化と国民の権利重視の行政へ』3頁、29頁（日本評論社・2017年）。

Carolene 判決の背景に、歯止めなき多数決主義が少数者に対する感情的な偏見へと向かうとき、民主政が危機に瀕するという認識が、当時の知識人等において一定程度共有されていた、との指摘は、今日の日本社会においても、決して無視しえない教訓であろう。学説で活況を呈している憲法訴訟論ないし憲法判断のあり方についていずれに依るにせよ、問題とすべきはむしろ、現在のわが国の民主政を取り巻く社会状況や人々の意識に、1930年代のアメリカの人々が感じ取ったものが潜んではいないか、そしてもしそうだとしたら、憲法学として対処すべきは、むしろそうした民主政の脆弱性をどう克服すべきかにあるように思われる。[68]

---

[68] より立ち入った検討が必要なのはいうまでもないが、いわゆる朝鮮学校無償訴訟は、「分離され孤立した少数者」をめぐる深刻な問題を提起しているように思われる（広島地判平成29年7月19日LEX/DB25546443、大阪地判平成29年7月28日LEX/DB25448879、東京地判平成29年9月13日LEX/DB25448892）。

合理性の基準
―― その源流と、遥かなる〈res publica〉　　山本龍彦

  I はじめに
  II 合理性基準の展開
  III 「古典的」合理性基準とは何であったか
  IV おわりに

res publica だな、さては。
国家の影に隠れる本体装置。
徒党の連合体と *res publica* は、
そりゃちがうわけだ。
後者は徒党解体に特化した装置だからな
  ――木庭顕『[笑うケースメソッドⅡ] 現代日本公法の基礎を問う』18 頁
（勁草書房・2017 年）

I　はじめに

　違憲審査基準論とは或る種の手続論であり、そこで深遠なる res publica を問題にすることに違和感を覚える読者も少なくないと思う。裁判所に於ける合憲性判定の方法、それも、その〈方法〉の中で最も国家行為に寛容な――講学上よく知られた用語を用いれば「緩やかな」――モードであるとされる合理的根拠のテスト（rational basis test）（以下、日本風の言い方で「合理性基準」と呼ぶ）[1]と「国家（state）」実体論との相性は、恐らくよりイメージし難

---

 1) 合理性基準は、「通常は非常に敬譲的（very deferential）な基準」と説かれる。Robert C. Farrell, *Equal Protection Rational Basis Cases in the Supreme Court Since Romer v. Evans*, 14 GEO. J.L. & PUB. POL'Y 441, 442 (2017). ファレルの調査では、1973 年から

いものだろう。しかし、19世紀前半にまで遡る、アメリカに於ける合理性基準の源流が、州（States）の本来的権限である"ポリス"パワー（*police* power）の限界を画定するための〈方法〉であったとすれば（「不合理」とはすなわち"ポリス"パワーからの「逸脱」を意味する）、単なる合憲性判定テストのひとつであるかのように見える合理性基準とres publica論は不可避的な関連性を有しているようにさえ見える。例えば、一般に合理性基準とは、裁判所が、その面前に提出された立法が正当な政府目的（*legitimate governmental* interest）を有するか否か、採用された手段がこの目的と合理的に関連しているか否かを問うものとされているが、そもそも何が政府目的として「正当」であるのかは、国家権力の正当性根拠をめぐる憲法論なくしては容易には答えられないものといえるだろう。

　本稿は、表題のとおり、アメリカにおける合理性基準の源流を探り、その基本的特徴を明らかにしようと試みるものである。その動機は、近年この日本で、ドイツ流の合憲性判定テスト（いわゆる三段階審査ないし比例原則）が学界を席巻し、合理性基準を含むアメリカ流違憲審査基準論が再考を迫られている点にあるだけではない。実は、かかる基準論の母国アメリカにおいても、合理性基準自体の「合理性」、時にその「合憲性」までもが問われる状況にあり、そのアイデンティティを源流にまで遡り考究しようとする議論が本格化している点にもある。我が国の学界でも既に紹介があるが、アメリカでは、エプスタイン（Richard A. Epstein）やバーネット（Randy E. Barnett）といった

　　1996年にかけて、連邦最高裁が合理性基準を適用した110件の平等保護事案のうち、違憲主張者が勝利したのはわずか10件（成功率は9％）とされる。*Id.*
2)　芦部信喜（高橋和之補訂）『憲法〔第6版〕』132頁（岩波書店・2015年）。
3)　三段階審査については、例えば、松本和彦『基本権保障の憲法理論』（大阪大学出版会・2001年）、小山剛『「憲法上の権利」の作法〔第3版〕』（尚学社・2016年）参照。
4)　これは、ナックバー（Thomas B. Nachbar）の最新論攷のタイトルでもある。Thomas B. Nachbar, *The Rationality of Rational Basis Review*, 102 Va. L. Rev. 1627 (2017).
5)　*See, e.g.*, Evan Bernick, *Subjecting the Rational Basis Test to Constitutional Scrutiny*, 14 Geo. J.L. & Pub. Pol'y 347 (2017); Clark Neily, *Litigation Without Adjudication*, 14 Geo. J.L. & Pub. Pol'y 537 (2017); Andrew Ward, *The Rational-Basis Test Violates Due Process*, 8 N.Y.U. J.L. & Liberty 715, 721 (2014). ワード（Andrew Ward）は、「政府寄り」に司法が立つことを前提的に要求する合理性基準は、司法の公正中立性を侵害すると主張する。ネイリー（Clark Naily）も同様に、現代的合理性基準（「現代的」の意味は後述する）は、独立した判断（independent judgment）を要求する司法権の放棄にも近しいと述べる。

リバタリアンを含む少なからぬ憲法研究者が、とりわけ経済規制立法に対する違憲審査の場面を想定して、ニューディール期を経由した20世紀半ば以降の現代的合理性基準の「無力さ（toothless）」を指摘し、それ以前に見られた古典的合理性基準の再興を試みている[7]。こうした議論傾向と、その影響下にあるとされる近年の裁判例群[8]は、リバタリアン法学という限定的な議論サークルを超えて、合理性基準に於ける「合理性」の意味とres publicaの正当化根拠の関係性を再発見する重要な契機となるように思われる。本稿は、このような動機を背景としながら、合理性基準の源流（古典的合理性基準）と現代的なそれとの差異を描出し、日本の違憲審査基準論への示唆を導こうとするものである。

II　合理性基準の展開

1　合理性基準の一般的説明

　先述のとおり、合理性基準とは、或る立法の合憲性が問われたとき、①当該立法の目的が「正当な」ものか、②採用された手段がその「正当な」目的と合理的に関連しているかを問うものである。それは、①立法目的がやむにやまれぬ程に重要なものか、②手段がその目的を達成するうえで必要最小限度のものかを問う厳格審査基準[9]との対比に於て、一般に「緩やかな」審査基準と解されている。それは、要求される目的の重要性（正当とされるもので足りるか、やむにやまれぬ程重要なものまで要求されるか）と、目的・手段関係の密接性

---

6) 黒澤修一郎「立法裁量—立法の動機を審査することは可能なのか?」大沢秀介＝大林啓吾編『アメリカの憲法問題と司法審査』229頁以下（成文堂・2016年）、大林啓吾「比較法的視点で読む憲法 3—合理性の基準のルーツとその使い方」受験新報67巻6号2頁（2017年）参照。

7) *See, e.g.*, RICHARD A. EPSTEIN, THE CLASSICAL LIBERAL CONSTITUTION: THE UNCERTAIN QUEST FOR LIMITED GOVERNMENT 304 (2014); Randy E. Barnett, *Why Popular Sovereignty Requires the Due Process of Law to Challenge "Irrational or Arbitrary" Statutes*, 14 GEO. J.L. & PUB. POL'Y 355 (2017).

8) リバタリアン法学の影響下にあるとされる連邦控訴裁の判例群については、Steven Menashi & Douglas H. Ginsburg, *Rational Basis with Economic Bite*, 8 N.Y.U. J.L. & LIBERTY 1055 (2014).

9) 厳格審査基準に関する最近の重要な論攷として、金原宏明「厳格審査の基準の機能と利益衡量について（一）（二・完）」関西大学法学論集66巻3号508頁（2016年）、4号

の相違（合理的関連性があればよいか、寸分の隙もない一致まで求めるか）だけでなく、立証責任（burden of proof）の配分の相違とも関係している[10]。合理性基準の場合、立法の合憲性が推定され、違憲主張者の側に当該立法が違憲であることの立証責任が課されることになる（合憲性の推定）。もちろんこの「推定」は、違憲主張者が立法の合理的根拠を支える事実の不在を首尾よく示せば覆るものであるが、後に詳述するように、ダグラス（William O. Douglas）裁判官の筆になる 1955 年の Williamson v. Lee Optical Co. of Oklahoma 事件判決以降の[11]「現代的」合理性基準では、違憲主張者がこの「推定」を覆すことは極めて困難となる。例えば、裁判所の評価対象となる立法目的は、立法府が現実に考慮した実際の目的でなく、合理的に想像可能（conceivable）なものであるとされたため、違憲主張者は法律制定時の事実から実際の目的を追究し、その正当性を否定するだけでは足りず、想像可能な全ての目的を否定しなければならなくなった。「それ〔合憲性〕を支持し得る全ての想像可能な根拠を否定する責任は、立法を攻撃する者が負う」というわけである[12]。また、目的・手段の合理的関連性の否定にも、事実的・経験的データに基づく立証はイレラバントであるとされ、両者の関連性が合理的に推測される限り、合憲性の推定は覆らないものとされた。「立法府の選択は、裁判所に於ける事実認定に服しないのであり、証拠または経験的データによっては支持されない合理的な推測（rational speculation）に基づくことが許される」というわけである[13]。かくして合理性基準は、違憲主張者の側に「一見不可能な立証責任（seemingly impossible burden）[14]」を課す「反駁不可能（irrebuttable）な合憲性推定[15]」を組み込むもので、実質的な無審査にも等しい[16]と揶揄されるようになるのである。

---

929 頁（同）がある。
10) Erwin Chemerinsky, *The Rational Basis Test is Constitutional (and Desirable)*, 14 GEO. J.L. & PUB. POL'Y 401, 402 (2017).
11) 348 U.S. 483 (1955).
12) Lehnhausen v. Lake Shore Auto Parts Co., 410 U.S. 356, 364 (1973).
13) FCC v. Beach Communic'ns, Inc., 508 U.S. 307, 315 (1993).
14) Farrell, *supra* note 1, at 462.
15) Randy E. Barnett, *Judicial Engagement Through the Lens of Lee Optical*, 19 GEO. MASON L. REV. 845, 860 (2012). 合憲性推定の原則について「司法のあり方」との関係で詳細な検討を加えたものとして、大沢秀介『司法による憲法価値の実現』131 頁以下（有斐閣・2011 年）。

2 展　　開

(1) **ポリスパワーと合理性基準**　　しかし、近年、合理性基準に関するかような一般的理解が、ニューディール期以前のそれと大きく異なることが夙に指摘されるようになってきた。以下、合理性基準の歴史的展開を概観しておきたい。

合理性基準の源流として頻繁に引用されるのは、ハーラン（John M. Harlan）裁判官の筆になる 1887 年の Mugler v. Kansas 事件判決であろう。[17] 連邦最高裁は、私的消費を目的とした酒類の製造・販売を禁ずる州法が、適切なポリスパワーの範囲を超えたもので、合衆国憲法修正 14 条のデュープロセス条項を侵害するかどうかを争ったこの事件で、「State のポリスパワーとして知られるものを行使すること、すなわち、公衆の道徳・健康・安全を保護するために適当または必要な手段とは何かを第一次的に決定すること」は立法府に委ねられているとしながら、以下のように述べた。[18]

> 表面上（ostensibly）これらの目的を促進するために制定された全ての立法が、State のポリスパワーの正当な行使として受容されるべきという結論は直ちには導かれない。当然、立法が超えてはならない限界というものが存在する。全てのあり得る推定が、法律の有効性を認める方向で想定されなければならないが〔合憲性の推定〕、……他方で裁判所が従わねばならないのは、政府の立法部門ではなく憲法典なのであり、よって〔裁判所は〕その責任に於て、あらゆる事案で、これらの限界を超えているかどうかを決定せねばならないのである。
>
> 裁判所は、単なる形式（mere forms）に拘束されてはならず、単なる見せかけに誤導されてもならない。裁判所は、立法府がその権限の限界を超えているかどうかという問いに向き合うときは、常に、物事の本質（the substance of things）に目を向けることができる。否、実際、それは

---

16)　Gerald Gunther, *Foreword: In Search of Evolving Doctrine on A Changing Court: A Model for Newer Equal Protection*, 86 HARV. L. REV. 1, 8 (1972).
17)　123 U.S. 623 (1887).
18)　*Id*. at 661.

厳粛なる〔裁判所の〕責務である。従って、公衆の健康、公衆の道徳、公共の安全の保護のために制定されたと主張される立法が、これらの目的と実際上または実質的な関連性（real or substantial relation）を有していない場合、あるいは、基本法によって保障される権利の明白な侵害がある場合には、そのように裁定し、それによって憲法典を実効化することが裁判所の責務だというべきなのである。（傍点筆者）

　ここには、合理性基準の基本的特徴を物語るフレーズがいくつも散りばめられている。例えば、合憲性の推定とその反駁可能性、立法府による虚偽言明（「見せかけ」の公共[19]）の可能性、目的・手段の関連性を問う意義（虚偽の暴露）などである。しかし、ここでは一先ず、合理性の基準なるものが、State の或る規制権限がポリスパワーの正当な行使とみなし得るか否かを判断するテストとして捉えられていたことを確認したい。Mugler 判決では、修正 14 条違反を巡る争点に関連して、State が保持するポリスパワーからの逸脱が審査されたが、実は、修正 14 条の成立（1868 年）以前からこの問いは存在していた。「ポリスパワー」なる言葉が最高裁に於て初めて使われたのは、1827 年の Brown v. Maryland 事件判決である[20]が（「火薬の除去を命じる権限はポリスパワーに含まれる。この権限が州に留保されていること、州に留保されるべきことは明らかである」[21]）、例えばバーネットは、既に 1798 年の Calder v. Bull 事件判決[22]に於てその原形が認められると指摘する[23]。合衆国憲法 1 条 10 節（事後法禁止）が州立法府による民事事件を対象とした「事後法」にも及ぶかが争われたこの事件で、チェイス（Samuel Chase）裁判官が、「一般福祉の促進（general welfare）」などを「人が社会を構成する〔そもそもの〕目的」とし、その「目的（the purposes）」こそが State の立法権の基礎であり、かつその制

---

19) 公共性の「虚偽性」に注意を促すものとして、例えば、山本龍彦「偽の公共の福祉」？─経済的自由規制と政治過程」法学セミナー 693 号 57 頁以下（2012 年）、中島茂樹「憲法学と公共性」政策科学 11 巻 3 号 163 頁以下（2004 年）、室井力「政治・行政の公共性『政治改革』」科学と思想 75 号 111 頁（1990 年）参照。
20) 25 U.S. (12 Wheat.) 419 (1827).
21) *Id*. at 443.
22) 3 U.S. (3 Dall.) 386 (1798).
23) *See* Barnett, *supra* note 7, at 360-361.

約であると述べたからである。チェイス裁判官自身の言葉を引用しておこう。[24]

　私は、Stateの立法府の全能性に同意できない。そしてまた、コントロールなしの絶対性にも同意できない。それは、たとえStateの立法府の権限が、憲法または基本法によって明確に制約さるべきでないとしてもである。合衆国人民は、正義を確立し、一般福祉（general welfare）を促進し、自由を確保し、身体と財産を侵害から保護するために、その憲法つまりは政体を創設した。人が社会を構成する目的こそが社会契約の性質と条件を決定する。そして、こうした目的こそが立法権限の基礎なのであって、立法権の適切な目標が何かを決めるのである。それは、立法権の性質と目的こそが、その行使を制限することを意味する。……連邦ないし州の立法が、その権限を超過することなしでは為し得ない行為が存在するというわけである。（傍点筆者）

　チェイス裁判官は、Calder判決に於て、こうした考え方を「偉大な第一原理（great first principles）」と呼び、かかる原理の侵害例として、市民間の合法的な契約を侵害する立法や、「財産をAから取り上げ、これをBに与える立法」などを挙げている。[25] バーネットによれば、共和政の基本原理と関連するこうした一般的立法権が、後にポリスパワーとして定式化されていったとされる。[26] 実際、1847年の或る判決で、トーニー（Roger B. Taney）首席裁判官も、ポリスパワーを「全ての主権に内在する（inherent in every sovereignty）政府権限」と位置付けている。[27]

　このように見ると、Stateの規制権限が正当なポリスパワーの範囲内にあるか否かという問いは、修正14条成立以前に既に存在していたといえるが、これを同条の「法のデュープロセス」に関わる問題として再構成したのが、1877年のMunn v. Illinois事件判決であった。[28] 本件は、穀物倉庫事業の価

---

24)　*Calder*, 3 U.S. at 387-388 (opinion of Chase, J.).
25)　*Id.*
26)　*See* Barnett, *supra* note 7, at 366-367.
27)　License Cases, 46 U.S. (5 How.) 504, 583 (1847).
28)　94 U.S. 113 (1876).

格規制を定める州法が、「いかなる州も、法のデュープロセスによらずに人から生命、自由、財産を奪ってはならない」と定める修正14条に違反するか否かを争ったものであるが、最高裁は、これをポリスパワーの問題として取扱った。すなわちこの判決は、「政府は、ポリスパワーの下で、規制が公共の利益にとって必要なものであれば、その市民の行動、……市民が自らの財産を使用する方法を規制することができる」とし、穀物倉庫事業は公共の利益に影響を与えるもので、純粋に私的な事業ではないために、この価格規制はStateの正当なポリスパワーの行使として憲法上許容されると述べたのであった。或る規制が正当なポリスパワーの範囲内にあるか否かというMunn判決の問いを、合理性基準に見られる目的・手段審査形式へと構造化したのが、やはりハーランの筆になる1878年のPatterson v. Kentucky事件判決である。この事件は、燃焼オイルについて連邦上の特許権を有していた者が、かかる連邦特許権が州による燃焼オイル規制を制限し得るか否かを争ったものであるが、最高裁はここで、同規制が、「其々のStateがその市民に対して〔責任を〕負っている、生命、健康、財産の保護と適切かつ直接的な関連性（appropriate and direct connection）」を有しているかどうかを見た。要するにPatterson判決は、憲法上の疑義の提示された規制が、正当なポリスパワーの行使として許容される目的と一定の関連性を有するかどうかを見ていたのである。

　このPatterson判決の約10年後に、同じハーランが執筆したのが、先述したMugler判決であった。以上のような経緯から、合理性基準が、或る規制がStateのポリスパワーの範囲内にあるか否かを審査するテストとして誕生したものであることが看取されよう。

　(2) 反駁可能性　Mugler判決に連なる「古典的」合理性基準のポイントとしてもう1点注目しておくべきなのは、合憲性の推定の反駁可能性である。先述のように、Mugler判決は、合憲性の推定を強調しながらも、違憲主張者が、「法が公共の福祉〔ポリスパワーの実体〕と合理的に関連していな

---

29) Id. at 124-125.
30) 97 U.S. 501 (1878).
31) Nachbar, supra note 4, at 1637.
32) Id. at 506.

いことを示す諸事実を提示することで」、この推定を覆し得ることを容認していた[33]。従って、この基準は、立法府に対して確かに「敬譲的だが、無力ではない（deferential but not toothless）」審査の在り方と考えられたのである[34]。実際、ブラウン（Ray A. Brown）による当時の調査によれば、1913年から1927年にかけて、最高裁は、デュープロセス条項の下、社会経済立法の合憲性にかかわる150件の事案を扱い、そのうち22件で無効を宣言したという[35]。

こうした、"合憲性は推定されるが、反駁され得る"という中庸的思考形式の是非は、1905年のLochner v. New York事件判決に付された2つの——リベラル派裁判官の筆になる——反対意見によって争われることになる[36]。周知のとおり、Lochner判決は、パン製造労働者の労働時間を制限したニューヨーク州法を、ポリスパワーの正当な範囲を超え、デュープロセス条項に違反すると判断したものである。同判決は、Stateがポリスパワーとして公衆の健康や安全を保護する権限を保持することを認めながら、本件に於ては、パン製造労働者の健康を保護するといった立法目的と、労働時間制限という手段との直接的・実質的な関連性が認められないとし、この「目的」が「単なる口実（mere pretext）」であり、実際には「他の動機（other motives）から制定された」[37]——労働組合が組織されておらず、労働時間の規律を持たなかった小規模パン業者を圧迫することで、労働組合が組織された大規模パン業者の特殊権益を保護しようとの意図から出た——規制であると結論した[38]。

ポリスパワーに関する立法府の虚偽言明を疑うLochner判決の基本アプローチは、Mugler判決以降の最高裁の一般的な態度ともいえる。従って、

---

33) Jeffrey D. Jackson, *Putting Rationality Back into the Rational Basis Test: Saving Substantive Due Process and Redeeming the Promise of the Ninth Amendment*, 45 U. RICH. L. REV. 491, 507 (2011).
34) Menashi & Ginsburg, *supra* note 8, at 1063.
35) Ray A. Brown, *Due Process of Law, Police Power, and the Supreme Court*, 40 HARV. L. REV. 943, 947 (1927).
36) 198 U.S. 45 (1905).
37) *Id.* at 63.
38) *See id.* at 63-65. *See also* DAVID E. BERNSTEIN, REHABILITATING LOCHNER: DEFENDING INDIVIDUAL RIGHTS AGAINST PROGRESSIVE REFORM (2011). 詳細は、山本・前掲注19) 57頁以下参照。

あの Mugler 判決の執筆者であるハーランの反対意見が、このアプローチそ
れ自体に向けられたものでないことは言を俟たない。この反対意見が問題に
したのは、単純に、立証責任の配分であった。ハーランによれば、「法律の
有効性が問題になるとき、立証責任はそれが違憲であると主張する側が負
う」ところ、Lochner 判決の多数意見に於てはこれが逆転しているという
のである[39]。この考え方は、当然ながら、違憲主張者による反駁可能性を否定
しない。その意味で、ハーラン反対意見は、Mugler 判決に忠実なものであ
った。これに対して、ホームズ (Oliver W. Holmes, Jr.) 裁判官の反対意見は、
これまでの判例とは全く異なるアプローチを採用した。ホームズは、「伝統に
基礎付けられた権利が存在しない場合には、仮定的な合理的根拠 (hypothetical
rational basis) のみが要求される」と考えたからである[40]。かような思考形式
によれば、実際の立法目的が何であったかは重要でなくなり、或る正当目的
が合理的に想像可能であればよいことになるうえ、かかる目的と手段とが合
理的に推測されればよいことになる。これは、事実的・経験的な証拠を提示
して違憲主張者が合憲性の推定を覆すことを極めて困難なものとする。

　Lochner 判決に付されたこれらの 2 反対意見のうち、1950 年代まで最高
裁に於て重要な位置を占めたのは、ハーラン反対意見の方であった。例えば、
保険規制の合憲性を支持した 1931 年の O'Gorman & Young, Inc. v. Hartford
Fire Insurance Co. 事件判決[41]は、「合憲性の推定は、この法律を覆すための、
記録上のいくらかの事実的基礎が存在しない場合には維持されなければなら
ない」[42]と述べ、同「推定」の反駁可能性を肯定したうえで、いわゆる立法事
実に着目し、「不合理性を証明する事実の主張を裏付ける記録を欠いている」[43]
ことを理由に、その合憲性を支持したのである。そうなると、バーネットが
指摘するように、O'Gorman 判決を書いたブランダイス (Louis D. Brandeis) 裁
判官も、ハーランの中庸的思考形式を採用していたことになる[44]。

---

39) *Lochner*, 198 U.S. at 68 (Harlan, J., dissenting).
40)　Barnett, *supra* note 15, at 849. *See Lochner*, 198 U.S. at 76 (Holmes, J., dissenting).
41)　282 U.S. 251 (1931).
42)　*Id.* at 257-258.
43)　*Id.* at 258.
44)　*See* Barnett, *supra* note 15, at 849.

さらに、「ロクナー時代の終焉」を告げた判決として知られる1937年のWest Coast Hotel Co. v. Parrish事件判決[45]以降も、ハーランの思考形式は最高裁の中に残存する。例えば、それ自体は経済規制（脱脂ミルクの販売禁止）を扱い、合憲性を推定した「緩やかな」審査を採用したものの、彼の有名な「脚注4」で厳格審査が妥当する場面を例示したことで違憲審査基準の階層性を示した1938年のUnited States v. Carolene Products Co.事件判決[46]も、事実的情報によって「推定」が覆ることを肯定していた。ストーン（Harlan F. Stone）裁判官は、注意深く、「特定の事実状況の存在に依拠した法律の合憲性は、こうした諸事実が存在しなくなったことが裁判所に於て証明されることで挑戦を受け得る」[47]と述べていたのである。実際、本件では、通常のミルクよりも栄養価が劣る脱脂ミルクが、通常のミルクと混同され、公衆の健康に害を及ぼすことを防ぐといった立法目的が掲げられていたが、違憲主張者によってその虚偽性が指摘されていた。違憲主張者は、ココナッツ油を足した脱脂ミルクは健康的で十分に栄養価も高く、健康に害を与えるものでないことを示す証拠を提示したばかりか、実際の立法目的は、消費者の混同を防ぐことにあるのではなく、ミルク業界を競争者から保護することにあるとも主張していたのである。Carolene Products判決は、こうした事実的主張に耳を傾けながら、しかし、消費者がミルクに代えて安価な脱脂ミルクを購買する傾向や、それにより栄養を得られなくなる傾向を示す連邦議会の報告書、さらには、栄養価に関する科学的証拠を参照し、脱脂ミルクを規制すべきか否かは少なくとも「議論の余地がある（debatable）」問題であると述べ[48]、結果的に合憲性の推定を維持したのであった。つまり、Carolene Products判決は、合憲性の推定が反駁され得ることを正面から肯定しつつ、本件規制を取り巻く事実状況から違憲主張者がこれを十分に反駁しきれなかったことを合憲判断の決め手としていたと考えることができるのである。

　その意味では、ストーンも、やはりハーランの側にいた。例えば、1938

---

45)　300 U.S. 379 (1937). 山本龍彦「ロクナー時代の終焉」樋口範雄ほか編『アメリカ法判例百選』94頁以下（有斐閣・2012年）参照。
46)　304 U.S. 144 (1938).
47)　Id. at 153.
48)　Id. at 154.

年天然ガス法に基づき連邦電力委員会が行った料金規制の合憲性を支持した1942 年の FPC v. Natural Gas Pipeline Co. 事件判決でも、ストーンはMugler 判決以降の伝統的な合理性基準を維持した。しかし、この Natural Gas Pipeline 判決に於て重要なのは、ルーズヴェルト（Flanklin D. Roosevelt）大統領に任命されたリベラル派の「新入り」たち——ブラック（Hugo L. Black）裁判官、ダグラス裁判官、マーフィー（Frank Murphy）裁判官——が、最高裁の役割は多数意見が考える以上に限定的なものであると主張する同意意見を執筆したことである。彼らは、最高裁が事実の評価にまで深入りすると、「デュープロセス条項は、〔法律の文言にかかわらず〕最高裁がその料金を不合理であるとみなせば、これを違憲無効とする力を最高裁に与えることになる」と述べたのである。

　その後、ダグラスの筆になる、先述した Lee Optical 判決を迎えることになる。この事件は、眼鏡の小売を全国的に展開していた者が、州の免許交付を受けた眼科医・検眼士のみが眼鏡レンズの調整・複製等を行うことができる——単なる眼鏡技師はこれを行うことができない——と規定していたオクラホマ州法の合憲性を争ったものである。無論ここでは、同法の実際の目的が、州の眼鏡市場への新規参入に障壁を設け、以て州内の眼科医・検眼士の特殊権益を保護することにあるのか、それとも、専門家を関与させることで公衆の（眼の）健康を保護することにあるのかが争われた。問題の州法は、立法目的を明記しておらず、記録上、この規制が本当に公衆の健康保護のために設けられたものか極めて疑わしかったのであるが、ダグラスによる法廷意見は、こうした事実的記録は本件ではイレラバントであって（違憲主張者が提出した全証拠を「棚上げ」して）、先述した如く、立法府が当該規制の根拠とし得た仮定的理由が「想像可能」であれば、当該規制は支持し得るとしたのである。すなわち、ここにおいて「合理性基準」は、実際上の合理的根拠（*actual* rational basis）を問うハーラン＝ブランダイス＝ストーン流の審査から、

---

49)　315 U.S. 575 (1942).
50)　*Id.* at 575, 599 (Black, Douglas, and Murphy, JJ., concurring).
51)　実際、下級審判決は、同規制を違憲と判断した。Lee Optical of Oklahoma, Inc. v. Williamson, 120 F.Supp. 128 (W.D. Okla. 1954), *rev'd*, 348 U.S. 483 (1955).
52)　Jackson, *supra* note 33, at 504.

仮定上の合理的根拠（*hypothetical* rational basis）を問うホームズ流の審査へと大きく舵を切ったことになる。[53]「このテストの下では、法の実際の目的が何かは問題とされない。そこでの唯一の問題は、立法府が結論し得たと最高裁が考え得る目的である。かつ、法とその目的との間に如何なる合理的関連性も存在しないとする証拠も重要ではない。実際のところ、その関連性が存在すると立法府が考え得たなら、それで十分なのである」[54]。1955年の、このLee Optical判決以降の合理性基準の適用事案は、基本的にはこのアプローチを承認しており、同判決はマーベリー判決[55]、ドレッド・スコット判決[56]、プレッシー判決[57]、ブラウン判決[58]、ロー判決[59]と並ぶパラダイム・ケースのひとつとも評されている[60]。

以上の経緯から見て、「ルーズヴェルトに任命された裁判官たちが、優越的権利が問題となる場合を除いて、立法に対する最高裁の審査を事実上骨抜きにするような、司法的敬譲に関するホームズ的見解を復活させた」[61]と考えることもできそうである。バーネットも、ニューディール期の最高裁は依然としてMugler判決およびLochner判決反対意見に於けるハーランのアプローチ（反駁可能な合憲性推定）を採用していたという。バーネットの見立てに従えば、このアプローチが大きく変更され、合憲性推定の反駁が極めて困難となった──合理性基準が言葉通りの意味に於て「緩やか」な審査基準となった──のは、実際には1950年代のウォーレンコートの時代だったということになる[62]。

---

53) *See* Barnett, *supra* note 15, at 860.
54) Jackson, *supra* note 33, at 505.
55) Marbury v. Madison, 5 U.S. (1 Cranch) 137 (1803).
56) Dred Scott v. Sandford, 60 U.S. (19 How.) 393 (1857).
57) Plessy v. Ferguson, 163 U.S. 537 (1896).
58) Brown v. Board of Education of Topeka, 347 U.S. 483 (1954).
59) Roe v. Wade, 410 U.S. 113 (1973).
60) *See* Barnett, *supra* note 15, at 856.
61) Jeffrey D. Jackson, *Classical Rational Basis and the Right to Be Free of Arbitrary Legislation*, 14 Geo. J.L. & Pub. Pol'y 493, 503 (2016).
62) Barnett, *supra* note 15, at 857.

III 「古典的」合理性基準とは何であったか

1 基本的特徴

　これまで見てきたところから、Mugler 判決を源流とする「古典的」合理性基準と、Lee Optical 判決以降の「現代的」合理性基準との相違は明らかであろう。本節では、前者の基本的特徴を、後者との比較を通じて描出していきたい。

　(1) 権利言説ではなく、権限言説であるということ　この点で先ず第1に、古典的合理性基準が、権利の性質ではなく権限の性質に着目するものであったということを指摘できる。最高裁は、殆どの事案で、この基準を経済規制立法に適用してきたが、Lochner 判決を例外として、職業追求の権利など、経済的自由の根拠・範囲・性質について何も述べていない。そこでは、「単に『自由の利益 (liberty interest)』と呼ばれるものを同定すればよ〔く〕」、重要なのは、「立法府の権限の適切な範囲を同定すること」、すなわち、「連邦議会の列挙権限と、公衆の健康や安全を保護する States のポリスパワーに焦点を当てること」であった。言いかえれば、「一般利益の促進ではなく、他者の犠牲の上に特定のクラスや党派 (faction) の利益に貢献しようという立法を発見するために、裁判所は、問題とされる自由や権利の本質 (precise nature) を気に留める必要はな〔く〕」、「ただ単に、その制限が偽装された口実であるかどうかを確かめるべく、企図される目的と選択された手段との適合性 (the fit) を審査すればよかったのである」。ここでは、経済的自由は「一般的自由」の中に回収され、仮に「権利」という名を与えるとしても、精々それは、States に対してポリスパワーの実体（公共の福祉）に適合した経済制度の構築を請求する権利と呼べるに留まるものだったのである。また、

---

63) *Id.* at 859. この点については、先ず何と言っても清水潤「ロックナー期憲法判例における『残余としての自由』」一橋法学10巻1号183頁以下（2011年）参照。
64) Barnett, *supra* note 15, at 859.
65) この言葉は、木村草太『憲法の急所〔第2版〕』240頁（羽鳥書店・2017年）から示唆を得た。木村は、日本国憲法29条2項の保障する権利を、「国に対し『公共の福祉』に適合する財産法の構築を請求する権利」として理解する。

審査の深度を実質的にコントロールしていたのは、権利の性質や権利制限の態様ではなく、政治過程における「公共性」の虚偽言明リスク（公共選択論的契機）にあったと考えることもできよう。

(2) 「正当な政府目的」ドグマーティク　　古典的合理性基準の基本的特徴として、第2に、ポリスパワー由来の「正当 (legitimate) な政府目的」ドグマーティクを重視する傾向を指摘できる。古典的合理性基準に於ては、State が本来的に保持する権限としての「ポリスパワー」の実体が積極的に探究され、そこから、「正当な政府目的」の範囲ないし限界が真剣に模索されたと考えることができるのである。ここで若干の注意が必要なのは、ポリスパワーは、もともと State の権力ないし権威の正当性根拠として——超憲法的観念 (extra-constitutional conception) として——理解できるということである。そうすると、このドグマーティクの形成は、常に憲法外在的な要素の探究として行われねばならないことになりそうである。無論、この形成が、単純で機械的な憲法解釈によって行われ得るわけはなく、それには res publica への強い想像力（「国家」論）が必要となる。しかし、それでも当時、これを憲法外在的な問いと位置付けることはできなかったはずである。State のポリスパワーは、合衆国憲法修正 10 条（「この憲法によって合衆国に委ねられておらず、また憲法によって州に禁じられていない権限は、それぞれの州または人民に留保されている」）や、19 世紀前半の最高裁判例を通じて憲法内在化したものと解されていたからである。従って、ポリスパワーの正当な範囲を問うことは、憲法上適切な立法権限の範囲を問うことと等しいと考えられていたように思われる。

最高裁は、この憲法内在的概念としてのポリスパワーの実体を、例えば、

---

66)　公共選択論と違憲審査の関係については、Bruce A. Ackerman, *Beyond Carolene Products*, 98 HARV. L. REV. 713, 719 (1985). 邦語文献としては、勿論、長谷部恭男「多元的民主政観と違憲審査——オルソン流集合行為論再考」『憲法の円環』147 頁以下（岩波書店・2013 年）参照。
67)　*See* Nachber, *supra* note 4, at 1654.
68)　*Id.*
69)　日本においても、憲法概念である「公共の福祉に関する諸学説は、そもそも国家権力ないし国家の権威の正当性根拠を問題にするものでもある」とされる。長谷部恭男『憲法〔第 6 版〕』104 頁（新世社・2014 年）。

合理性の基準　　75

公共の安全や道徳、公衆の健康、一般福祉の保護の実現を目的とした権限として、あるいは、平和と平穏、法と秩序の維持を目的とした権限として捉えてきた。[70] このような実体把握は、ブラックストーン（William Blackstone）の『イギリス法釈義』や、クーリー（Thomas Cooley）の学説の影響を受けたものであったとも指摘される。[71] 例えば、ブラックストーンは、「コモンウェルスに特に影響を与える……罪とは、公共の秩序と経済（public police and economy）に対する罪である。公共の秩序と経済とはすなわち王国の適切な規制（due regulation）と国内秩序を意味する。かくしてこの国家の諸個人は、良く治められた家族構成員（members of a well governed family）の如くに、自らの一般的な振舞いを、礼節さの諸ルール（rules of propriety）、良い近隣関係、良いマナーに一致させるよう義務付けられる。すなわち、其々の持ち場において、礼儀正しく、勤勉で、害を与えないように振舞うことを義務付けられるのである」[72] と述べていた。クーリーは、かようなブラックストーンの見解に依拠して、ポリスパワーとは、State が「市民間の交流（intercourse）のために、良いマナーと良い近隣関係に関する諸ルールを確立する」権限であり、その目的は「権利の衝突（a conflict of rights）を予防し、他者の権利の享受と合理的に一致する限りで、自身の権利の享受が妨げられないことを保障すること」にあるとした。[73] このような両者の見解から、ポリスパワーが、「公的秩序」観念と密接に関連するものと捉えられていたことが推測される。[74]

また、この時期の合理性基準に於ては、建国期に「公共の善が党派間の争い」のために無視されることが強く警戒されたこと（反党派主義）[75] を受けて、

---

70) *See, e.g.*, Berman v. Parker, 348 U.S. 26, 32 (1954).
71) *See* Nachbar, *supra* note 4, at 1642-1643.
72) 4 WILLIAM BLACKSTONE, COMMENTARIES 162.
73) THOMAS M. COOLEY, A TREATISE ON THE CONSTITUTIONAL LIMITATIONS WHICH REST UPON THE LEGISLATIVE POWER OF THE STATES OF THE AMERICAN UNION 572 (1868).
74) *See* Nachbar, *supra* note 4, at 1643.
75) A. ハミルトン＝J. ジェイ＝J. マディソン（斎藤眞ほか訳）『ザ・フェデラリスト』53頁（第10篇「派閥の弊害と連邦制による匡正」）（岩波書店・1999年）参照。さらに、ダグラス・C・ノースほか（杉之原真子訳）『暴力と社会秩序』244頁（NTT出版・2017年）は、例えばマキャベリの『リウィウス論』が、「ローマ共和国が党派間の対立をいかに抑制し、よりよい社会目的に結び付けたかを分析」するものであったことなどを挙げ、「党派間の対立が共和制に対する主要な脅威であり、共和国の自由は党派が何とか抑制される場合にのみ確保されるという考えは、人間社会の構造に関わる因果関係についての信念であったと同時に、綿密な歴史分

ポリスパワーの行使があくまで「公共的なるもの」「一般的なるもの」の実現を目的とするものであって、「党派的なるもの」「特殊的なるもの」の実現を目的とするものでないことが強調された。先に言及した Calder 判決の中でチェイス裁判官が指摘したように、集団 A を犠牲にして集団 B を利するようないわゆる「クラス立法」は、State の有するポリスパワーからの逸脱として「正当な政府目的」を構成せず、「合理性」を欠くものと診断されたのである。

　ナックバー (Thomas B. Nachbar) は、以上述べてきたような「正当な政府目的」ドグマーティクから導かれる「合理性」の捉え方を、彼のいう「道具主義的合理性 (instrumental rationality)」ないし「功利主義的合理性」と厳に峻別する。ナックバーによれば、1950年代以降の「現代的」合理性基準は、究極的には、State の行使した規制権限が道具主義的・功利主義的な「合理性」と一致しているか否かを審査するものとされる。そこでは、規制手段が、「正当な目的」を達成するために有用で効果的であるかどうかという観点から評価されるだけでなく、「正当な目的」自体も、社会的効用を促進するために有用であるかどうかという観点から評価されるというわけである。ナックバーは、かように現代的合理性基準が、憲法の枠組みを超えた憲法外在的な功利主義的合理性を問題にしているのに対して、古典的合理性基準は、あくまで憲法内在的な「合理性」を問題にするものであると説く（この場合、憲法が合理性の源泉となる）。なぜなら、古典的なそれは、政府目的がポリスパワーのような憲法上許容された権限の範疇に包摂されているか否か、或いは逆に、憲法上禁止された権限の範疇から適切に除外されているか否かを厳密に問うものであったからである。

　ナックバーは、功利主義的合理性と憲法内在的合理性との差異を強調するに当たって、「その大小や人口の多寡にかかわらず、如何なる州からも等しく2名の上院議員を選出する」ことの是非を検討している。この選出方法は、

　　析によって正当化される経験的観察でもあった」と指摘する。
76)　*See* Jackson, *supra* note 61, at 496-497.
77)　*See* Nachbar, *supra* note 4, at 1663-1671.
78)　*Id*. at 1660.

功利主義的観点からは不合理とみなされるかもしれないが、憲法上、「合衆国上院は、各州からその人民によって選ばれた……2名の上院議員から構成される」と規定する修正17条が存在することで、憲法内在的観点からは合理的なものであり得るというのである。またナックバーは、人種に基づく区別はたとえ道具主義的に「良い」結果をもたらすとしても、憲法内在的には不合理なものであり得るという。この考えによれば、例えば統計上人種的要素と職務遂行能力との間に強い相関関係が見られたとしても、人種に基づいて雇用上何らかの区別を行うことは憲法内在的に不合理であるとみなし得る。やや異なる文脈に於てではあるが、ファロン（Richard H. Fallon, Jr.）は、或る立法府の多数派が、「殺してはならない（Thou shalt not kill）」とする第六戒律（モーセ十戒）を執行するために、殺人を禁止する立法を成立させたとする仮想事例を挙げている。この例は、殺人の禁止は帰結主義的には「合理的」であり得るが、その禁止が明らかな宗教的意図に基づく場合には——憲法上の政教分離規定との関係で——憲法上「不合理」とみなし得る可能性を示している。その他、ナックバーは、「公共道徳」維持を目的になされる性表現規制は、功利主義的に不合理とみなされ得るが、Stateのポリスパワーに公共道徳や公的秩序を維持する権限が含まれると解する限り、憲法内在的には合理的とみなす余地があり得るとしている。

　ナックバーは、古典的合理性基準が、以上のような憲法内在的な「合理性」観念を前提に、「正当な政府目的」の憲法規範的な定義を要求するものであったと考える。要するに、「正当な政府目的」を定義するに当たって、憲法が許容している政府目的とは何であるべきか、憲法が禁止している政府目的とは何であるべきかを積極的に考究していたというのである。メナシと

---

79)　*Id*. at 1666.
80)　*Id*. at 1665. サンスティン（Cass R. Sunstein）は、平等保護条項は「道徳的にイレラバントな差異（*morally* irrelevant differences）」を用いることを禁止する「反カースト原理（anticaste principle）」を実現するものであると指摘する。*See* Cass R. Sunstein, *Anticaste Principle*, 92 MICH. L. REV. 2410, 2411, 2429 (1994).
81)　Richard H. Fallon, Jr., *Constitutional Forbidden Legislative Intent*, 130 HARV. L. REV. 523, 529 (2016).
82)　ただしファロンは「〔裁判所は〕制定者の主観的意図のみで立法を無効とすべきではない」と述べる。*Id*. at 529.
83)　*See* Nachbar, *supra* note 4, at 1672-1673.

ギンズバーグ（Steven Menashi & Douglas H. Ginsburg）も、「State の正当な行為の境界を探る」ことに関して、「現在の気乗り薄（present reluctance）」と「かつての積極的意欲（prior willingness）」との間に存するコントラストを強調し、「かつての」合理性基準に於ては、「正当とされる政府目的のカタログ」の形成が重要な意味を持っていたと指摘している[84]。他方、彼らによると、現代的合理性基準を採用してからの「最高裁は正当な政府利益のリストを作成してきていないし、意図された目的が合理性審査に於て正当といえるか否かを評価するルールも提供してこなかった」。「むしろ最高裁は、ケース・バイ・ケースで特定の目的を一般的に評価してきた」のである[85]。

また、ナックバーによれば、1950 年代以降、学説も同様の傾向を有してきたとされる。例えば、イリー（John Hart Ely）の政治プロセス理論[86]のような思考も、Carolene Products 判決の脚注 4 と同様、「特定のレベルの審査をいつ適用するかに関するものであり、合理性審査を含む特定の分析枠組みの中身（content）がどのようなものかに関するものではない。すなわち、イリーは、単なる合理性を要求すべきか、ヨリ厳格な何かを要求すべきかに関しては多くのことを述べているのであるが、最高裁によって要求さるべき合理性の内実について、或いは、特定の目的が正当か否かについては多くのことを述べていない」[87]とされるのである。ナックバーは、かような、「正当な目的」に関する憲法規範的議論から離れた現代的合理性基準の「理論」は、「論争的でない功利主義的目的との合理的関連性に照準することによって、正当な目的とは何であり、何でないかという困難な対話から逃れることができる」[88]といった利点を持つが、「憲法解釈」を媒介しないことで、「社会的富の最大化に関する裁判官の直感的理解」を許容することに連なると指摘している[89]。この見立てに従えば、「正当な目的」に関する或る種のドグマーティクにこだわる古典的合理性基準は、これとは逆の利点と難点を持つものといえよう。

---

84) Menashi & Ginsburg, *supra* note 8, at 1066.
85) *See* Nachbar, *supra* note 4, at 1654.
86) JOHN HART ELY, DEMOCRACY AND DISTRUST: A THEORY OF JUDICIAL REVIEW (1981).
87) Nachbar, *supra* note 4, at 1674.
88) *Id*. at 1680.
89) *See id*. at 1662.

(3)　**立法府への不信と目的審査**　　古典的合理性基準の基本的特徴として、第3に、立法府に対する強い不信を背景に、立法の裏に隠れた実際の目的ないし立法府の真の動機を詮索することを重視する点を指摘できる。これは、ハーラン裁判官によって書かれた合理性基準の源流にもあらわれていた。すなわち、Mugler 判決は、「表面上（ostensibly）これらの〔公共的〕目的を促進するために制定された全ての立法が、州のポリスパワーの正当な行使として受容されるべきという結論は直ちには導かれない」とか、「裁判所は、……単なる見せかけに誤導されて〔は〕なら〔ず〕」、「物事の本質に目を向ける」べきであるなどと述べ、立法府の掲げる公共的・一般的目的が「虚偽」言明である可能性に強い警戒を示していたのである。このような、「立法府が、その行為が正当な権限の範囲内にあると主張（claims）するだけでは十分ではな〔く〕」、「かかる主張が、誠実に（in good faith）なされたかどうかという問いを含まねばならない」とする態度は、目的手段審査の源流でもある 1819 年の McCulloch v. Maryland 事件判決に既に見られていた。この判決で、マーシャル（John Marshall）裁判官は、裁判所は「連邦議会が、自らの〔正当な〕権限を行使しているという口実（pretext）の下で、政府に委託されていない目標を達成するために法を制定させていないか」（傍点筆者）を問うべきであると述べていたのである。ここでは、「不誠実（bad faith）を炙り出すために」、採用された手段と「主張された目的」との関連性が問われるものと考えられていたという。

　エプスタインによれば、このような態度は、「全てのレベルの政府アクターは信頼できないとの強い推定によって動機付けられた強力な憲法」に組み込まれたもので、「限定的政府（limited government）という我々〔アメリカ人〕の全体的システムの背後にあるもの」と指摘している。なお突き詰めた検討

---

90)　そもそも、「立法府の意図、目的、動機を問うことは、アメリカ憲法の際立った特徴である」。Fallon, *supra* note 81, at 525.
91)　*Mugler*, 123 U.S. at 661.
92)　Barnett, *supra* note 7, at 368.
93)　17 U.S. (3 Dall.) 386 (1819).
94)　*Id.* at 423.
95)　Barnett, *supra* note 7, at 368.
96)　Richard A. Epstein, *Judicial Engagement with the Affordable Care Act: Why Rational*

を要するが、筆者には、これに加えて、「アメリカでは、植民地人にとってしばしば圧制的にみえた全能のイギリス議会の制定法……が立法権不信の機運を高め〔た〕」という「立法権不信の政治的イデオロギー」、さらには、連邦制樹立の背景ともなった「党派」の暴威が、表面上掲げられた「公共性」への懐疑という古典的合理性基準の一視座を形成したように思われる。

　なお、「公共性」の虚偽言明を暴くという古典的合理性基準のひとつの狙いを実現する方法には複数のものがあり得る。例えば、立法記録等に基づき実際の立法目的や立法府の動機を直接探求する方法が考えられるが、周知のとおりこの方法に対しては、立法府は複数の意図を持った複数の立法者によって構成された集合的組織であり、裁判所がひとつの心理的・主観的意図を同定することは困難であるとの批判も寄せられている。この困難性は、実際の目的ではなく、「想像可能」な目的で足りるとする現代的合理性基準を支える理由のひとつにもなっているものであろう。ジャクソン（Jeffrey D. Jackson）は、政教分離事案などでは裁判所が躊躇なく政府の目的や動機を探求していることを挙げ、「立法史に関する客観的証拠」から裁判所が「不法な動機および口実を見つけ出すことは可能である」と説くが、例えば、単一の機関（知事）と、複数のメンバーによって集団的に構成された機関（議会）とで、この探求の困難性に違いが生じることは否定し得ない。

　この点で注目されるのは、手段審査（目的手段の関連性審査）を通じて立法府の真の動機を燻り出していく方法である。例えば、1950年代以降の判決ながら、古典的合理性基準の枠組みを採用した例外的判決のひとつとされるU.S. Department of Agriculture v. Moreno事件判決は、合理性基準を採用しながら、他の構成員と家族関係を有しない個人を含む世帯についてフードスタンプの受給資格を認めないとした連邦法を違憲と判断したものであるが、ここで最高裁は、不正受給の防止という表面上の立法目的と、前記資格制限

Basis Analysis Falls Short, 19 GEO. MASON L. REV. 931, 931 (2012).
97)　芦部信喜『憲法訴訟の理論』5頁（有斐閣・1973年）参照。
98)　ハミルトンほか・前掲注75）52頁参照。
99)　Fallon, *supra* note 81, at 527.
100)　Jackson, *supra* note 61, at 513.
101)　*Id.* at 515.
102)　413 U.S. 528 (1973).

との関連性が認められないことなどを理由に、実際の立法目的が「いわゆる『ヒッピー』と『ヒッピー・コミューン』がフードスタンプ制度に参加することを妨げることにある」と同定したうえで、「政治的に人気のない集団を害しようという連邦議会の明け透けな願望は、正当な政府目的を構成しない」と断じた。ここでは、手段審査が、立法目的との「比例性」を見るという独立した機能を果たしているというよりも、目的同定のための追加的ステップとしての機能を果たしているように思われる。言いかえれば、手段審査は、実際の目的を探求するための「手段」として機能付けられ、目的審査に付随した位置を与えられているようにも思われるのである。仮にこのように考えると、古典的合理性基準は、実際の目的を直接探求するかたちをとるか、手段審査を通じてこれを間接的に探求するかたちをとるかにかかわらず、「目的審査」を重視する審査基準として統一的に把握することができるかもしれない。

　(4) 合憲性推定の反駁可能性　　古典的合理性基準の基本的特徴として、第４に、合憲性推定の反駁可能性が正面から肯定されていることを指摘できる。この点はⅡ－2(2)で既に触れているので詳述はしないが、古典的合理性基準は、合憲性を推定することで立法府への敬譲を示しながらも、違憲主張者が事実的・経験的情報を首尾よく提示することによってこの「推定」が覆り得ることを正面から認めていたのである。これは、Lee Optical 判決以降の現代的合理性基準が、事実的証拠の重要性を否定し、違憲主張者による反駁を非常に困難なものとしたことと著しい対照をなしているように思われる。

　以上、本項では、合理性基準の源流にまで遡り、ウォーレンコートによる変容を受ける以前の「古典的」合理性基準の基本的特徴を概観してきた。次項では、その「復活」の動きと、それに対する学説の評価を簡単に紹介しておくことにする。

---

103) 例えば、Moreno 判決は、「実際上の効果として、問題とされる〔受給資格の〕区分は、不正受給の予防を合理的に促進するものとして単純に機能しない」と述べていた。*Id.* at 537.
104) *Id.* at 534.
105) *Id.*
106) *See* Menashi & Ginsburg, *supra* note 8, at 1058.

2　最近の議論動向

(1) 連邦控訴裁の動き　　既述のとおり、1887年のMugler判決を源流とする古典的な合理性基準は、ダグラス裁判官をはじめとするルーズヴェルトの被任命裁判官らによってその牙を抜かれ、1955年のLee Optical判決をひとつの画期として「現代化」されていく。事実、1976年以降、最高裁は平等保護条項を根拠に、純然たる経済規制立法を無効としていない[107]。しかし、近年、特に連邦控訴裁のレベルではあるが、保護主義（economic protectionism）的な経済規制立法をめぐって、古典的合理性基準の復活ともいうべき動きが生じている[108]。例えば、第6巡回区連邦控訴裁による2002年のCraigmiles v. Giles事件判決[109]は、州の免許を受けた葬儀管理人（funeral director）のみが棺桶の販売をなし得ると規定していたテネシー州法の合憲性（デュープロセス違反）が争われた事件で、合憲性の推定を組み込んだ合理性基準の採用を宣言しつつも、立法記録などを参照して当該立法の実際の目的が――州の提示した公衆衛生の保護にあるのではなく――「免許を受けた葬儀管理人を〔棺桶の〕販売価格競争から保護する[110]」ことにあると同定し、「特定の利益集団を経済競争から保護することは正当な政府目的に当たらない[111]」と断じた。ここには、反駁可能な合憲性推定、反党派主義から出る「公共性」言明への懐疑、（広義の）「目的審査」の重視など、古典的合理性基準の基本的特徴のいくつかがあらわれているように思われる。

また、第9巡回区控訴裁による2008年のMerrifield v. Lockyer事件判決[112]も、ペスト・コントロール従事者について免許制を設けていたカリフォルニア州法の合憲性が争われた事件で（殺虫剤・殺鼠剤を使用しない従事者については免許を要しないとしていたが、原告のようにラットやハト等を駆除する従事者については除外対象とせず、免許制の対象としていた）、合理性基準を採用しながらも立法記録を考慮し、この立法が「同じ状況にある他者の犠牲のうえに、特定の社会

---

107)　See Farrell, *supra* note 1, at 472.
108)　*Id.* at 473; *see also* Menashi & Ginsburg, *supra* note 8, at 1058.
109)　312 F.3d 220 (6th Cir. 2002).
110)　*Id.* at 227.
111)　*Id.* at 224.
112)　547 F.3d 978 (9th Cir. 2008).

構成員を経済的に優遇することを意図したものである」と認定した。そのうえで同判決は、「経済的保護主義のための単なる経済的保護主義は、ある分類が合理性基準をパスするか否かを決定するという観点からみて不合理であると結論付ける」(傍点筆者) と述べたのである。要するに、何らかの公共性を追求した結果として付随的に生じる「保護主義」(結果としての保護主義) ではなく、「目的としての保護主義は、共通善とそれが〔結果的に〕関連するかどうかにかかわらず、正当な政府目的を促進するものとはみなされ得ない」(傍点筆者) と——反党派主義的視点からいわば厳格に——解されたのである。

さらに、第5巡回区控訴裁による2015年のSt. Joseph Abbey v. Catille事件判決もまた、古典的合理性基準のエッセンスを濃厚に漂わせながら、Craigmiles判決が扱ったのと同様の棺桶販売規制(ルイジアナ州)を違憲と判断した。St. Joseph Abbey判決は先ず、合理性基準は確かに「政府の側に積極的な証拠法上の負担を課すものではない」が、「それでも原告は、不合理性を示す証拠を提出することで、法のもっともらしく見える根拠を否定することができる」と述べ、合憲性推定の反駁可能性を強調する。そして同判決は、「特定産業の単なる経済的保護主義」が「正当な政府目的」に当たらないことを明言し、州の主張する消費者保護目的の虚偽性を、かかる目的と棺桶販売規制との関連性を否定することを通じて明るみに出したのである。

もちろん、最高裁の一般的傾向に倣って「正当な政府目的」を広く解し、州内に於ける経済保護主義を許容する控訴裁判決もある。第10巡回区控訴

---

113) *Id.* at 991.
114) 日本国憲法に引き寄せて考察すれば、「結果としての保護主義」として、例えば生存権保障の結果として生じる付随的な「保護主義」を挙げることができる。
115) *Merrifield*, 547 F.3d at 991 n.15.
116) 712 F.3d 215 (5th Cir. 2015).
117) *Id.* at 223.
118) *Id.* at 222.
119) St. Joseph Abbey判決が、ある特定の集団に対する「裸の選好 (naked preference)」を暴露しようという点に関心を抱いていたことは間違いない。*Id.* at 226-227; *see also* Menashi & Ginsburg, *supra* note 8, at 1077.
120) *See, e.g.*, City of New Orleans v. Dukes, 427 U.S. 297 (1976). フレンチクォーター地区で8年以上営業している業者を除き、同地区で行商を行うことを禁じた市条例を合憲とした。この例外つきの行商規制に対しては、一部業者に対して支配的独占を与えるものであるとの批判も寄せられていた。

裁による 2004 年の Powers v. Harris 事件判決[121]は、State が「特定の州内産業に対して特別の経済的恩恵を与えること」は「正当な政府目的」を構成すると述べ[122]、棺桶販売規制（オクラホマ州）の合憲性を認めている。しかし、この Powers 判決に付されたティムコヴィッチ（Timothy Tymkovich）裁判官の同意意見は、「経済保護主義を、何の制約もなく正当な州の利益と見る」考え方に反し、一般福祉や公共利益の促進を目的とした（結果としての）保護主義——「保護主義的でない公共善（non-protectionist public good）を前進させる」保護主義——と、「ある経済的アクターの裸の選好（bare preference）」の促進を目的とした「純粋な経済的偏狭主義」とを峻別する[123]。同裁判官の考えによれば、本件の棺桶販売規制は、その消費者保護的目的を否定できないがゆえにどうにかこうにか支持されることになる。こう見ると、この Powers 判決に於ても、「正当な政府目的」が、ポリスパワーの適切な範囲——res publica として行使し得る正当な権限の範囲——との関係で真剣に（seriously）考察されているように思われる。そこでは、レント・シーキングなクラス立法が「正当な政府目的」から慎重に排除されているようにも解されるからである。

　(2) **牙を隠した合理性基準**　以上見てきたような連邦控訴裁での動きを、一部のリバタリアンは古典的合理性基準の「復活」として恭しく賛美しているのであるが、しかし実際には、経済規制立法の合憲性をめぐる問題とは別の文脈でも、「古典的」な思考形式に近い合理性基準が適用されてきた。例えば、フードスタンプの受給資格制限を違憲とした先述の Moreno 判決（1973 年）は、公言された目的（不正受給の防止）ではなく実際の目的（ヒッピーらに対する敵意）を探求しようとの観点を持ち、事実的情報にも依拠しながら目的手段の合理的関連性を審査していた。このように、合理性基準の適用を宣言しつつ、実際の目的に着目して特定集団に対する立法府の「敵意（animosity）」を発見し、これを正当でない政府目的として認定した判決とし

---

121)　379 F.3d 1208 (10th Cir. 2004).
122)　*Id.* at 1221.
123)　*Id.* at 1226 (Tymkovich, J., concurring). ティムコヴィッチ裁判官によれば、前掲注120) の Dukes 判決に於ける「保護主義」は、フレンチクォーター地区の歴史の保存と経済的繁栄を目的とするものであるがゆえに「正当な政府目的」として許容される。*Id.* at 1225-1226 (Tymkovich, J., concurring).

て、ほかに、施設（グループホーム）設置の許可制に精神障害者に対する立法府の「敵意」を発見した City of Cleburne v. Cleburne Living Center 事件判決[124]（1985年）、同性愛者保護を禁じた州憲法改正に同性愛者に対する政治的多数派の「敵意」を発見した Romer v. Evans 事件判決[125]（1996年）、同性婚を否定した「婚姻防衛法」に同じく同性愛者に対する立法府の「敵意」を発見した United States v. Windsor 事件判決[126]（2013年）などがある。こうした判決の存在に鑑みると、1950年代以降にも、正当な目的は想像可能であればよいとして実際の目的を不問に付し、目的手段連関も合理的に推測されればよいとした Lee Optical 判決の系統とは異なる「合理性基準」[127]が残存してきたということになる。ガンサー（Gerald Gunther）は、1972年の記念碑的論攷に於て、高められた合理性基準として「牙を隠した（with bite）合理性基準」があり得ることを指摘していたが[128]、これと「古典的」合理性基準との共通性を指摘する見解[129]を踏まえれば、1972年の段階で既に、古典的合理性基準の伏在が「発見」されていたことになる。

　無論、「合理性基準」と呼ばれるものの多元化・複層化については批判もある。例えば、いついかなるときに「古典的」なモードが適用されるのかが不明確で、憲法訴訟に於ける一貫性と予測可能性を奪うといった批判がある[130]。この点で、今後の最高裁の動向や学説の展開を注意深く見守る必要があるが、アメリカには、現在に至るまで道具主義的合理性には還元されない合理性基準のモードが存在していることは特筆に値するように思われる。そこに、憲

---

124)　473 U.S. 432 (1985).
125)　517 U.S. 620 (1996).
126)　133 S.Ct. 2675 (2013).
127)　これらがいわゆる中間審査基準とも異なることについては、Farrell, *supra* note 1, at 461-462. 中間審査基準は「重要な政府目的」を要求するうえ、正当化の証明責任を州の側に課す。*See* United States v. Virginia, 518 U.S. 515, 533 (1996).
128)　*See* Gunther, *supra* note 16, at 19-21.
129)　*See* Jackson, *supra* note 61, at 507. 阪口正二郎が的確に指摘するように、ガンサーの「牙を隠した合理性基準」は、「手段に焦点を当てた」ものである。阪口正二郎「違憲審査基準について」浦田一郎先生古稀記念『憲法の思想と発展』688頁（信山社・2017年）。この点で、「立法目的の正当性……という究極的価値判断」を含む問いと正面から向き合った古典的合理性基準との違いを指摘する見解もある。*See* Farrell, *supra* note 1, at 471.
130)　*Id.* at 463; *see also* Thomas B. Nachbar, *Rational Basis "Plus"*, 32 CONSTITUTIONAL COMMENTARY 449, 474 (2017).

法外在的世界へと浮遊した合理性基準を、再び憲法内在的世界に引き戻す契機が認められるからである。

Ⅳ　おわりに

　以上、本稿は、アメリカにおける合理性基準の源流を訪ね、現在一般に観念される「合理性基準」との相違に着目しながらその基本的特徴を抽出してきた。それによれば、「古典的」合理性基準に於ける「合理性」とは、道具主義的・功利主義的な憲法外在的合理性ではなく、ポリスパワーを媒介に res publica の目的をめぐる一般理論とも接続した憲法内在的合理性であること、従って、そこでの要点は、立法がどれだけ効果的に社会的効用を促進したかではなく、立法府が誠実に「公共性」を追求したか否かに置かれていたことなどが明らかとなった。またそこでは、「ポリスパワー」の限界との関係で、「正当な政府目的」をめぐるドグマーティクが発展したこと、アメリカ憲法史に固有の「立法府不信」から、公共性ないし正当性の虚偽言明に対する懐疑的視座が重要視されたことも明らかとなった。そして、Ⅲ－2では、かような古典的合理性基準が、1950年代以降完全に消滅したわけでなく、一部判例の中に生き続けてきたことが描出された。

　こうした「源流」の再検討は、日本の最高裁に於ける合理性基準のアイデンティティを考察する上でもそれなりの意義を持つように思われる。例えば、先ず単純に、アメリカに於ける合理性基準の黙示的な多元性・複層性は、日本でも同様のことが起きている可能性を示唆する。既述のとおりアメリカでは、合理性基準の多元性・複層性が判決文の中で明確に語られないことが、予測可能性などとの関係で問題視され、複層化の根拠を探究してこれを分類する試みがなされているが、同じ試みは日本でも実行されてよい。日本では、実はアメリカ以上に合理性基準のモードが整理されているようにも思われるが、それでも、理論的基礎にまで遡って、規制目的二分論や厳格な合理性基準などの位置付けを再考することが必要であろう。[131]

---

131)　重要な業績として、例えば、市川正人「『厳格な合理性の基準』についての一考察」立命

第2に、いま述べた点とも関わるが、アメリカに於ける「源流」の再検討は、合理性基準を、司法裁量を限定するための単なる手続的な道具（合憲性判定テスト）としてではなく、res publica とは何かという実体的な State 論として捉え直す必要を示唆しているように思われる。目的審査という肢で登場する「正当（legitimate）な政府目的」を定義するには、本来、日本国憲法のいう「公共の福祉」の実体的解釈が要求されるはずである。アメリカでは、ニューディール期の積極国家化以降、「正当な政府目的」が、憲法的フィルターを通さず、道具主義的観点からナマで審査されてきたところがあるが（それでも連邦議会の場合には、その立法権の行使にあたり、合衆国憲法1条8節や修正14条5節という憲法的フィルターを通らなければならないのだが）、この傾向は、日本に於ても認められよう。自由制約原理としての「公共の福祉」の実体をめぐる議論は、1960年代以降の憲法訴訟論（なかでも二重の基準論）の興隆によって周縁化され、「合理性」が憲法的範疇を超え、功利主義的計算が重要な意味を持つ利益衡量の世界へと浮遊してきたように思われるからである。[132] しかし、そこでいう「合理性」は、憲法内在的な合理性にとって、「過少」でも「過剰」でもあり得る。例えば、res publica の目的に由来するポリスパワーには、功利主義的計算には直接にはなじまない公共道徳（public morals）の維持が含まれていた。この点に於て、道具主義的合理性は憲法内在的合理性との関係で過少である。他方、道具主義的合理性は、目的よりもその帰結ないし効果を重視するため、たとえそれが特殊権益の保護を狙ったものでも、これを帰結主義的観点からおおらかに見てしまう可能性がある。この点に於て、道具主義的合理性は憲法内在的合理性との関係で過剰である。本来は、合理性基準に於ける「合理性」の意味について、このような理論的探究が必要であるように思われるが、日本では、合理性基準を単なる合憲性判定のテストとして軽く捉えてきたために、この探究が十分には行われてこ

　　　館法学333・334号1551頁以下（2010年）参照、阪口・前掲注129）669頁以下、金原・前掲注9）、清水・前掲注63）183頁以下、黒澤・前掲注6）229頁以下、高橋和之『体系 憲法訴訟』（岩波書店・2017年）参照。いずれこれらの論攷と格闘する機会を得られればと考えている。
132）　問題の所在については、樋口陽一「日本国憲法下の〈公〉と〈私〉─〈公共〉の過剰と不在」公法研究54号5頁以下（1992年）参照。

なかったようである。それは、或いは、ナックバーの云う「知的な誤魔化し（intellectual dishonesty）[133]」であり、「規範的正当化からの撤退[134]」であったのかもしれない。そして、このことによって、合理性基準のアイデンティティが、単に「厳格審査基準ではないもの」にまで格下げされてきたとはいえないか。

　アメリカに於ける合理性基準の源流の再考論は、日本の憲法訴訟論を反省的に振り返る機会を与えてくれる。周知のとおり、近年、ドイツの議論を素材に、本稿とは異なるルートで我が国憲法訴訟論に対する自己批判が行われている。しかし、仮に我が国の最高裁の合理性基準が、一応アメリカのそれに由来するものであるとすれば、そこには、「公共性」の虚偽言明に対する懐疑や、目的審査としての手段審査といった考え方が多少なりとも含まれているはずであり[136]、こうした考え方とドイツ流三段階審査・比例原則との整合性が理論的に問われなければならない。

　合理性基準の源流にあった res publica の「思想」は、他国の審査の「形式」を輸入することの困難性を示してもいるのである。

---

133)　Nachbar, *supra* note 4, at 1682.
134)　*Id*. at 1680.
135)　そのヒントとして、例えば横田喜三郎『違憲審査』（有斐閣・1968 年）参照。
136)　この点で、薬事法距離制限事件判決（最大判昭和 50 年 4 月 30 日民集 29 巻 4 号 572 頁）の再検討が必要とされる。

比較衡量論
―― 憲法上の権利の理解の深化に向けて

川岸令和

　　Ⅰ　はじめに
　　Ⅱ　比較衡量の意義と限界
　　Ⅲ　比較衡量と範疇化
　　Ⅳ　比較衡量をめぐる駆け引き
　　Ⅴ　グローバル化、アメリカ、そして日本――むすびにかえて

Ⅰ　はじめに

　比較衡量は、一般に、意思決定者は当事者の間の相対立する利益を調整する必要があるとの認識のもと、人権を制約しなければならない場合に、制約によって得られる利益と制約によって失われる利益を比較して、前者が大きい場合に人権の制約を認め、対立利益の調整を図る解釈の方法である。芦部信喜によると、比較衡量には憲法解釈の方法としてのものと違憲審査基準としてのものがあるという。「人権相互の矛盾衝突の調節という『公共の福祉』原理を具体化し、人権の限界を明確にするためには、何らかの形で相対立する利益を衡量することが必要である」。そこで、「各人権の性質の相違に応じて設定された違憲審査の基準を具体的事件に適用する際に、審査基準の枠内において審査基準を具体化するために行われる手法」が前者である。たとえば、明白かつ現在の危険のテストを適用する際、危険の重大性の認定には広汎な社会的利益の評価と衡量が必要だし、手段の必要性の認定も、目的を達成するのに必要最小限度かどうかなどを明らかにしなければならないので、そこに衡量の要素が存在することは否定できない、とされる。これに対して、後者は、すべての人権の限界を決定するための違憲審査基準である。すべての人権について、「それを制限することによってもたらされる利益とそれを制限しない場合に維持される利益とを比較して、前者の価値が高いと

判断される場合には、それによって人権を制限することができる」というものである。[1]

　一般的抽象的な公共の福祉を根拠に憲法上の権利を容易に制限する判断手法に比して、比較衡量の方法では、個別具体的に事案に即して諸々の利益の分析を行うことから、憲法上の権利への配慮がよりなされやすいといえる。そうであるからこそ、裁判所のある事件における判断が過大に影響力を及ぼすことが抑えられやすく、全体として柔軟な判断が確保され、より妥当な結論が得られる可能性が高まる。しかしその反面、事案に即し仔細に衡量すればするほど、近代法の提要である予見可能性の確保は弱くなる。また社会生活における重要な価値は必ずしも定量化できるわけではなく、衡量の過程が透明性に欠けることも生じやすい。その結果、比較衡量の手法を裁判官の恣意にもとづく判断と批判する向きもある。また憲法上の権利は国家権力との間で争われる場合が一般的であるので、小さな私益対重要な公益という対置構図が形成され、比較衡量の手法による人権制約の判断は、秤の重みが権力の側に当然に傾き、人権擁護に資さない可能性が大きいことになる。衡量といっても、実は、秤に乗せる前に結論が出ていることが多いのではないかと疑われる。

　このように比較衡量の手法には毀誉褒貶があるが、それは、適切に用いられるならば、当事者の諸利益を広く取り込み慎重に分析することを通じて、現実社会と法の世界を結ぶ架け橋となりうるであろう。

　本稿ではアメリカ合衆国における比較衡量の手法をめぐる議論を概観しながら、比較衡量論は究極的には憲法上の権利の構想に依存することを明らかにする。まずこの法理の形成と意義を跡づけ、その手法への疑義をまとめたうえで、表現の自由の領域で対照的とされる範疇化アプローチとの対比を通じた検討を試みる。そして最後にグローバル化の観点から比例原則や日本における実践にも言及しつつこの手法のあり方を展望する。

---

1)　芦部信喜『憲法学Ⅱ 人権総論』208〜213頁（有斐閣・1994年）。山川洋一郎「利益衡量論」芦部信喜編『講座憲法訴訟 第2巻』301〜345頁（有斐閣・1987年）、戸松秀典『憲法訴訟〔第2版〕』263〜273頁（有斐閣・2008年）、高畑英一郎「比較衡量」大林敬吾＝見平典編『憲法用語の源泉をよむ』116〜119頁（三省堂・2016年）、高橋和之『体系 憲法訴訟』第3章（岩波書店・2017年）なども参照。

II 比較衡量の意義と限界

1 比較衡量の手法の形成

　連邦最高裁が合衆国憲法の条項を解釈するにあたって比較衡量の手法を採用したのは、それほど古いことではない。それは、1930 年代末から 1940 年代初頭にかけて、社会的な変動に対処する形で憲法観が変容していくことと関連していた。それまで支配的であった厳格な形式主義や機械的法学に対する経験主義的あるいはプラグマティズム的傾向そしてパウンド (Roscoe Pound) の社会学的法学による挑戦が起こり、裁判過程も社会統制の一構成要素として位置づけられ、そこでは対立する諸利益の妥協調整によって正義を実現することと理解されるようになった。憲法をめぐっては、それは、Lochner v. New York 連邦最高裁判決[2]に象徴される伝統的な解釈に対して、ニューディールを正当化するような解釈が影響力を有するようになっていた時代と重なる[3]。それは同時に、デュープロセス条項によるいわゆる権利章典の編入 (incorporation) が始まり、それを通じてそれらが州政府にも適用されるようになり、連邦最高裁が憲法上の権利を解釈する機会が飛躍的に拡大した時代でもあった[4]。

　新しい時代の変化の魁を示すように、連邦最高裁のストーン (Harlan F. Stone) 裁判官は比較衡量の手法を領域横断的に適用した。列車の長さの上限を規制する州法の通商条項との適合性が争われた事件判決はその典型例である[5]。住宅ローンのモラトリアムを定めたミネソタ州法を合憲とする際にヒューズ (Charles E. Hughes) 首席裁判官は、大恐慌のような非常事態では個

---

[2] 198 U.S. 45 (1905).
[3] 阪口正二郎「Lochner と利益衡量論—Post Lochner の法理論」企業と法創造 9 巻 3 号 79 頁 (2013 年) 参照。
[4] *See, e.g.*, Gitlow v. New York, 268 U.S. 652 (1925)（言論の自由）; Near v. Minnesota, 283 U.S. 697 (1931)（出版の自由）; Hamilton v. Regents of the University of California, 293 U.S. 245 (1934), Cantwell v. Connecticut, 310 U.S. 296 (1940)（信教の自由）; De Jonge v. Oregon, 299 U.S. 353 (1937)（集会の自由）; Everson v Board of Education, 330 U.S. 1 (1947)（国教禁止条項）.
[5] Southern Pacific Co. v. Arizona, 325 U.S. 761 (1945). この判決については、木南敦『通商条項と合衆国憲法』227〜230 頁（東京大学出版会・1995 年）を参照。

人の権利と公共の福祉との間で合理的な妥協の必要性があるとした[6]。さらに新しい時代に象徴的なことは、ロバーツ（Owen J. Roberts）裁判官の衡量手法の採用である。その対象は、爾後、裁判所による利益衡量論の論争の中心的位置を占めることになる表現の自由であった。この事件では、公道でパンフレットを配布する表現の自由の利益と、紙くずが道路に散らかることを防止するという政府の規制利益とが衡量された。町は条例で街の美観確保のためビラの配布に許可制を導入し、許可を得ずにビラ配りをした者が起訴され、その条例の修正 1 条適合性が争われた[7]。ロバーツ裁判官の手になる法廷意見は、道路の清潔さを保全し、またよき外観を維持するという立法目的は、正当に公道にいる人物が文書を喜んで受け取ろうとする者に手渡すことを禁止する条例を正当化するのには不十分であるとする。そうしたビラの配布の間接的な結果として道路を清潔にし美しく見えるよう手当てする際に自治体当局に対して課せられる負担が発生するとすれば、それは表現の自由を憲法上保護していることに由来しているという。この憲法上の権利があるからといって、自治体が合憲的に紙くずの散乱を防止できないわけではなく、たとえば自治体は紙くずを実際にまき散らす人を罰することにより対処できるのである[8]。こうした衡量の結果に至る理由は、表現の自由の特殊性にあるという。公的な便宜の事柄に関する議会の単なる選好や信念は、人間の他の活動に向けられた規制を支持するのに十分であるかもしれないが、こと表現の自由となると、民主的な制度を維持するのにきわめて重要なこの権利の行使を減退させることを正当化するには不十分だからである[9]。

　その後、比較衡量の手法は憲法の各分野に広がり一般化した。休眠的通商条項（dormant commerce clause）、修正 1 条、修正 4 条、手続的デュープロセス、平等保護、実体的デュープロセスといった分野で連邦最高裁は比較衡量を通じて事案の解決を図ってきている[10]。

---

6) Home Building & Loan Association v. Blaisdell, 290 U.S. 398 (1934).
7) ビラ配りを禁ずる他の地方政府の同様の条例も複数争われ、併合審理された。
8) Schneider v. New Jersey, 308 U.S. 147, 162 (1939).
9) *Id.* at 161.
10) T. Alexander Aleinikoff, *Constitutional Law in the Age of Balancing*, 96 YALE L.J. 943, 963-972 (1987). アメリカで最も論争的な問題のひとつである人工妊娠中絶をめぐる

比較衡量の手法はその柔軟性の故に拡大したと考えられる。コモンローの伝統のもとでは、事件ごとにその事案に沿って最適の結論を得ようとする判断過程は裁判のあり方として受け入れやすいものである。また判断の過程でさまざまな証拠を精査するということは比較衡量の手法にも馴染みやすい。科学的な知見の裁判過程への投入と調和的であり、データにもとづいた判断の形成が助長されることになる。しかも実社会のあり方を法理論に反映させるその特徴から、社会的変化の時代における法原理の変容を促進する。比較衡量はまた包括的な憲法理論[11]に依拠する必要がない。さらに絶対主義的な思考も拒否することができる。個別的な決定は個々の事案で問題となっている特定の利益を慎重に検討することに依っている。比較衡量の手法は、つまり、裁判官をしてより開かれより注意深くさせる。というのも、裁判官は決定に到達するまでにすべての事実、主張、利益を評価しなければならず、したがって定型的スローガンや個人的な偏見に囚われる機会を最小限にするからである[12]。マイケルマン（Frank I. Michelman）が指摘するように、比較衡量の手法は融和的な精神と対話の力の双方を示しうる。その手法は、規範的紛争を対話によって解決しようとするプロジェクトに社会全員が参加できるように仕向ける。それは、1人で判断しようとする唱道や独断的主張に対置された、開かれたそして理解可能な理由の付与のコミュニケーション的実践である。比較衡量は、この事件について、そしてこの事件の解決がどのように支配的な規準の複雑な全体の意味づけに影響するかについての疑いや不同意を表現し検証するように誘う。比較衡量は、一方が大規模な勝利または敗北を経験するほど多くの人々を支配することなく、この事件の解決を可能にすることで、その文脈的焦点を伴って、将来の対話を請うことになる[13]。

　　事件で、連邦最高裁は比較衡量の方法によって判断を下している。*See* Roe v. Wade, 410 U.S. 113 (1973); Planned Parenthood of Southeastern Pennsylvania v. Casey, 505 U.S. 833 (1992); Whole Woman's Health v. Hellerstedt, 579 U.S. ＿ , 136 S.Ct. 2292 (2016).

11)　*See, e.g.*, MARK TUSHNET, RED, WHITE, AND BLUE: A CRITICAL ANALYSIS OF CONSTITUTIONAL LAW (1988, 2015).

12)　Frank M. Coffin, *Judicial Balancing: The Protean Scales of Justice*, in THE EVOLVING CONSTITUTION: ESSAYS ON THE BILL OF RIGHTS AND THE U.S. SUPREME COURT 271 (Norman Dorsen ed., 1987).

13)　Frank I. Michelman, *Traces of Self-Government*, 100 HARV. L. REV. 4, 34 (1986).

修正4条の逮捕押収の合理性が問題となった Tennessee v. Garner 連邦最高裁判決を例に典型的な比較衡量の手法をみておこう。この事件は、銃を携帯していない逃走中の不法侵入罪の被疑者を警官が射殺した事実につき、その父親が警官と警察署を被告にして連邦市民的権利法を根拠に違法な死の責任を求める訴訟を提起したのであった。原告側の請求を認容した法廷意見は、修正4条の合理性の要件を判断する際に、比較衡量の手法に訴えた。ある人物が犯罪を実行したと信じる相当の理由が警察官にあるなら、警察官はその人物を逮捕できるのであり、その要件がみたされれば、修正4条はどのように逮捕押収がなされるかについては統制を及ぼさないとする主張を法廷意見は斥ける。連邦最高裁はこれまでも、人身の自由への侵害の程度とその必要性とのバランスをとることで、捜索または逮捕押収がなされる態様の合理性を審査してきた、とする。つまりここでは、逮捕押収が合理的かどうかを決定するために、修正4条のもとでの被疑者の権利への侵害の程度は効果的な法の執行に対する政府の利益と比較衡量されなければならないのである。そしてこうした先例に示された衡量の過程は、被疑者を逮捕押収する相当の理由があるにもかかわらず、警察官が被疑者を殺害することで必ずしもいつでも逮捕押収することができるわけではないと示している、とされる。殺傷力のある武器による逮捕押収の侵害性はバランスがとれないし、被疑者の自己の生命への根本的な利益は詳述する必要がないほどである。また殺傷力のある武器の使用は裁判所が罪と罰を決定することに対する個人の利益および社会の利益を阻害する。こうした利益に対置されるのは効率的な法執行への政府の利益である。しかし、致死のおそれのある暴力の使用が、暴力的でない被疑者の殺害を正当化できるほどに、効率的な法執行の利益を実現する十分に生産的な方法であるとは確証がもてない。そもそも全国のほとんどの警察署は非暴力的な被疑者に対して殺傷力のある武器の使用を禁止しているのである。いかなる状況であっても、すべての重罪被疑者の逃走を阻止す

---

14)　471 U.S. 1, 7-12 (1985). なお3名の裁判官からなるオコナー (Sandra D. O'Connor) 裁判官執筆の反対意見は、法廷意見が逃亡重罪被疑者の逮捕において殺傷力のある武器を使用することの合憲性に対してまったく新しい基準を採用するほどに広範であることを批判する。本件の状況下で警察官のした行為は、法廷意見の設定する憲法上の限界を超えてはいないとするのである。

るために殺傷力のある武器を使用することは、憲法上合理的ではない。武装しておらず暴力的でない被疑者を警察官が射殺し逮捕押収することはできないのであって、当該州法は、そのような逃走中の被疑者に対して殺傷力のある武器の使用を許可する限りで、違憲であると判示する。

2　比較衡量への疑義

　ここではまず、最も体系的な批判を展開していると思われるアレイニコフ (Alexander Aleinikoff) の論攷[15]にもとづいて比較衡量の手法に対する疑問をまとめておこう。

　まず評価と比較の問題があげられる。比較衡量をする場合、諸利益の価値を比較するために共通の通貨に翻訳するのに必要な尺度の導出がされなければならない。衡量者の尺度は衡量者の個人的な選好を単に示すだけでは成り立たない。というのも、それは恣意的行為であり、"Lochnering"といわれることにほかならないからである。また個人的な尺度は先例の体系を掘り崩し、関連する人々にほとんどガイダンスを与えることはないからである。[16]

　共通の尺度を得ることは難しいのであるが、連邦最高裁が量ることのできないバランスを量ろうとして採用する技法がいくつかある。①費用と便益という用語を用いることが多々ある。しかしながら、最高裁は、費用と便益の価値評価のための共通の尺度を開発してきているわけではない。②問題となっている諸利益のうちのひとつの価値を低下させる場合がある。しかしながら、たとえば記者には大陪審で証言を拒絶する特権が認められるかが争われた Branzburg v. Hayes 連邦最高裁判決[17]で、なぜ弱められた修正1条の利益ですら大陪審の利益を凌駕しないのかということは相変わらず説明されていないままである。③比較衡量の用語法を用いて憲法上の問題を設定するが、実際には比較衡量を施すことなく事件を解決する場合がある。連邦最高裁は時に、他の意思決定者の評価を尊重し、比較衡量を避けることがある。[18]また、

---

15)　Aleinikoff, *supra* note 10.
16)　*Id.* at 973.
17)　408 U.S. 665 (1972).
18)　Dennis 事件判決（後述）のフランクファーター裁判官の結論同意意見参照。

比較衡量論　　97

Roe v. Wade 連邦最高裁判決[19]のように、比較衡量らしい言葉を用いてはいるが、胎児の生命保続可能性の定義を述べるだけで価値の説明をしていないこともある。

共通の尺度の導出という問題で最も厄介なのは、連邦最高裁が各利益に割り当てられた重みの源泉を明らかにしないことである。利益は特定されており、勝者も宣言されているし、また適切なバランスをとるルールも宣明されているが、しかしながら、価値評価の基準についてほとんど論じられるところがないのである。たいていの場合、比較衡量はブラックボックスの中で行われるといえるのである[20]。

次は、諸利益の広がりの問題である。比較衡量は理論的には、憲法上の利益とみなすべきものについて広範に検討することになるが、実際には連邦最高裁は関連する諸利益を徹底して調べたことはない。比較衡量を真剣にとらえると、裁判所が取り扱えないあるいは取り扱いたくない種類の調査を求めることになってしまう[21]。

さらに、関連する利益を適切に同定でき、それらの価値評価のための客観的な尺度が準備できても、関連する利益のどの保持者が重要なのかという問題が残されている。具体的な事件では訴訟の当事者がいるが、連邦最高裁は憲法裁判所としての機能もあり、その判断は一般的な原則の定立という側面も有する。原告および被告と同様の立場にある人だけではなく、議会や執行府さらに下級審裁判所裁判官にも影響が及ぶのである。したがって、連邦最高裁は、グローバルな比較衡量の手法を採用し、クラス全体に及ぶ形で利益を検証することを行いがちである。しかし比較衡量の手法が採用される多くの事件で、裁判所は当事者でない者の利益を衡量する真剣な努力をしているとはいえない。この問題は比較衡量の方法に特有のことであり、事実審裁判所による関連利益の完璧な調査は想定できないが故に、結局、当該事件の当事者を代表として位置づけることで満足するしかないことになる[22]。

加えて、比較衡量の手法には個人と政府との二分論に囚われるという問題

---

[19] 410 U.S. 113 (1973).
[20] See Aleinikoff, *supra* note 10, at 974-976.
[21] See id. at 977-978.
[22] See id. at 978-979.

もある。比較衡量では、憲法上の権利を行使する個人とそれを制限する政府という対置図式で理解されることが一般的であり、私的利益と政府利益の対峙として描かれることになる。しかし実はこの対置は必ずしも実態を反映していない。たとえば、Hudson v. Palmer 連邦最高裁判決[23]は、囚人の独房を捜索する場面を、囚人の修正4条上のプライバシーの利益と刑務所の安全という政府の利益との対立として把握する。しかし囚人の利益は公共の利益と構成することも可能である。社会全体は令状のない政府の侵入を防止する一般的な利益を有しているし、ある事件でプライバシーの利益に修正4条上の保護が及べば、個人的な自由や権利の社会的な意義に貢献するし、それを強固なものにすることにもなろう。刑務所の安全という政府の利益は同様に私的な利益としても構成ができる。というのも、囚人も看守も共に暴行から自由であり政府当局をして彼らを保護させる利益を有しているからである。また表現の自由という権利の社会性を考えれば[24]、行使する個人の利益は当人をはるかに超えて社会的利益を備えている。つまり憲法上の権利が問題となる場合、一般に双方の側に公的利益および私的利益が共にあるのであって、個人の利益対政府の利益という構造で比較衡量を理解することにはあまり意味がない[25]といえる。

　以上のような比較衡量に対する内在的な批判に加えて、アレイニコフは外在的な批判も展開する。まず最高裁の役割の観点から検討する。比較衡量を憲法裁判の方法として用いることは、最高裁が民主的な社会では議会の役割とされているものを繰り返すようにみえる。議会での比較衡量は憲法上のルールの費用および便益を率直に探求し、社会的利益に対する憲法上の法理の効果についての経験的証拠に訴えてなされる。裁判所はそれに代わりうるのかという疑問に答えるには、司法審査による利益計算の再度の点検というだけでは十分ではない。点検で最初と異なれば追加していることになり、そもそも二院制は再点検の制度的な仕組みであるからである。むしろ、司法審査は議会が無視したり軽視したりする要素に重みを与えることで比較衡量の過

---

23)　468 U.S. 517 (1984).
24)　毛利透『表現の自由―その公共性ともろさについて』(岩波書店・2008年) 参照。
25)　*See* Aleinikoff, *supra* note 10, at 981-982.

程を改善するという正当化の方がより説得力がある。イリー（John Hart Ely）のいう代表制を補強する司法審査はまさにそのようなものであり、また、政治の喧噪で時に忘れられる憲法上の権利や利益を保護することになる。しかしこうした立法過程の欠点からの議論はそれだけでは最高裁による比較衡量を正当化する議論には直結しない。もちろん司法審査は立法過程での比較衡量の繰り返しではないと反論することもできる。比較衡量をする裁判所は立法行為を社会的な重要さの程度を反映するものとして、したがって憲法上の利益が緩和されるべき程度を量るための基盤として用いるのである。しかしさらに根源的な問いとして、比較衡量にあたって裁判所はまず憲法上の価値と立法上の価値を共通の通貨に変換しなければならず、裁判所は議会や行政の政策の重要性の程度をどのようにして決めることができるか、明らかにしなければならない。憲法典に明確には由来しない社会的な価値がはっきりしない規模で作用しており、比較衡量の手法は、立法に社会的価値を付与する判断が裁判所の領分と能力の範囲内にある理由を説明できなければならない。[26]

また比較衡量は憲法の構想を掘り崩すことになりかねない。というのも、憲法上の権利が憲法に基礎づけられない他の利益によって凌駕されるかもしれない利益とみなされるなら[27]、それは権利の名に値しないといえるからである。憲法を解釈の企てととらえる考え方から離れ、憲法上のディスコースを政府の行為の合理性をめぐる一般的な討議に変容させてしまう。また比較衡量は憲法の抑制機能や正当化機能をも掘り崩す。このことは、社会福祉を最大化するために、費用および便益をあけすけに衡量し、立法府の声を採用する意見において最も明確になる。結局のところ、各憲法条項、各憲法価値は単に良き社会政策の議論への招待状にすぎないと理解されるなら、憲法理論を論じることはほとんど意味をなさないことになる。比較衡量の体制のもとでは、憲法上の判断はもはや切り札のようではなくなり、同じ組み札でより高い価値をもつカードにすぎないようになる。[28]

さらに比較衡量は元来、形式的な教義主義に世界の知識を持ち込む科学的

---

26) *See id.* at 984-986. *See also* JOHN HART ELY, DEMOCRACY AND DISTRUST: A THEORY OF JUDICIAL REVIEW (1980).
27) *See, e.g.*, RONALD DWORKIN, TAKING RIGHTS SERIOUSLY 194, 269 (1977).
28) *See* Aleinikoff, *supra* note 10, at 986-992.

方法として生み出されてきたが、その科学的装いが憲法問題の解決への市民の関与を遠ざけることになる。というのも、費用および便益アプローチは憲法が原理にもとづく困難な選択を含むことを隠蔽することになるからである。憲法は、本来的には、政府の構造の根本的前提に注意を向けさせ、どのような政府権力の行使を許す社会であるのかを検討するように仕向け、そうすることで、我々が自らの社会的な世界を発見し作り上げるように促すのである。比較衡量は科学的な装いのもと我々を単なる観察者にしてしまい、その決定は我々を拘束することのできる意見でも議論でもなく、単なるデモンストレーションにすぎなくなる。我々の発する意見の長所は相互作用を通じて探求し創造する機会にあり、外在的な既存の選好の寄せ集めの表明としてではない。社会は、自由、公正、平等などの社会的および政治的正義の根本的な問題に憲法上の争点についての討議を通じて取り組むはずのものである[29]。

　これまでアレイニコフの比較衡量批判をみてきた。外在的な批判の部分については、憲法観の違いから、その評価には見解の相違があるであろう。ただ比較衡量が概要費用便益分析と理解される限りで、政策的な含意を色濃く具えるものであることは確かであろう。その意味で、「比較衡量は、権利や原理や構造についての理論的探究に代えて、『合理的な』政策形成を提供し、憲法典から我々の目をそらしてきている[30]」という彼の指摘は深刻である。

III　比較衡量と範疇化

1　範疇化の基礎としての定義づけ衡量

　比較衡量の手法と対置されるのは範疇化 (categorization) の手法である[31]。範疇化は分類学的なスタイルをとる。つまり、分類をし、その分類に標識を付けることである。この手法によれば、訴訟において裁判官がなす最重要の

---

29)　*See id.* at 992-995.
30)　*Id.* at 1004.
31)　*See, e.g.,* Kathleen M. Sullivan, *Categorization, Balancing, and Government Interests,* in PUBLIC VALUES IN CONSTITUTIONAL LAW 241 (Stephen E. Gottlieb ed., 1993). *See also* Kathleen M. Sullivan, *Post-liberal Judging: The Roles of Categorization and Balancing,* 63 U. COLO. L. REV. 293 (1992).

作業は当該事件の分類である。その作業によって一旦分類が確定されると、爾後はその区分けに従いいわば機械的に結論が導かれる手はずになっている。通常裁判官による利益の衡量は外見上行われないので、衡量に不可避的に随伴する裁判官の自由な判断は入り込む余地などないとされる。

　アメリカで解釈論争の中心を占めることが多い表現の自由をめぐっては、範疇化の手法はいわゆる二段階理論として著名である。この理論は表現行為が保護される表現と保護されない表現とに区別できることを前提に、ある表現行為が保護されない表現の範疇に該当するとされれば、とくに憲法上の問題を考慮することなく、表現の自由としての保護は否定されることになる。あるいは十全な法的保護が与えられる価値の高い表現と保護の程度が劣る価値の低い表現とに区別されることもある。保護されない表現の範疇に属する表現行為は、表現の自由論が常に意識する表現内容やその伝えるメッセージの影響力に焦点を当てた規制を受けるのであるが、二段階理論の当然の前提としてそのこと自体が問題視されることはない。

　保護されない、あるいは価値の低い表現は、なぜそのように憲法上の保護を与えられないのか。その理由は、「そうした言説は思想を伝えることの本質的な部分をなさないし、また真理へのステップとして少しの社会的価値も有さないので、そうした言説から引き出されうるいかなる便益も秩序や道徳に対する社会的利益によって明らかに凌駕されると十分に認められてきた」ということにある[32]。ここに範疇化手法が実は衡量を前提としていることがよく示されている。そうした表現行為は社会的にほとんど有意義な利益を具えていないとみなされており、入り口段階での衡量の結果、憲法上の保護の範囲から除外されてきたのである。

　これはいわゆる定義づけ衡量といわれる手法である。定義づけ衡量は、表現のどのような形態が修正1条の意味における表現とみなされるべきであるかを定義づける際に用いられるとされる[33]。それは範疇的衡量と呼ばれるこ

---

32) Chaplinsky v. New Hampshire, 315 U.S. 568, 572 (1942).
33) Melville B. Nimmer, *The Right to Speak from Times to Time: First Amendment Theory Applied to Libel and Misapplied to Privacy,* 56 CAL. L. REV. 935, 942 (1968); MELVILLE B. NIMMER, NIMMER ON FREEDOM OF SPEECH: A TREATISE ON THE THEORY OF THE FIRST AMENDMENT §2.02-2.03 (1984).

ともあり、このことも範疇化が利益衡量を伴っているという事情をよく表している。もちろん定義づけ衡量の手法は、事件が裁判所に繋属し、その結論を下すために裁判所が諸利益をそのたびごとに比較検討することになる個別的衡量の手法とは異なっている。定義づけ衡量の手法を用いれば、事前に利益衡量を終えたルールが明確化されており、爾後の諸事件ではその適用が問われるだけで、さらなる利益衡量は不要となる。その結果、総体として、よりはっきりとした予見可能性が得られることになるとされる[35]。定義づけ衡量という概念の命名者によれば、この手法は絶対主義と個別的衡量との中道を行くものとされる[36]。

2 Chaplinsky判決とその後

ところで1942年のChaplinsky v. New Hampshire連邦最高裁判決は、二段階理論を宣明したものとして広く知られている。連邦最高裁によれば、明確で狭く限定された種類の表現が存在し、それらの禁止や処罰は憲法問題を引き起こすとは決して考えられてこなかったとされる。具体的には、わいせつ表現、冒瀆的表現、名誉毀損的表現、闘争的言辞などが該当するとされている[37]。さらに暴力の煽動や商業広告といった表現行為も保護されない表現と解されてきた。つまりこれらの表現行為は、修正1条の目的にとっては、まったく、あるいは、ほとんど「言論」とはみなされてこなかったのである。

しかしながら、爾後の時の経過とともに、連邦最高裁は現在では保護されない表現の範疇を微妙に修正してきている。保護されない表現の範疇のリストに児童ポルノが加えられている[38]。これは定義づけ衡量の帰結と解されよ

---

34) *See* Eugene Volokh, *Crime-Facilitating Speech,* 57 STAN. L. REV. 1095, 1138 n.175 (2005); Geoffrey R. Stone, *Content-Neutral Restrictions,* 54 U. CHI. L. REV. 46, 47 & n.3 (1987).
35) NIMMER, *supra* note 33, at §2.03, 2-17.
36) Nimmer, *supra,* note 33, at 935-942.
37) *Chaplinsky*, 315 U.S. at 571-572.
38) New York v. Ferber, 458 U.S. 747 (1982). この保護されない表現の新範疇は必ずしも拡張的なものではない。連邦最高裁は、Ferber判決は児童ポルノが何を伝達するかではなく、それがどのように作られるのかにもとづいていると解釈することで、その法理をヴァーチャルな児童ポルノには適用しなかった。Ashcroft v. The Free Speech Coalition, 535 U.S. 234 (2002).

う。だがむしろこの期間の変化は逆の方向に展開してきたといえる。つまり保護されない表現の範疇の追加よりも、従前その範疇に属していたものがかなりの程度の保護を受けることになってきたことの方が、より注意を惹くのである。

（1）　わいせつ表現　　まず、かつてわいせつとみなされていた表現行為もミラーテストによって保護される可能性が開かれた。それによると、①平均人が、同時代の共同体の規準を適用して、その作品は全体としてとらえたとき好色の趣味に訴えるものであるかどうか、②当該作品が、あからさまに不快感を与える態様で、適用される州法によってとくに規定されている性的行為を描写しているかどうか、③当該作品は全体としてとらえたときに、真剣な文学的、芸術的、政治的、または科学的な価値を欠いているかどうか、によってわいせつ性を判定することになる。ことに、「共同体の規準」という要件は、全国的に最もゆるやかな判断で統一される必要はなく、しかもインターネットが普及した現在においても必ずしも進んで放棄はされてはいないが、相対化を促進し、具体的な事案の検討を必須とするので、範疇化の本来的な利点が活かされないことになろう。また埋め合わせの価値は地方共同体の規準によるわけではない。

（2）　営利的表現　　営利的表現については、1980年に決定的な転機を迎える。セントラル・ハドソンテストの導入である。対象となる表現が、まず、合法的な活動に関すること、また誤解を招きかねないものでないことがみたされなければならず、次に政府の規制の利益が実質的なものであることが必要とされる。そのうえで、規制手段は直接的に政府の規制利益を促進し、さらに当該利益を達成するのに必要以上に広範でないことが求められる。これ

---

39)　Aleinikoff, *supra* note 10, at 948, 979.
40)　Miller v. California, 413 U.S. 15 (1973).
41)　*See* Ashcroft v. American Civil Liberties Union, 535 U.S. 564 (2002). 全国共同体の規準によるか地方共同体の規準によるかについては裁判官の意見が分岐し、多数意見を形成できなかった。
42)　Valentine v. Chrestensen, 316 U.S. 52 (1942) は、とくに理由を述べることもなく、営利的表現の憲法上の保護を否定したが、連邦最高裁は後に、自由な情報の流通に関する消費者の利益を重視して憲法上の保護を及ぼし、1980年代以降の変革のための露払いを行った。Virginia State Board of Pharmacy v. Virginia Citizens Consumer Council, Inc., 425 U.S. 748 (1976).

らの要件をみたせば、その営利的表現は憲法上の保護を受けるとされた[43]。連邦最高裁は当初このテストをゆるやかに用いていたが、後に厳格な適用に転じている[44]。このテストは利益衡量を含むものといえるが、営利的表現の保護の側にウェイトが傾くことになってきたといえよう。その結果、違法な活動や誤解を招く情報についての営利的表現は依然として憲法上の保護の範囲外と考えられているが、営利的表現の多くは今や憲法上の保護を受ける資格が認められることになっている。範疇化により一旦保護範囲外に出されたものが、後続の利益衡量により当初の範疇を侵食してきたといえるであろう。さらに近時、セントラル・ハドソンテストの利益衡量手法を退け、Virginia State Board of Pharmacy v. Virginia Citizens Consumer Council, Inc. 連邦最高裁判決[45]のいう営利的情報の自由な流通に対する消費者の知る利益を重視する立場を徹底させ、範疇としての営利的表現自体を放棄するように説く意見も連邦最高裁で表明されるようになっている[46]。

(3) 違法行為の唱道　違法行為の唱道については、よく知られているように、明白かつ現在の危険の法理の形成・展開により[47]、相対化されることになった。この法理は問題となった特定の行為自体の危険性を判断する枠組みとしてだけでなく[48]、その行為に適用される法律の合憲性を判定する基準とし

---

43) Central Hudson Gas & Elec. Corp. v. Public Service Commission, 447 U.S. 557 (1980).
44) *Compare* Posada de Puerto Rico Assoc. v. Tourism Co., 478 U.S. 328 (1986) *with* 44 Liquormart, Inc., v. Rhode Island, 517 U.S. 484 (1996)（販売地以外でのアルコール商品の価格広告を禁止する州法を違憲とした）; Greater New Orleans Broadcasting Association, Inc. v. United States, 527 U.S. 173 (1999)（カジノの放送広告を禁止する連邦法規制を違憲とした）; Lorillard Tobacco Co. v. Reilly, 533 U.S. 525 (2001)（葉巻と無煙たばこの広告を規制する州法を違憲とした）; Thompson v. Western States Medical Center, 535 U.S. 357 (2002)（個人向けの特別な処方薬の広告を禁止するFDAの規制を違憲とした）; Sorrell v. IMS Health Inc., 546 U.S. 552 (2011)（製薬会社への同意なく個々の医師の処方業務を販売することを禁じる州法を違憲とした）.
45) *Virginia Pharmacy*, 425 U.S.748.
46) *See e.g., 44 Liquormart*, 517 U.S. 484 (Thomas, J., opinion concurring in the judgment).
47) Abrams v. United States, 250 U.S. 616 (1919) (Holmes, J., dissenting); *Gitlow*, 268 U.S. 652 (Holmes, J., dissenting); Whitney v. California, 274 U.S. 357 (1927) (Brandeis, J., concurring).
48) *See, e.g.*, Herndon v. Lowry, 301 U.S. 424 (1937).

ても用いられることになる[49]。後者の場合、それは合理性審査とは区別される、厳格審査の初期の原始的な形態である[50]。1930年代から40年代にかけて、この法理は必ずしも違法行為の唱道の場面においてではないが、表現と秩序の問題が交錯する場面で実際に法廷意見を形成した[51]。

ところが、厳格なはずのこの法理は冷戦の激化という状況の中で骨抜きにされた。Dennis v. United States 連邦最高裁判決は[52]、共産党のリーダーが暴力により政府を転覆しようとする組織の結成を共謀し、また政府を暴力的に転覆する必要性を唱道した廉でスミス法違反に問われた事案を扱ったが、被告人らは実際にはマルクスやレーニンらの書物を教えただけであった。ビンソン（Frederick M. Vinson）首席裁判官の相対多数意見は、これまで使用されてきた明白かつ現在の危険の法理が適用され有罪が破棄された先例に言及する。それらでは、州が保護しようとした利益はあまりに実質のないもので、表現の制限を正当化できないとする。しかし、本件で問題となっている暴力による政府の転覆はたしかに十分に実質的な利益であり、政府が表現を制限することができる[53]。そしてそのような重大な利益が問題となっている場合、明白かつ現在の危険という言葉は、暴動がまさに実行されるまで政府は待たなければならないことを意味しているのではないとする。政府の転覆の成功あるいは成功の蓋然性は基準とはならない。明白かつ現在の危険の法理を展開したホームズ（Oliver W. Holmes, Jr.）とブランダイス（Louis Brandeis）両裁判官が関心を抱いた状況は[54]、比較的孤立した出来事であり、共同体の安全に対する実質的な脅威とほとんど関係がない。そのうえで、連邦控訴裁のハンド

---

49) *See, e.g.*, Thornhill v. Alabama, 310 U.S. 88 (1940); Terminiello v. Chicago, 337 U.S. 1 (1949).
50) *See* Frederick Schauer, *Is It Better to Be Safe than Sorry?: Free Speech and the Precautionary Principle,* 36 PEPP. L. REV. 301 (2009).
51) *See, e.g.*, Cantwell v. Connecticut, 310 U.S. 296 (1940)（敵対的聴衆を挑発する表現）; Bridges v. California, 314 U.S. 252 (1941)（裁判所を批判する表現と法廷侮辱）; Terminiello v. Chicago, 337 U.S. 1 (1949)（相対立する集団を激しく非難する演説の治安妨害）.
52) 341 U.S. 494 (1951).
53) *Id*. at 508-509.
54) *Gitlow*, 268 U.S. 652; *Whitney*, 274 U.S. 357; Fiske v. Kansas, 274 U.S. 380 (1927); De Jonge, v. Oregon, 299 U.S. 354 (1937).

(Billings Learned Hand) 裁判官の定式化に従い、起こりようのなさで割り引かれた悪の重大さが、危険を回避するために必要である表現の自由への侵害を正当化するかどうかを問い、肯定的に答えを出した。この相対多数意見では、明白かつ現在の危険の法理の重要な構成要素である、蓋然性と差し迫っている状況が無関係となる。政府の転覆のように害悪が十分に重大であれば、それを唱道する表現は、発生の蓋然性あるいは急迫性を証明することなく、処罰されうることが明らかにされた。明白かつ現在の危険の法理が換骨奪胎されたのである。ジャクソン (Robert H. Jackson) 裁判官の補足意見は、率直に、明白かつ現在の危険の法理は表現の自由保護的にすぎ、本件のような事件には適用されたことはないと主張することからも、この法理の変容がみてとれる。

本稿の関心からとくに注目されるのは、フランクファーター (Felix Frankfurter) 裁判官の結論同意意見である。彼は、明白かつ現在の危険の法理が柔軟性に欠けると批判する。その背景には相対立する利益の調整としての法という考え方がある。絶対的ルールは不可避的に絶対的例外の認容に至るものであり、そうした例外は結局のところルールを腐食してしまうであろう、と述べた後に利益衡量の必要性を説く。民主的社会における表現の自由と国家安全保障の利益との要求は、非ユークリッド問題を解決するにはあまりに柔軟性のないドグマを宣言することによってよりも、司法過程の範囲内での相対立する利益の率直で情報に通じた衡量によってよりよくみたされる、というのである。明白かつ現在の危険の法理が柔軟な利益衡量を認めないことを批判したうえで、相対立する利益をどのように評価するのかが問題となると指摘する。フランクファーターは、相対立する利益が数量的探知に馴染まないので、その問題は関連する要素を衡量し、特定の状況でどの利益が優先されるべきであるかを確かめるのは誰かと問うことで解決されることになるとする。その選択についての十全の責任は裁判所に帰しえない。というのも、裁判所は代表機関ではないからである。裁判所は民主的社会の反映であるように設計されていないし、その本質は独立に依拠した分離である、とされる。そしてフランクファーターは歴史的教訓を強調する。裁判所がその時

---

55) 183 F.2d 201, 212 *cited at* 341 U.S. at 510.
56) *Id*. at 570 (Jackson, J., concurring).

代の情念に巻き込まれ、相対立する政治的、経済的、社会的な強い要求の選択において主たる責任を担う場合、司法部の独立は危殆に瀕する。ニューディーラーの面目躍如である。そして対立する利益の調整の主たる責任は議会が担うと主張する。[57]

そして、Gitlow 判決や Whitney 判決[58]と同様、合理性の審査が適切であると主張するのである。あくまでも相対立する利益の調整の主たる責任は議会が担うのであり、その議会の判断への裁判所の全面的な敬譲を説く。そしてそのことは表現の自由に関する事件でも例外ではない。つまり、直接の政策形成は裁判所の領分ではなく、相対立する利益をどのように最もうまく融和するかは議会の仕事であり、議会がとったバランスは裁判所の判断によって取って代えられるべきではなく、公平な判断の範囲外でないなら、尊重されるべきであると理解されるからである。[59]このようにフランクファーターは表現の自由を特別視することなく平等にゆるやかな審査を施すことを主張する。

これに対してブラック（Hugo L. Black）裁判官およびダグラス（William O. Douglas）裁判官は反対意見を述べ、表現の自由の優越的地位を強調し、多数意見は危険の差し迫った程度という時間的切迫性という要素を取り除いてしまっており、本件は結局被告人が抱いている思想だけで有罪とすることになってしまっていると警鐘を鳴らす。[60]この Dennis 判決は、理論的見地からすると、表現の自由の保護が最も必要なときに、明白かつ現在の危険の法理ではその保護が提供されないことを露呈させた。またビンソン裁判官の意見とフランクファーター裁判官の意見は、明白かつ現在の危険の法理も使用の仕方によっては、政治部門への敬譲を示す利益衡量論のようになってしまうことを示唆するものである。つまるところ、表現の自由への制約を判断する基準の厳格さの程度はコンテクストに依存することになってしまう。利益衡量論の権利保障にとっての有効性が熱心に議論されたのももっともなことである。[61]

---

57)　*Id.* at 524-525 (Frankfurter, J., concurring in the judgment).
58)　*Whitney*, 274 U.S. 357.
59)　*Dennis*, 341 U.S. at 539-540 (Frankfurter, J., concurring in the judgment)
60)　*Id.* at 579 (Black, J., dissenting), 581 (Douglas, J., dissenting).
61)　Laurent B. Frantz, *The First Amendment in the Balance,* 71 YALE L.J. 1424 (1962); Laurent B. Frantz, *Is the First Amendment Law: A Reply to Professor Mendelson,* 51 CAL. L. REV. 729 (1963); Wallace Mendelson, *On the Meaning of the First Amendment:*

ただ連邦最高裁はその後微調整を行う。6年後のスミス法違反の共謀で数名が起訴された事案である Yates v. United States 事件では、ハーラン（John M. Harlan）裁判官が執筆した法廷意見は、スミス法を具体的な違法行動の衝動に限定して処罰すると読み込み、判例変更することなく区別を通じて Dennis 判決を限定した。それは、抽象的な教義を唱道することと違法な行動を促進することに向けられた唱道を区別することが決定的に重要という認識にもとづいている。

　そして表現の自由の勝利のひとつと評される Brandenburg v. Ohio 連邦最高裁判決では、クー・クラックス・クランのリーダーを州刑事サンディカリズム法違反で起訴した事案で、連邦最高裁は、暴力行動の唱道は、差し迫った違法行動を煽動することに向けられており、かつ、そうした行動が招来されるかなりの可能性がある場合に限って、処罰することができるとした。この判決が表現の自由の勝利のひとつと解されるのは、ブランデンバーグテストが確固としたガイドラインとある程度の柔軟性との組み合わせを提供するからであろう。その点で、このテストは絶対主義と衡量主義とのバランスをとるものといえるであろう。もちろん、1969年にはマッカーシー時代はとうに終焉を迎えており、共産主義の脅威は他の社会的関心によって取って代わられていたことが、実際には大いに影響していたであろう。そうであるならば、危機の時代に多くの人々が異見を快く思っていない場合に、そのテストがうまく機能するのかが関心となる。

　近時連邦最高裁は、テロとの戦いの中で、指定された外国のテロリスト組織に"material support or resources"の提供を禁止する法律の合憲性を取り扱った。支援団体が、窮状の救済の手段として国際法や国連への請願の利用の仕方を対象となる組織の構成員に教示することなどはその支援の提供に該当しそうであることから、表現の自由の規制が問われることになる。連邦最高裁は、安全保障に関係するのではあるが、明白かつ現在の危険の法理やブ

　　Absolutes in the Balance, 50 CAL. L. REV. 821 (1962).
62)　354 U.S. 298 (1957).
63)　*Id.* at 318, 324-325.
64)　395 U.S. 444 (1969).
65)　Holder v. Humanitarian Law Project, 561 U.S. 1 (2010).

ランデンバーグテストを用いることなく、一般的な厳格審査を施した。ロバーツ（John G. Roberts）首席裁判官執筆の法廷意見は、支援の提供を純粋な言論と理解することも行動とみることも否定し、表現内容規制に及ぶのでオブライエンテストではなく、厳格審査を採用したのである。テロとの戦いという立法目的にやむにやまれぬ利益を見いだすが、当該支援は、テロリスト組織と認定された組織によるテロリズムではなく、正統な活動だけを促進するから、規制の手段が立法目的の実現に厳密に調製されていないという原告側の主張に対して、法廷意見は、外国のテロリスト組織が正統な活動の支援をテロリズムの支援から有意味に区別されるかどうかは経験的な問題であり、外交や安全保障の分野では政治部門の判断に敬譲を示すとする。そして、当該制定法の枠組みでは独立した意見表明は禁止していないことを強調している。ブライヤー（Stephen G. Breyer）裁判官執筆の反対意見は、同様に厳格審査の枠組みで議論し、憲法が大統領に外交権限を付与し、執行府と立法府に国家の防衛を提供する権限が認められていることも尊重する。しかし、これらの事項の権威や専門知識は、憲法が個人に付与する保護を確実にする義務に必然的に勝るということではないことを連邦最高裁は明らかにしてきているとし、多数意見は、具体的な証拠にもとづき政府の正当化事由を十分に厳密に検証できていないと批判する。テロとの戦いのさなかではあるが、9.11の同時多発テロからかなりの時間が経過していることも事実であり、厳格審査を採用しやすい状況であったといえよう。ただ法廷意見は、安全保障上の経験の問題を政治部門の判断に委ねる態度を示しており、厳格審査とはいうものの結果的に政治部門の比較衡量の優先に帰してしまっているといえよう。明白かつ現在の危険の法理そしてブランデンバーグテストと厳格審査との関係を含めて、この分野での最高裁の適切な役割についてはなお議論されるべきことが多いであろう。

（4）　**名誉毀損的表現**　　名誉毀損についても、伝統的枠組みは変容してきている。1964 年の New York Times Co. v. Sullivan 連邦最高裁判決[66]が現実の悪意の法理を採用することになり、名誉毀損法の憲法化というべき現象が生じ

---

66)　376 U.S. 254 (1964).

たことは広く知られている。公的な言説については、それが名誉毀損的であったとしても、名誉権は表現の自由の価値との調整を受けることになっている。むしろ、公人や公共の関心事については時に辛辣で激しい言説が表現の自由の名のもとに認められており、表現者に現実の悪意が存在することを公人が証明できることは稀有なことであり、名誉毀損が成立することの方が例外となっている。虚偽であることを知りながら言説を行ったり、真実であるかどうかを無謀にも無視して誤った言説を行ったりすることは憲法上の保護に値しないとされているので、現実の悪意の法理は定義づけ衡量の手法といえるであろう。[67]とくに注目されるのは、Sullivan 判決が誤りを含む情報に[68]憲法上の保護を認めたことである。伝統的に虚偽の言説は表現の自由の保障の範囲外とされてきたが、誤った言説は自由な討議には不可避であり、またそうした言説は、表現の自由が生き残るために必要な「息つく空間」を有するのであれば、保護されなければならないとして、一定の保障が与えられることになったのである。[69]

(5) ヘイトスピーチ規制　　範疇化のアプローチは、ヘイトスピーチ規制でも問題となった。R.A.V. v. City of St. Paul 事件で、[70]連邦最高裁は、保護されない表現の範疇に属する表現であっても全面的に表現内容規制を及ぼすことはできないことを明らかにした。言葉による脅迫が保護されない表現の範疇に属する場合、人種差別的な表現とそうでない脅迫的な表現との区別はどの程度明確であり、また必要なのか。市条例で、人種や他の人の特徴にもとづき他人に怒り、驚愕または憤慨を引き起こすと知りながら、または、そのように知る合理的な根拠がありながら、公有地または私有地に火炎十字架またはナチスの鉤十字を含むシンボルを掲げた者を処罰していた。未成年者が黒人の家庭の庭に火炎十字架を投げ込み条例違反として処罰された。当該市条例は、州最高裁によって、過度の広汎性および曖昧性による違憲性から

---

67) 連邦最高裁は、刑事名誉毀損にも現実の悪意が適用されることを明らかにする際に、Chaplinsky 判決（*Chaplinsky*, 315 U.S. 568）を引用しつつ、憲法上の保護されない表現を範疇に示している。Garrison v. Louisiana, 379 U.S. 64, 75 (1964). 毛利・前掲注 24）も参照。
68) Nimmer, *supra* note 33, at 942-945.
69) New York Times Co. v. Sullivan, 376 U.S. 254, 272-273 (1964).
70) 505 U.S. 377 (1992).

救うために、闘争的言辞、差し迫った違法な行動を煽動するものと限定解釈されていた。しかし、連邦最高裁は、スカリア（Antonin G. Scalia）裁判官執筆の法廷意見によって、当該市条例を違憲と判示した。法廷意見は、意外なことに、闘争的言辞がまったく保護されない表現の範疇であるわけではないとする。政府は表現されたメッセージに対する敵意または好意にもとづいて保護されない表現の使用を禁止することはできない、というのである。市条例は闘争的言辞の中で、表現内容や観点にもとづく区別を下位範疇として作り出しており、それはやむにやまれぬ規制利益に合理的に必要であることが証明されていないと判断されたのである。内容区別の性質が、思想の公的な抑圧が行われる現実的な可能性が存在しないようなものかどうかが問題であって、当該市条例は人種主義の思想に対する嫌悪にもとづいている以上、見解規制でもあり、抑圧の現実的な可能性があるとされたのである。

これに対してホワイト（Byron R. White）裁判官の結論同意意見は、法廷意見の前提に疑問を投げかける。政府は表現の内容が害悪であるという理由で表現のすべての範疇を禁止できるということと、政府は修正 1 条に抵触することなくその範疇の下位部分を別様に取り扱うことはできないということは、一貫していない、と批判する。なぜなら、対象となっている内容は定義上価値がなく、憲法の保護に値しないからである。またスティーブンス（John P. Stevens）裁判官の結論同意意見も、市条例の規制範囲は限定されているので、人種・宗教・ジェンダー平等を対象とした広範な表現に開かれており、そしてそうした表現を保護することになると主張する。脅迫的で個人に直接向けられていない十字架の焼却はこの条例で保護されているので、そうした限定的な禁止が修正 1 条に抵触することはほとんどないと主張する[71]。そしてその後、イデオロギーの表明としてではなく、脅迫としての十字架の焼却は合憲的に禁止できることが明らかにされた[72]。

(6) 虚偽の言説　　虚偽の言説についても同様の状況がみられる。連邦最高裁は近時、事実に関する誤った言説が必ずしも修正 1 条の保護を受けないわけではないことを宣言した[73]。2005 年に連邦議会は、合衆国軍の勲章を

---

71) *Id.* at 376 (Stevens, J., concurring in the judgment).
72) Virginia v. Black, 538 U.S. 343 (2003).

授与されたと虚偽の説明をすることを犯罪とする武勇詐称禁止法（Stolen Valor Act）は、栄誉章（Congressional Medal of Honor）の授与を偽った場合には罰を加重している。その廉で起訴された者が当該法の修正 1 条違反を争った。ケネディ（Anthony M. Kennedy）裁判官執筆の相対多数意見は、内容にもとづく禁止を課す当該法規定は厳格審査が施されるとした。というのも、連邦最高裁は、表現内容規制の脅威に照らして、相対的な社会的費用と便益のアドホックな衡量にもとづいて修正 1 条の保護範囲を決めるために方向性の定まらない漠然としたテストを驚愕すべき危険なものとして拒絶してきたからであるという。小動物虐待ビデオ規制を保護されない表現の範疇として正当化しなかった United States v. Stevens 連邦最高裁判決[74]を引用して自らの立場を擁護している。そしてむしろ、違法行為の煽動やわいせつなど表現の歴史的かつ伝統的な範疇がごく少数に限って表現内容の禁止を認めてきているだけであると確認する。ある種の名誉毀損の文脈や詐欺の事案で、虚偽の言説が禁止されるだけであり、原則として虚偽の言説が修正 1 条の保護から排除されているわけでないとするのである。そのうえで、表現内容規制に対する一般的な厳格審査を施す。栄誉章の品位を維持するという利益はやむにやまれぬものであるが、政府は対抗表現がなぜその利益を実現するのに十分でないのか証明できていない、とする。つまりより制限的でない手段が存在するとし、当該制定法の定める規制は厳格な審査をパスしないとする。ブライヤー裁判官はケイガン（Elena Kagan）裁判官の参加を得て、結論同意意見を執筆し、相対多数意見の範疇主義的な立場を批判している。そして、裁判所は、制定法が正当化事由に比例しない表現に関連する害悪をもたらすかどうかを判断しなければならないとする。ブライヤー裁判官によると、この審査の形態は中間審査、比例審査、あるいは適合審査と呼ばれているものである。政府が虚偽の表現を罰すると真実の表現を抑圧することになりうるという由々しく受け入れがたい危険をもたらす領域が存在する、とする。たとえば、哲学、宗教、歴史、社会科学、芸術などの分野での誤った言説を禁止しようとする法律は、そうした危険性ゆえに厳格審査に服すべきであろう。

---

73)　United States v. Alvarez, 567 U.S. 709 (2012).
74)　559 U.S. 460 (2010).

しかし、当該法律の場合はそうではない。というのも、真偽のほどは簡単に検証できる部類の表現が問題となっており、そうした表現が思想の自由市場に価値ある貢献ができる可能性は相当低いからである。ブライヤー裁判官は比較衡量の手法を範疇化アプローチに対比させていると思われる。これに対して、スカリア裁判官とトーマス（Clarence Thomas）裁判官が加わったアリート（Samuel A. Alito）裁判官の反対意見は、事実に関する虚偽の言説で実際の害悪を引き起こし正統な利益に奉仕しないものは表現の自由の保護に値しないという伝統的な理解から逸脱する必要はない、と批判する。またアリート裁判官は、相対多数意見も結論同意意見も過度に広汎性の法理を成り立たせる実質性を論証できておらず妥当性を欠くとも批判し、規制の正当性を主張している。

3　定型的思考の限界

　以上簡潔にみてきたように、保護される表現と保護されない表現の二元的範疇論は必ずしもその出発点のように維持されているわけでないことがわかる。むしろこの二元的範疇論は表現の自由の保護への拡大的傾向を顕著に呈してきている。とくにロバーツが首席裁判官になってから、表現の自由積極主義といってもよい状況がもたらされている。

　ただし範疇化が表現の自由保護的で、比較衡量が表現の自由否定的と単純にいえるかどうかは、必ずしもはっきりとはしていない。比較衡量それ自体はイデオロギーに中立的であるので、保守的方向にもリベラルな方向にも作用する。実際、初期の比較衡量は表現の自由を擁護するために用いられていた。プログレッシヴな傾向は市民的自由の局面でも衡量をして権利の保護に資した。しかしマッカーシズムの時代には、比較衡量は表現の自由を抑制する方向に機能した。そうした時代状況にあっては個人の権利に対抗する社会的・国家的利益が大きく見積もられることになるからである。さらに、ヘイトスピーチ規制に代表されるように、今日の複雑で多元的な社会では、自由で民主的な価値は一義的には確定できず、表現の自由の保護だけがリベラルの指標ではなくなっている。またそもそも範疇化が定義づけ衡量の手法を前提としており、その手法が比較衡量に依拠している以上、範疇の画定線の移

動は無理からぬところがある。表現の自由の保障が拡大すると、今度は表現内容規制および表現内容中立規制の二元論の対象となり、表現内容規制であればより厳格な審査に服することになる。こうした審査方法自体が比較衡量の手法の定型化ともいえる。とくに中間審査は厳格なものからゆるやかなものまでかなりの幅があるので、比較衡量の類型といえるであろう。

IV 比較衡量をめぐる駆け引き

　比較衡量の手法の最大の難点は、個別的に諸利益を衡量することに由来する事前の予見可能性の欠如であろう。個々の事件の利益状況は千差万別であろうから、実際に裁判になってみなければどのような結論になるかがわからない場合がある。関連諸利益の重みづけがどのようになされるのか判然としなければ、裁判官にそれらの評価の裁量が広く認められることになる。裁判官への広汎な裁量の承認は、しかしながら、その歴史において違憲審査権の行使のあり方が何度も問われてきたアメリカでは[75]、大いに警戒されるであろう。民主的正統性の弱い裁判官の主観的な決定であれば、民主的政治体制ではそのまま受け入れることは難しい。裁判所主導によるリベラルな法改革を経験した後の社会では、司法の抑制を唱える政治的立場が影響力をもつことも理解できる。そうした考え方を共有する裁判官が連邦最高裁裁判官に任命されることも、大統領による任命を前提にする限り、起こりうることである。

　1987年に起こったそうした立場のボーク（Robert H. Bork）裁判官の連邦最高裁裁判官への任命は象徴的な出来事であった[76]。しかし上院での承認が得られず、レーガン（Ronald W. Reagan）大統領の任命は挫折する。しかし実はその1年前のスカリア裁判官の連邦最高裁裁判官への任命は上院で満場一致の承認を得て成功していた。2016年2月に亡くなるまで、30年間に及び、彼は比較衡量批判の中心に位置づけられた。スカリア裁判官は着任早々、通商条項違反の事件で、比較衡量の手法を厳しく批判する結論同意見を述べている。「尺度の類比は実際には適切ではない。なぜなら双方の側の利益は

---

75)　大沢秀介『アメリカの司法と政治』（成文堂・2016年）参照。
76)　Bruce A. Ackerman, *Transformative Appointment,* 101 HARV. L. REV. 1164 (1988).

通約不可能であるからだ。それはむしろ、特定の直線の長さが特定の岩の重さよりも長いかどうかを判断するかのようなものである[77]」。

　親の同意なく暴力ビデオゲームを未成年者へ販売・貸与することを禁止する州法を違憲とした事件[78]でも、法廷意見を執筆したスカリア裁判官は比較衡量の手法を斥けている。小動物虐待ビデオ規制の事件[79]に続いて、保護されない表現の範疇が拡大可能かが争点となったが、法廷意見はそれを拒絶する。表現内容に対する新しい規制が禁止の長い歴史の一部分であるという説得力のある証拠がなければ、修正1条の故に、立法部が表現の特定の範疇の価値をその社会的な費用と衡量し、そして禁止することは許されない、というのである。ある種の表現が見逃すには害がありすぎるというだけでは立法によって新しい範疇を設定することは認められないのである。そのうえで厳格審査を施す。暴力ビデオゲームと未成年者への害悪との直接的因果関係は示されておらず、政府の規制利益はやむにやまれぬものとはいえない。わいせつ規制と類似するものでもなく、親の権限の支援という理解も過剰包摂であり、他のメディアでの暴力の規制に手を付けておらず過小包摂でもあり、規制手段が厳密に調製されていないと結論づけた。

　これに対してブライヤー裁判官の反対意見は、同じように厳格審査を採用するが、州法は合憲と判断された。子が潜在的に害悪のある暴力的でインタラクティブなゲームを購入するのを防止しようとする親の努力を補完することの利益、また青少年の福祉に対する州の独自の利益はやむにやまれぬものであり、それらは証拠づけられており、法廷意見には立法部の判断への敬譲がまったくみられないと反論する。そしてより制限的でない代替手段が存在しないとする。というのも、法廷意見は、自主規制の存在を説くが、その規制の執行は熱心にされておらず、効果がほとんどないのが実状だからである。またフィルタリングという技術的な対応の可能性もあるが、しかしフィルター技術を回避する方法はインターネットですぐにわかってしまうとする。規制が可能と解することで、州が合憲的に未成年者にヌードの描写物の販売を

---

77) Bendix Autolite Corp. v. Midwesco Enterprises, Inc., 486 U.S. 888, 897 (1988) (Scalia, J., concurring in the judgment).
78) Brown v. Entertainment Merchants Association, 564 U.S. 1 (2011).
79) United States v. Stevens, 559 U.S. 460 (2010).

禁止できるとした先例[80]と整合をとることができると主張する。

　同じ厳格審査を採用しているとしているが、スカリア裁判官は伝統的な厳格審査で、範疇化アプローチに近いのに対して、ブライヤー裁判官は中間審査に近い厳格審査を採用している。その点でより比較衡量の手法に親和的である。先述の United States v. Alvarez 連邦最高裁判決の結論同意意見では[81]、ブライヤー裁判官はもっとはっきりと中間審査を打ち出している。ただ Holder v. Humanitarian Law Project 連邦最高裁判決[82]では、法廷意見が厳格審査と立法事実の認定における議会への敬譲という形態をとったのに対して、ブライヤー裁判官の反対意見は文字通り厳格審査を展開している。このスカリア裁判官とブライヤー裁判官との対照は、修正2条が銃を携帯する個人の権利を保障しているとし、ワシントンDCにおけるハンドガン規制を違憲とした District of Columbia v. Heller 連邦最高裁判決[83]のスカリア裁判官の法廷意見とブライヤー裁判官の反対意見にも現れている。

　すでにみたように、比較衡量の手法が権利拡大的か規制利益認容的かはそれだけでは一義的には判別できない。事案の文脈も大いに関連してくるであろう。文脈に配慮した比較衡量が唱えられたりする所以である[84]。逆に範疇化も、同様に、それだけでは必ずしも予測可能性が高まるわけではない。入り口のところではやはり衡量が必然的に入り込むからである。新しい状況は新しい利益を提示し、古い利益に異なる重みを与えるので、新しい状況が比較衡量の過程の再開を許すことになるであろう[85]。

　比較衡量をめぐる論争は、つまるところ、裁判所が、相対立する考慮事項を衡量して、議会制定法を違憲無効とすることが望ましいことか否かに帰着

---

80)　Ginsberg v. New York, 390 U.S. 629 (1968).
81)　*Alvarez*, 567 U.S. 709.
82)　560 U.S. 1 (2010).
83)　554 U.S. 570 (2008). *See, e.g.*, Joseph Blocher, *Categoricalism and Balancing in First and Second Amendment Analysis*, 84 N.Y.U. L. Rev. 375 (2009); Moshe Cohen-Eliya & Iddo Porat, *The Hidden Foreign Law Debate in Heller: The Proportionality Approach in American Constitutional Law*, 46 San Diego L. Rev. 367 (2009).
84)　*See, e.g.*, Alexander Tsesis, *The Categorical Free Speech Doctrine and Contextualization*, 65 Emory L.J. 495 (2015); Alexander Tsesis, *Balancing Free Speech*, 96 Boston U. L. Rev. 1 (2016).
85)　*See* Aleinikoff, *supra* note 10, at 979-981.

する。ここには2つの問いが関わる。第1は、そもそも憲法上の権利は衡量されうるのかという問いである。その肯定は権利を考慮事項のひとつととらえることを意味し、否定は権利をより強い政府の一定の行為を排除する理由として機能するものと解することになる。第2は、裁判所が権利の裁定にあたって衡量の手法を用いるべきかという問いである。両者の組み合わせとして、①権利は考慮事項のひとつであり、裁判所が衡量すべきである、②権利は考慮事項のひとつであり、裁判所が衡量すべきでない、③権利は排除機能として働き、裁判所は衡量すべきである、④権利は排除機能として働き、裁判所は衡量すべきではない、という4通りの考え方がありうる。[86] ①の立場は、議会も裁判所も衡量をすることを認める。それぞれ詳細は微妙であるが、典型的には、②はフランクファーター裁判官やハーラン裁判官の立場であり、④はブラック裁判官やスカリア裁判官の立場である。解釈態度と政治的な立場とは必ずしも一致しないことがここからもわかるであろう。③は政府の違憲の動機をあぶり出すための裁判所による衡量を認める立場である。[87] ただし種類や行使の場面を区別することで権利の性格を複合的に構想することも可能であるので、実際にはもっと複雑になる。そして憲法上の権利の理解の仕方こそが比較衡量の妥当性を左右することになる。憲法上の権利も実社会の中で機能するものである限りにおいて、他の重要な諸価値と共存するものである。憲法上の権利といえども絶対的ではないというのはその意味で正しい。しかし、一旦憲法上の権利を人間の生活をめぐるさまざまな重要考慮要素のひとつと理解するようになると、それは他の重要な諸利益を害さない限りで一応承認されるものにすぎなくなる。[88] そして憲法上の権利が程度問題に還元されるならば、トライブ（Laurence H. Tribe）が指摘するように、そ

---

86) *See* Iddo Porat, *Mapping the American Debate over Balancing*, in Proportionality and the Rule of Law: Rights, Justification, Reasoning 397-416 (Grant Huscroft, Bradley W. Miller, & Grégoire Webber eds., 2013); Iddo Porat, *The Dual Model of Balancing: A Model for the Proper Scope of Balancing in Constitutional Law*, 27 Cardozo L. Rev. 1393 (2006).
87) *See, e.g.*, Jed Rubenfeld, *The First Amendment's Purpose*, 53 Stan. L. Rev. 767 (2001). 山本龍彦「表現の自由のプラグマティズム」駒村圭吾＝鈴木秀美編『表現の自由Ⅰ─状況へ』529～557頁（尚学社・2011年）も参照。
88) 長谷部恭男『憲法の理性〔増補新装版〕』第5章（東京大学出版会・2016年）参照。

れは法の執行の思いやりに依存することになってしまう。憲法上の権利が権利である限りは切り札として衡量を拒否することも必要となる。比較衡量の手法は権利の性質やその行使の場面を慎重に考慮して用いられるべきであろう。さまざまな分野でのさまざまな審査の基準の展開は、そうした営為の一環としてとらえられる。憲法上の権利の理解をさらに深化させることが決定的に必要となる。

V　グローバル化、アメリカ、そして日本——むすびにかえて

　世界は政治の裁判化という多かれ少なかれ共通の現象を目撃している。政治部門が本来であれば自ら解決すべき政治性の高い問題を、好んであるいはやむなく、裁判所に委ねる現象が多くの国で起こっている。もちろんトクヴィル（Alexis de Tocqueville）の指摘を待つまでもなく、アメリカ連邦最高裁の司法審査はその代表的なモデルであろう。しかしその現象は憲法裁判所モデルの世界各地への拡散によってももたらされている。その中でドイツの連邦憲法裁判所の活動の影響が大きい。その中心的な解釈手法が比例原則であり、適合性、必要性、狭義の比例原則を構成要素とする。比例原則を理論的に支えるアレクシー（Robert Alexy）によれば、憲法上の権利を比例原則に照らして解釈することは憲法上の権利を最適化要件として取り扱うことであり、また、最適化要件として、原理は、事実の可能性と法の可能性を所与とすれば、あるものが可能な限り最大限度で実現されることを求める規範である。適合性と必要性の要件は、事実の可能性に関係し、パレート最適を表現するものであるという。狭義の比例原則は法の可能性に関連し、相対立する原理によって本質的に定義づけられる。比較衡量は相対立する原理に関する最適化に

---

89)　Laurence H. Tribe, American Constitutional Law 794 (2d ed. 1988).
90)　Dworkin, *supra* note 27. また阪口正二郎「憲法上の権利と利益衡量——『シールド』としての権利と『切り札として』の権利」一橋法学9巻3号46頁（2010年）も参照。
91)　*See, e.g.*, Ran Hirschl, Towards Juristocracy: The Origins and Consequences of the New Constitutionalism (2004).
92)　トクヴィル（松本礼二訳）『アメリカのデモクラシー　第一巻（下）』180頁、181頁（岩波文庫・2005年）。

ほかならない、とされる[93]。そしてこのような特徴を具えた比例原則こそが法領域を横断して採用可能なグローバルなモデルであるという主張も展開されるに至っている[94]。アメリカでの比較衡量との関係も論じられるようになっている[95]。

　ここではアメリカが独自の道を歩んでいるようにみえることを合衆国憲法の特徴から考えてみよう。まず、連邦政府は憲法上列挙された権限のみを行使するという原則が維持されている。つまり、政府の活動自体の憲法適合性が常に論証されなければならない。修正10条がその状況を示唆する。他の国家ではあまり考えることができない、一般的な福祉権が連邦政府に具わっているかということ自体が議論の対象となる。憲法上の権利に関して、憲法典にはそのテクストに利益衡量のメカニズムを示す規定、たとえば公共の福祉との調和など、が含まれているのが一般的である。しかし合衆国憲法の場合、そのような規定が存在しないかのように読める。第1の点と関連するが、合衆国憲法の元来の構想からすれば、連邦政府は列挙された権限しか行使できないので、人々の権利の侵害は想定されていなかった。それ故、権利の保障のされ方が立法権への禁止という形をとっている。そもそも憲法が18世紀末に制定され、爾後少なくともテクスト上は根本的な変容を被っていないので、現代的な政治状況との乖離が顕著である。たとえば、福祉国家化・行政国家化が進展し執行府中心の政治運営が一般的になる中で、人類史上初めて創設された大統領職をめぐる憲法上の規定は権限付与と権限制限の双方の

---

93) Robert Alexy, *Balancing, Constitutional Review, and Representation*, 3 INT'L J. CONST. L. 572-573 (2005); ROBERT ALEXY, A THEORY OF CONSTITUTIONAL RIGHTS 47, 102 (Julian Rivers trans., 2002).
94) *See* DAVID M. BEATTY, THE ULTIMATE RULE OF LAW (2004).
95) *See, e.g.*, Moshe Cohen-Eliya & Iddo Porat, *American balancing and German proportionality: The historical origins*, 8 INT'L J. CONST. L. 263 (2010); AHARON BARAK, PROPORTIONALITY: CONSTOTITONAL RIGHTS AND THEIR LIMITATIONS (2012); MOSHE COHEN-ELIYA & IDDO PORAT, PROPORTIONALITY AND CONSTITUTIONAL CULTURE (2013); Vicki C. Jackson, *Constitutional Law in an Age of Proportionality*, 124 YALE L.J. 3094 (2015); VICKI C. JACKSON & MARK TUSHNET EDS., PROPORTIONALITY: NEW FRONTIERS, NEW CHALLENGES (2017). また青井未帆「三段階審査・審査の基準・審査基準論」ジュリスト1400号68〜74頁（2010年）、村山健太郎「憲法訴訟─審査基準論はどこに向かおうとしているのか?」大沢秀介＝大林啓吾編『アメリカの憲法問題と司法審査』193頁（成文堂・2016年）、高橋・前掲注1）も参照。

観点から再検討の余地がある。さらに憲法上の権利が古典的な自由権に限定されており、連邦最高裁の解釈による権利の創造にも限界がある。

　違憲審査制が近代立憲主義の初期の段階から展開してきたことも注目される現象である。その制度は権限争訟や連邦制の枠組み調整といった機能にとどまらず、憲法上の権利の保障にも成果を上げてきた。範となる実例がない中での展開である。その過程で、違憲審査権の行使により国家を崩壊させかねない状況に何度か陥ったことも例外的であろう。さまざまな分野でさまざまな審査の方法が編み出されてきたのも、アメリカの違憲審査制が、そうした人類史上初めての積み重ねであったことと無関係ではないであろう。とくに行政法の展開よりも前に違憲審査が実際に機能していたことも[96]、独特の発展をもたらしている要因の一端であろう。そうしたこともあり、第二次世界大戦後の憲法学の主要なテーマが、連邦最高裁裁判官の自由な違憲審査権行使をどのように抑制するのかをめぐって形成されてきた。この分野の最も重要な書物のひとつのタイトルが"*Democracy and Distrust*"であることは、事の経緯をよく物語っている。

　こうした特徴に規定づけられている合衆国憲法体制のもとにある連邦最高裁の違憲審査が比例原則中心に近い将来に組み替えられると考えるのは早計であろう。憲法上の権利のグローバル・モデルは、豊富な種類の憲法上の権利の保障、政府の積極的義務と社会経済的権利の保障、私人間に権利規定の効力が及ぶこと、そして比較衡量と比例原則にあるとすれば[97]、その径庭は大きい。ただ比較衡量でも比例原則でも、憲法上の権利が他の政治的社会的に重要な利益と同一の位相に位置づけられることになり、憲法上の権利の特別性が相対化される点では共通である。つまるところ、憲法上の権利の構想に違いはあるのかが問われることになろう[98]。

---

96)　*See, e.g.*, Jerry L. Mashaw, *Recovering American Administrative Law: Federalist Foundations, 1787-1801,* 115 YALE L.J. 1256 (2006).
97)　Kai Möller, *US Constitutional Law, Proportionality, and the Global Model,* in PROPORTIONALITY (Vicki C. Jackson & Mark Tushnet eds., 2017); KAI MÖLLER, THE GLOBAL MODEL OF CONSTITUTIONAL RIGHTS (2012).
98)　ドゥオーキンの権利論と比例原則の調和可能性を探るものとして、Jacob Weinrib, *When Trumps Clash: Dworkin and the Doctrine of Proportionality*, 30 RATIO JURIS 341 (2017) を参照。また、亀本洋「法におけるルールと原理——ドゥオーキンからアレクシ

翻って、日本の状況を鑑みると、政治の裁判化というグローバルな現象とは無縁のようにみえる。それでも21世紀に入って違憲の判断をたびたび宣言することで日本の最高裁もそれなりに積極化しているといえる。日本の憲法訴訟において比較衡量の手法は重要な位置を占めている[99]。比較衡量の思考は、伝統的な公共の福祉論が想定するような一枚岩で超越的な包括的規制利益の存在を否定し、相対化の視点を導入するものであり、違憲審査制の活性化には決定的に重要である。抽象的一般論としては、妥当なものと評することができる。しかし、必ずしも比較の基準が明確ではなく、何を比較の対象として取り上げるかは裁判所の裁量に委ねられており、操作可能性が存在することに留意が必要であろう。そして日本の最高裁は、総合考慮・総合判断を説く判例が多い[100]。それはあたかも難しい判断は裁判官に任せるとうまく

　　ーへの議論の展開を中心に（一）（二）」法学論叢122巻2号18頁（1987年）、123巻3号95頁（1988年）、渡辺康行「憲法学における『ルール』と『原理』区分論の意義—R・アレクシーをめぐる論争を素材として」樋口陽一＝上村貞美＝戸波江二編集代表『日独憲法学の創造力　上巻』1頁（信山社・2003年）も参照。

99)　日本の最高裁が合憲性審査あるいは具体的判断基準として比較衡量を援用することは多い。比較衡量論と必要最小限度の原則を結合させた全逓東京中郵事件判決（最大判昭和41年10月26日刑集20巻8号901頁）、限定解釈の手段として比較衡量論を採用した都教組事件判決（最大判昭和44年4月2日刑集23巻5号305頁）、報道の自由・取材の自由と公正な裁判の実現との対立を調整する手法として比較衡量論を採用した博多駅テレビフィルム提出命令事件決定（最大決昭和44年11月26日刑集23巻11号1490頁）、適正手続が行政手続に及ぶかの判断にあたって「公共の福祉による必要かつ合理的な制限」の認定基準としての比較衡量を採用した成田新法訴訟事件判決（最大判平成4年7月1日民集46巻5号437頁）、集会の自由の制限を、比較衡量論、さらに「明らかな差し迫った危険」基準という2段階で審査した泉佐野市民会館事件判決（最三小判平成7年3月7日民集49巻3号687頁）、プライバシー事項の公表の不法行為構成の判定基準として比較衡量の手法を用いた『逆転』事件判決（最三小判平成6年2月8日民集48巻2号149頁）および長良川少年事件推知報道事件判決（最二小判平成15年3月14日民集57巻3号229頁）、人格権を根拠とした出版物の差止めの要件としての比較衡量を採用した『石に泳ぐ魚』事件（最三小判平成14年9月24日判時1802号60頁、取材源の秘匿を「職業の秘密」（民事訴訟法197条1項3号）に該当するとの判断基準として比較衡量の手法を用いたNHK記者事件決定（最三小決平成18年10月3日民集60巻8号2647頁など。またいわゆる猿払基準も比較衡量を含む。猿払事件判決（最大判昭和49年11月6日刑集28巻9号393頁）、戸別訪問禁止事件判決（最二小判昭和56年6月15日刑集35巻4号205頁）、広島市暴走族追放条例事件判決（最三小判平成19年9月18日刑集61巻6号601頁）など。

100)　最近のものとして、空知太事件判決（最大判平成22年1月20日民集64巻1号1頁）、堀越事件判決（最二小判平成24年12月7日刑集66巻12号1337頁）、嫡出性にもとづく法定相続分違憲決定（最大決平成25年9月4日民集67巻6号1320頁）、

解決できるというような態度にもみえる。論証過程の明確化が一層問われるところである。とくに比較衡量の手法は社会の生ける情報を形式的な法理論に吹き込むことが企図されていたとすれば、裁判所の科学的証拠を重視する姿勢が重視されることになる。とすると、裁判所での立法事実の提出や議論の仕方についても明確なルール化が必要になってくるであろう。

　戦後日本の憲法学はアメリカ合衆国憲法の解釈と理論に大いに影響を受けてきているが、実は日本国憲法は上述の合衆国憲法の特徴をほとんど引き継いではいない。たとえば、議院内閣制と付随的違憲審査制との関係の解明は合衆国憲法にはない課題である。日本国憲法は憲法上の権利の種類もそれなりに豊富であるので、憲法上の権利の衡量が行われるであろう政治過程への介入のための憲法テクスト上の手がかりはかなり多いはずである。非西洋に属する日本が安定したデモクラシーの中で存在感のある違憲審査制を展開できれば、世界における立憲主義の進展に貢献できるはずである。比較衡量の手法の洗練もそのプロジェクトの重要な部分である。というのも、「比較衡量は、適切に実行されるなら、憲法とその価値を保護しつつ、古い法と生活の新しい現実との間の溝を架橋する」[101]魅力を具えたものだからである。

　［付記］本稿は早稲田大学特定課題 2017B-007 の研究成果の一部である。

　　　定数不均衡違憲訴訟判決（最大判平成 27 年 11 月 25 日民集 69 巻 7 号 2035 頁）など。
101)　AHARON BARAK, THE JUDGE IN A DEMOCRACY 173 (2006).

パブリック・フォーラム
―― 21世紀と「パブリック・フォーラム」の法理　　紙谷雅子

　　I　3つのはじめに
　　II　連邦最高裁の「パブリック・フォーラム」
　　III　歩道は伝統的なパブリック・フォーラム？
　　IV　パブリック・フォーラム理論化の背景
　　V　連邦最高裁のパブリック・フォーラム法理に対する批判
　　VI　21世紀におけるパブリック・フォーラム法理の要請

I　3つのはじめに

　1946年、カリフォルニア州最高裁のロジャー・トレイナー（Roger J. Traynor）裁判官（当時）は、「アイディアや提案者、聴衆を検閲することでパブリック・フォーラムの影響をコントロールするのは州の役割ではない；もし州が検閲できるとしたら、民主的な集まりの生命である自由は止められてしまう。そして、検閲に伴う感性の鈍化が社会に及ぼす影響は、生き生きとしたアイディアの交換のもたらす陣痛効果よりも、懸念されるべきものである」[1]と述べ、「パブリック・フォーラムにおけるアイディア」の重要性を指摘した。それは表現の自由を権利として主張し、検閲を糾弾したミルトン（John Milton）の『アレオパジティカ』[2]やミル（John S. Mill）の『自由論』[3]が指摘する、政府の介入のない状況、思想とアイディアの自由な流通と交換が可能な「思想の自由市場」こそ、民主的な社会において不可欠であるとい

---

1) Danskin v. San Diego Unified School Dist., 28 Cal.2d 536, 548, 171 P.2d 885, 893 (1946).「public forum」という言葉が判決において初めて使われた例である。
2) JOHN MILTON, AREOPAGITICA (1644). 原田純訳『言論・出版の自由――アレオパジティカ　他1篇』（岩波書店・2008年）；上野精一＝石田憲次＝吉田新吾訳『言論の自由――アレオパヂティカ』（岩波書店・1953年）。
3) JOHN STUART MILL, ON LIBERTY (1859). 塩尻公明＝木村健康訳『自由論』（岩波書店・1971年）。

う、アメリカにおける伝統的な見解[4]であった。しかし、先見の明があったと高く評価されてきたトレイナー裁判官であっても、内容に対する検閲ではなく、表現の時間、場所、方法や態様に対する規制[5]がアイディアを伝える障壁となりうるという認識には至らなかったようである。

　概念としての「パブリック・フォーラム」、公共の場所や施設は表現活動にふさわしいという議論の出発点は、多くの論者が認めるように、カルヴィン (Harry Kalven, Jr.) の論文「パブリック・フォーラムの概念：*Cox v. Louisiana*[6]」である。カルヴィンは 1930 年代、連邦最高裁のロバーツ (Owen J. Roberts) 裁判官が Hague v. CIO 連邦最高裁判決において、それまでの言論の場所に関する常識を離れ、[7]

　　その所有権がどこにあろうとも、道路や公園は、記憶にないほど昔から

---

4)　See Abrams v. United States, 250 U.S. 616, 630 (1919)、ホームズ (Oliver W. Holmes, Jr.) 裁判官の反対意見。その後も法廷意見においては用いられたことはない。最近の例としては Reed v. City of Gilbert, 135 S.Ct. 2218, 2234 (2015)、アリート (Samuel A. Alito) 裁判官同意意見。もっとも、「思想の自由市場」という比喩は今日的な自由な言論に関する言明の核心を占めており、一般的にも広く流布しているが、思想・アイディアの非競合性と非排他性が市場においてもつ交換価値という観点からすると、疑問がないわけではないと指摘する見解もある。*See* Gregory Brazeal, *How Much Does a Belief Cost? Revisiting the Marketplace of Ideas*, 21 S. CAL. INTERDISC. L.J. 1 (2011). 市場の淘汰を通じて真実が明らかになるというだけが表現の自由の正当化根拠ではないという Thomas I. Emerson, *Toward a General Theory of the First Amendment*, 72 YALE L.J. 877 (1963)（小林直樹＝横田耕一訳『表現の自由』（東京大学出版会・1972 年））以降の理論はこの比喩がレトリックであるという理解を促すが、言葉に頼っていてはポルノグラフィーやヘイトスピーチ、財力に任せて市場を圧倒する歪曲に対抗できない市場の欠陥であるという指摘は、法律家の間でも比喩がレトリックとは理解されていないことを示している。

5)　Time, place and/or manner の「manner」に関し、表現の方法だけでなく、その態様も対象となると判断し、「時間、場所、方法や態様」と記述している。

6)　Harry Kalven, Jr., *The Concept of the Public Forum: Cox v. Louisiana*, 1965 SUP. CT. REV. 1 (1965).

7)　たとえば、市長からの許可なくボストンコモンにおいて人々に対して話をしようとして条例にもとづいて処罰されたので、条例は州憲法と修正 14 条を通じて州に適用される合衆国憲法に抵触すると上訴人は主張したが、「道路や公園において公然と演説することを立法府が制限し、禁止することは、個人の住宅において所有者が禁止するのと同じである」と認めなかった、ホームズ州最高裁裁判官（当時）が執筆した、マサチューセッツ州最高裁の判決 Davis v. Commonwealth, 162 Mass. 510, 511 (1895) を、連邦最高裁は全面的に肯定した（Davis v. Massachusetts, 167 U.S. 43 (1897)）。

人々が利用するために託されてきたのであり、考えられないほど以前から、集会、市民の間の意見交換、そして公共の問題を論じるために使われてきた。道路と公共の場のそのような利用は、大昔から、市民の特権、免責、権利と自由の一部であった。合衆国市民が国家に関わる問題について見解を伝えるという特権は、すべての人の利益のために規制され得るかもしれない；それは絶対ではなく、相対的であり、一般の複利と便宜に従い、平穏と秩序に調和して行使される；が、規制を装って制限され、否定されてはならない。[8]

と述べることによって、記憶にないほど昔から人々が道路において行使してきた権利があると示し、カルヴィンの言葉を借りると、ある種の「修正1条の地役権」[9]の存在を示した。この「地役権」は、占有の権利がないにもか

---

[8] Hague v. CIO, 307 U.S. 496, 515-516 (1939). このロバーツ裁判官の「意見」は、ヒューズ（Charles E. Hughes）首席裁判官とマクレイノルズ（James C. McReynolds）裁判官が不在であったため、バトラー（Pierce Butler）裁判官が議長となり、かつ、判決に関してはフランクファーター（Felix Frankfurter）裁判官とダグラス（William O. Douglas）裁判官が審議と判断に関与しなかったという7人法廷において、ロバーツ裁判官意見（ブラック（Hugo L. Black）裁判官同調）、ストーン（Harlan F. Stone）裁判官意見（リード（Stanley F. Reed）裁判官同調）、ヒューズ首席裁判官同意意見、マクレイノルズ裁判官反対意見、バトラー裁判官反対意見という、結論に同意する3意見と反対する2意見から構成された判決の「意見」なので、拘束力のある先例には該当せず、それゆえに、復活するためにはカルヴィンの「再評価」を待たなければならなかったということができる。カルヴィンも、この見解を裁判官のうち、誰が同意していたのか、定かではないと指摘しており（Kalven, *supra* note 6, at 13）、その後の判決をみても、Jamison v. Texas, 318 U.S. 413 (1943) においてブラック裁判官は「道路にいる権利のある者は、秩序をもってその見解を表明する憲法上の権利がある。この権利はその見解を言葉で表現するだけでなく、文書やビラ配布にまで及ぶ」(at 416) と述べているが、Niemotko v. Maryland, 340 U.S. 268 (1951) においてフランクファーター裁判官が公共の場における表現活動の判決を要約し、「公共の場所において自由な表現を認める利益と、公共の平穏と道路や公園の主たる用途の保護との調整」(at 276) と、表現活動が主要な目的ではないという立場をとっている。

Hague判決以前にも、回覧状、冊子、広告ビラ、その他の文書を許可なく配布する行為を完全に禁止する条例を、修正14条を通じて州と地方公共団体に適用される修正1条の保障する言論出版の自由を根拠に無効であると判断している（Lovell v. Griffin, 303 U.S. 444 (1938)）。が、条例が時間や場所、文書の種類や配布方法について一律に禁止し (at 451)、市政管理者に許可を一任していることが検閲とみなされ、条例を文面上無効とする根拠となっている (at 452)。

[9] "First Amendment easement" Kalven, *supra* note 6, at 13.

かわらず一定の目的のために他の人に権利がある土地を利用できる権利として、公共の場所に対して、(1897年の Davis v. Massachusetts 連邦最高裁判決のように その所有者には絶対的な権限があるとせず、)表現の自由という一定の目的のために利用することを正当化する。そして、カルヴィンは1960年代の市民的権利と自由実現のためのさまざまな抗議運動を、抗議に関連する場所で展開された表現活動であり、連邦最高裁は1939年の Hague 判決において人々は記憶にないほど昔から道路や公園などを伝統的な表現活動の場所として自由に利用してきたことを認めていると指摘して、そのような公共の場をパブリック・フォーラムと説明し、公道や公的施設の敷地内における秩序を保った行進、ランチ・カウンターや公共図書館でのサービスを求める静かな(暴力を伴わない)抗議行動は修正1条により保護されると主張する根拠を、過去の判例に照らし、示した。

　連邦最高裁の判決の中に「パブリック・フォーラム」という表現が登場する最初の例は1972年、一般公衆が自由に利用できる私有地、ショッピングセンターにおいて、ショッピングセンターとは直接関係のないテーマのビラ配布禁止方針に対する差止命令の申立てについての Lloyd Corp. v. Tanner 連邦最高裁判決のマーシャル(Thurgood Marshall)裁判官の反対意見であり、法廷意見としても、同じくマーシャル裁判官の執筆した1972年の、学校の周辺において学校に関わる労働争議を除く平穏なピケッティングまでも治安紊乱に該当するという市条例に対する差止命令を容認した Police Dep't of Chicago v. Mosley 連邦最高裁判決と、同じように学校の周辺における(平穏な労働争議に関するピケッティングを除く)学期中のピケッティングを禁止する郡条例などを違憲とし、学校の敷地に隣接する土地で学期中に秩序と安寧を損なう騒音を禁止する郡条例を合憲と判断した Grayned v. City of Rockford 連邦最高裁判決であった。だが、連邦最高裁は1983年に Perry Education

---

10)　*Davis*, 167 U.S. 43.

11)　Lloyd Corp. v. Tanner, 407 U.S. 551, 573 (1972). マーシャル裁判官の反対意見にダグラス、ブレナン(William J. Brennan, Jr.)、スチュアート(Potter Stewart)裁判官が同調。

12)　Police Dep't of Chicago v. Mosley, 408 U.S. 92 (1972). この法廷意見には Kalven, *supra* note 6 の影響をみることができる(at 95 n.3 & 99 n.6)。

13)　408 U.S. 104, 109 n.5 & 116 n.34 (1972), マーシャル裁判官の法廷意見。いず

Association v. Perry Local Educators' Association 事件[14]においてホワイト (Byron R. White) 裁判官が法廷意見で「パブリック・フォーラムに関する分類[15]」を示すまで、「パブリック・フォーラム」の内容を説明したことはなかった。

II 連邦最高裁の「パブリック・フォーラム」

Perry 判決におけるホワイト裁判官の説明によれば、長い伝統にもとづき集会と議論の場所として提供されてきた「典型的な、あるいは、伝統的なパブリック・フォーラム[16]」においては、表現活動を全面的に禁止することは許されない。仮に政府が表現の内容にもとづく規制をするならば、その規制は非常に重要な政府の利益を促進するのに必要であり、その目的を達成するため厳格に起草されていることを、政府が立証しなければならない[17]。表現の時間、場所、方法や態様に関する規制をするならば、その規制は、内容に中立で、かなり重要な政府の利益を促進するために厳格に起草されており、ほかに十分なコミュニケーションの回路があることが求められている[18]。「政府が表現活動のために一般公衆に開放した」、「指定されたパブリック・フォーラム[19]」においても、伝統的なパブリック・フォーラムと同じ基準が適用され

れも Kalven, *supra* note 6 を引用し、敬意を払っている. *See also* ROBERT C. POST, CONSTITUTIONAL DOMAINS 205 (1995).
14) 460 U.S. 37 (1983).
15) *Id*. at 45-49.
16) ホワイト裁判官は Hague 判決のロバーツ裁判官の表現「記憶にないほど昔から人々が利用するために託されてきたのであり、考えられないほど以前から、集会、市民の間の意見交換、そして公共の問題を論じるために使われてきた」(Hague v. CIO, 307 U.S. 496, 515 (1939)) を援用し、「パブリック・フォーラム」の真髄、典型 (quintessential) と描写した (*Perry,* 460 U.S. at 45) が、その次のパラグラフでは伝統的 (traditional) と形容し (at 46)、その後、「伝統的」という表現が普及した。
17) 軍基地における表現活動に関する Carey v. Brown, 447 U.S. 455, 461 (1980) を引用している。*Perry,* 460 U.S. at 45.
18) 引用しているのは、United States Postal Service v. Council of Greenburgh Civic Ass'ns, 453 U.S. 114, 132 (1981); Consol. Edison Co. v. Public Service Comm'n, 447 U.S. 530, 535-536 (1980); Grayned v. City of Rockford, 408 U.S. 104, 115 (1972); Cantwell v. Connecticut, 310 U.S. 296 (1940); Schneider v. Irvington, 308 U.S. 147 (1939) である。*Perry,* 460 U.S. at 45.
19) ホワイト裁判官はこの場所を forum generally open to the public (*Perry,* 460 U.S.

る[20]。この場合、「限られた目的」のためのパブリック・フォーラムを否定するものではない[21]。伝統的でも、公共のコミュニケーションのためのフォーラムとして指定されてもいない公有地や公共施設は、「パブリック・フォーラムではない」ので異なる基準が適用される。すなわち、表現の時間、場所、方法と態様の規制に加え、政府が意図した目的のためにその場所を確保するための規制は、合理的であり、表明される見解に政府が反対しているというだけでない限り、可能である[22]。政府も私人と同じように、所有する資産を合法的な目的のために確保できると、1897年の Davis v. Massachusetts 判決と同じ立場に立っている[23]。

　ホワイト裁判官の意見を正確に理解するならば、公共の場所や施設は、(1) パブリック・フォーラムであるか、(2) パブリック・フォーラムでないかに二分される。そして、(1) には (1-1) 伝統的にパブリック・フォーラムとして利用されてきた道路や公園などと、(1-2) 政府は一般公衆に公開する、あるいは、表現活動のためのアクセスを保障する義務はないにもかかわらず、公共の場所や施設を表現活動の場所として指定する、あるいは、そのような意図を示すことで、政府が作り出した表現活動に開放された公共の場所や施設とがある。もっとも、一旦開放したとしても未来永劫、その状態を維持する義務が政府にあるわけではない。しかも、指定との関係で、(1-2-1) 表現活動の主体、目的などに制限がない場所や施設と、(1-2-2) 表現活動の主体、目的などに制限がある場所や施設とが存在する。

---

　　　at 45) とも forum by designation (*id.* at 46) とも表現している。
20)　引用しているのは、Widmar v. Vincent, 454 U.S. 263 (1981) (大学の集会施設); City of Madison Joint Sch. Dist. v. Wisconsin Emp't Relations Comm'n, 429 U.S. 167 (1976) (学校区教育委員会の公開集会); Southeastern Promotions, Ltd. v. Conrad, 420 U.S. 546 (1975) (市営の劇場) である。*Perry*, 460 U.S. at 45.
21)　たとえば特定の集団だけ、特定の主題に関する議論のために利用できる場所として、*Widmar*, 454 U.S. 263 (学生組織); *City of Madison Joint Sch. Dist. v. Wisconsin Emp't Relations Comm'n*, 429 U.S. 167(学校区教育委員会の議事)を引用する。*Perry,* 460 U.S. at 45 n.7.
22)　引用しているのは、United States Postal Service v. Council of Greenburgh Civic Ass'ns, 453 U.S. 114, 131 n.7 (1981). *Perry,* 460 U.S. at 46.
23)　*Davis*, 167 U.S. 43. もっとも、ホワイト裁判官は軍基地におけるビラ配布に関する Greer v. Spock, 424 U.S. 828 (1976) の中の、州刑務所の敷地におけるデモンストレーションに関する Adderley v. Florida, 385 U.S. 39, 47 (1966) の部分を二重に引用している。*Perry,* 460 U.S. at 46.

III 歩道は伝統的なパブリック・フォーラム？

　ホワイト裁判官の分類に従うと、公道、歩道や公園といったような表現活動の自由な行使と歴史的に関連づけられてきた「公共の場所（public places）」はそれだけで「パブリック・フォーラム」である[24]。繰り返しになるが、このような場所において許されうる表現活動に対する規制権限は限定的で、表現の内容にもとづく場合には、その規制は非常に重要な政府の利益を促進するのに必要であり、その目的を達成するため厳格に起草されていることを、政府が立証しなければならない[25]。表現の内容に中立的な場合には、相当に重要な政府の利益を促進するために厳格に起草されており、ほかに選びうるコミュニケーションの回路が十分にある限りにおいて、合理的な時間、場所、方法や態様を実施することができる[26]。特定の表現方法の絶対的禁止は、非常に重要な利益を達成するために厳格に起草されている限りにおいて、許容される[27]。

1 裁判所の敷地を囲む歩道

　連邦最高裁の敷地は周囲を歩道に囲まれている。コロンビア特別区に適用される連邦法 40 U.S.C. §13k は歩道を含む連邦最高裁の敷地における表現活動を禁止していたので、1980年5月、§13k の差止請求訴訟が開始された[29]。1983年の United States v. Grace 連邦最高裁判決において[30]（全員が結論に同意

---

24) *Perry*, 460 U.S. at 45.
25) *Ibid.*
26) *Id*. at 46.
27) *Id*. at 45.
28) 1949年に制定された 40 U.S.C. §13k は「連邦最高裁の建物や敷地において、行進し、立ち止まり、集合して動くこと、訴訟当事者、組織、運動体を周知させるよう設計、適合させた旗や道具を展示することは違法である」と規定していた。Act of August 18, 1949, ch. 479, §6, 63 Stat. 617.
29) 原告 Thaddeus Zywicki はビラ配布活動中に、原告 Mary Grace は修正1条の文言を書き記した看板を展示しようとして、それぞれ連邦最高裁の正面にある歩道からの退去を求められた United States v. Grace, 461 U.S. 171, 173, 174 (1983)。連邦法のうち、差止めの対象として審理されたのは「旗や物の展示条項（display clause）」（40 U.S.C. §13k, 63 Stat. 617 (1949)）である。
30) *Grace*, 461 U.S.171.

した）ホワイト裁判官の法廷意見は、連邦法が連邦最高裁の建物と敷地だけでなく、伝統的なパブリック・フォーラムとされるコロンビア特別区の他の歩道とまったく区別できず、異なる取り扱いを正当化する理由が明らかではない、敷地を取り囲む歩道においても表現活動を禁止していた[31]ことから、公道や歩道が区切られた軍基地の中にあったと判断された Greer v. Spock 連邦最高裁判決[32]とは異なっていると指摘し、修正１条との関係において特別な地位を占める道路[33]、歩道、公園はそれだけで「パブリック・フォーラム」[34]であり、伝統的なパブリック・フォーラムを安易にパブリック・フォーラムではない場所に変容させることは許されない、この歩道は修正１条の目的に関し、パブリック・フォーラムとして取り扱われるべきであり、§13k は表現活動に対して最小限の影響しか及ぼさない合理的な「場所」の規制とはいいがたいと述べ[35]、周囲の歩道を禁止範囲から除外する限定解釈で連邦法を救済した。マーシャル裁判官は§13k の存在そのものが萎縮効果をもつと指摘し[36]、スティーブンス（John P. Stevens）裁判官は原告の表現活動が§13k の禁止対象に該当しない[37]という観点から、法廷意見の結論には賛成したが、理由には同意しなかった[38][39][40]。

31) 40 U.S.C. §13pは連邦最高裁の敷地を取り囲む道路の縁石まで及ぶと規定していた。 *Id.* at 179.
32) Greer v. Spock, 424 U.S. 828 (1976).
33) *Id.* at 180.
34) *Id.* at 177.
35) *Id.* at 179-182.
36) *Id.* at 183-184.
37) *Id.* at 184.
38) *Id.* at 189.
39) この判決は、「歩道」における「display clause」(*supra* note 29) について判断したが、連邦最高裁の前の歩道から玄関口までの「広場（plaza）」を含む敷地がパブリック・フォーラムに該当するかどうかについては判断しなかった。連邦最高裁警察は§13K（当時、現在の 40 U.S.C. §6135）の「display clause」だけでなく、「集合・行進条項（assemblage clause）」(*supra* note 28) に関しても、歩道に関しては執行を停止したが、敷地内では執行していた。

そこで、Hodge v. Talkin, 799 F.3d 1145 (D.C. Cir. 2015), *cert. denied*, 136 S.Ct. 2009 (2016) において連邦控訴裁コロンビア特別区裁判所は、連邦最高裁の plaza は、その周囲を取り囲む歩道がほかの歩道とは区別できないと判断した Grace 判決において問題となった歩道と異なり、その材質やデザイン、区切などからはっきりと連邦最高裁の敷地と認識でき、「パブリック・フォーラムではない場所（non-public forum）」であり（at 1158-1159, 1162）、伝統的に表現活動のためには公開されておらず、政府に

2 大使館など外交施設周辺の道路

首都ワシントン・コロンビア特別区にある大使館の周辺500フィート以内において外国の政府に対する憎悪を掻き立て、あるいは、その評判を低下させるような展示を禁止する§22-1115[41]も同じく連邦議会が制定したコロンビア特別区の規制である。この特別区条例が文面違憲かどうかの判断を求められた Boos v. Barry 連邦最高裁判決[42]においてオコナー (Sandra D. O'Connor) 裁判官の法廷意見は、「旗や物などの展示条項」と「集合・行進条項」とに分けて検討し、前者は古典的な政治的言論を対象とする表現の内容にもとづくだけでなく、公道と歩道という伝統的なパブリック・フォーラムにおいて、特定の立場の表現を禁止するという表現の内容にもとづく規制であると判断し、「尊厳」[43]は「とんでもない」[44]と同じく「主観的」[45]であり、聴衆が市民で

は本来の目的、つまり、連邦最高裁への入り口を確保するためにそこでの表現活動を制限する際には、パブリック・フォーラムの場合と異なり、合理的な制約を課すより大きな権限が認められていることから、特定の見解を抑圧するのでない限り、合理的な制約を課すことができる。しかも、周囲にある歩道においては表現活動が可能であるので、選びうる回路も存在していると判示し、規制が表現の観点にもとづく表現活動の禁止であるならばパブリック・フォーラムではない場所においても修正1条に抵触するが、制定法は観点に基づいて plaza でのデモンストレーションや展示の抑圧を意図してはいないので、連邦最高裁の敷地内における行進、ピケッティング、ビラ配布や演説を禁止する 40 U.S.C. §6135 は違憲であるとの原告の主張は認められなかった (at 1173)。

40) 連邦議会議事堂の敷地に関する連邦法 40 U.S.C. §5104(f) について裁判所は、1972年、Jeannette Rankin Brigade v. Chief of Capitol Police, 342 F.Supp. 575 (D.D.C.) (summarily affirm'd, 409 U.S. 972 (1972)) において、礼節を維持するという政府の利益は選挙により選出された代表のいる議事堂の建物の外で政治的デモンストレーションを禁止する根拠とはならないと判断し、執行停止を命じた。

41) 連邦議会は合衆国憲法 1-8-10 にもとづいて「外国の政府などに対する憎悪を掻き立て、評価を低下させる設計、適合させた旗、プラカード、あるいは、道具を……外国政府の大使館、代表部、領事館、その他公的目的のための施設として用いられている建物などの周辺500フィート以内において展示すること、あるいは、集合し、解散命令後も解散しないことは違法である」という §22-1115 を 1938 年に制定した。

42) 485 U.S. 312 (1988).

43) Id. at 318-319. 政府が特定の観点を選択したならば、表現の観点にもとづく規制となる (ibid.) が、選択しなかったとしても表現の内容にもとづく規制である (ibid.)。表現の内容に中立であるとは、規制の対象となる言論の内容に言及することなく、その規制が正当化される (Id. at 320, citing Renton v. Playtime Theatres, Inc., 475 U.S. 41, 48 (1986), citing Virginia State Pharmacy Board v. Virginia Citizens Consumer Council, Inc., 425 U.S. 748, 771 (1976))。

44) Outrageous … Hustler Magazine, Inc. v. Falwell, 485 U.S. 46, 55 (1988).

45) Boos, 485 U.S. at 322.

あっても外交使節であっても違いはなく、国際法上認められている利益であっても[46]そのような言論を処罰することは合衆国の長い伝統と矛盾することになり[47]、また、連邦法[48]との整合性からも支持できないが[49]、連邦控訴裁の限定解釈を前提とすると、後者は文面上違憲とはいえないと述べた[50]。

3 道路にある設置物

1984年、歩道、横断歩道、縁石、街灯、消火栓、樹木、樹木の保護柵、鉄道構脚、電柱などの柱、公共の橋脚、飲用噴水、浮標、救命具、救命ボートその他救命施設、標識または交通標識にビラを貼り、印をつけ、ペンキ等で描くことを禁止する市条例が市議会議員選挙の候補者応援ビラに適用されるかが争われた City Council of Los Angeles v. Taxpayers for Vincent 連邦最高裁判決[51]においてスティーブンス裁判官は、路上のビラ散乱を根拠にビラ配布を全面的に禁止した条例を違憲と判断した Schneider v. Irvington 連邦最高裁判決[52]や屋外広告を禁止した市条例は非営利的言論に関する限り十分厳格に起草されていないと判断した Metromedia, Inc. v. City of San Diego 連邦最高裁判決[53]にもかかわらず、コミュニケーション活動のために用いることができるとしても電柱のような公有施設に対しては、道路や公園と異なり、伝統的に表現活動に利用する権利が憲法上認められるわけではなく、交通安全と美観維持は十分に正当な利益であり、表現の内容に中立的で公平に執行されている条例として妥当であると、パブリック・フォーラムにおける政治的言論の重要性に依拠した主張を斥けた[54]。

---

46) *Id.* at 324.
47) *Id.* at 322.
48) 18 U.S.C. §112(b)(2) (1972) as amended in 1976 は外国からの公的訪問者に脅威を与え、強要し、脅迫し、脅かす、あるいは、公務を果たそうとする外国の公務員を妨害する意図的な行為やその企てを刑事犯罪として処罰すると規定する。1972年の立法過程においては、国際法上の義務と修正1条の自由との調整が検討され、1976年には修正1条と労働争議への配慮からピケッティング禁止規定が削除された。§112は§22-1115と比較すると、より制限的ではない。*Id.* at 324-329.
49) *Id.* at 334.
50) *Ibid.*
51) 466 U.S. 789 (1984).
52) 308 U.S. 147 (1939).
53) 453 U.S. 490 (1981).

4　住宅地域の道路

　住宅地域にある住宅の前や付近でのピケッティングを全面的に禁止するウィスコンシン州ブルックフィールドの条例は文面上違憲であるとの主張に関し、連邦最高裁のオコナー裁判官は、1988 年、保護されている言論であっても、どこでも、いつでも、許容されるわけではないとその限界を判断するにあたり、しばしば、表現の場所の性質を検討するとして、3 類型の存在に言及し[55]、住宅地域においても一般的な公道は伝統的なパブリック・フォーラムであると[56]、1980 年の Carey v. Brown 連邦最高裁判決[57]を援用したが、規制自体は表現の内容に中立な、相当に重要な利益を促進するよう厳格に起草されており、合理的な規制であると評価した[58]。

5　連邦の施設である郵便局のための歩道

　メリーランド州ボウィにある郵便局への歩道は、郵便局、すなわち、連邦政府が所有する公共の施設であり、郵便局への出入り以外には利用されないとの説明と政府の統治機構と管理者との立場の違いにもとづくという Cafeteria & Restaurant Workers v. McElroy 連邦最高裁判決[59]と Lehman v. City of Shaker Heights 連邦最高裁判決[60]、さらにそれを普遍化し、フォーラムの性質判断を

---

54)　City Council of Los Angeles v. Taxpayers for Vincent, 466 U.S. at 814, 816-817.
55)　Frisby v. Schultz, 487 U.S. 474, 479-480 (1988).
56)　*Id.* at 480, 481.
57)　Carey v. Brown, 447 U.S. 455 (1980) では、シカゴ市長ビランディック (Michael Bilandic) の自宅を対象とした住宅地域ピケッティング禁止条例は、労働関連のピケッティングを規制から除外したことで、表現の内容にもとづく規制となっており、修正 14 条平等保護条項に抵触すると判断された。
58)　*Schultz*, 487 U.S. at 483-488.
59)　United States v. Kokinda, 497 U.S. 720, 723 (1990).
60)　367 U.S. 886 (1961). 武器を製造する軍基地の厨房被傭者の入構許可に関する事案である。
61)　418 U.S. 298 (1974). 結果として、公共交通機関の広告スペースを政治的言論に利用することを禁止する市条例は合憲と判断されたが、市は営利事業に従事している (at 303) ので、恣意的で悪意にもとづく権限行使は許されないとしても、論議を呼ぶかもしれない言論を広告スペースから排除するという管理者としての権限行使は修正 1 条上の問題にはならない (at 304) というブラックマン (Harry A. Blackmun) 裁判官が執筆し、バーガー (Earl W. Burger) 首席裁判官、ホワイト裁判官とレーンキスト裁判官とが同調した意見と、広告はさまざまな美観規制の対象となりうることや公共交通機関の利用者が囚われの聴衆 (captive audience) と

政府のアクセス・コントロールに委ねた Cornelius v. NAACP Legal Defense & Educational Fund, Inc. 連邦最高裁判決[62]にもとづき、オコナー裁判官は土地や施設の「所有」と意図した用途を基準に、言論規制に対する審査基準の違いを説明し、外見上、機能上の類似性ではなく、通路としての伝統（の欠如）[63]からパブリック・フォーラムではない場所に該当する[64]ので、郵便局の敷地内での選挙運動や募金活動、営利的広告の配布や展示等を禁止する連邦規則は[65]合理的であると判断した[66]。興味深いことに、ケネディ（Anthony M. Kennedy）裁判官はパブリック・フォーラムの法理を維持するためには、（政府の意図ではなく）公有地や公共施設の客観的特徴や慣行となっている利用方法に着目する必要があると指摘する[67]。

6　クリニックや医療施設の入り口周辺の歩道や道路：「緩衝帯規制」は合理的な時間、場所、方法と態様の規制？

人工妊娠中絶手術反対運動の一環として、クリニック利用を妨害するため、周辺の歩道や道路でさまざまな活動が活発化し、その結果巻き起こされる「衝突」を防止する手段として、対象を特定してクリニックへ出入りする人々を物理的に妨害するだけでなく、人工妊娠中絶手術を思いとどまらせようと説得する「歩道でのカウンセリング」[68]などを禁止する州裁判所の命令、

なることからその内容を問わず規制できるというダグラス裁判官の意見（at 307-308）から、オコナー裁判官のような「相対的多数意見」解釈を導き出すのは不可能である。
(62)　473 U.S. 788 (1985).
(63)　合衆国憲法が具体的に列挙していないけれども、人々に留保されており、連邦にも州にも制限されないという意味において、デュープロセスが保障する基本的な自由、あるいは、個人の権利は「伝統と（集合的な）人々の良心」に基本的なものとして根付いているかどうか（Griswold v. Connecticut, 381 U.S. 479, 493 (1965), ゴールドバーグ（Arthur J. Goldberg）裁判官の同意意見）という表現を想起させる。
(64)　*Kokinda,* 497 U.S. at 727-730.
(65)　39 CFR §232.1(h)(1)(1989).
(66)　*Kokinda,* 497 U.S. at 731-735.
(67)　*Id.* at 737-738. ケネディ裁判官の発想からすると、伝統的なパブリック・フォーラムと同じような特徴があり、その用途も類似しているならば、伝統的にはそうではないが、政府の判断で一定の言論を認めるために作り出された、伝統的ではないパブリック・フォーラムよりは、修正1条上の保護のためのアクセスを認めることになる。もっとも、この事件で問題となっている規制は表現の内容や観点にもとづかない、限定された規制であると、オコナー裁判官の結論に同意している。

クリニックの出入り口に「緩衝帯」を設けて表現活動を一律に禁止する州法について、連邦最高裁は、表現の内容に中立な規制であると判断している。

クリニックへ出入りする人々を物理的に妨害する特定の集団や人々に対し、クリニックの敷地から 36 フィートの「緩衝帯」においてピケッティングやデモンストレーションをすること、クリニック内の患者に聞こえるような騒音を作り出すこと、「イメージ」を展示すること、クリニックの 300 フィート以内でクリニックを利用しようとする人に同意なく物理的に接近すること、クリニックのスタッフの住居の 300 フィート以内での集会、ピケッティング、デモンストレーションなどを行い、住居への出入りを妨害すること、そして、特定した人々と「協力して」これらの行為を行うことに対するフロリダ州裁判所の禁止命令が争われた Madsen v. Women's Health Center, Inc. 連邦最高裁判決[69]では、パブリック・フォーラムであり、表現の内容に中立な規制であるので州裁判所の禁止命令は修正 1 条に抵触しないという州最高裁の判断[70]と、命令は表現の内容にもとづき、非常に重要な利益を促進するため厳格に起草されていないので修正 1 条に抵触するという連邦控訴裁第 11 巡回区裁判所の判断[71]との抵触を解消するべく、1994 年、レーンキスト（William H. Rehnquist）首席裁判官が、裁判所命令は表現の内容に中立な規制であるという前提のもと[72]、入り口から 36 フィートの「緩衝帯」と時間を限定した騒音禁止は合憲であるが[73]、私有地である敷地全体に対する「緩衝帯」[74]、同意なき

---

68) Sidewalk counseling.
69) Madsen v. Women's Health Center, Inc., 512 U.S. 753, 759-761 (1994).
70) Id.
71) Operation Rescue v. Women's Health Center, Inc., 626 So.2d 664, 671 (Fla. 1993).
72) Cheffer v. McGregor, 6 F.3d 705, 711 (1993).
73) 裁判所の差止命令は一般公衆を対象としたものではなく、既存の紛争において権利救済を妨げている人々や集団を対象としているので、特定の見解・立場に立つ人々だけが対象となっていたとしても、表現の内容にもとづく立法による規制とは異なる。*Madsen*, 512 U.S. at 762-763. これに対して、スティーブンス裁判官は差止命令に対して立法よりもゆるやかな基準で審査されるべきであると主張し（at 778）、スカリア（Antonin G. Scalia）裁判官は表現の内容にもとづく立法と同じく厳格な基準で審査されるべきであると主張した（at 792-794）。
74) *Id.* at 770.
75) *Id.* at 772-773.
76) *Id.* at 771.

パブリック・フォーラム　　137

接近、漠然とした「イメージ」[78]展示、住居に対する300フィートの「緩衝帯」[79]は違憲であり、「協力」[80]条項違憲を主張する当事者適格はないという法廷意見を執筆した。

クリニックの入り口と出入りする人々に対する15フィート以内のデモンストレーション、複数の人々による同意のない「歩道でのカウンセリング」に対する即時停止措置を対象とするニューヨーク州裁判所が発行した差止命令が争われた Schenck v. Pro-Choice Network of Western New York 連邦最高裁判決[82]について、1997年、レーンキスト首席裁判官が執筆した法廷意見は、出入りを確保する15フィート以内の固定した「緩衝帯」[83]と「歩道でのカウンセリング」に対する即時停止措置[84]は合憲であるが、出入りする人々と車に対するデモンストレーション禁止は修正1条の権利を侵害すると判断した。[85]

コロラド州は医療保健施設の入り口から100フィート以内に近づき、8フィート以内の距離から相手の同意なくビラやパンフレットを渡し、口頭で「歩道でのカウンセリング」を禁止する州法を制定したところ[86]、違法となった行為にこれまで従事してきた人々が言論出版の自由を制限するものであると、文面上違憲の差止請求を申し立てた。2000年のスティーブンス裁判官の法廷意見は、州法が（言論の内容に賛成できないことではなく、プライバシーと医療機関へのアクセスを保障することが規制の根拠であり、執行のための明白な基準を提供しているので）言論の内容に中立であり、人々の健康と安全を保護するという[87]

---

77) Id. at 774.
78) Id. at 773.
79) Id. at 775.
80) Id. at 775-776.
81) Pro-Choice Network of Western N.Y. v. Project Rescue Western N.Y., 799 F.Supp. 1417, 1426-1427 (W.D. N.Y. 1992); Schenck v. Pro-Choice Network of Western New York, 519 U.S. 357, 366 n.3 (1997).
82) Schenck, 519 U.S. 357.
83) Id. at 376, 380.
84) Id. at 376, 383-385.
85) Sidewalk counseling の目標とされた人とともに動く floating buffer zones（浮遊する緩衝帯）でのビラ配布と公共の関心事に対する論評は古典的な言論形態であり、伝統的なパブリック・フォーラムの典型例である公共の歩道において最も保護される。本件では嫌がらせもあるが、広範な禁止の対象が浮遊する・固定されていないことから、適切な実行が困難である（at 377-380）。
86) Colo. Rev. Stat. §18-9-122(3) (1999).

相当に重要で正当な利益を促進するため、最も制限的、制約的ではない規制がほかに存在しているとしても、州法は厳格に起草されているだけでなく、他の選びうるコミュニケーションの回路も残されており[88]、医療施設の特殊性を考慮したうえで[89]、過度に広範でもなく[90]、漠然としてもおらず、不当な事前抑制には該当しない[91]と判断した[92]。

マサチューセッツ州は、2000年に、病院以外の人工妊娠中絶手術を行うクリニックの入り口から35フィート以内の歩道や通路にわざと立つこと、その中で同意なく他の人の6フィート以内に近づいてビラを配布し、口頭で抗議をしたり、説得しようとすることを犯罪行為と規定し[93]、2007年には、6フィート制限を外す修正をした[94]。それぞれのクリニックではアクセス制限範囲を歩道にペンキで表示するようになったので、原告の行ってきた「歩道でのカウンセリング」が非常に困難になったことから、2008年、原告は修正1条と修正14条に抵触すると、州法の執行停止を求める訴えを開始した。2014年、ロバーツ（John G. Roberts）首席裁判官は、メッセージの内容が規制執行の基準となるならば表現の内容にもとづく規制であるが、当該州法はどこで表現するかが執行基準であるので、表現する一部の送り手だけに付随的影響があるとしても[95]、表現の内容、観点にもとづくものではなく、厳格審査の対象とはならないが[96]、治安紊乱、不法侵入などで害悪防止が可能である[97]

---

87) Hill v. Colorado, 530 U.S. 703, 719-720, 725 (2000).
88) *Id.* at 725-726.
89) *Id.* at 728-729.
90) *Id.* at 730-732.
91) *Id.* at 732-733.
92) *Id.* at 733-735.
93) Mass. Gen. Laws, ch. 266, §§ 120E1/2(a), (b) (West 2012). 制定意図はクリニックの外で発生していた人工妊娠中絶手術賛成派と反対派との衝突に対処するためであった。§120E1/2(e) は施設へのアクセスの意図的妨害も禁止している。同法は、McGuire v. Reilly, 260 F.3d 36 (1st Cir. 2001); McGuire v. Reilly, 386 F.3d 45 (1st Cir. 2004), *cert. denied*, 544 U.S. 974 (2005) において合憲と判断されている。McCullen v. Coakley, 134 S.Ct. 2518, 2525, 2526; 189 L.Ed.2d 502, 510, 511 (2014).
94) Mass. Gen. Laws, ch. 266, § 120E1/2(b) (West 2012).
95) *McCullen*, 134 S.Ct. at 2531; 189 L.Ed.2d at 516. 規制根拠は道路における安全と通行妨害防止である（at 2532; 517）。
96) *Id.* at 2531; 516.
97) *Id.* at 2534; 520.

にもかかわらず、さらなる規定を設けて「歩道でのカウンセリング」という手法を著しく困難にしていることから固定した「緩衝帯」は言論に対する必要以上に相当重い負担をもたらすが、そこまでの必要性とより制限的ではない規制の企ては示されていないので、伝統的なパブリック・フォーラムのかなりの部分から表現の送り手を、フォーラムへのアクセスを可能にする他の選択肢を検討せずに排除するという極端な手段をとったと判断した。

　連邦最高裁は、これまでの表現活動に用いられてきた歩道、公道、公園を伝統的なパブリック・フォーラムとして取り扱うが、その射程は隣接する場所や設備、(歴史のない) 新しく設けられた歩道には及ばず、そして、合理的な表現の内容に中立な規制であっても、表現活動に対する過度な負担をもたらすならば、規制の合理性に疑問を投げかけうる。

Ⅳ　パブリック・フォーラム理論化の背景

　カルヴィンの論考も、あるいは、政府には最小限、積極的な行為を通じて演説やデモンストレーションのために歩道、公道、公園を利用できるようにすることで人々の表現を奨励するという義務があると提案するヘイマン (Franklyn S. Haiman) の著書も、巨大メディアの発達のせいで普通の人が表現の送り手となるのが容易ではなくなった20世紀の現実を反映していた。「有徳な市民たち」が不定期刊行物やパンフレットを配布し、街角で演説することで目指す聴衆にメッセージを伝えることができた建国の父たちの時代は終わり、普通の人が自由に参入できる「思想の自由取引」、「思想の市場」はもはや存在しなかった。このことを指摘し、20世紀にふさわしい修正1条解釈は市場を独占する新聞に人気のない情報を提供する「積極的な義務」を課すというバロン (Jerome A. Barron) の主張は、「アクセスの権利」という

---

98)　*Id*. at 2537; 522.
99)　*Id*. at 2539; 523-524.
100)　*Id*. at 2541; 527.
101)　Kalven, *supra* note 6.
102)　FRANKLYN S. HAIMAN, SPEECH AND LAW IN A FREE SOCIETY 297-298 (1981).
103)　*See* Abrams v. United States, 250 U.S. 616, 630 (1919). ホームズ裁判官の反対意見。
104)　*See* United States v. Rumely, 345 U.S. 41, 56 (1953). ダグラス裁判官の同意意見。

アメリカ憲法の思考とは異質と思われる積極的自由[106]の議論として展開された[107]が、バロンは同時に、修正1条の分析はアイディア＝メッセージが表明されている文脈に合わせてなされるべきであるという立場から、表現のメディアそれぞれの果たす役割や機能、もたらす影響や期待、反応の違い、そして、ほかの選びうるメディアがたくさんあることではなく、受け手である聴衆に最も大きな衝撃を与えるメディアをいかに送り手が選択することができるのかにも着目すべきであると指摘した。[108] 20世紀においては、表現の送り手となりたい人すべてに表現の機会があることも大切だったかもしれないが、表現する価値のあることが表現されたかどうか、受け手にメッセージが届くことこそが修正1条にとっては重要であると言論の自由と民主主義との関係を説いた修正1条の哲学者ミクルジョン（Alexander Meiklejohn）はいう。[109] だが、連邦最高裁が形成してきたパブリック・フォーラムの理論は、人々が表現の送り手になる機会、表現する価値のあることを表現する機会、そして、より広い受け手にメッセージを伝える機会を提供することになったのかという観点からみると、心もとないところがある。

---

105) Jerome A. Barron, *Access to the Press --- A New First Amendment Right*, 80 HARV. L. REV. 1641 (1967). 1960年代後半から1970年代前半にかけての「アクセス権」に関する論考については、see David L. Lange, *The Role of the Access Doctrine in the Regulation of the Mass Media: A Critical Review and Assessment*, 52 N.C. L. REV. 1, 2 n.5 (1973). 私的な検閲の問題は、インターネットがごくわずかな企業によって支配されている21世紀においてあらためて検討を要する喫緊の課題となっている。
106) ISAIAH BERLIN, TWO CONCEPTS OF LIBERTY (1958).
107) Morgan N. Welland, *Expanding the Periphery and Threatening the Core: The Ascent of Libertarian Speech Tradition*, 69 STAN. L. REV. 1389 (2017) は20世紀における表現の自由の土台となっている思想として、個人の自己実現を重視するリベラリズムと、社会共同体を構成する人々と統治のあり方との関わりを重視する共和主義の2つの柱を指摘する。換言すると、消極的自由の中には、自己実現や市場への政府の関与を排除するだけでなく、人々の、人々による、人々のための政府（リンカーン（Abraham Lincoln）、ゲティスバーグ演説より）を実現するために人々が情報を受け取る権利を保障すること、思想の自由市場における選択権を行使することも、アメリカ憲法の思想に内在すると主張することもできる。もっとも、Welland論考の中核は21世紀において擡頭したリバタリアンな修正1条解釈「ネオ・ロックナーリズム（Neo-Lochnerism）」にもとづく連邦最高裁の一連の営利的言論と法人の言論を保護する判決の理論的説明である。
108) Barron, *supra* note 105 at 1653.
109) ALEXANDER MEIKLEJOHN, POLITICAL FREEDOM: THE CONSTITUTIONAL POWERS OF THE PEOPLE (1960).

V 連邦最高裁のパブリック・フォーラム法理に対する批判

1983年のPerry判決[110]以来、問題を範疇分類する手法として、パブリック・フォーラムの法理は表現の内容にもとづく／内容に中立な規制と一体となって、修正1条の法理の中核を形成し[111]、他の分野の理解にも影響を及ぼしてきた[112]。が、法理自体は理念的な表現の場所の保障とは程遠い結果をもたらしている。分類自体が「迷路」[113]のようで、公的な資源を用いつつも修正1条の精査の対象とならない「政府の言論」[114]との関係がはっきりとしない[115]。その場所の状況が表現活動と両立するかを考慮することなく、政府の意図をフォーラム決定の決め手とすることから裁判所は政府の判断に敬意を払い、結果として表現活動を軽視することになる。政府の差別的な判断をも肯定する効果がある[117]。表現の内容に中立的とされる合理的な時間、場所、方法と態様の規制が表現のメッセージ、すなわち、内容に及ぼす影響を無自覚にさせる危険がある[118]。そして、パブリック・フォーラムとパブリック・フォーラムでは

---

110)　*Perry*, 460 U.S. at 45.
111)　*See, e.g.,* Lillian R. BeVier, *Rehabilitating Public Forum Doctrine: In Defense of Categories*, 1992 SUP. CT. REV. 79.
112)　Steven G. Gey, *Reopening the Public Forum --- From Sidewalks to Cyberspace*, 58 OHIO ST. L.J. 1535 (1998).「修正1条の話はパブリック・フォーラム法理の話である」(at 1535).
113)　*E.g.,* John D. Inazu, *The First Amendment's Public Forum*, 56 WM & MARY L. REV. 1159 (2015) は、政府の資源の私的選択と結社という観点からは、慈善団体への寄付に関する連邦税法上の控除は「限定されたパブリック・フォーラム」と評価すべきであるという。
114)　Lyrissa Lidsky, *Public Forum 2.0*, 91 B.U. L. REV. 1975, 1980 (2011).
115)　Government speech.
116)　*See, e.g.,* Rust v. Sullivan, 500 U.S. 173 (1991); Legal Service Corp. v. Velazquez, 531 U.S. 533 (2001); Johanns v. Livestock Marketing Association, 544 U.S. 550 (2005), Pleasant Grove v. Summum, 555 U.S. 460 (2009); Walker v. Texas Division, Sons of Confederate Veterans, 135 S.Ct. 2239, 192 L.Ed.2d 274 (2015).
117)　*Cornelius*. 473 U.S. 788; Rosenberger v. Rector & Visitors of University of Virginia, 515 U.S. 819 (1995); Locke v. Davey, 540 U.S. 712 (2004); *Summum*, 555 U.S. 460. Lidsky, *supra* note 114, at 2012; Inazu, *supra* note 113, at 1182-1186.
118)　Robert Post, *Between Governance and Management: The History and Theory of the Public Forum*, 34 UCLA L. REV. 1713 (1987).
119)　Inazu, *supra* note 113, at 1180-1182.

ない場所の間にある「真ん中のフォーラム」の曖昧さという問題がある[120]：指定されたならば伝統的なパブリック・フォーラムとまったく同じなのか、限定的なパブリック・フォーラムとはどんな限定があるのか、そこでは表現の規制に対してどのような基準が用いられるのか……。

パブリック・フォーラムの法理は混乱を招くだけなのだろうか。

VI　21世紀におけるパブリック・フォーラム法理の要請

表現の自由を保障する思想として、個人の自己実現を中核に、表現それ自体を目的とするリベラリズムと、民主主義、より広くは社会共同体を構成する人々と統治のあり方との関わりを重視する政治制度の手段とする統治の思想[121]とが共存していると、1960年代のエマーソン[122]以来、理解されてきた。20世紀は巨大なマスメディアがコミュニケーションの回路における門番の役割を果たし、情報の流通を制御した。ある意味、そこには表現の送り手と受け手の分断と固定化があり、送り手の地位の希少性が顕著であった。コミュニケーションの狭窄した送信回路に対抗するため、マスメディアとは無縁の人々は星条旗焼却やランチ・カウンターでの座り込みのようにメッセージと密接な関連のある表現の態様を工夫して意思表示を行い、ときにはマスメディアが取り上げることを期待し、あるいは、マスメディアに依存しない「昔ながらの手段」である公道や公園など、人々が自由に利用できる場所でのビラ配布やデモンストレーションを活用した。パブリック・フォーラムの理論は20世紀マスメディア時代の落とし子である。

21世紀になってもコミュニケーションの回路に隘路を作ることができる門番がいる。情報の流通を制御するのは、抜群の取材力と強固な販売網、そして、地域に根付いた支持を誇る新聞・活字メディアでも、電波の希少性とお茶の間性という影響力を誇る放送メディアでも、ない。情報社会において

---

120) Notes, *Strict Scrutiny in the Middle Forum*, 122 HARV. L. REV. 2140 (2009).
121) アメリカ憲法思想のコンテクストでは、これが「republicanism（共和主義）」ということになる。
122) Thomas I. Emerson, *Toward a General Theory of the First Amendment*, 72 YALE L.J. 879 (1963). 小林直樹＝横田耕一訳『表現の自由』（東京大学出版会・1972年）。

情報の流通を牛耳っているのはグーグルであり、フェイスブックであり、ツイッターであり、ユーチューブであり、インスタグラムであって、つまり、ある種の「情報構造のプロヴァイダー」である。だが、ここには情報の送り手と受け手との分断も、固定化も、ない。むしろ、表現の送り手になりたいと思う人はメッセージにふさわしい、適切な媒体を適宜選択し、情報をどんどん提供するだけでなく、自分の評価する情報を共感する人々と共有することも簡単になった。送り手の地位はまったく希少でも貴重でもなくなったのである。それを送り手と受け手の一体化、あるいは、究極の相互互換性の実現とみることもできよう。

しかし、送り手が無数に存在し、情報が溢れ返る中、コミュニケーションの受け手には情報を適切に（？）賢明に（？）惑わされずに（？）選別することが期待されており、発信された情報を受信する一人ひとりの受け手の感度が情報量に負けずに向上することが期待されている。このような状況をみる限りにおいては、表現の送り手となりたい人すべてに表現の機会があることは実現し、ひょっとすると、表現する価値のあることがすべて表現され、ミクルジョンの考えた20世紀の理想は実現したのかもしれない。が、凄まじい情報の洪水の中で、表現する価値のあることが埋もれてしまい、受け手は肝心のメッセージに気がつかないのではないか、怪しげな情報に翻弄され、騙されてしまうのではないかなどと懸念される。資源として希少なのは情報ではなく、受け手の感性であり、注意力であるという。「注意力の市場」である。そこで注目されるのは、独占的な「情報構造のプロヴァイダー」が用いているコミュニケーション回路運営の基準、そして、利用者から収集したデータ利用についての説明責任と透明性の確保なのだが、そのような責務が

---

123) 情報流通の gate-keepers（門番）となりうる providers of information structures（情報構造のプロヴァイダー）でもあるが、information fiduciaries（情報の受託者）として情報構造の（末端）利用者である人々の（自覚・認識なく提供される）情報をいわゆるビッグデータとして収集活用する存在であるとみることもできる。Jack M. Balkin, *Free Speech in the Algorithmic Society: Big Data, Private Governance, and New School Speech Regulation*, SSRN-id3038939 (Oct. 30, 2017).
124) *See* MEIKLEJOHN, *supra* note 109.
125) *See* Tim Wu, *Is the First Amendment Obsolete? Emerging Threats*, Knights First Amendment Institute at Columbia University (2017); Tim Wu, Blind Spot: The Attention Economy and the Law, SSRN-id2941094 (Oct. 19, 2017).

「情報構造のプロヴァイダー」に発生すると想定する根拠は、もはや政府が表現活動のために適切なパブリック・フォーラムを提供しえないという現実と[126]、「情報構造のプロヴァイダー」が（かつての電波に類似する）公共の受託者であるとみなすことで、公共空間となりうるコミュニケーションの「場所＝方法」を保障できるという期待に求めることができる。

かつて、公道（via publica）がパブリックな存在として機能することで自由な人々が直接政治に参加するという理想を現実化しようとしたのがカルヴィンのパブリック・フォーラムという読み替えだとすると、「情報構造のプロヴァイダー」が提供する空間には、Hague 判決においてロバーツ裁判官は「その所有権がどこにあろうとも」[127]と述べてはいるが、私有地であるショッピングセンター[128]に準ずるとの理論構成が可能かどうかといういささか危うい議論を通じてであれ、バルキン（Jack M. Balkin）が想定する専門職（医師や法律家）の責務に準じるような情報集積の責務としてであれ、「自己決定」のため、人々の適切な選択を可能にする「情報の自由な流通」の保障と「統治

---

126) 現在行われているデモンストレーションは政治的意思表示であっても、大勢がその趣旨に賛同していることを示す結社的価値と、参加当事者のカタルシス作用が、実際の政治的インパクトよりも大きいようにみえる。*E.g.*, 2017 年 1 月 21 日と 2018 年 1 月 20 日の Women's Marches.

127) *Hague,* 307 U.S. at 515.

128) 私有地で、表現活動を禁止する方針のあるショッピングセンターにおける高校生による（国連決議に抗議する）請願と署名勧誘に関する PruneYard Shopping Center v. Robins, 447 U.S. 74 (1980) において、（全員が結論に賛成した）法廷意見を執筆したレーンキスト裁判官は、これまでのショッピングセンターに関する Amalgamated Food Employees Union v. Logan Valley Plaza, Inc., 391 U.S. 308 (1968); Hudgens v. NLRB, 424 U.S. 507 (1976) と Lloyd Corp. v. Tanner, 407 U.S. 551, 572 (1972) のマーシャル裁判官の反対意見にダグラス裁判官、ブレナン裁判官、スチュアート裁判官が同調に言及しつつも、これらは州憲法の規定する自由について検討していないと区別し（at 81）、所有権の制約であっても公用収用には該当せず（at 84）、所有権者の修正 1 条上の権利も侵害されていないと判断した（at 88）。マーシャル裁判官の同意意見はショッピングセンターが一般公衆の利用に提供されていることから表現活動に対して合理的であるならば制限を設けることが認められること、高校生の活動がショッピングセンターの通常の活動を妨害するものではないことが「核心」であると指摘し（at 94）、その場所の通常の活動と表現活動との両立可能性に言及する。マーシャル裁判官だけでなく、ホワイト、パウエル（Lewis F. Powell, Jr.）、ブラックマン各裁判官も法廷意見の論理に全面的に賛成しているわけではなく、とくにパウエル裁判官は州が私有の商業施設を「パブリック・フォーラム」に転換することを承認したことにはならないと釘を刺し（at 101）、これは「パブリック・フォーラム」に関する判決ではないという前提を維持した。

機構に対する監視機能」が一方では期待される。他方、グーグルの検索結果、フェイスブックやツイッターでの発言、ユーチューブの映像やインスタグラムの画像提供がいずれも統治機構の関与する情報構造ではないにもかかわらず、公的な役割を果たしうるものであるかのように取り扱い、パブリック・フォーラムに準じて議論することへの疑問も消えていない。
　21世紀におけるパブリック・フォーラムの法理の有用性への疑問を克服するのは難しい。

信教の自由
―― アメリカにおける展開とわが国への示唆　　安西文雄

I 問題の焦点
II 判例の展開（1）―Sherbert 判決まで
III 判例の展開（2）―Sherbert 判決以降
IV 判例の展開（3）―Smith 判決
V 判例の展開（4）―Smith 判決以降
VI Smith 判決以降の立法による信教の自由保障
VII わが国における信教の自由の保障
VIII まとめにかえて

I 問題の焦点

　アメリカ合衆国憲法は、その修正 1 条において「連邦議会は……自由な宗教活動（free exercise of religion）を禁止する法律……を制定してはならない」と規定する。信教の自由の保障規定である。この規定のもと、たとえば、信仰それ自体を禁じたり強制したりすること、宗教にもとづく行動に対して差別的に規制を加えること、などが深刻な人権問題となり、基本的に許されないことについては、コンセンサスがある。

　ところが、教育、公衆衛生などの世俗的目的のために制定された法律が、特定の宗教の信者に対してとりわけ重い負担となってしまう、という場合がある。これを信教の自由の見地からどうとらえたらよいのだろうか。こういった問題は、いつの時代にも存在するはずであるが、とりわけ現代社会において、国家が社会生活のさまざまな局面に関わるようになるにつれて頻発するようになっている。そこには、法律が内包する社会的要請（教育や公衆衛生など）と信教の自由の保障の要請という、ときに矛盾衝突するものの調整という困難な課題が伏在する。そしてアメリカの憲法判例をみるとき、100 年以上の時を経て調整のあり方がさまざまに試みられ、その基本的スタンスを

変化させてきていることがうかがえる。

　もちろんそこにあるのは、前述の調整につき、苦しみながら解決方法を導出しようとする営みであるが、さらにいえば、そもそもそういった調整をほかならぬ司法府が行うべきか、それとも政治部門にある程度委ねるべきかという役割分担論、人の精神活動の中で宗教に特別の重みを認めるべきかという認識論なども加わり、議論は複雑な様相を示す[1]。

　こういった問題を扱い、信教の自由の判例展開においてひとつの画期をなしたのが 1963 年の Sherbert v. Verner 判決[2]であるが、まずはこの判例以前に遡って展開を確認しておきたい。

II　判例の展開（1）──Sherbert 判決まで

1　Reynolds 判決と Cantwell 判決

　連邦憲法の信教の自由条項に関する重要判例を遡ってゆけば、1878 年の Reynolds v. United States 判決[3]にたどりつく。モルモン教徒であるレイノルズがその信仰により重婚をしたところ、そのような行為を禁ずる連邦法により刑事訴追された事案である。ここで、信仰にもとづく行為に対して法律により刑事制裁を科しうるかが問われることとなったが、連邦最高裁判所（以下「最高裁」という）は、信仰・意見と行為との区分論を基軸とする判断を示した。

　「法律は、信仰や宗教に関わる考え方それ自体に対して規制を加えることはできないが、行為に対して規制を及ぼすことはできる[4]」という。そして本件は行為の規制であるから、当該行為者としては、信仰を理由として規制から免れることはできない、とされたのである。

---

1)　わが国の憲法学における議論をふり返ると、信仰それ自体の禁止や強制、宗教上の行為に対する差別的規制、が検討の中心になってきたといえる。現代においてもこれらが警戒すべき対象であることは疑いない。しかし、宗教中立的な規制が特定宗教の信者にとりわけ重い負担となる場合を信教の自由の見地からどうとらえるか、という検討課題は、現代社会における重要性に比して考察の厚みが充分といえなかったと思われる。
2)　374 U.S. 398 (1963).
3)　98 U.S. 145 (1878).
4)　*Id.* at 166.

さらにもうひとつ、Sherbert 判決に先立つものとして注目されるのが、1940 年の Cantwell v. Connecticut 判決である。エホバの証人の信者がその教義にもとづき通行人に対して募金活動を行ったところ、宗教目的による募金活動等を処罰する州法により刑事制裁のもとにおかれた。そこで州法は信教の自由および表現の自由を侵害し違憲であるとして争われた事案である。

最高裁は本件において、修正 1 条によって保障されている信教の自由は、修正 14 条のデュープロセス条項を介して州にも適用される、との立場を示した。これがこの判決の重要なポイントである。そうだとすれば、信教の自由および表現の自由と本件州法との関係が問題になるが、公共の安全と秩序に対し明白かつ現在の危険を及ぼす行為のみ処罰しうるとの解釈のもと、本件の行為はそのようなものではなく処罰することはできない、との判断が下された。

以上の 2 つの判例によって Sherbert 判決の前史が形成される。それをある論者は次のようにまとめる。(1) 信仰と宗教的行為とが区分され、宗教的行為にのみ政府の規制が及ぶ。(2) 信教の自由条項は、連邦法のみならず州法（およびその下部にある地方公共団体）に対しても適用される。(3) 信教の自由が制約された場合、いかなる基準で審査されるべきかについては明確にされてはいない。

2　Sherbert 判決による理論提示

さきに言及したように Sherbert 判決は、信教の自由関係の判例展開上、

---

5)　310 U.S. 296 (1940).
6)　Mark W. Cordes, *The First Amendment and Religion after Hosanna-Tabor*, 41 HASTINGS CONST. L.Q. 299, 304 (2014) が指摘するように、表現の自由の保障規定は、信教の自由保障規定とともに、信教の自由保障のために長らく用いられてきた。
7)　*Cantwell*, 310 U.S. at 303.
8)　つまり判断の基軸をなしたのは、表現の自由の方である。
9)　Michael D. Currie, *Scrutiny Mutiny: Why the Iowa Supreme Court Should Reject Employment Division v. Smith and Adopt a Strict Scrutiny Standard for Free Exercise Claims Arising Under the Iowa Constitution*, 99 IOWA L. REV. 1363, 1368-1369 (2014).
10)　Reynolds 判決においては合理性の基準を用いたとする論考もある。*See* Note, *In Combination: Using Hybrid Rights to Expand Religious Liberty*, 64 EMORY L.J. 1175, 1182 (2015). しかし本件において、そのような基準が用いられたと確言することはできないであろう。

画期をなす。事案はセヴンスディ・アドヴェンティストの信者であるシャーバートが、その信仰上土曜日は安息日であって働くことができないため解雇されたことに端を発する。彼女は失業補償給付を求めたが、州法上正当理由なく仕事につかない者は給付対象外とされていたため、給付請求は拒否された。そこで、請求拒否は信教の自由の侵害になるのかが問われることとなった。

この事案における最高裁の審査は、2つのステップからなる[11]。まず、失業補償給付の拒否は信教の自由の制約に該当するか、が問題となる。これが第1のステップである。当事者に対して信仰を維持して受給をあきらめるか信仰を捨てて働くか、という選択を迫ることになるので、信教の自由に対し負担を課すものととらえられた[12]。

次に、本件のように信教の自由に対して実質的な負担を課す場合の合憲性審査基準である。これが第2のステップであるが、最高裁はやむにやまれぬ利益のための制約でなければ合憲とならない、とする判断枠組みを示した。この枠組みのもと、そのような利益は認められないとの判断に至ったのである。

本件は論者によって指摘されるように[13]、信教の自由に対しとりわけ手厚い保障を与えたものといえる。社会生活上の利益の維持・増進のための法律が自由に対し負担を及ぼす場合のうち、表現の自由が付随的制約を被るのであれば、オブライエンテストで審査される。であるのに信教の自由の場合、シャーバートテスト (Sherbert 判決で示された用いられたテストなので、シャーバートテストといわれる) のもと、厳格審査に付されるからである。

本稿の冒頭において、社会的利益の保護と信教の自由の調整が求められると指摘したが、シャーバートテストはその調整において、信教の自由に軸足をおくものと位置づけられよう。

---

11) Cordes, *supra* note 6, at 310.
12) *Sherbert*, 374 U.S. at 404.
13) *See, e.g.*, Robert D. Kamenshine, *Scrapping Strict Review in Free Exercise Cases*, 4 CONST. COMMENT. 147, 147 (1987). この論考は、他の人権領域と平仄をあわせるべく、信教の自由においてもオブライエンテストで審査すべきであると主張する。*Id.* at 152.

III 判例の展開（2）——Sherbert判決以降

　信教の自由の保障に関する判例としてSherbert判決と並置されるのが、Wisconsin v. Yoder判決である[14]。アーミッシュの信者が、第8学年を超えて子どもを学校に通わせることは信仰に反するとして拒否したため、義務教育を定める州法に反するとして起訴された事案である。最高裁は、普通教育に関する州の利益は認めつつ、それは信教の自由のもとで保障される利益を凌駕するほど十分重いものでなければならない、との判断枠組みを設定した[15]。そのもとで、州の教育に関する利益とアーミッシュの信教の自由への侵害の状況を具体的に吟味し、第8学年を超えてさらに2年間アーミッシュの子どもを通学させるよう強制することは認められないと判示した。

　以上のようなSherbert - Yoderラインの判例理論は、信教の自由保障の程度の高さからして注目に値する。しかし、これが一般化することはなかった。シャーバートテストをそのまま一般的に用いれば、世俗の要請があまりに犠牲にされるという現実認識がその底流にある。かくしてこのテストは、それとして存続しつつも、まことに例外の多いものとなってゆく。

　1986年のGoldman v. Weinberger判決は[16]、空軍に従事するユダヤ教徒が軍の規制によってヤムルクの着用を許されず、信教の自由の侵害ではないかが問われた事案である。「修正1条にもとづいて軍の規律が問われるとき、最高裁の司法審査は、市民社会におけるそれよりもずっと敬譲的である」[17]という立場のもと、シャーバートテストは拒否され、軍の規律の合憲性が認められるに至った。

　またその翌年、O'Lone v. Estate of Shabazz判決が下されているが[18]、これは刑事収容施設における事案である。被収容者の労働を施設外で行わせていたため、イスラム教徒である被収容者の宗教行為が妨げられたとして、信

---

14)　406 U.S. 205 (1972).
15)　*Id.* at 214.
16)　475 U.S. 503 (1986).
17)　*Id.* at 507.
18)　482 U.S. 342 (1987).

教の自由侵害が問われた。最高裁は刑事収容施設における規制であることに着目して合理性のテストを採用するとし、[19] 結論的に刑事収容施設の秩序と安全のために合理的な措置であるとして合憲判断に至った。

　以上のように軍関係、刑事収容施設関係について例外が設けられただけではなく、信教の自由に対する制約がゆるやかであるからとして、シャーバートテストをゆるめる判例も注目される。

　Bowen v. Roy 判決は、[20]社会保障給付に関する事案である。本件の当事者はネイティヴ・アメリカンであるが、2歳の娘につき社会保障番号を求めることは、その魂を奪うこととなり、ネイティヴ・アメリカンの信仰に反すると主張した。

　最高裁はここで、信教の自由に対する制約の緩厳に着目した理論を展開する。社会保障給付を受けるためには社会保障番号を提示しなければならないが、この要請は特定宗教を差別しようとするものではない。宗教中立的で一般的に適用されるものであり、それによって信教の自由に対して間接的・付随的制約を及ぼすにとどまる。[21]信教の自由に対する負担の程度は制約の合憲性審査に関連するのであり、本件の場合、Yoder 判決で用いられたテストは妥当ではなく、正当な目的のために合理的に関連した手段であれば合憲となる、[22]というゆるやかな判断枠組みが示された（結論的に本件規制は合憲[23]）。

　以上のように、軍や刑事収容施設であるから例外を認める、制約がゆるやかであるから例外を認める、というように、シャーバートテストはしだいに骨抜きになってゆく。つまり、このテストが本当に原則的な理論として意味をもっていたのかは多少なりとも疑問とされ、むしろ問題が生ずる領域、制約の程度など、ことがらの性質に応じてバランシングのあり方に工夫を加えていたといった方がよい。

---

19)　Id. at 349.
20)　476 U.S. 693 (1986).
21)　Id. at 706. このとらえ方は、のちの Smith 判決につながる。
22)　Id. at 707-708.
23)　同様のものとして Lyng v. Northwest Indian Cemetery Prot. Ass'n, 485 U.S. 439 (1988) がある。ネイティヴ・アメリカンの聖地において、材木を伐採し道路を通すことが信教の自由の見地から問題にされた事案であるが、付随的制約の事案と位置づけられ、厳しい審査は用いられなかった。

かつてガンサー（Gerald Gunther）は平等の領域における厳格審査につき、理論上厳格であるが事実上致命的（strict in theory and fatal in fact）[24]という有名な表現を用いた。これを参酌し、シャーバートテストに関し、理論上厳格であるが事実上は虚弱（strict in theory but feeble in fact）[25]と揶揄されることがあるが、これはそういう事情を反映している。

IV　判例の展開（3）――Smith 判決

1　Smith 判決

シャーバートテストは、さまざまな例外を認めながら原則としては存続したが、これを基本的に組み替えたのが、1990 年の Employment Division v. Smith 判決である[26]。ネイティヴ・アメリカン・チャーチの信者が、その宗教的行為としてペヨーテを用いたが、それは州法の禁ずる統制物質の使用に該当するとして私立矯正施設から解雇され、職務に関連した非行による解雇であるとして失業補償給付も得られなかった。そこで、州法が一般的刑事規定によりペヨーテの使用を禁ずること（そして州がその宗教的行為のため解雇された者に対して失業補償給付を拒否すること）は、修正 1 条に反し許されないのではないか、が問われることとなった。

最高裁は本件で、信教の自由の制約に関して基本的な立場を示す。信教の自由の制約が、一般的に適用される中立的な法律（neutral law of general applicability）による付随的効果であるとき、修正 1 条の権利侵害は生じているとはいえない[27]、という。したがって、こういった法律の要請からの免除を

---

24)　Gerald Gunther, *In Search of Evolving Doctrine on a Changing Court: A Model for a Newer Equal Protection*, 86 HARV. L. REV. 1, 8 (1972).
25)　Christopher L. Eisgruber & Lawrence G. Sager, *The Vulnerability of Conscience: The Constitutional Basis for Protecting Religious Conduct*, 61 U. CHI. L. REV. 1245, 1307 (1994). なお、Note, *Religious Land Use in the Federal Courts under RLUIPA*, 120 HARV. L. REV. 2178, 2178 (2007) は、理論上厳格であるが事実上スミステストと同じほど敬譲的（strict in theory but just as deferential as Smith in fact）と表現する。
26)　494 U.S. 872 (1990).
27)　*Id.* at 878-879. そもそも権利制約それ自体ないとされている、とみるのが判旨の文言に忠実なとらえ方だと思われる。しかし、そうはとらえず、こういう場合には合理性の基準で審査するという意味だとみる論説もある。*See* Currie, *supra* note 9, at 1363.

求めることはできなくなる。

　最高裁によれば[28]、本件のような事案においてやむにやまれぬ利益の基準を用いるなら、一般的に適用される法律を拒否する権利を認めることになってしまうという。では信教の自由を保障する措置はありえないかというと、そうではない。立法府が法律によりアコモデーション措置を講ずることは可能である、と付言する。

　Smith判決の論理は以上のようにシャーバートテストを基本的に変更するものであったが、ではそれまでの判例を変更したかといえば、そうでもない。Smith判決は例外を設け、それまでの判例はそれに該当すると位置づけることにより、判例変更を回避する方途をとった。

　例外のひとつとして、権利混合の場合（hybrid situation）がある[29]。信教の自由だけではなく、それに加えて他の独自の権利が混合的に問題になっているとき、スミステスト（Smith判決の論理がこのように称される）は妥当せず、厳格審査が求められるという。Smith判決は前述のCantwell判決をこの見地から読み直す。エホバの証人の信者が宗教的文書を配布した事案であるが、これは信教の自由のみならず、表現の自由も混合的に問題になっていたものととらえられる。またYoder判決もやはり権利混合事案とされる。信教の自由のみならず、親の子どもに対する教育の権利が混合しているからである[30]。

　もうひとつの例外として、規制からの免除を認めるか否か、個別的に審査するシステム（individualized governmental assessment）がとられているとき、別途の考慮が求められる[31]。規制からの免除が個々の事案における事情によって認められているときに、宗教上の理由による免除については認めないとすれば、宗教を理由とする差別になろう。したがって、このような場合スミステストの例外となる。Smith判決はこういった視点からSherbert判決を読

---

28)　*Smith*, 494 U.S. at 886-890.
29)　*Id*. at 881-882.
30)　もっとも、どうして権利混合の場合、審査が厳しくなるのかは説明されていない。学説によれば、ある憲法上の権利がそれ自体としては厳格審査を導き出さないが、複数の権利の集積によって厳格審査を導出することはありうる、と主張される。*See* Richard F. Duncan, *Free Exercise is Dead, Long Live Free Exercise: Smith, Lukumi and the General Applicability Requirement*, 3 U. PA. J. CONST. L. 850, 858 (2001).
31)　*Smith*, 494 U.S. at 884.

み直す。Sherbert 事件では、正当理由なく仕事を拒否した者には失業補償給付を与えないとする州法が問題にされた。こういった個別的事情を審査するシステムのもとで宗教上の理由により土曜日勤務ができない者には給付を与えないとすれば、宗教を理由とする差別となる。だから厳しい審査が用いられたのだ、ととらえるのである[32]。

2　Smith 判決の検討（1）——理論枠組みについて

Smith 判決が信教の自由に関わる判例展開において意味するところは大きい。その意義を以下、いくつかの視点から検討してみたい。

まず第1に、シャーバートテストからスミステストへの理論枠組みの変更を、どう整理するかである。レイコック（Douglas Laycock）[33]は、この点につき実質的中立性（substantive neutrality）と形式的中立性（formal neutrality）の対比という枠組みを示し、理論的なインパクトを与えた[34]。

レイコックは、シャーバートテストを実質的中立性の立場をとったものととらえる。これは、人々の宗教上の選択に対して、政府は可能な限り負担を課すことのないようにすべきである、というものである。この立場からみるならば、Sherbert 事件は信教の自由に対し実質的な負担を課しているのであるから、深刻な問題であるととらえられ、よって厳格審査を適用すべきこととなる。

これに対しスミステストは、形式的中立性の立場に立つと理解される。これは、政府がその公的行為の際に宗教を理由とすることを禁ずるものであるが、Smith 事件では一般的に適用される中立的な法律が問題にされた。したがって自由制約が認められないのである。

まとめてみよう。実質的中立性の立場は信教の自由の権利主体に焦点を当て

---

[32] もっとも、個別的審査システムが含まれる場合、法律は一般的に適用されるものではなくなるのだとして、この問題を一般的適用性の一環として位置づける立場もある。Duncan, *supra* note 30, at 861.

[33] Douglas Laycock, *Formal, Substantive, and Disaggregated Neutrality toward Religion*, 39 DEPAUL L. REV. 993 (1990).

[34] 学説上参照されるのみならず、たとえば後にみる Lukumi 判決におけるスーター（David Souter）裁判官の部分的同調・結論同調意見などでも参照されている。508 U.S. 520, 559 (Souter, J., concurring in part and concurring in the judgment).

信教の自由

る。規制法令の形式が一般的であろうとなかろうと、権利主体に対して実質的な負担が課されていれば、深刻な人権問題となる。これに対し形式的中立性の立場は、規制法令のあり方に焦点を当てる。当該法令の形式が一般的に適用される中立的なものである限り、自由制約にあたらない、とするのである。

3　Smith 判決の検討（2）——実際上の相違はどの程度か

　次に、Smith 判決の前後を対比して、実際上信教の自由の保障の度合いにどれほどの相違があるかを検討してみよう。

　シャーバートテストが妥当していたとき、既述のようにいくつかの例外が存在したのであって、それによりこのテストは骨抜きになっていた[35]。またスミステストが妥当することになっても、やはり例外が存在し、したがって従前の判例は読み直しという手法を介して維持されている。さらに後にみるように立法府が法律により信教の自由の保障度を高める措置をとっている。州に検討の目を転ずるなら、州憲法にも信教の自由保障規定があり、その解釈は各州に委ねられているところ、シャーバートテストを採用している州もある[36]。

　そうだとすると、基軸となる判例理論がドラスティックに変更されたといっても、現実にみられる自由保障状況がそれほどまでに変化したとはいえそうにない。シャーバートテストもスミステストも、ともに例外を大幅に認めることで世俗の要請と信教の自由保障の要請の調整を図っているといえるのであり、原則的対比に過度に焦点を当てることは警戒すべきである。

4　Smith 判決の検討（3）——基本的な立場の変更の背後にあるもの

　さらに検討を進めて、シャーバートテストからスミステストへと、立場の変更がなされた背後にあるものは何かを探ってみよう。

---

35) Michael W. McConnell, *Free Exercise Revisionism and the Smith Decision*, 57 U. CHI. L. REV. 1109, 1109-1110 (1990) によれば、Smith 判決前、シャーバートテストは、実際にそうだというより、言葉の上だけのものだった、という。

36) *See* Currie, *supra* note 9, at 1377-1387. また、Note, *The Best of a Bad Lot: Compromise and Hybrid Religious Exemptions*, 123 HARV. L. REV. 1494, 1497 (2010) によれば、多くの州において州独自のいわゆるミニ RFRA が制定されたという。

Smith 判決の背後にあるものは、シャーバートテストがそもそも世俗の要請と信教の自由の要請につき、その調整をなすための一般的枠組みとして妥当なのかという根深い疑念であろう。このテストの例外がさまざまに論じられるようになったが、それは、そもそもこのテストが一般的枠組みとして適切ではないという現実認識に裏付けられたものではなかったか。さらにいえば Sherbert 事件そのものが、日曜日に宗教行為を行う者にアコモデーションを認めていながら、土曜日を安息日とする者にはそれを認めないという点で、むしろ宗教差別の事案とも位置づけうる。[37]

　しかしながら、問題の源は実はもっと深いところにありそうである。Yoder 判決においては、州法によって義務教育を求めることがアーミッシュの人々の生活にどういう害を及ぼすか、仔細に検討しているのに対し、Smith 判決においては、州法上のペヨーテ禁止がネイティヴ・アメリカンの宗教に対してどれほどのインパクトを及ぼすかにつき言及していない、という点に着目する論者がいる。[38] ここに、社会的要請を充足しながら信教の自由を守るという調整作業における最高裁の抑制的な立場をみてとれないだろうか。

　信教の自由に関し積極的に理論を展開する研究者、ルプー（Ira C. Lupu）[39] は、シャーバートテストからスミステストへの変遷は、信教の自由の保障という憲法規範それ自体について最高裁の理解が変わったというより、信教の自由の実現において最高裁がどこまでの役割を果たすかという、権利実現における裁判所の役割についての考え方の変化に由来するのではないか、という視点を提示する。彼はこれを、Smith 判決についての制度的理解（institutional view）と称する。[40]

　ふり返れば、憲法規範について司法府は、そのすべてを実現しているわけ

---

37)　*Sherbert*, 374 U.S. at 406.
38)　Ira Lund, *A Matter of Constitutional Luck: The General Applicability Requirement in Free Exercise Jurisprudence*, 26 HARV. J.L. & PUB. POL'Y 627, 662 (2003).
39)　Ira Lupu, *Statutes Revolving in Constitutional Law Orbits*, 79 VA. L. REV. 1, 59 (1993).
40)　*Id.* at 60. 同様の考察を提示するものとして、see, *e.g.*, Douglas Laycock, *The Remnants of Free Exercise*, 1990 SUP. CT. REV. 1, 30; Michael W. McConnell, *Institutions and Interpretation: A Critique of City of Boerne v. Flores*, 111 HARV. L. REV. 153, 190 (1997); Note, *supra* note 25, at 2197-2198.

ではないとするとらえ方は、セイガー（Lawrence G. Sager）の論考における司法的過小執行の理論（underenforcement thesis）を嚆矢とし、アメリカ憲法学において時を経てくり返し論じられてきた。司法府は利益のバランシングをなすに適したところとは必ずしもいえない、あるいは司法的解決のための適切なスタンダードがないなど、司法府という制度に由来する理由によって、憲法規範を過小にしか執行していない、ということはままある。セイガーのあげる例によれば、政治問題の法理（political question）などはまさにこれに該当する。憲法規範それ自体は存在するが、司法的に執行されず、その規範の実現をあげて政治部門に委ねる、つまり司法的過小執行が極端となりいわばゼロ執行となったのが、この法理であるという。また、法律に明白な誤りがあるときのみ違憲とする立場も、違憲判断を担う司法府の役割を抑制するものであり、司法的過小執行のあらわれと位置づけられる。

もっとも憲法規範それ自体は、司法的に執行されると否とにかかわらず存在する。つまりここに、憲法規範それ自体と、司法的に執行される憲法規範との乖離が認められる。政治部門は、憲法規範に従いその実現に努めるわけであるから、憲法規範のうち司法的執行の枠を超えた部分についても、その実現に向け尽力しなければならない。こうして、司法的に執行される憲法規範の内実と、政治部門によって実現される憲法規範の内実との食い違いが説明される。

Smith判決に戻ろう。シャーバートテストにおいては、司法府において入念に利益衡量を行うことになるが、ルプーによれば、そういう作業については政治部門の方が能力をもち正当性もあるという。そうだとすれば、司法府それ自体の制度的限界を認識し、信教の自由について司法的に執行される範囲を限定すべきこととなる。それを行ったのがSmith判決だ、という。

---

41) Lawrence G. Sager, *Fair Measure: The Legal Status of Underenforced Constitutional Norms*, 91 HARV. L. REV. 1212 (1978). なお、この後さらに議論を展開させた論考として、Richard H. Fallon, *Judicially Manageable Standards and Constitutional Meaning*, 119 HARV. L. REV. 1275 (2006)も注目される。この論考によれば、司法府のみならずそれ以外（政治部門）も、制度的な考慮によって憲法上の権利を過小執行することがあるという。*Id.* at 1324.
42) Sager, *supra* note 41, at 1223-1226.
43) Lupu, *supra* note 39 at 59.

ルプーは比喩的に、Smith判決は政治問題の法理の関わる判決である、と表現する[44]。そこに以上に述べた理解を印象的に埋め込んでいる。

V 判例の展開（4）——Smith判決以降

1 Lukumi判決における理論展開

スミステストは、問題となる法令が一般的に適用される中立的なものであることを前提とするが、ではその「一般的適用性」（general applicability）と「中立性」（neutrality）は、具体的にいかなることを意味するのか。Smith判決はこの点、明示することはなかったが、のちChurch of the Lukumi Babalu Aye, Inc. v. City of Hialeah判決[45]において展開して検討された。

本件における宗教団体は、サンテリア教の儀式として動物の犠牲を神に捧げる行為をとり行う。この団体がフロリダ州ハイアリア市に土地を借り、宗教施設等を設置する計画を立てたところ、市民の間に反感が沸き起こり、宗教上の理由により動物を犠牲にする行為を規制する条例が制定されるに至った。本件はこの条例の合憲性が問われたものである。

最高裁はこの事件において、一般的適用性、中立性それぞれについて別個に検討を進める[46]。まず中立性であるが[47]、これは法令の目的（object）に関わるものとされる。法令の目的が宗教そのものの抑制、あるいは宗教的行為の抑制であるとき、当該法令は中立的といえない。そして法令の目的は法令の文言あるいは現実の機能に則してみてゆく。本件条例の場合、サンテリア教の宗教的行為の抑圧を目的として制定されたものと判断された。

では、一般的適用性についてはどうか[48]。これは法令の採用する手法（manner）に焦点を当てる。正当な目的のためであっても、宗教的行為のみを規制する

---

44) *Ibid*.
45) 508 U.S. 520 (1993).
46) もっともSmith判決の法定意見を執筆した、したがってスミステストを考案したスカリア（Antonin G. Scalia）裁判官は、Lukumi判決における中立性、一般的適用性の区分については賛成できず、これらは相互に関係し実質的にオーヴァーラップしている、と論じている。*Id*. at 557 (Scalia, J., concurring in part and concurring in the judgment).
47) *Id*. at 532-542.
48) *Id*. at 542-546.

信教の自由　　159

という手法を用いてはならないのである。本件の場合、公衆の健康の保持(犠牲にされた動物の死体の不適切処理に由来)と動物に対する虐待防止が目的であると市側は主張したが、そうだとすれば、宗教的理由にもとづくと否とにかかわらず規制を及ぼさなければならないはずである。であるのに本件条例は宗教的理由にもとづく動物殺害のみを規制する。つまり一般的に適用される性質を欠く。

　中立性または一般的適用性、いずれかが欠けるとき、当該法令は厳格審査に付されるので、この基準のもと、本件条例は違憲と判断された。

2　Hosanna-Tabor 判決

　Lukumi 判決はスミステストの意味を解明するものとなったが、もうひとつ、Hosanna-Tabor Evangelical Lutheran Church & School v. EEOC 判決[49]はスミステストの射程を限界づける。

　本件の宗教団体は小さな学校を経営しており、聖職者教員として教育および宗教活動に携わる者 (Ch. Perich) がそこに雇用されていた。彼女は病気になり (ナルコレプシーと診断)、一旦休職となったが、教員としての職に関する学校側とのやり取りの過程で、法的措置に訴えることもあると主張したため、これを理由のひとつとして解雇された。そこで EEOC (雇用機会均等委員会) は、教団側による不当解雇 (障害をもつアメリカ人法 (Americans with Disabilities Act; 以下「ADA」という) にもとづく訴えに対する報復的解雇) として本件の訴えを提起した。

　訴訟において教団側は聖職者例外 (ministerial exception) を主張した。本件は宗教団体とその聖職者間の雇用関係を扱うものであるから、修正 1 条により訴訟による救済を求めることはできないという。これに対し EEOC 側はスミステストの論理をもって対抗した。ADA は一般的に適用される中立的な法律であるから、スミステストによればそのような法律に対し修正 1 条の信教の自由の主張はできない、したがって信教の自由にもとづく聖職者例外は妥当しない、というのである。

---

49)　565 U.S. 171 (2012).

最高裁は結論的に聖職者例外が妥当するとしたが、その際、問題状況を分けて論じている。そもそも Smith 判決は個人が社会に向けて行う身体的行為 (outward physical acts) に関わるが、本件はそれと異なり、教会自体の信仰・布教についての教会内部の判断 (an internal church decision that affects the faith and mission of the church itself) に関わる。したがってスミステストは当てはまらない、という。

以上のように本件は、スミステストの射程を限定する。そもそも本件の結論に至る論理は、考えてみればいくつもありえた。信教の自由と政教分離の双方が論点とされていたのであるから、政教分離の方を基軸に据えれば、スミステストを考慮しなくてよい[50]。また信教の自由の領域内で本件を扱うにしても、信教の自由と政教分離が混合するため[51]、権利混合のアナロジーで結論を導くこともありえた。

ところが最高裁は、信教の自由の問題としつつ、スミステストの例外を用いることもなかった。そして、そもそもスミステストは個人の外部的宗教行為に関する法理であり、宗教団体の内部自治が関わる本件はそれとは別の系列、というとらえ方を示した。こうしてスミステストの限界が示唆されるに至った[52]。

VI Smith 判決以降の立法による信教の自由保障

1 RFRA

Smith 判決に戻ろう。この判決に対しては、信教の自由の保障を低めるものとの批判が、宗教団体、人権団体などから広範に沸き起こった[53]。こうい

---

50) *See The Supreme Court—Leading Cases*, 126 HARV. L. REV. 176, 182 (2012).
51) *Id.* at 176.
52) Douglas Laycock, *Hosanna-Tabor and the Ministerial Exception*, 35 HARV. J.L. & PUB. POL'Y 839, 854-856 (2012). Cordes, *supra* note 6, at 326-327 によれば、neutrality のパラダイムの妥当する領域と autonomy のパラダイムの妥当する領域とに分けられる。そして、Smith 判決は neutrality の妥当領域における判決、Hosanna-Tabor 判決は autonomy の妥当領域における判決、としてそれぞれ位置づけられる。また参照、福嶋敏明「『聖職者例外』法理とアメリカ連邦最高裁 (2)」神戸学院法学 42 巻 3＝4 号 153 頁以下、174 頁 (2013 年)。
53) *See, e.g.*, Currie, *supra* note 9, at 1374; Laycock, *supra* note 40, at 1.

った世論のうねりを背景にして、連邦議会が制定したのが、信教の自由回復法（Religious Freedom Restoration Act; 以下「RFRA」という）である。この法律の及ぶ範囲は広範である。連邦のみならず州（その下の地方公共団体を含む）についても、法律のみならず命令についても、宗教中立的なものであっても宗教を明示的に対象とするものであっても、法律の規律範囲に含まれる。

　このように広範な領域においてRFRAは、信教の自由に対し実質的な負担を課すことが許されるのは、やむにやまれぬ利益のために必要最小限の手段を用いている場合に限定されることを要求する。ここで若干付言しておきたい。この法律はシャーバートテストを回復することを目的とする。そうであるからこそ、信教の自由"回復"法という名称が付せられる。しかし実は、シャーバートテストが妥当したときでも、すでに言及した通りさまざまな例外が存在したのであり、そういう例外も込みでこのテストは存在した。ところがRFRAは広く厳格審査を妥当せしめるものであるから、実はシャーバートテストの回復にとどまらない。それを超えている。

2　Boerne 判決における合憲性審査

　このRFRAの合憲性が争われた事件が、City of Boerne v. Flores 判決[54]である。教会建物の拡充のため教会側が市の許可を求めたところ不許可とされたことに端を発する事案である。教会側はこの不許可を争う際、主張のひとつとしてRFRAを提示したため、その合憲性が争点として浮上した。つまり、RFRAのうち州に適用される部分は修正14条5節の連邦議会執行権限にもとづくが、その権限を逸脱した立法ではないか、という争点である。

　最高裁は修正14条5節の規定する連邦議会の執行権限につき、それが実質的な（substantial）権限、つまり信教の自由の侵害の有無を連邦議会が独自に判断する権限か、それとも救済的な（remedial）権限、つまり違憲的行為に対しそれを予防し救済する権限か、という論点設定を行う。そして、この選択肢のうち、救済的権限であるとする立場をとる[55]。そうだとすると、憲

---

54)　521 U.S. 507 (1997).
55)　*Id.* at 519, 527. 最高裁は、definitional な権限か corrective な権限か、という表現も用いる。

法違反の害悪と連邦議会の予防・救済措置との間に適合性と均衡（congruence and proportionality）がなければならない。[56]

　それでは RFRA は、この要請を充足しているだろうか。判旨においてはこの法律が限定的でないことが指摘される。連邦も州も、この法律制定以前の行為も以後の行為も、適用範囲に含まれる。さらに時間的限定も設定されていない。よって適合性と均衡の要件は充足されておらず、RFRA のうち州に適用される部分は違憲である、との判断に至った。

　さて判決は以上のごとくであるが、これをどうみたらよいのであろうか。先に言及した司法的過小執行の理論を前提とすると、憲法上の信教の自由の保障のうち、司法的に執行される部分は Smith 判決の枠により画される。さらに最高裁は、修正 14 条 5 節によって連邦議会に認められた執行権限は救済的権限だという。つまり最高裁は、自らの判例である Smith 判決の枠を前提とし、その枠内にある信教の自由の侵害に対し、予防し救済する権限のみ連邦議会に帰属する、と理解する。したがって、そういった枠内の信教の自由の侵害との関係で、適合性と均衡が認められなければならない。RFRA はこの枠を超えており違憲と判断されるわけである。

　もし、修正 14 条 5 節の執行権限が実質的権限だとすれば、どうなったであろうか。連邦議会は自らの立場において信教の自由侵害の範囲を画すことが可能となる。それにもとづき広範な立法が可能となったであろう。

3　Boerne 判決以降の信教の自由の保障

　こうして Boerne 判決の後、合衆国における信教の自由の保障のあり方は、かなり複雑な様相を示す。まず RFRA であるが、そのうち州に対する部分は違憲とされたが、連邦に対する部分は有効なものとして残存している。[57] また Boerne 判決のあと、宗教的土地使用及び被収容者法（Religious Land Use and Institutionalized Persons Act; 以下「RLUIPA」という）が制定された。Boerne 判決は RFRA を広範に過ぎる法律と批判したので、土地利用と施設収用関

---

56)　Id. at 520.
57)　Douglas Laycock & Steven T. Collis, *Generally Applicable Law and the Free Exercise of Religion*, 95 NEB. L. REV. 1, 4 (2016).

係に限定した立法をしたのであり、とりわけこれらの領域においては個別的評価にもとづく対応がなされるため、Smith 判決の立場からもシャーバートテストが妥当するとして制定された。[58]

　州の方に検討の目を移せば、各州憲法に信教の自由保障規定があるが、その解釈は各州に任せられる。したがってシャーバートテストの立場で解釈を行う州も、スミステストの立場に従う州もある。さらに州独自の RFRA を有するところもある。

　このようにスミステストをベースにしつつも、あたかもパッチワーク的な法律等の組み合わせにより、信教の自由の保障構造が形成されている。[59]

　この保障構造をどうとらえたらよいのであろうか。まず各州の独自性については、合衆国が連邦制をとる以上当然である。各州における取り組みが、それぞれ人権保障の実験場として機能し、良好な結果をもたらせば他の州あるいは連邦にとっての参考になる。

　では、最高裁の信教の自由解釈と連邦法との食い違いをどうみたらよいか。すでに述べたように、司法府には制度的制約があるため司法的過小執行となりうる。それが Smith 判決に表れているととらえた。これに対し連邦議会はどうか。連邦議会もそれとしての制度的制約に服している。ただ、その制約は司法府が負っている制約よりは小さい。つまり連邦議会が信教の自由を実現しうる程度は、司法府におけるそれよりも大きいのであり、そういう枠内で連邦議会が制定したのが RLUIPA である、と位置づけうるのではあるまいか。[60]つまり、最高裁の判例と連邦議会の法律との食い違いは、最高裁と連邦議会という、それぞれの存在が負っている制度的制約の違いのあらわれ、とみるのである。

　では、連邦議会の執行権限を限定した Boerne 判決はどう位置づけられるのか。この判決は連邦議会の権限を限定しているので問題となる。これについて、連邦議会の立法権限のうち、修正 14 条などに規定されている執行権限を、独自のものとみることで説明できないだろうか。上述のごとく、連邦

---

58) Note, *supra* note 25, at 2181.
59) *See* Laycock & Collis, *supra* note 57, at 4.
60) *See* Note, *supra* note 25, at 2196-2197.

議会は自らの制度的制約の枠内で憲法規範を実現しうるのが一般である。しかし、こと修正14条などの規定する執行権限によって州の自治領域に介入する場合、Boerne 判決が意味するように、救済的権限しか付与されていない。この救済的性質からして、憲法侵害に対する予防・救済に連邦議会の権限が限定された、と解される。

VII　わが国における信教の自由の保障

1　エホバの証人剣道受講拒否事件を素材に

これまで検討してきた問題設定を再度確認しておこう。社会的要請（教育や公衆衛生など）を実現しようとする法律等が、その付随的効果として信教の自由に対し重い負担を課してしまう場合がある。そのような場合、社会的要請を確保しつつ信教の自由を保障するにはどう調整したらよいのか、という検討課題である。

わが国においてこの問題設定に関連するものとして、エホバの証人剣道受講拒否事件[61]があげられる。神戸市立高専が体育実技として剣道受講を求めたところ、エホバの証人の信者たる学生が、自らの信仰からして剣道を受講できなかった。彼は事情を説明し代替措置を求めたが学校側から拒否された。そのため体育実技の履修ができず、それが2年続いたため退学処分となった。学生側は退学処分を争ったわけであるが、この事案において、剣道受講という世俗の要請が、特定宗教の信者に対しとりわけ重い負担になるという問題構造が認められる。

最高裁判所（以下「最高裁」という）は、剣道受講要請が学生の信教の自由に対する制約となり違憲ではないか、という論点につき判断を明示していない。ただ、学校側が処分をなすにあたり「考慮すべき事項を考慮しておらず、又は考慮された事実に対する評価が明白に合理性を欠き、その結果、社会観念上著しく妥当を欠く」として、結論的に退学処分を裁量権の範囲を超える違法なもの、との判断を下している。

---

[61]　最二小判平成8年3月8日民集50巻3号469頁。なお、下級審裁判例であるが、日曜日授業参観事件（東京地判昭和61年3月20日判時1185号67頁）も参照に値する。

本件は、成績自体優秀で、真摯な信仰にもとづき剣道受講できなかった学生に対し救済を与えたという結論においては評価される判決であるが、そもそも剣道受講要請が信教の自由を侵害することになるのかという、憲法学上関心をもたれる点につき判断を下していないため、肩透かしの感が残るものとなった。
　ただし、本件の事案を立ち入って検討してみると、信教の自由の侵害の有無につき、憲法判断を下すことは必ずしも必要でなかった、と思われる。
　もし、剣道受講要請が学生の信教の自由を侵害し違憲であれば、学校側は代替措置を講じなければならない。ところが現実には、そういった措置を講ずることなく──いやむしろ、代替措置につき検討することなく──退学処分に至っているのであるから、学校側の裁量権の逸脱が認められる。
　逆にもし、剣道受講要請が学生の信教の自由を侵害しているといえない場合はどうか。学校側は代替措置を講ずる必要があったとはいえない。しかし「退学処分は学生の身分をはく奪する重大な措置であり……その要件の認定につき……特に慎重な配慮を要するもの」であるし、学生の剣道受講拒否は、「信仰の核心部分と密接に関連する真しなもの」である。したがって学校側としては、退学処分をする前に慎重を期し、代替措置をとるか否か検討することは必要であった──ここでいっているのは、検討の要請である。検討の結果、代替措置をとることもとらないこともある──。であるのに本件では、代替措置につき検討すらされていない。この点で、退学処分に至った学校側の判断過程に裁量権の逸脱があるといえる。
　以上のように考えれば、剣道受講要請が学生の信教の自由を侵害すると否とにかかわらず、学校側の裁量権逸脱が導出される。このように憲法判断に入ることなく結論を導くことができるのであるから、必須といえない憲法判断には至らなかった。換言すれば、憲法判断回避のルールの趣旨が機能したものではないかと思われる。[62]

---

62) この点に関してはすでに若干言及したことがある。安西文雄「信教の自由に対する『制約』およびその周辺」立教法学 82 号 110 頁、126 頁（2011 年）。なお、渡辺康行ほか『憲法 I 基本権』95 頁〔渡辺康行〕（日本評論社・2016 年）は、本件において信教の自由の間接的制約があるととらえる。

2 他の人権領域からの示唆

　信教の自由以外の人権領域に検討の目を転じ、ヒントとなるケースを探求してみよう。思想・良心の自由の領域における判例であるが、国旗国歌事件判決[63]が参考になる。

　「『日の丸』や『君が代』が戦前の軍国主義等との関係で一定の役割を果たしたとする……歴史観ないし世界観から生ずる社会生活上ないし教育上の信念等」をもつ教員が、その信念等にもとづき、卒業式における国歌斉唱の際に起立斉唱を求める校長の職務命令に従うことを拒否し、懲戒処分を受けた事案である。

　この事案は、社会生活上の要請にもとづく規制が特定の信条の者に対しとりわけ重い負担を課してしまうという点で、本稿の検討課題と同様の構図をもつ。ただ、当事者の人権が信教の自由ではなく思想・良心の自由である点が異なる。

　最高裁はこの事案において、思想・良心の自由に対する間接的制約というとらえ方を示した。「個人の歴史観ないし世界観に由来する行動（敬意の表明の拒否）と異なる外部的行為（敬意の表明の要素を含む行為）を求められることとな」るからである。では、この間接的制約についての合憲性審査枠組みはどうあるべきかが問われることになるが、それについては、職務命令の目的、内容、制約の態様等を総合的に較量して、その「制約を許容し得る程度の必要性及び合理性が認められるか否かという観点から判断する」というあり方が判示された（結論的に合憲との判断に至っている）。

　最高裁は、制約を許容しうる"程度"の必要性および合理性といっているのであるから、制約が重いとき、必要性、合理性はより入念に審査されることになろうし、制約が比較的軽いとき、審査の入念度は軽減されるであろう。こういったグラデーション的思考をとっているとみられる。

　この点、千葉勝美裁判官の補足意見が理解の助け舟を提供する[64]。同裁判官によれば、「核となる思想信条等に由来するものではあるが、それと不可分

---

63) 最二小判平成23年5月30日民集65巻4号1780頁。
64) 千葉勝美『違憲審査―その焦点の定め方』127頁（有斐閣・2017年）によれば、「私の補足意見は、……法定意見の根底にある見方を示していると考える」という。

信教の自由　　167

一体とまではいえない」種々の外部的行動があり、それが他の規範との関係で何らかの形で制約される、という場合、「当該外部的行動が核心部分に近くなり関連性が強くなるほど間接的な制約の程度も強くなる」。よって制限的行為については、その「必要性、合理性の程度は、それに応じて高度なもの、厳しいものが求められる」。これに対し「核心部分から遠く関連性が強くないものについては、要求される必要性、合理性の程度は前者の場合よりは緩やかに解することになる」という。

　最高裁はこうして思想・良心の自由の領域で、間接的制約というとらえ方を設定したが、信教の自由の領域においてもこれを当てはめて考えることができるのではないか。信教の自由に対しても間接的制約がありうる。そして信仰という核心部分との関連性が強い外部的行為が規制されるとき、必要性、合理性は厳しく審査されるが、関連性がそれほど強くないとき、審査は比較的ゆるやかとなる。

　さらにこの枠組みをエホバの証人剣道受講拒否事件に当てはめれば、エホバの証人の信者たる学生の信教の自由に対する間接的制約が認められ、かつそのうちでも制約としては重いもの、というとらえ方が導き出されうるのではなかろうか。

Ⅷ　まとめにかえて

　信教の自由の保障のもと、個人の信仰そのものを禁じたり強制したりすること、個人の宗教にもとづく行為に対し差別的に規制を加えること、が深刻な人権問題を構成し、基本的に許されない、という点については判例、学説上異論をみない。しかし、社会生活上の要請のもと、宗教中立的で一般的な法律あるいは命令が、特定宗教の信者に対しとりわけ重い負担となる場合、どう判断してゆくか。ここにおいては、社会生活上の要請の実現を図りながら信教の自由を実現してゆくという、困難な調整課題への取り組みが求められる。

　アメリカの判例をふり返ると、シャーバートテストからスミステストへと変遷し、そのもとで判例上または立法上さまざまな例外を立ち上げ、それに

よって妥当な調整を図ろうとするあり方がみてとれる。

　これに対しわが国では、いまだ信教の自由にかかるこの種の問題につき理論構築を行った判例はない。そうではあるが、本稿が考察するように、間接的制約というとらえ方を導入するならば、信教の自由に対する負担の重さやこの問題の解決にあたって司法府が果たしうる役割の限界なども考慮に入れつつ、審査の入念度に緩厳をつけて調整作業を行うことができるであろう。

立法裁量
―― その有無の問題と広狭の問題

藤井樹也

I　はじめに
II　アメリカ連邦最高裁と立法裁量論
III　近年の動向
IV　日本法への示唆

I　はじめに

　日本の憲法学において立法裁量論が論じられる代表的な領域として、①司法権の限界論と、②違憲審査基準論をあげることができる。

　第1に、司法権の限界論との関係では、政治部門の自由裁量行為には司法権が及ばないとされてきた。すなわち、「政治部門の自由裁量に委ねられていると解される行為は、当・不当が問題となるだけで、裁量権を著しく逸脱するか、著しく濫用した場合でないと、裁判所の統制は及ばない[1]」などと説明される。ここでは、議会の「裁量（権限）の有無」が問題にされているということができる。

　第2に、違憲審査基準論との関係では、厳格審査基準の裏返しとしての狭い立法裁量と、ゆるやかな審査基準（合理性審査基準）の裏返しとしての広い立法裁量とが区別される[2]。ここでは、議会の「裁量の広狭」が問題にされているということができる。

　もっとも、「裁量（権限）の有無」の問題と、「裁量の広狭」の問題とをどの程度明確に区別できるのかは明らかではない。たとえば、ある問題が「立法府の広い裁量にゆだねられ」、「著しく合理性を欠き明らかに裁量の逸脱・濫用」となる場合を除き、「裁判所が審査判断するのに適さない」（堀木訴訟

---

1)　芦部信喜（高橋和之補訂）『憲法〔第6版〕』342頁（岩波書店・2015年）。
2)　戸松秀典『立法裁量論』25〜44頁（有斐閣・1993年）。

立法裁量　　171

最高裁判決）とされる場合がいずれに該当するのかは、決して明瞭であるとはいえないのである。立法裁量論の理論的位置づけには、依然として多くの難問が残されているといわざるをえない[3]。

以下、Ⅱでは、アメリカ連邦最高裁における立法裁量論に関わる諸事例を、各分野の代表的判決を中心に紹介する[4]。そして、Ⅲでは、近年注目を集めたアメリカ連邦最高裁判決が、立法裁量論とどのように関わっているかを確認する。さらに、Ⅳでは、以上をもとに、日本法への示唆を考察する。

Ⅱ アメリカ連邦最高裁と立法裁量論

1 連邦制度と立法裁量論

（1）概　要　アメリカ合衆国憲法は、連邦議会の権限を明文列挙する方式を採用するとともに（1条8節）、連邦政府に憲法上付与されていない権限が各州または人民に留保されることを規定している（修正10条）。このように、合衆国憲法は、独立期における歴史的背景を反映して、連邦権限を限定しつつ州権限を確保することによって、連邦政府と州政府の二元的統治システムを基礎とする連邦制度を形成した。連邦制度との関係で立法裁量が問題になる場合として、連邦議会の規制権限が及ぶかどうかという、連邦議会の「裁量（権限）の有無」に関わる諸事例をあげることができる。

（2）必要適切条項　連邦最高裁が連邦議会の立法権限の有無に関わる事例で連邦議会の立法裁量に言及した初期の事例として、合衆国憲法1条8節18項の必要適切条項に関する1819年のMcCulloch v. Maryland連邦最高裁判決をあげることができる[5]。この事例では、1816年の連邦法によって設立された第二国立銀行に対して、州法に基づく課税措置がとられ、支払いを拒否した州内支店の出納責任者に対する州法上の支払強制措置が加えられ

---

[3]　立法裁量論に関する複雑化した議論を整理し、アレクシー（Robert Alexy）の「原理理論」を基礎に再構成しようとする試みとして、長尾一紘「立法裁量の法理」比較法雑誌41巻4号41頁（2008年）。

[4]　以下、アメリカ連邦最高裁による代表的判例については、樋口範雄ほか編『アメリカ法判例百選』（有斐閣・2012年）所収の各解説のほか、個別に注記の諸文献を参照した。

[5]　17 U.S. 316 (1819).

た。連邦法による銀行設立は1条8節の付与する連邦議会の権限を逸脱するという州側の主張に対して、マーシャル（John Marshall）長官の法廷意見は、以下の通り、必要適切条項を根拠に連邦議会の権限を肯定した。[6]

①目的達成のために必要な手段とは、目的達成に不可欠な単一の手段を意味するのではなく、目的達成を導くと考えられるあらゆる手段だと一般に理解されている。
②連邦議会の権限が制限されていることは認めるべきだが、正しい憲法解釈によれば、連邦議会にはその権限を実施する手段に関する「裁量」が許容されるべきである。
③目的が正当であり、その目的が憲法の認める範囲内にあれば、適切であり、明らかに目的と適合しており、禁止されておらず、憲法の文言と精神に整合するあらゆる手段は合憲である。
④連邦政府の財政運営上の必要のため銀行を活用することが、連邦政府の権限を適切に実施する方法といえるなら、「連邦議会の裁量」の範囲内にあるというべきである。

ここでは、連邦制度のもと、州との関係で連邦議会の権限が及ぶ範囲が問題とされ、連邦最高裁は、合衆国憲法1条8節1〜17項による連邦議会の明示的列挙事項に該当しない黙示的権限の存在を承認した。この判断は、先例としてその後の事例にも踏襲されている。[7] 本判決による「連邦議会の裁量」への言及は、連邦議会権限を肯定する文脈で、「裁量（権限）の有無」に関わる判断を主として示したものといえよう。この判断に際して、マーシャル法廷意見は、連邦議会による立法の目的の正当性および手段の適切性の要請に言及しているが（上記③）、この部分に関しては複数の理解が生じる余地

---

6) *Id.* at 413-414, 421-422.
7) *See, e.g.*, United States v. Comstock, 560 U.S. 126 (2010)（性犯罪の危険がある精神疾患を有する連邦刑務所被拘禁者について、刑期終了後に民事的身体拘束を命じる権限を連邦地裁に付与する連邦法を、必要適切条項を根拠に合憲と判断した）; United States v. Kebodeax, ___ U.S. ___, 133 S.Ct. 2496 (2013)（必要適切条項が認める連邦議会の立法権限は広汎であるとして、犯罪実行後に制定された連邦法において性犯罪者としての登録を義務づけた規定を合憲と判断した）。

がある。すなわち、目的の正当性と手段の適切性の要請は、黙示的権限の認定に関わるゆるやかな実体的判定基準を示していると考える場合に、その判定基準の適用に際し裁判所が独自の判断をすべきことを想定しているのか、裁判所が連邦議会の判断を尊重すべきだという要請をも含意しているのかという点については、必ずしも明確にされているわけではない。ここで後者のように理解するのであれば、McCulloch 判決は、「裁量（権限）の有無」に加え、「裁量の広狭」に関わる判断にも事実上及んでおり、黙示的権限の認定に関わる連邦議会の広い裁量を帰結したとみる余地が生じることとなろう。

　（3）**通商条項**　連邦議会の立法権限の有無に関わる連邦最高裁の判断が重要な意味をもつ領域として、合衆国憲法1条8節3項の通商条項に関わる諸事例がある。[8] 1995年以前の連邦最高裁は、通商条項を根拠とする広汎な規制裁量を連邦議会に認めてきた。1824年の Gibbons v. Ogden 連邦最高裁判決は、[9] 連邦法による異なる州間における船舶航行権の付与が、州際通商規制権限の範囲内にあることを承認した。マーシャル長官による法廷意見は、完全な州内通商の規制は各州に留保されるが、連邦の州際通商規制権限が及ぶ州間の通商は州境でとどまるわけではなく、州内に至る場合があると判断した。[10]

　その後の連邦最高裁においては、連邦議会の州際通商規制権限を限定的に理解する立場が優勢を占める時期もあったが、1930年代以降、州際通商規制権限を広く認める立場がとられるようになり、労働者保護を目的とする連邦法による州内行為の規制なども認められるようになった。[11] 1942年の Wickard

---

8) McCulloch 判決と、後述する Gibbons 判決から Lopez 判決前夜の時期までの、必要適切条項および通商条項に関する連邦最高裁判例の動向については、木南敦『通商条項と合衆国憲法』（東京大学出版会・1995年）を参照。
9) 22 U.S. 1 (1824).
10) *Id.* at 194-195.
11) *See, e.g.*, NLRB v. Jones & Laughlin Steel Corp., 301 U.S. 1 (1937)（州内の行為であっても州際通商に密接かつ実質的な影響を及ぼす行為であれば、連邦議会の規制権限が及ぶとして、製造業における州際通商に影響を及ぼす不当労働行為を規制する連邦法規定を、通商条項を根拠に合憲と判断した）; United States v. Darby, 312 U.S. 100 (1941)（連邦議会の規制権限は州際通商に影響を及ぼす州内の行為に及び、正当な目的のための適切な手段による規制が認められるとして、労働者を保護するため労働基準をみたさないで製造された製品の州際輸送を禁止した連邦法規定を、通商条項を根拠に合憲と判断した）.

v. Filburn 連邦最高裁判決[12]は、州際通商に実質的な影響を及ぼす州内の行為に対する規制を広く認めるようになった連邦最高裁の立場を象徴する事例だといえる。ここで問題になった1938年連邦農業調整法による小麦等作物の作付量制限について、ジャクソン（Robert H. Jackson）裁判官の法廷意見は、以下のように述べ、州際通商規制権限に基づき合憲だと判断した[13]。

①対象行為が地域的なものであり、通商といえないものであったとしても、州際通商に実質的な経済的影響（substantial economic effect）を及ぼすものであれば、連邦議会の規制権限を及ぼすことができる。
②通商規制権限は、商品の取引価格と、その価格に影響を及ぼす行為に対する規制権限を含む。
③自家消費される小麦の数量とその変動という要因が、価格と市場の状態に実質的な影響を及ぼすであろうことは、まず否定できない。

1960年代になると、連邦最高裁は、私人による公共施設での人種差別行為を禁止する1964年市民的権利に関する法律の規定を、通商条項を根拠として合憲と判断するに至った[14]。この判断に際して、連邦最高裁は、問題となった人種差別行為が州際通商に悪影響を及ぼす証拠が、連邦議会での審議過程の記録中に豊富に含まれていることを指摘し、連邦議会による判断に理にかなった根拠（rational basis）があるなら、裁判所による審査はそれで終了すると述べている[15][16]。つまり、ここでは、連邦議会の規制権限が及ぶという

---

12) 317 U.S. 111 (1942).
13) *Id.* at 125, 128.
14) Heart of Atlanta Motel v. United States, 379 U.S. 241 (1964)（連邦議会の規制権限は、出発地・到着地の両方における、州際通商に実質的かつ有害な影響を及ぼすような地域的活動に及ぶとして、ハイウェイ近くの宿泊施設による黒人の利用拒否行為に対する本件連邦法の適用を、通商条項に基づき合憲と判断した）; Katzenbach v. McClung, 379 U.S. 294 (1964)（レストランによる人種差別行為が州際通商に悪影響を及ぼす場合があるとして、州際旅行者に食事を提供するレストラン、または、食品のかなりの部分が州外から納入されているレストランによる黒人の店舗内での飲食拒否行為に対する本件連邦法の適用を、通商条項に基づき合憲と判断した）.
15) *Heart of Atlanta Motel*, 379 U.S. at 252-253; *McClung*, 379 U.S. at 299-300.
16) *McClung*, 379 U.S. at 303-304.

「裁量（権限）の有無」に関わる認定に際して、連邦議会の判断を裁判所が尊重すべきであるという「裁量の広狭」に関わる判断が示されたといえる。

さらに、1971年のPerez v. United States連邦最高裁判決[17]は、高利貸しによる暴力的な債権回収を犯罪とする連邦法規定について、暴利行為は純粋に州内の行為であっても州際通商に悪影響を及ぼし、地方の高利貸しと州際犯罪との間に関連性があるという連邦議会による事実認定は十分に適切であると認め、通商条項を根拠に合憲と判断した。ここでも、連邦議会による広汎な規制権限が認められ、それは州内における犯罪行為の規制にも及んでいる。その際、裁判所は連邦議会による事実認定を引証し、これを州際通商への影響を認定する根拠とした。

以上のように、連邦最高裁は、1930年代以降、連邦議会の州際通商規制権限を広汎に認める立場をとってきたが、この傾向に変化を加えたのが、1995年のUnited States v. Lopez連邦最高裁判決[18]である。この事例で問題になったスクール・ゾーンでの銃所持を禁止する連邦法について、連邦最高裁は、以下のように、通商条項による正当化を認めず違憲と判断した[19]。

①州際通商規制権限の範囲は、二元的政府システムの観点から考慮しなければならず、州際通商への影響があまりにも間接的かつ稀薄で、中央集権的政府が出現するような範囲に及んではならない。
②州際通商規制権限が及ぶカテゴリーは、以下の広汎な3類型である。（ⅰ）州際通商のチャネル（経路）の規制、（ⅱ）州際通商の手段、または、州際通商の対象となった人・物の規制・保護、（ⅲ）州際通商に実質的に関係する行為、すなわち、州際通商に実質的に影響を及ぼす行為の規制である。
③本件規制は、上記（ⅰ）（ⅱ）に該当しない。また、本件規制は州際通商に実質的に影響を及ぼす経済的取引に関係しておらず、本件規定には対象行為が州際通商に影響する行為であることを要求する定めもない。

---

17) 402 U.S. 146 (1971).
18) 514 U.S. 549 (1995).
19) Id. at 556-563.

④本件連邦法の規定上も、その立法過程においても、スクール・ゾーンでの銃所持が州際通商に及ぼす実質的影響に関する連邦議会の事実認定が認められない。

　この事例で、連邦最高裁は、州際通商への実質的影響を否定することによって連邦議会の規制権限を否定し、一方で、「裁量（権限）の有無」に関する判断を示した。しかし、他方で、連邦議会による事実認定（立法記録）を審査の対象とし、その欠如・不備を州際通商への実質的影響を否定する一根拠にあげている。[20] 連邦最高裁は、連邦議会による正式な事実認定が義務ではないことを認め、立法記録が存在する場合にそれを審査対象にするとしているにすぎないが、仮にこれを、立法者による適正な立法手続を要求することによって立法裁量を限定する審査手法をとったものと考えるのであれば、本判決は、「裁量（権限）の有無」のみならず、「裁量の広狭」にも関わる判断を示したと理解する余地が生じることとなろう。

　その後、United States v. Morrison 連邦最高裁判決[21]は、性暴力に対する民事的救済を定めた連邦法について、本件規定に対象行為が州際通商に影響する行為であることを要求する明示的な定めがあり、州際通商に対する実質的影響があるという連邦議会による明示的な事実認定が示されていたにもかかわらず、連邦議会が州際通商への実質的影響を肯定しただけでは不十分であり、その存否は最終的には裁判所が判断する事項であるとして、本件において州際通商への実質的影響を否定し、本件連邦法の通商条項による正当化を認めずこれを違憲と判断した。ここでは、裁判所が連邦議会の認定をそのまま尊重するわけではないという審査態度が示されているといえ、この点で本判決は、連邦議会の「裁量（権限）の有無」のみならず、「裁量の広狭」に関する判断を示したものと理解可能である。他方で、州法によって合法化された医療用のマリファナ使用が、連邦の薬物規制法によって取締対象とされ

20）　Lopez 判決における連邦最高裁の判断手法を、立法記録審査という一般的カテゴリーに包括して関連事例との関係を論じるものとして、小林祐紀「アメリカにおける立法記録審査の展開―立法裁量の統制手法に関する予備的考察」法学政治学論究 93 号 199 頁、203 ～ 210 頁（2012 年）を参照。
21）　529 U.S. 598 (2000).

た事例で、連邦最高裁は、連邦法に明示されている連邦議会による事実認定が連邦議会の判断根拠を示しているとし、州際通商への実質的影響を判断するに際し、裁判所は理にかなった根拠の有無を審査すれば足りると述べ、通商条項を根拠に本件規制を合憲と判断した[22]。ここでは、連邦議会の「裁量（権限）の有無」を判断するに際し、理にかなった根拠の有無のみを判断すれば足りるという審査基準に言及しており、この点で「裁量の広狭」に関わる判断も示されたということができる。

(4) 修正14条5節の執行権限　連邦議会の立法権限の有無に関わる連邦最高裁の判断が重要な意味をもつもうひとつの領域として、合衆国憲法修正14条5節の執行権限に関わる諸事例がある。連邦最高裁は、一方で、1960年代以降、修正14条5節および修正15条2節と連邦投票権法の関係に関する判断を重ねてきた[23]。他方で、修正14条5節の執行権限が、連邦議会の裁量を許容する実体的権限なのか、裁判所による修正14条1節違反の認定に拘束される救済的権限なのかという問題に関する注目すべき判断を示した事例として、1997年の City of Boerne v. Flores 連邦最高裁判決をあげることができる[24]。この判決は、政府が信教の自由に実質的負担を課す条件として、厳格審査をみたすことを要求する1993年の連邦法について、以下の通り、修正14条5節の執行権限を逸脱するとして違憲と判断した[25]。

①修正14条5節の執行権限は救済的権限であり、修正14条の実体内容を決定する権限ではない。したがって、信教の自由保障条項の内容を変更する連邦法は、同条の執行とはいえない。

②修正14条違反の救済・予防措置にあたるか、修正14条の実体内容

---

22) Gonzales v. Raich, 545 U.S. 598 (2005).
23) *See, e.g.,* Katzenbach v. Morgan, 384 U.S. 641 (1966)（英語の読み書き能力を投票要件と定める州法の執行を妨げる連邦投票権法の規定は、修正14条の平等保護条項の執行規定として有効だと判断した）; Oregon v. Mitchell, 400 U.S. 112 (1970)（州・地方選挙および連邦選挙において、投票年齢要件、居住要件、英語の読み書き能力要件を課す州の権限を否定する連邦投票権法の規定の一部を修正14条・15条の執行規定として有効としつつ、一部を無効と判断した）.
24) 521 U.S. 507 (1997).
25) *Id.* at 519-520, 532-534, 536.

の変更にあたるかの判断に際し、連邦議会には広い裁量がある。
③ただし、救済・予防されるべき侵害と、そのための措置との間に、適合性と比例性 (congruence and proportionality) が必要である。
④本件連邦法による厳格審査の要求は、上記③の適合性と比例性を欠き、救済・予防措置であるとはいえない。
⑤必要とされる立法を決定する第一次的権限は連邦議会にあり、その判断は十分に尊重する必要があるが、連邦議会の裁量は無制限ではない。裁判所は、連邦議会が憲法上の権限を逸脱したかどうかを決定する権限を有する。修正 14 条 5 節の執行権限は広汎であるが、本件連邦法は、権力分立と連邦制度にとって必須の原則に反している。

この事例で、連邦最高裁は、修正 14 条 5 節の執行権限の及ぶ範囲、すなわち、連邦議会の「裁量(権限)の有無」に関わる判断を示したが、その判断に際して、連邦議会の裁量は広汎であるもののそこには限界があるとして、同時に「裁量の広狭」に関わる判断を示したということができる。その後も、連邦最高裁は、Boerne 判決の適合性・比例性基準に従って、障害者差別の禁止や家族介護休暇に関する連邦法規定との関係で、連邦議会の執行権限の及ぶ範囲を逸脱するかどうかの判断を行っているが、そこでは、適合性・比例性を否定して違憲とした判断と、適合性・比例性を肯定して合憲とした判断とが混在している[26]。

(5) まとめ　以上の諸事例では、連邦主義との関係で連邦議会の「裁

---

[26] *See* Board of Trustees of the University of Alabama v. Garrett, 531 U.S. 356 (2001) (ADA 第 1 編による障害者差別に対する損害賠償請求権の付与は、修正 14 条の執行として有効であるとは認められないため、修正 11 条違反になると判断した); Nevada Department of Human Resources v. Hibbs, 538 U.S. 721 (2003) (FMLA による家族介護休暇請求権およびその権利侵害に対する損害賠償請求権の付与は、修正 14 条の執行として有効であって、修正 11 条に反しないと判断した); Tennessee v. Lane, 541 U.S. 509 (2004) (ADA 第 2 編を根拠に、障害を理由に法廷へのアクセスを否定されたと主張する者に損害賠償請求権等を認めることは、修正 14 条のデュープロセス条項の執行として有効であって、修正 11 条に反しないと判断した). Garrett 判決から Lane 判決に至る連邦最高裁判例の展開については、植木淳「修正 11 条『州の主権免責』と『障害をもつアメリカ人に関する法律』(ADA) ─ Tennessee v. Lane 判決という転回点」北九州市立大学法政論集 35 巻 1 号 1 頁 (2007 年) を参照。

量（権限）の有無」に関わる判断が示された。しかし、連邦議会の規制権限が及ぶ領域と、連邦議会の規制権限を逸脱する領域とが区別されると、その領域画定に際して連邦議会の判断をどの程度尊重すべきかという問題が、派生的に生じることになる。そこで、連邦最高裁は、連邦議会の「裁量（権限）の有無」に関わる判断に際して、連邦議会の「裁量の広狭」に関わる判断をいくつかの事例で示すことになった。そこでは、裁判所は基本的には連邦議会の判断を尊重すべきだとされてきたが、連邦議会の裁量には限界があることがいくつかの事例で明らかにされている。

2 違憲審査基準と立法裁量論

(1) 概　　要　　アメリカ連邦最高裁は、民主政プロセスの理論を背景として、問題となった権利の性質や不利益を受けた者の属性などを手がかりに、階層的な違憲審査基準の理論体系を発展させてきた。以下の諸事例では、連邦法・州法の合憲性判断に際して、裁判所が連邦議会・州議会の判断をどの程度尊重すべきか、裁判所が議会にどの程度の敬譲を払うべきかという、議会の「裁量の広狭」が問題となった。

(2) 実体的デュープロセス　　議会の立法裁量に関わる判断が示された典型的な事例として、社会経済立法の合憲性が問題となった、いわゆる経済的実体的デュープロセスに関わる諸事例をあげることができる。とりわけ、20世紀初頭に連邦最高裁の立場が変化したが、その前後の諸事例が、議会の「裁量の広狭」をめぐる対照的な新旧判例理論の好例といえる。

旧理論が優勢だった連邦最高裁における代表事例が、1905年のLochner v. New York連邦最高裁判決である。[27] この事例では、パン製造業の労働時間に週60時間の上限を定める州法の合憲性が問題となり、連邦最高裁の法廷意見は、ポリスパワーの正当な行使であるという州の主張は「単なる口実」にすぎないと述べ、パン製造業労働者の健康維持および州民の健康維持という州が主張した立法目的のうち、前者は目的自体が現実に適合せず、後者は手段が目的に適合しないとして、本件州法規定は契約の自由を侵害し違憲だ

---

27) 198 U.S. 45 (1905).

と判断した。そこには、州議会の判断を裁判所がそのまま認めない姿勢が表れており、その点で、連邦最高裁は議会の「裁量の広狭」に関わる判断を示したということができよう。[28]

これに対して、1930年代半ば以降の連邦最高裁では、新理論が優勢となっていった。その典型事例として、West Coast Hotel Co. v. Parrish 連邦最高裁判決[29]をあげることができる。この事例では、女性労働者の最低賃金を定める州法の合憲性が問題になり、連邦最高裁は、以下のように述べ、デュープロセス条項違反の主張を斥けこれを合憲と判断した。[30]

①デュープロセス条項における自由は、合理的な規制に服し、恣意的な制限を受けないことを意味する。
②労使関係に関し、健康、安全、平穏、秩序を保護・促進するため、州議会は広汎な裁量を有する。

ここでは、社会経済立法の合憲性判断に際し、立法者の判断を尊重するゆるやかな審査基準が妥当するとされている。つまり、連邦最高裁はここで、議会の「裁量の広狭」に関わる判断を示したということができる。その後の諸事例においても、連邦最高裁は社会経済立法に関する連邦議会・州議会の広い裁量を尊重する立場をとることになった。[31]

(3) **平等保護条項** 平等保護条項との関係で、議会の立法裁量に関わる

---

28) もっとも、ロックナー期においても連邦最高裁が合憲判断を下した社会経済立法が少なくなかったという指摘がある。松井茂記『アメリカ憲法入門〔第7版〕』365～366頁（有斐閣・2012）、黒澤修一郎「立法裁量―立法の動機を審査することは可能なのか?」大沢秀介＝大林啓吾編『アメリカの憲法問題と司法審査』229頁、237～238頁（成文堂・2017年）。
29) 300 U.S. 379 (1937).
30) Id. at 391-393.
31) その後の実体的デュープロセス審査において、連邦最高裁が社会経済立法に関する連邦議会の広い裁量を認めた例として、United States v. Carolene Products Co., 304 U.S. 144 (1938)（脱脂ミルクの州際輸送を禁止する連邦法を合憲と判断した）を、州議会の広い裁量を認めた例として、Williamson v. Lee Optical Co. of Oklahoma, 348 U.S. 483 (1955)（ある立法措置が理にかなっていると考えられた可能性があれば足りること、不当な社会経済立法を連邦最高裁がデュープロセス条項違反とした時代は過ぎ去ったことを指摘して、眼科医・検眼士の処方なしに眼鏡士が眼鏡レンズを複製することを禁止した州法を合憲と判断した）をあげることができる。

判断が示された典型的な事例として、疑わしい区分にも基本的権利にも関係しない連邦法・州法について、厳格審査・中間審査が妥当しない場合の諸事例をあげることができる。一例として、Dandridge v. Williamson 連邦最高裁判決は、被扶養者である子どもに対する手当に世帯上限を定めた州法の合憲性が争われた事例で、州の行為に理にかなった根拠があり、憎悪による差別（invidious discrimination）にもあたらないならそれで足りるとして、本件州法規定は平等保護条項違反にあたらないと判断した。この種の事例では、議会の裁量が広く認められる点で、「裁量の広狭」に関わる判断が示されている。

(4) まとめ　以上の諸事例では、州法・連邦法の合憲性判断に際し、州議会・連邦議会の広い裁量を認めるゆるやかな違憲審査基準が適用され、その裏返しとして、議会の「裁量の広狭」に関わる判断が示されたということができる。

III　近年の動向

1　NFIB 判決

(1) **NFIB 判決の内容**　近年の事例のうち、通商条項および必要適切条項に基づく連邦議会の規制権限の及ぶ範囲に関する重要な判断を示した事例として、「オバマケア」と俗称される連邦医療保険改革法の合憲性に関する National Federation of Independent Business v. Sebelius 連邦最高裁判決

---

32) アメリカの社会福祉訴訟における立法裁量論の展開については、戸松・前掲注2) 65～95頁、葛西まゆこ「生存権と立法裁量―アメリカ州憲法における判例展開を手がかりに」法学政治学論究67号199頁（2005年）を参照。
33) 397 U.S. 471 (1970).
34) Lee Optical Co. 判決では、平等護条項違反の点も争点となったが、連邦最高裁は、州議会が問題の一部をまず解決しようとした可能性があること、平等保護条項は憎悪による差別を禁止するにとどまることを指摘し、当該州法規定を合憲と判断した。以上のほか、Kelo v. City of New London, 545 U.S. 469 (2005) は、修正5条の収用条項における「公共の用」の存在を認定する一方で、公共目的が認められれば収用の個別的妥当性については立法府の裁量に委ねられると判断した。
35) 567 U.S. 519 (2012). 同判決については、藤井樹也「『オバマ改革』に対する司法判断」成蹊法学77号221(2)-216(7)頁（2012年）を参照。

(以下「NFIB判決」という)をあげることができる。ここで問題となったのは、2010年の連邦法(ACA)による、雇用者による保険や政府プログラムの非対象者である個人に民間保険への加入を要求する「個人への義務づけ」と、メディケイドの対象となる貧困レベルを引き下げるよう州に要求し、従わない州に対する連邦補助金を全額停止する「メディケイドの拡大」であった。連邦最高裁は、以下の通り、個人に対する義務づけは、通商条項・必要適切条項によってこれを正当化できないものの、連邦議会の課税権限の範囲内にあるとして、5対4でこれを合憲と判断する一方で、メディケイドの拡大に関する定めのうち少なくとも既存の連邦補助金の喪失を規定する部分を7対2で違憲と判断した。[36]

① 〔ロバーツ(John G. Roberts, Jr.)長官とスカリア(Antonin G. Scalia)ほか4裁判官の共同反対意見によると〕通商条項は、個人のあらゆる活動を規制する一般的根拠ではない。個人に対する義務づけは、既存の商業的活動に対する規制に該当せず、商業的活動を強制する権限は、連邦議会の州際通商規制権限に含まれない。

② 〔ロバーツ意見によると〕必要適切条項は、列挙された権限の付随権限・実施権限を付与しているにすぎない。個人に対する義務づけは、医療改革全体の必須部分だとはいえないので、必要であっても適切だとは認められない。

③ 〔スカリアほか4裁判官の共同反対意見によると〕通商条項は、たとえ必要適切条項がこれを補完したとしても、連邦議会が通商規制によりあらゆる目的を達成するための白紙委任状ではない。

これに対して、ギンズバーグ(Ruth B. Ginsburg)裁判官の反対意見(計4名)は、医療保険市場は全米規模の巨大市場であり、無保険者の存在は州際通商に実質的影響を及ぼすこと、必要適切条項が州際通商規制権限を実施する立法権限を連邦議会に授権することを指摘して、個人に対する義務づけが

---

36) *Id.* at 556-558, 560, 653.

州際通商規制権限の範囲内にあり合憲だと判断している。

(2) **NFIB 判決と立法裁量論**　以上のように、NFIB 判決は、ACA を構成する個人に対する義務づけにつき、連邦議会の州際通商規制権限の及ぶ範囲を逸脱すると判断した（課税権限という別の権限によって正当化した）。すなわち、連邦議会の「裁量（権限）の有無」に関して権限が及ばないという判断が下されたことになり、近年では、Lopez 判決、Morrison 判決と並ぶ数少ない例外が加えられたことになる。もっとも、その理由に関しては、作為 (activity) と不作為 (inactivity) の区別という、理論的色彩の強い判断枠組みに依拠している。この点は、通商条項に関する従来の判例理論において、「裁量（権限）の有無」に関する判断に際して、連邦議会の広い裁量への言及が時折されていたことと対比すると、形式理論により「裁量（権限）の有無」の問題を解決しようとしている点で特徴的だということができる。Lopez 判決で問題になった銃規制と同様、NFIB 判決で問題となった医療保険制度改革は、国論を二分する大きな政治的争点であるとともに、連邦政府と各州の対立が顕在化する連邦制度に関わる大きな争点であった。NFIB 判決における通商条項および必要適切条項に関わる上記判断は、このような本件の政治的特殊性と無関係であったとはいいきれない。

2 Windsor 判決

(1) **Windsor 判決の内容**　近年の事例のうち、実体的デュープロセスおよび平等保護条項との関係で、裁判所が連邦議会の立法目的の審査に関わった事例として、United States v. Windsor 連邦最高裁判決をあげることができる[37]。ここで問題となったのは、1996 年の連邦婚姻防衛法（DOMA）の規定（3条）による、連邦法令上の用語の定義であり、これによると、「婚姻」とは、1人の男性と1人の女性による夫と妻としての法的結合、「配偶者」とは、夫と妻にあたる性別の異なる人のみを意味するとされていた。連邦最高裁のケネディ (Anthony M. Kennedy) 裁判官の法廷意見は、以下のように、本件

---

[37] 570 U.S. ___, 133 S.Ct. 2675 (2013). 本判決については、白水隆「同姓婚の是非—同姓婚を認めないことは同性カップルの尊厳を害することになるのか?」大沢＝大林編・前掲注28) 35頁、41～45頁を参照。

連邦法規定がデュープロセス条項だけでなく、平等保護条項にも違反すると判断した。[38]

> ①政治的に不人気なグループに属する人々を害することを連邦議会が露骨に求めることは、平等保護条項に反する。
> ②法律が不適切な敵意（animus）・目的を動機とするかどうかを判断するにあたり、通常ではない性格の差別についてはとくに注意深い考慮が必要である。
> ③DOMAの公然の目的と実際の効果は、州法に基づき合法的に同姓婚をした人々に、不利益と、異なった地位、および、スティグマを押しつけることである。
> ④DOMAの目的は、州が同姓婚を合法化した場合、その結合が二級の結婚と扱われるようにすることである。
> ⑤DOMAにより、同性婚をした人々とその子どもに、経済的不利益などのさまざまな不利益が生じる。

(2) Windsor判決と立法裁量論　以上のように、Windsor判決は、連邦議会の立法目的を裁判所が認定することを通じて、実体的デュープロセス侵害と平等保護条項違反の双方を認定した。ここでは、連邦議会が掲げる表向きの正当な目的が、裁判所によってそのまま受け入れられなかったという点で、連邦議会の裁量を限定する「裁量の広狭」に関わる判断がなされたといえる。もっとも、この事例では、婚姻に関わる州権限に対して連邦政府が介入を試み、裁判所がこれに対して歯止めをかけたとみることも可能であり、この点で、連邦制度と立法裁量論の関係、ひいては連邦議会の「裁量（権限）の有無」が問題になる事例でもあったといえる。

また、Windsor判決で連邦議会の裁量が限定された背景には、DOMAが制定された時点が、各州で同性婚の合法化の機運が高まりつつあった時期であったという事情があったといえる。また、この事例が、政治的に不人気な

---

38) *Windsor*, 133 S.Ct. at 2693-2695.

グループに属する人々が関わる事例であったことも無視できない。連邦最高裁は、これに先だつ Romer v. Evans 連邦最高裁判決[39]においても、住民投票によって成立した、同性愛者を保護する州および地方政府のあらゆる行為を禁止する州憲法修正が、特定集団に対する敵意に基づくものであり、正当な立法目的が認められないとして平等保護条項違反を認定していた。ここでは、ゆるやかな審査基準に従いつつも違憲の結論を導き出すという理論構成がとられている。

IV 日本法への示唆

　日本の憲法学において、立法裁量論がとくに問題となる領域として、社会経済政策立法、社会保障立法、選挙関連立法などがあげられてきた[40]。日本では従来、裁判所による立法府に対する過度の敬譲が問題視されてきたが、近年、立法過程における立法者の判断過程統制が注目されている。すなわち、立法の結果である法律の実体内容が憲法違反であると認定できない場合であっても、立法過程において、立法者の判断過程に手続違反が認められる場合には、裁判所による違憲審査の対象とすべきであるという主張である[41]。この点で、アメリカ連邦最高裁の判例理論から、立法手続を違憲審査の対象にすることによって、立法過程の透明化・可視化を可能にする手法を析出しようという研究[42]があり注目される。また、アメリカ連邦最高裁の判例理論における立法裁量論のうち、立法裁量を限定する判断や、立法者の動機審査に立ち

---

39)　517 U.S. 620 (1996). なお、Dale Carpenter, *Windsor Products: Equal Protection from Animus*, 2013 SUP. CT. REV. 183 (2013) は、同居する非親族にフードスタンプを付与しない連邦法を違憲とした United States Department of Agriculture v. Moreno, 413 U.S. 528 (1973)、および、障害者住宅の設置不許可決定を違憲とした City of Cleburne v. Cleburne Living Center, 473 U.S. 432 (1985) が「敵意」理論の先例であったとし、ソドミー行為禁止法を違憲とした Lawrence v. Texas, 539 U.S. 558 (2003) も実質的には「敵意」理論に関わる事例であったと位置づけている。

40)　大沢秀介『憲法入門〔第3版〕』313頁（成文堂・2003年）。立法裁量論に関わる日本の裁判例を概観するものとして、野中俊彦「立法裁量論」芦部信喜編『講座憲法訴訟 第2巻』93頁、97〜109頁（1987年）を参照。

41)　宮地基「立法裁量統制の意義と限界」公法研究77号184頁、189頁（2015年）。

42)　小林祐紀「立法判断の客観化に向けた法的アプローチ—目的手段審査における立法過程への注目」法学政治学論究101号59〜61頁（2014年）。

入った判断など、「裁量の広狭」に関わる諸事例には、日本法との関係でも参考になる部分があるように思われる。

さらに、日本の議員定数不均衡訴訟に関する一連の最高裁判例における個別意見にみられる判断過程統制論に関する研究があり、そこでは、立法者の「真摯な努力」の有無を合憲・違憲の結論に直結させる一元的な判断過程統制は最高裁の内部から姿を消したという指摘もあり、注目される[43]。日本の議員定数訴訟における「違憲の主観化」論[44]は、合理的期間論にみられるように、違憲状態が認められる場合にもなお合憲性を正当化するという機能を果たしており問題である。この点はアメリカの判例理論にみられない特殊日本的な現象であるように感じられ、アメリカの判例理論との比較研究が参考になるように思われる。

以上、本稿では、立法裁量論に関するアメリカ連邦最高裁の判例理論の展開を概観するとともに、近年注目された連邦最高裁判決における立法裁量論に言及し、日本法への示唆を探究した。たしかに、アメリカの判例理論には、連邦制度に由来する制約のように、日本法に妥当しない部分があり、この点には注意を要する。しかし、このことは、「裁量（権限）の有無」の問題と「裁量の広狭」の問題との相違点と相互関連性を、あらためて認識させる一助ともなろう。アメリカの判例理論のうち、日本法との関係で参考になる部分をいかにして見出していくかが、今後の課題となろう。

---

43) 山本真敬「立法裁量の『判断過程統制』論、その後」早稲田法学92巻2号133頁、144～148頁（2017年）。
44) 藤井樹也「立法者の努力を評価する司法判断」戸松秀典＝野坂泰司編『憲法訴訟の現状分析』406頁（有斐閣・2012年）。

動機審査
——憲法事実審査の可能性

大林啓吾

 序
  I 動機審査
  II 動機審査と審査基準との関係
  III 行政機関の判断に対する動機審査
  IV 憲法事実審査
 後序

 我々は事実の時代に生きている。デジタル革命の恩恵を受け、多くの人々がかつてないほど簡単に多くの事実にアクセスできるようになっている。この事実認定の民主化ともいうべき状況により、我々は数多くの事柄について十分な情報を得た上で決定できる能力を身につけることとなった。つまり、たとえ専門家でなくてもきちんと判断できる素人が誕生したのである

——Kenji Yoshino, *Appellate Deference in the Age of Facts*, 58 Wm. & Mary L. Rev. 251 (2016)

序

 裁判所は、事実上の憲法上の権利侵害が生じている場合であっても、公権力の行使によって直接的な損害が与えられているのでなければ違憲判断または憲法判断を行わない傾向にある。たとえば、福岡漫画規制事件一審判決は、[1]

---

1) 福岡地判平成 24 年 6 月 13 日最高裁 HP。なお、控訴審（福岡高判平成 25 年 3 月 29 日判タ 1415 号 134 頁）は暴力団関係書籍を撤去するようコンビニエンスストアに要請したことが強制力を行使したものとはいえないとして、憲法判断を行わないまま国家賠償法上の違法性を

暴力団を取り扱った漫画等を雑誌コーナーから取り除くように協力要請を行った警察の行為は公権力が強制力を行使して損害を与えたわけではないとして表現の自由の侵害を構成していないとした。
　また、法的地位に直接的影響が生じていなくても、それが差別的メッセージとなっているかもしれない場合がある。その問題が争われたのが非嫡出子戸籍記載事件判決[2]である。最高裁は、法的地位に影響がなければ平等違反にはならないと判断し、戸籍の記載は形式上の問題にすぎないとした。
　さらに、外観上は自由意思に委ねられる形になっていても、事実上選択肢が限定されて権利侵害となっているかもしれない場合がある。夫婦同姓事件判決[3]は夫婦同姓制度によって一定の不利益が生じうるとしても、自由選択に委ねられていることに加え、通称使用も可能であり、損害が制度上緩和されているので憲法24条の侵害には至っていないと判断している。
　事実上の損害は、社会において至るところで存在しうるものであり、見方によって損害になることもあればそうならないこともあることからすれば、そもそも法的判断に馴染みにくいものといえるだろう。それを安易に認めてしまうと、訴えの利益を著しく拡大してしまって司法権の範囲を大幅に広げる結果となり、濫訴につながって司法機能が麻痺してしまうおそれもある。また、憲法上の権利侵害に事実上の損害を含めると[4]、法律を含むさまざまな政府行為が違憲になる可能性があり、司法権の過度な介入を招き、法制度や行政サービスが機能しなくなってしまうおそれもある。そうであるとすれば、上記のような司法判断はごく当然の結果ということになってこよう。
　しかし、外観上、公権力が直接的な損害を与えていない場合であっても、実際には憲法上禁止された意図にもとづいた行為によって権利が侵害されて[5]

否定し、最高裁は上告を受理しなかった。
2)　最一小判平成25年9月26日民集67巻6号1384頁。
3)　最大判平成27年12月16日民集69巻8号2586頁。
4)　なお、事実上の損害または事実上の制約について検討した最近の研究として、大林啓吾『憲法とリスク』第2章（弘文堂・2015年）、小島慎司「憲法上の自由に対する事実上の制約について」上智法学論集59巻4号75頁（2016年）、瑞慶山広大「統治技法としての社会規範―『間接規制』の憲法の統制のための視座構築」慶應義塾大学大学院法学研究科論文集57号91頁（2017年）がある。
5)　Jed Rubenfeld, *Affirmative Action*, 107 YALE L.J. 427, 441-442 (1997). たとえば、ル

いる場合がありうるのではないだろうか。たとえば、政府が特定の思想を取り締まる意図をもって行う場合、特定の宗教を優遇または圧迫する意図をもって行う場合、特定の集団を差別する意図をもって行う場合などがあげられる。これらの行為は、思想の自由、信教の自由や政教分離、法の下の平等によって禁止されているものである。このような意図が含まれていると疑われるとき、裁判所はその炙り出しを検討する余地があるように思われる。そのような問題意識をもつと、次のような検討課題がみえてくる。

第1に、意図や動機の審査の可否である。先にあげた事例は、政府の意図や動機が問われるケースのように思える。もちろん、政府の意図や動機はその立証が難しく、それを認め始めると憲法侵害の事案が際限なく広がってしまうおそれがある。しかし、思想や表現、平等を要求する憲法の特性からすれば、政府には禁じられた動機があるはずであり、もしそれを公正に判断できるとすればよりよく憲法問題を解決することができることになる。

第2に、事実についての審査である。事実をどのように評価するか、換言すれば、どこまで事実に踏み込むかという点である。行為者がいかなる動機や意図を有していたかという事実認定の問題、一見平等にみえる規定の中に差別的メッセージ[6]が潜んでいるかどうかを判断する事実認定の問題、事実上選択肢が限定されて権利侵害を引き起こしているかどうかという事実認定の問題である。

このような動機審査や事実認定の問題は、動機を審査することが可能なのか、仮にそれが可能だとしてもそれは憲法判断の中でどのように位置づけられるか、さらには動機を解明する際には事実認定を行うことになるが、裁判所は覆審的判断を行ってもいいのか、などの問題が生じる。

そこで本稿では、事実上の憲法上の権利侵害に対する司法的統制のあり方

一ベンフェルド（Jed Rubenfeld）は、違憲な人種差別は一般に失われる利益が得られる利益よりも大きいことから違憲になるのではなく、違憲な人種差別は人種差別的立法が憲法上禁止されているがゆえに違憲になると述べており、憲法上禁止された意図が存在することを示唆している。

6) なお、法のメッセージ機能については、ピルデス（Richard H. Pildes）のように肯定的な立場もあれば、アドラー（Matthew D. Adler）のように否定的な立場もあり、なお議論の余地がある。*See* Richard H. Pildes & Richard G. Niemi, *Expressive Harms, "Bizarre Districts," and Voting Rights: Evaluating Election-District Appearances After Shaw v. Reno*, 92 MICH. L. REV. 483 (1993); Matthew D. Adler, *Expressive Theories of Law: A Skeptical Overview*,

を考えるという問題意識のもと、動機審査の可能性を探る。とりわけ、動機審査とはいかなるものか、それは実際に可能な審査手法なのか、憲法判断の中でどのように位置づけられるのかを検討したうえで、日本の最高裁にとって必要であると思われる行政機関の行為に対する動機審査に照準を合わせて、裁判所が憲法問題に関する事実認定を行えるかという問題を検討することにしたい。

I 動機審査

1 動機審査の意味

いわゆるグローバル化の波は法の世界にも訪れており、比較法研究の発展に加え、裁判実務における外国法や国際法の参照、外国法曹との交流など、国際的発展が目覚ましい[7]。そうした中、アメリカ流の審査基準かドイツ流の三段階審査かをめぐる議論が日本のみならず、外国においても関心が高まっている[9]。ある分析によれば、両者ともに比例性を重視する点において変わりないものの、アメリカ流の審査基準の特徴は目的手段審査によって不当な動機を炙り出す (smoking out of illicit motive) 点にこそ、その特徴があると指摘される[10]。だとすれば、審査基準を採用する場合には動機審査の活用がすでに織り込まれているわけであり、あるいは少なくとも一方法として用いることが可能だと考えられる。

それでは動機審査とは何か。簡潔にいえば、法律や行政行為に憲法上許容されない不当な動機が含まれていないかどうかを審査するものである。ただ

---

  148 U. PA. L. REV. 1363 (2000).
 7) *See, e.g.,* STEPHEN BREYER, THE COURT AND THE WORLD: AMERICAN LAW AND THE NEW GLOBAL REALITIES (2015).
 8) たとえば、「審査基準論と三段階審査（特集 違憲審査手法の展望）」法律時報83巻5号6頁 (2011年) など。
 9) *See, e.g.,* Vicki C. Jackson, *Constitutional Law in an Age of Proportionality*, 124 YALE L.J. 3094 (2015); AHARON BARAK, PROPORTIONALITY: CONSTITUTIONAL RIGHTS AND THEIR LIMITATIONS 182 (2012); Stephen Gardbaum, *The Myth and the Reality of American Constitutional Exceptionalism*, 107 MICH. L. REV. 391 (2008).
10) Niels Petersen, *Legislative Inconsistency and the "Smoking Out" of Illicit Motives*, 64 AM. J. COMP. L. 121 (2016).

し、実際にはさまざまな方法があり、その定義は必ずしも容易ではない。[11] たとえば、目的審査を行った結果、形式上の立法意図に不当な動機が見つかることがある。他方で、不当な動機があったかどうかを探るために立法意図を審査し、実質的な立法意図に不当な動機が見つかることもある。そのため、動機審査は目的審査と近いものといえる。

ただし、動機審査は、法律の意図だけではなく、その実際上の効果をみることで不当な動機を炙り出すこともある。[12] 立法意図には形式上も実質上も不当な動機は見当たらなかったが、実際には特定の集団や思想を狙い撃ちにして不利益を課しているようなケースである。この場合、表現の自由の分野では間接的制約の問題と近似し、平等の文脈では差別的効果の審査と近接することになるが、あくまでその主眼が不当な動機を炙り出し、それをもって違憲とする点に違いがある。

そして、以上のような審査を行う際、目的だけを審査して不当な動機を抽出することもあれば、目的と手段との関連性を審査することで不当な動機を浮かび上がらせることもある。ただし、動機審査に含めてよいかどうか微妙なケースがある。すなわち、目的手段審査においてその合理的関連性が見いだせなかった場合に、形式上掲げられていた立法とは異なる立法目的が見つかったが、実質的な立法目的が憲法上違憲とまではいえなかったとする。このとき、不当な動機は存在せず、合理的関連性がないことが違憲の理由になるので、動機審査とは関係ないことになる。しかし、実質的な立法目的を隠して規制すること自体が憲法上許容できない不当な目的とみれば、それもまた動機審査の一種ということになる。

このように、動機審査は、「不当」の意味、目的審査や目的手段審査との異同などをどのように考えるかによって、その射程が変動するといえる。それ自体検討の余地がある問題であるが、本稿では、先にあげた定義をベースにしたうえで、その射程については上記の審査手法を含め、その意味を広く

---

11) そもそも「不当な」や「動機審査」という言葉自体、論者によってその原語が異なる。「不当な」については、illicit、improper、impermissible、wrongfulなどがあり、「動機審査」については、motive inquiry、motive analysis、motive reviewなどがある。

12) Alan E. Brownstein, *Illicit Legislative Motive in the Municipal Land Use Regulation Process*, 57 U. CINN. L. REV. 1 (1988).

とらえて論を進めることにする。

2　動機審査の展開

　アメリカの連邦最高裁はさまざまな場面で動機審査を実践してきた。たとえば、1905年の Lochner v. New York 連邦最高裁判決[13]は、労働者の保護を図るためにパン屋の最長労働時間を規制する州法の合憲性審査の際、立法の不当な動機に言及した。法廷意見は、「公衆衛生または公共の福祉を促進する目的以外に別の主要な動機があったのではないかという疑いが生じる」[14]と述べたのである。これが違憲判断の決め手になったかどうかは争いの余地があるものの[15]、少なくとも立法動機に疑いをもっていたことは確かである。

　また、平等の場面では、その立法が特定の者や集団に対して差別的意図を有しているかどうかが重要な争点となってきた。たとえば、白人と黒人が婚姻前に性交することを犯罪とする州法の合憲性が争われた1964年の McLaughlin v. Florida 連邦最高裁判決[16]があげられる。この事件では、異人種間性交の禁止の妥当性には触れなかったものの、適正な性秩序を維持するために当該区分を用いる必要はないとし、差別的意図を理由に違憲とした。

　そして、連邦最高裁が目的手段審査と動機審査の関係について述べたのが、一定数のマイノリティ業者との行政契約を確保するプランの合憲性が争われた1989年の City of Richmond v. J.A. Croson Co. 連邦最高裁判決[17]であった。同判決は、「厳格審査の目的は立法府がきわめて疑わしい手段を用いることを正当化するほどの重要な目的を追求しているかを確認することで人種を不当に利用していないかを"炙り出す"ことである」[18]としたのである。

　また、動機審査は平等以外にも、信教の自由や政教分離など、他の分野でも展開するようになった。たとえば、政教分離におけるレモンテストの目的審査をはじめとして[19]、信教の自由では宗教的動機を理由に特定の行為を制限

---

13)　Lochner v. New York, 198 U.S. 45 (1905).
14)　*Id*. at 63.
15)　David E. Bernstein, *Lochner's Legacy's Legacy*, 82 TEX. L. REV. 1, 47-53 (2003).
16)　McLaughlin v. Florida, 379 U.S. 184 (1964).
17)　City of Richmond v. J.A. Croson Co., 488 U.S. 469 (1989).
18)　*Id*. at 493.

していたかどうか[20]、自己決定では女性の中絶に対して実質的負担を課す目的があったかどうか[21]、移動の自由では移動を妨げる目的があったかどうか[22]、といった具合である。

ただし、動機審査があらゆる場面で妥当するとは限らない。たとえば、象徴的表現が問題となった1968年のUnited States v. O'Brien連邦最高裁判決[23]は動機審査に対して消極的な態度を示した。法廷意見は不法な動機を理由に法律を違憲にはしないだろうと述べ、従来もそうしたアプローチをとってこなかったと述べたのである。しかし、法廷意見は、脚注において私権剥奪が絡む事件などでは立法動機を審査することがあることを認めており[24]、あらゆる分野における動機審査を否定したわけではなかった。その後[25]、州の居住要件等が平等を侵害していないかどうかが問題となったケースにおいて、連邦最高裁は立法目的に着目して、それが不法であるかどうかを問うようになった[26]。平等問題においては、差別的意図に着目して判断すべきか、それとも差別的効果にもとづいて判断すべきかで対立があったが、連邦最高裁は前者のアプローチを採用しており[27]、このことも立法動機に着目した判断を行っていることを表しているといえる[28]。

3 立法動機審査の課題

連邦最高裁が動機審査を実践し始めると、その是非をめぐって学説上の議論の対象にもなった。その端緒となったのが、若き日のイリー（John Hart

---

19) Lemon v. Kurtzman, 403 U.S. 602, 612-613 (1971).
20) Church of the Lukumi Babalu Aye, Inc. v. City of Hialeah, 508 U.S. 520, 533 (1993).
21) Planned Parenthood of Southeastern Pennsylvania v. Casey, 505 U.S. 833, 877 (1992).
22) Mem'l Hosp. v. Maricopa County, 415 U.S. 250, 263-264 (1974).
23) United States v. O'Brien, 391 U.S. 367 (1968).
24) *Id.* at 384 n.30.
25) 大林啓吾「表現の自由と動機審査」千葉大学法学論集30巻3号151〜146（8〜13）頁（2015年）。
26) *See, e.g., Mem'l Hosp.*, 415 U.S. at 261-270 (1974); Zobel v. Williams, 457 U.S. 55, 73-81 (1982) (O'Connor, J., concurring in the judgment); Attorney Gen. of New York v. Soto-Lopez, 476 U.S. 898, 909-912 (1986).
27) *See, e.g.*, Bush v. Vera, 517 U.S. 952, 959 (1996).
28) *See, e.g.*, Kadrmas v. Dickinson Pub. Sch., 487 U.S. 450, 458 (1988).

Ely) の論文であった[29]。この論文はイリーがイェール大学ロースクールのファカルティ時代に出したものであり、100頁を超える大作である。イリーによれば、動機審査をめぐる議論は混乱しており、一方では司法が動機審査を行うことには無理があるという批判があるものの、他方では違憲判決を下す際に議会または行政機関の動機に触れざるをえないという矛盾が生じているという。しかしイリーは、動機審査に否定的な見解がきわめて限られた文脈でしかそれを扱っていないが、動機の証明が必要なケースがあり、その重要性が見落とされてきたとする。そして信教の自由や表現の自由において動機審査が問題となるケースを取り上げ、動機審査が問題になる場面を提示した。

イリーの分析が呼び水となってさまざまな検討が行われるようになり[30]、動機審査が抱える課題が浮上してきた。それを本格的に指弾したのが、スタンフォード大学ロースクールの若手ブレスト（Paul Brest）であった[31]。折しも、東の雄イェールと西の雄スタンフォードの新進気鋭の2人が動機審査に関する論文を書いたことから、このトピックは一気に憲法学界において注目されるようになった。

ブレストによれば、そもそも連邦最高裁が正面から動機審査を行うと表明した事件はないという[32]。そして動機審査はいくつかの問題を抱えるとする。まず、動機を確定することの難しさである[33]。とくに立法動機については議会という集合体による決定であるため、そこにはさまざまな動機が入り込む余地がある。そうなると、単一の立法動機を抽出することが困難になってくる。何をもって立法動機とするのか、記録に残っている一部の発言をもって立法動機にできるのか、動機を明らかにしていない議員の黙示の動機をどのよう

---

29) John Hart Ely, *Legislative and Administrative Motivation in Constitutional Law*, 79 YALE L.J. 1205 (1970). イリーの分析については、黒澤修一郎「John Hart Elyの動機審査理論の生成と展開(1)(2)」北大法学論集61巻1号155頁（2010年）、61巻2号605頁（同）。
30) *See, e.g.,* Stephen E. Gottlieb, *Compelling Governmental Interests: An Essential But Unanalyzed Term in Constitutional Adjudication*, 68 B.U. L. REV. 917 (1988).
31) Paul Brest, *Palmer v. Thompson: An Approach to the Problem of Unconstitutional Legislative Motive*, 1971 SUP. CT. REV. 95 (1971). なお、後年、イリーはスタンフォード大学ロースクールのディーンを務め、ブレストがその後ディーンを引き継いでいる。
32) *Id.* at 115.
33) *Id.* at 119-214.

に評価するのかなどさまざまな問題がある。仮に動機審査が可能であるとしても、それを行うようになると不当な動機を隠すようになってしまい、結局有効な動機審査ができなくなるおそれもある。さらにいえば、動機審査は善悪を判断するようなものであり、そのような教育的観点からの司法審査は法的判断として求められるものではない。また、立法動機に踏み込むことは不当な政治過程への介入になるという問題が生じる。

このように、立法動機審査には、実際に動機を審査できるのかという現実的問題から、法的判断に馴染みにくいのではないか、政治への不当な介入になってしまうのではないかという法的問題まで、さまざまな課題があることが判明したのである。

4　課題の克服

もっとも、以上のブレストの指摘については反論の余地がある。まず、連邦最高裁が動機審査を採用していないという点については、何をもって動機審査というかという点にかかってくる。先述したように、連邦最高裁は差別的意図など不当な目的にもとづいているかどうかを審査してきた。これを動機審査とみなすのであれば、連邦最高裁は動機審査を実践してきたことになる。他方で、動機審査という審査手法を設定する必要はなく、これは単なる目的審査にすぎないとみるのであれば、連邦最高裁は動機審査を実施してきたとはいえないともいえる。したがって、動機審査の定義次第ということになるが、本稿のように、動機審査を広くとらえるのであれば、これまでの判決は動機審査を行ってきたことになる。

また、かつて Fletcher v. Peck 連邦最高裁判決や O'Brien 判決などが動機

---

34) Id. at 125-127.
35) Id. at 127-128.
36) Id. at 128-130.
37) Fletcher v. Peck, 10 U.S. 87 (1810). 初期の州議会が賄賂の授受などにより不当に安い価格で土地を業者に売り渡したことに対し、改選後の州議会がそれを無効にしたことから、契約条項を侵害するのではないかとして争われた事件において、マーシャル（John Marshall）長官の法廷意見は、「法律の有効性がどの程度憲法起草者の動機にかかってくるのか、また州の最高の主権者たる州議会議員が特別な動機をもって契約を締結したことについてどの程度裁判所が審査できるかは疑わしい」（at 130）とした。なお、判決は改選後の州議会の契約無効の決議が契約条項に反して違憲であるとしている。

審査の手法に懐疑的な発言をしていたこともあったことから、これらの判決を理由に動機審査を採用してこなかったというのかもしれない。しかし、これらの判決は動機審査を全否定したわけではない。その後の判決が事実上の動機審査を行ってきた以上、連邦最高裁は動機審査を行ってきたといえるだろう。

　問題はむしろ動機審査の手法や他権との関係である。どのように立法動機を措定するのか、あるいはどうやって不当な動機を炙り出すのかという課題が動機審査につきまとう。この点につき、バグワット（Ashutosh Bhagwat）は、実際に目的や動機の審査を行う場合、判断材料は豊富に用意されているという。[38] すなわち、条文をはじめとして、立法経過や政治状況など、司法が判断可能な材料がそろっているというのである。

　仮に判断材料がそろっているとしても、次に動機の内容が問題となる。何をもって動機とするのかということである。この点についてヤング（Gordon G. Young）は、ハート（H.L.A. Hart）の意図の３分類を素材にしながら次のように検討している。[39] ハートによれば、意図は、①意図的に何かをする、②さらなる意図をもって何かをする、③意図そのもの、の３つに分かれるという。[40] ①は行為の直接的理由になっているものである。たとえば、人種的偏見を有する警察官が人種的に劣る者を取り締まるために逮捕することがあげられる。ここでは、人種的劣等者を取り締まるという意図が逮捕という行為に結びついている。②は意図と行為が直結していないものの、何らかの意図をもってある行為をすることをいう。たとえば、人種的少数派に不利な選挙区を策定しようと思い、国勢調査を行うことがそれにあたる。ここでは、人種的少数派の排除という意図のもとに、国勢調査という行為をしていることがわかる。③は意図それ自体のことであり、①の人種的偏見や②の人種的少数派排除がそれにあたる。

---

38) Ashutosh Bhagwat, *Purpose Scrutiny in Constitutional Analysis*, 85 CAL. L. REV. 297, 322-323 (1997).

39) Gordon G. Young, *Justifying Motive Analysis in Judicial Review*, 17 WM. & MARY BILL OF RTS. J. 191, 206-210 (2008).

40) H.L.A. Hart, *Intention and Punishment*, in PUNISHMENT AND RESPONSIBILITY: ESSAYS IN THE PHILOSOPHY OF LAW 117-118 (2d ed. 2008).

動機審査との関係では、①と③はその意図を審査し、それを明らかにする作業が中心となる。つまり、厳格審査によってその意図を明らかにし、それが憲法上許容されない意図であれば違憲になる。問題は②である。②の場合、意図と行為との間に距離があるため、意図だけを明らかにしても、意図と行為の関係性をどのように理解するかという問題が生じる。その最終的な意図が憲法上許容されないものであれば、行為との関係を問うことで比較的判断しやすい。だが、問題とされる意図が最終的な意図ではなかった場合、つまり最終的な狙いは別のところにあるが、その中間に憲法上許容されない狙いが潜んでいた場合の判断が難しい。たとえば、政府が消防職員を雇用する際、その職務を行うのにふさわしい能力を備えた人物の採用を掲げながらも（最終的意図）、女性がその職務を行うのにふさわしくないと考えて、身長制限などを課す場合がそれにあたる。最終的な狙いは能力に応じた採用であり、それ自体は正当な意図であるが、それを実践する際に不当な動機をもって行為に至っている。この場合、その動機は行為者の精神的内面に隠れていることが多く、その動機を炙り出すことは容易ではない。ただし、採用結果をみて差別的意図が含まれている疑いがある場合には、差別的効果を踏まえて、選考過程や採用者の質問内容などを審査して、差別的意図を炙り出すことができる場合もある。

　また、意図の探り方の問題は原意主義の問題と共通するところがある。もちろん、はるか昔の憲法起草者の原意を探るよりは立法者の原意を探る方が容易である側面はあるが、どのようにそれを探るかという点ではある程度共通の課題を有しているといえる。原意主義にもさまざまなタイプがあるが、有力なのは立法者の意図ではなく、条文を中心に、当時理解されていた言葉の意味をベースにして解釈する方法である。このアプローチを採用する者としてはスカリア（Antonin G. Scalia）裁判官が有名であるが、興味深いのはスカリア裁判官が動機審査に否定的な見解をもっていた点である。同性婚を認めない連邦法の合憲性が争われた事件において、ケネディ（Anthony M. Kennedy）裁判官の法廷意見が、DOMA（the Defense of Marriage Act）が同性愛者という政治的少数者に対して害意（desire to harm）をもって制定されたことに言及したことに対し、スカリア裁判官は道徳的理由によってDOMA

を十分正当化できるとしたうえで、立法動機に言及することに対して「道徳的理由という正当化理由の存在は立法者の感情の中身と無関係であることを表すことになる。"連邦最高裁は不法な立法の動機という主張にもとづいてその他の点では合憲である法律を違憲にはしないだろうと考えるのが憲法に馴染みやすい原理である。" United States v. O'Brien, 391 U.S. 367, 383, 88 S.Ct. 1673, 20 L. Ed. 2d 672 (1968).[41]」と述べたのである[42]。

たしかに、スカリア裁判官は憲法の原意を尊重する際にも憲法制定者の意図や動機に踏み込むことには反対していることからすれば、立法動機について審査しても矛盾が生じるわけではない。ただし、動機審査は法律の条文から離れて審査するわけではなく、条文をベースにしながら、立法の意図の合憲性を検討するものである。そのため、スカリア裁判官の動機審査批判は動機審査を立法者意図の審査と同視してしまっているように思える。

ただし、動機審査が立法者の意図ではなく、立法の意図を探るものであるからといって、問題が生じないわけではない。立法府という集合体の決定の動機を審査することができるのかといった問題がなお残るからである。これについては立法過程を審査することで可能であるという回答が考えられる。ファロン（Richard H. Fallon）は、立法過程においてどれが有力な見解であったのかを明らかにすることで立法意図を明らかにするのは難しいが、個々の議員のいずれかが憲法上禁止された意図をもっていたかどうかについて判断することは比較的容易であると指摘している[43]。だが、仮にそれが可能だとしても、今度は立法過程に踏み込むことが立法府への不当な介入という別の問題を惹起することになり[44]、それが次の問題につながる。

最後に、動機審査は司法が判断すべき問題ではないという問題について考

---

41) United States v. Windsor, 133 S.Ct. 2675, 2707 (2013) (Scalia, J., dissenting).
42) スカリア裁判官の批判を取り上げたものとして、黒澤修一郎「立法裁量―立法の動機を審査することは可能なのか?」大沢秀介＝大林啓吾編『アメリカの憲法問題と司法審査』250 頁（成文堂・2017 年）（以下、黒澤「立法裁量」という）。
43) Richard H. Fallon, *Constitutionally Forbidden Legislative Intent*, 130 Harv. L. Rev. 523, 537-554 (2016).
44) Michael C. Dorf, *Even a Dog: A Response to Professor Fallon*, 130 Harv. L. Rev. F. 86, 88 (2016). なお、ファロンの見解に対しては、立法者が憲法上禁止された意図をもっているにもかかわらず、それが表に出ないように慎重に立法した場合には対応できないのではないかという指摘がある。

えてみる。この問題は2つに大別できる。ひとつは動機審査という手法が法的判断に馴染まないのではないかという問題、もうひとつは司法の能力の限界の問題である。

　前者については、行為の結果を判断する帰結主義（consequentialism）の観点からも動機審査が正当化されるという見解がある。ヤングは、帰結主義が最大多数の最大幸福の結果を求める点に着目し、それを損害の観点からみると動機審査と親和的な関係になるという。それは次のような理由である[45]。通常、結果主義は最良の結果を求めるものであり、そうした結果が得られるのであれば、行為の動機は問われない。しかし、最良の結果を得るためには最悪の結果を回避することも重要である。憲法違反の結果は、個人に対しても国家に対しても大きな損害を発生させるものであり、そのリスクを回避することが求められる。そのため、政府の行為が不当な動機にもとづいていて憲法違反の結果を招くような場合には、厳格審査を行って不当な動機の有無をチェックし、最悪な結果を防ぐ必要がある。つまり、帰結主義の観点からも、動機審査は正当化されるというのである。

　後者は、動機審査は立法目的の妥当性を問うことから、立法政策の是非を問う結果となってしまい、立法府への不当な介入になるのではないかという問題である。しかし、立法目的が憲法に反するのであれば、それは違憲判断が下されてしかるべきであり、それを問うこと自体が立法府への不当な介入になるわけではない。問題は、立法目的の背景にどこまで踏み込むか、つまりその動機をどこまで探るかという点である。この点、立法の動機を探る際に立法過程を審査したり手段との関連性を問うたりするのが一般的な動機審査の手法であり、かかる手法が立法府に過度に介入しているとはいえないだろう。

　これに対し、動機審査において目的と手段との関連性を問う場合、結局目的の不当性を問うことになるので、純粋な手段審査とは異なるのではないかとの批判が考えられる。そして、もし純粋な手段審査によって十分な司法審査を行えるのであれば、立法府との関係が懸念される動機審査は控えた方が

---

45)　Young, *supra* note 39, at 220-228.

いいのではないかという反論につながる。

　たとえば、ガンサー（Gerald Gunther）は、バーガーコートが平等問題について目的審査から手段審査に切り替え始めたことを取り上げながら、手段審査でも厳しめの判断が可能であることに加え、目的審査よりも広範囲に妥当するものであると評価している[46]。つまり、司法の能力を踏まえると、手段審査の方が司法審査に適している可能性があるのである。

　しかしながら、厳しめの手段審査が純粋に手段のみを審査しているかというと、そうではない。手段の合理性を独立して審査することはむしろ例外であり、通常は目的との関係を踏まえて手段の合理性を判断する。そうであるとすれば、手段審査の有用性を説いても、立法府に対する不当な介入の懸念が払拭されるわけではない。

　問題はむしろ立法過程にどこまで踏み込めるかである。立法過程といっても1つの場面に絞られるわけではなく、さまざまな場面がある。本会議における立法手続や委員会における立法手続などの形式面から、立法記録や個別の議員の発言を検証して立法事実の合理性を探る実質面まで、多様な立法過程が存在する[47]。立法手続については議院の自律権との関係で問題が生じる可能性があり、立法事実については司法による法創造の問題が生じる可能性がある。ただし、それは程度問題であるため、審査密度のレベルをどこに設定するかによって対応することができよう。

II　動機審査と審査基準との関係

1　動機審査と審査基準

　審査密度の程度はケースバイケースになる可能性が高く、どちらかといえば、審査基準よりも比例原則に馴染みやすい問題である。ところが、動機審査は比例原則よりも、審査基準に親和的であると考えられる。というのも、

---

46) Gerald Gunther, *The Supreme Court, 1971 Term--Foreword: In Search of Evolving Doctrine on a Changing Court: A Model for a Newer Equal Protection*, 86 HARV. L. REV. 1, 20-24 (1972).

47) アメリカにおける立法記録審査については、小林祐紀「アメリカにおける立法記録審査の展開―立法裁量の統制手法に関する予備的考察」法学政治学論究93巻199頁（2012年）。

政府の規制理由を問うことで憲法上許されない理由を抽出する手法は排除的理由のアプローチに親和的であり、排除的理由のアプローチは比較衡量をベースとする比例原則に馴染みにくいからである[48]。

　排除的理由（exclusionary reasons）のアプローチは比較衡量にもとづく判断ではなく、政府規制の理由を問うものである。ピルデスによれば、合憲性を判断する場合、すべてが比較衡量の対象になるわけではなく、比較の秤にかけることなく、憲法上許されないことがあるという。それが、排除的理由である。すなわち、「排除の理由は排除する理由が比較衡量に付されるわけではなく、むしろ衝突した場合にはつねに優先するのである[49]」。ただし、「排除的理由に着目するからといって完全に比較衡量を排除するわけではない[50]」。たとえば、権利と政府利益が衝突していれば、政府利益を認めるべき理由とそうでない理由とを考慮して結論を出すことがある。この場合は比較衡量を行っているわけである。「しかし、ここで強調されるのは、政府の行為の根拠として用いることが許されない特定の理由があることを認めることで判断するという別の場面があるという点である[51]」。換言すれば、政府が規制を行う際、その行為が排除的理由にもとづいている場合は許されないことになり、そこでは権利と政府利益の比較衡量を行う必要がないということである。ピルデスは、連邦最高裁が排除的理由にもとづいて判断した例として政治的理由にもとづく公立学校図書館の本の除籍や選挙権税の賦課などをあげ、前者は思想的に正しくないという理由、後者は選挙権行使が貧富の差にかからせるという理由、がそれぞれ排除的理由にあたるとしている。

　このように排除的理由のアプローチは憲法上許容できない理由をカテゴリカルにセットすることから、比較衡量をベースとする比例原則とはアプローチを異にする。その反面、排除的理由を問うアプローチは動機審査と親和的である。なぜなら、いかなる理由でその規制を行っているのかを明らかにするために、その目的や意図、ひいては動機を明らかにする必要があるからである。

---

48) Richard H. Pildes, *Avoiding Balancing: The Role of Exclusionary Reasons in Constitutional Law*, 45 HASTINGS L.J. 711 (1994).
49) *Id.* at 712.
50) *Id.* at 714.
51) *Id.*

したがって、排除的理由のアプローチや動機審査は比例原則よりも、あらかじめ合憲性の物差しをセットしておく審査基準に親和的である。

2 ファロンの分析

　もっとも、動機審査が裁判所の行う憲法判断においてどのように位置づけられるかは必ずしも定かではない。動機審査は合憲性の判断を行う際にどのような役割を果たすのかが決まっているわけではないのである。たとえば、不当な動機が発見されればただちに違憲になるのか、それとも審査基準が厳格化するのか、あるいは審査基準のひとつの要素にすぎないのだろうか。[52]

　この問題に取り組んだのがファロンである。ファロンの分析は立法の動機審査を念頭におくものであり、本稿の検討対象である行政機関の動機審査とは異なるが、それは動機審査と審査基準との関係を総論的に検討するものであるため、ここではまずファロンの見解をみることにする。

　ファロンによれば、「立法の意図、目的、そして動機を審査することはアメリカ憲法において顕著にみられる特徴」[53]であり、連邦最高裁は憲法上禁じられた立法意図（forbidden legislative intent）があったかどうかを審査してきたという。

　ただし、ファロンによれば、連邦最高裁は当該法律が憲法上禁止された目的をもっていることを違憲の決定打とすることもあれば、ただちに違憲にはならず審査基準の厳格化につながったりすることもあり、一貫した方法が用いられていないという。[54] ただちに違憲につながった例として、政教分離の分野において政府行為に宗教目的が認められることをもって違憲としたLemon判決[55]やMcCreary County v. ACLU of Kentucky 連邦最高裁判決[56]、自己決定の分野において目的が実質的な中絶の抑止になっていれば違憲であるとしたCasey判決[57]などがあげられる。[58] 一方、審査基準の厳格化につながった例として、特

---

52)　大林・前掲注25）97（62）頁。
53)　Fallon, *supra* note 43, at 525-526.
54)　*Id*. at 528.
55)　*Lemon*, 403 U.S. at 612-613.
56)　McCreary County v. ACLU of Kentucky, 545 U.S. 844 (2005).
57)　*Casey*, 505 U.S. 833.

定の宗教に対する敵意を含んだ法律に対してはやむにやまれぬ利益とそれを達成するために厳密に仕立てられていなければならないとしたLukumi判決があげられる[59]。

このような連邦最高裁のアプローチに対し、ファロンは当該法律が憲法上禁止された目的をもっている場合にただちに違憲にするのでなく、審査基準の厳格化に結びつける形で活用すべきであるとする[60]。なぜなら、憲法は禁止される立法目的についてすべて列挙しているわけではなく、個別にその内容を判断しなければわからないことが多いからである。たしかに、立法府は憲法が禁止する事柄を目的として立法してはならない義務を負っている。しかし、人種的マイノリティや宗教的マイノリティに不利益を課す立法など、一目で禁止された立法とわかることは少ない。そのため、通常、司法府は立法府が憲法上禁止されていることを目的にしていないと想定して合憲性の判断を行う。もし、立法府が明らかに憲法上禁止された立法目的を設けている場合、裁判所は審査基準を厳格にして審査すべきである、とファロンはいうのである。

また、連邦最高裁が動機審査を本格的に活用し始めた頃の判例をみると、合理性の基準の審査密度を高める形で展開してきた経緯がある[61]。とすれば、審査基準自体の厳格化のみならず、審査基準の中での審査密度の厳密化という形での展開に馴染みやすい可能性がある。

以上の点を踏まえると、立法動機審査はいくつかの課題を内包するものではあるものの、その方法自体を否定するほどの問題を抱えているわけではないように思われる。この点につき、黒澤修一郎はマッシー（Calvin Massey）の議論を取り上げながら[62]、動機審査の問題点を理由にそれを否定するのではなく、動機審査が実際に行われてきた以上、問題点を認識したうえでその改善を図りながら活用していくべきと指摘する[63]。とりわけ、動機審査には思想

---

58) Fallon, *supra* note 43, at 554-555.
59) *Id.* at 556-557.
60) *Id.* at 575-588.
61) Bhagwat, *supra* note 38, at 312-316.
62) Calvin Massey, *The Role of Governmental Purpose in Constitutional Judicial Review*, 59 S.C. L. REV. 1 (2007).
63) 黒澤・前掲注42)「立法裁量」252〜264頁。

の抑圧を狙いとした立法やスティグマを押しつける立法などに対して有効に機能する側面があり、またそうした憲法的侵害を未然に防ぐ予防的効果の側面を重視すべきであるとする。

とはいえ、立法府が高度な民主的正当性を有する集合体である以上、そもそも動機を探るために立法過程を審査すること自体が許されないのではないか、という批判もありうる。かかる問題を正面から引き受けると、司法審査と民主主義という難解なテーマを取り上げなければならなくなる。この検討については別稿に期すことにしたいが、この問題提起は、言い換えれば、民主的正当性の弱い一般の行政機関で、かつ単一または少数の合議体である場合には不当な動機を審査できる可能性があることを示唆するものでもある。[64]

日本では法令違憲の判断と比べて処分違憲の判断が少ないことに加え、行政機関の判断に不当な動機を疑わせるケースが散見されることもあり、むしろ行政機関の判断に対する動機審査を検討することに意義があると考えられる。そこで以下では、行政機関の判断に対する動機審査の問題を検討する。

III 行政機関の判断に対する動機審査

1 動機審査の必要性

2018年現在、日本の最高裁が下した法令違憲の数は、議員定数不均衡の事件を除き、8件である[65]。数の多寡の是非はさておき[66]、これらの判断におい

---

[64] Note, *Developments in the Law——Equal Protection*, 82 HARV. L. REV. 1065, 1097-1101 (1969).

[65] 尊属殺重罰規定事件判決（最大判昭和48年4月4日刑集27巻3号265頁）、薬事法距離制限事件判決（最大判昭和50年4月30日民集29巻4号572頁）、森林法共有分割制限事件判決（最大判昭和62年4月22日民集41巻3号408頁）、郵便法免責規定事件判決（最大判平成14年9月11日民集56巻7号1439頁）、在外邦人選挙権制限事件判決（最大判平成17年9月14日民集59巻7号2087頁）、非嫡出子国籍事件判決（最大判平成20年6月4日民集62巻6号1367頁）、非嫡出子相続分事件決定（最大決平成25年9月4日民集67巻6号1320頁）、再婚禁止期間事件判決（最大判平成27年12月16日民集69巻8号2427頁）の8件である。

[66] 一般に、日本の法令違憲の数は少ないといわれるが、アメリカでも司法審査権の確立後半世紀の間は連邦法の違憲判決はほとんどなかったのであり、必ずしも少ないわけではないとの指摘もある。カーミット・ルーズベルトIII世（大沢秀介訳）『司法積極主義の神話——アメリカ最高裁判決の新たな理解』i～viii頁（慶應義塾大学出版会・2011年）。また、21世紀に入ってから違憲判断が増えていることを踏まえると、違憲判決の多寡に関する評価は今後の展開次第ということになろう。

ては正面から違憲判断が下されている。他方で、行政機関の行為に対して正面から違憲判断を下したものは少ない。客観訴訟における政教分離違反のケースでは愛媛玉串料事件判決[67]や空知太事件判決[68]があるものの、主観訴訟になると、違憲対象の評価が難しい第三者所有物没収事件判決[69]、憲法的考慮を行ってはいるものの違憲とはせずに違法としたエホバの証人剣道受講拒否事件判決[70]、など正面から違憲判断を下したケースが少ない。

その理由としては、以下のような点が考えられる。

第1に、行政機関の判断の前提には法律が存在しており、その法律が合憲であれば行政機関の判断の裁量の逸脱濫用さえ判断すれば足りること、第2に、行政機関の判断に違憲の疑いが強いときは合憲限定解釈をしたうえで行政機関の判断の合法性を判断すればよいこと、第3に、合憲限定解釈ができないのであればその法律の合憲性が疑わしいことから行政機関の判断の合憲性ではなく法律の合憲性の判断になることがあげられる。

また、正面から合憲性を問うことになった場合でも、違憲判断を行うことは少ない。というのも、行政機関の判断の合憲性の判断する際、行政機関に対する敬譲が強いからである。マクリーン事件判決[71]や帆足計事件判決[72]はその典型である。とりわけ、事実の判断については行政機関の第一次的判断に敬譲することが多い。しかし、行政機関の事実の判断は、個別の案件に対してなされることが多く、立法府が立法の際に行う事実の判断と比べて、憲法違反をもたらす恣意性が含まれる可能性が高い。たとえば、立川ビラ配布事件判決[73]はその代表例である。通常、ビラ配りに対して適用されることが少ない住居侵入罪を特定の政治的表現が含まれたビラの配布行為に対してのみ適用することは、管理者が拒絶の意思を表していたという事実を考慮してもなお表現の自由との関係ではその背景に関心を向けざるをえない。そうであるとすれば、行政機関の事実の判断に対して、憲法的観点から審査を行う必要がないだろうか。

---

67) 最大判平成9年4月2日民集51巻4号1673頁。
68) 最大判平成22年1月20日民集64巻1号1頁。
69) 最大判昭和37年11月28日刑集16巻11号1593頁。
70) 最二小判平成8年3月8日民集50巻3号469頁。
71) 最大判昭和53年10月4日民集32巻7号1223頁。
72) 最大判昭和33年9月10日民集12巻13号1969頁。
73) 最二小判平成20年4月11日刑集62巻5号1217頁。

そこで重要だと思われるのが、動機審査である。一般的・抽象的事項を規律する立法と異なり、行政機関は法を個別に適用することを任務とする。そこでは判断権者の特定の見解が入り込んだり、適用される側との関係が考慮されたりする可能性があり、恣意的判断に陥るおそれもある。そのため、立法と比べて、動機審査がより大きな意義をもつ可能性がある。しかも、立法に対する動機審査は集合体の決定に対する動機をどのように措定するかという問題があったが、行政機関の場合は単独の判断か、あるいは合議体であっても少数であることが多いことから、この問題を回避しやすい。

2 判　　例

アメリカでは、行政機関の判断に対して、連邦最高裁が動機審査を採用した判例がある。その代表例が Board of Education, Island Trees Union Free School District No. 26 v. Pico 連邦最高裁判決[74]である。教育委員会が学校図書館にある反アメリカ的であったり下品であったりする図書を除籍することにしたため、それが表現の自由を侵害するとして裁判になった事件である。事の発端は保護者会が不適切な本を除籍するように求めたことであるが、その後教育委員会が対象となる本について専門家委員会を設けて除籍の妥当性を審査させたにもかかわらず、専門家委員会の結論を無視して教育委員会が除籍対象本を決めたことが問題となった。つまり、教育委員会が特定の思想を排除するという憲法上許されない不当な動機にもとづいて決定したのではないかという疑いが生じたのである。

連邦最高裁では意見が分かれ、相対多数意見となったが、ブレナン（William J. Brennan, Jr.）裁判官の相対多数意見は動機に着目した審査を行った。ブレナン裁判官は、生徒が学校図書館の本にアクセスする権利があることを認め[75]、修正1条は何がオーソドックスなのかを押しつけられないことを要請するとした[76]。そして、教育委員会が政治的な観点から学校図書館の本の除籍を決

---

74) Board of Education, Island Trees Union Free School District No. 26 v. Pico, 457 U.S. 853 (1982).
75) Id. at 866-868.
76) Id. at 869-870. 反オーソドキシー原理は本件で初めて登場したわけではなく、ブレナン裁判官は反オーソドキシー原理を展開するにあたり、West Virginia State Board of Education v.

めた場合にはオーソドックスを押しつけることになるとし、政治的観点から決定したかどうかを判断するためにはその動機を確認する必要があるとしたのである。ブレナン裁判官は、「教育委員会の学校図書館の本の除籍が原告の修正1条の権利を侵害しているかどうかは教育委員会の決定の背後にある動機次第である」[77]と述べ、不当な動機の審査を行った。その際、ブレナン裁判官は、本件では直接不当な動機を示す証拠は存在しないものの、通常の手続とは異なるプロセスで除籍が決定されたとし、不当な動機が含まれていたという懸念をぬぐい切れないとした。つまり、ある種の判断過程統制を行って動機を判断したのである。

Pico判決は行政機関の決定に対する動機審査の方法を示した点で重要である。不当な動機を直接示す証拠がない場合でも、判断過程をチェックし、そこに問題があれば不当な動機が存在したことを疑うという方法が示されたのである。

3　動機と事実

それでは、動機審査は、直接的な証拠がある場合を除き、単なる手続的審査にとどまるのだろうか。もしそれが手続上の違法性に収斂されるのであれば、あえて動機審査という観点から取り上げる意味はどこにあるのかという問題が出てくる。この点につき、Pico判決は判断過程統制によって動機の炙り出しを行ったうえで、不当な動機があれば修正1条を侵害するとしていたので、動機審査の結果が違憲判断に結びつくという流れを予定していたといえる。また、Pico判決が示した手続上の問題は通常の手続とは異なったプロセスを経ているがゆえに不当な動機が疑われるとしたのであって、手続的審査はあくまで不当な動機を炙り出すための手段にすぎない。つまり、ここでは動機審査の結果が審査基準の厳緩につながる構造ではなく、動機審査の結果がただちに違憲か合憲かの結果に結びつく形になっており、不当な動機の有無はきわめて重要な判断となる。

Barnette連邦最高裁判決やKeyishian v. Board of Regents連邦最高裁判決を参照している。*See* West Virginia State Board of Education v. Barnette, 319 U.S. 624 (1943); Keyishian v. Board of Regents, 385 U.S. 589 (1967).

77) *Pico*, 457 U.S. at 871.

そうなると、動機審査は単に手続違反のチェックにとどまらず、そこに潜む事実（不当な動機の有無）に対する審査を行っていることになる。Pico 判決に照らしていえば、教育委員会が政治的観点を押しつけるという不当な動機にもとづいて決定したかどうかについて、手続のプロセスを審査することで判断しているのである。したがって、動機審査は行政機関の事実に関する判断の適否についても判断しているといえる。

　ただし、Pico 判決は連邦地裁に提出された証拠にもとづいて事実認定を再検討する必要があるとして、一審に差し戻すとした原審の判断を認容するとしたため、連邦最高裁自身が事実に関する最終的判断を下しているわけではない。そのため、一見すると、連邦最高裁は事実に関する判断を避け、下級審にその判断を任せたようにもみえるため、連邦最高裁が動機審査においてどこまで行政機関の事実に関する判断に踏み込めるのかについては別途検討しなければならない。すなわち、憲法問題が絡む事実の判断について、連邦最高裁が行政機関の第一次的判断に対して判断代置を行うことができるかどうか、という問題が出てくるのである。実は、この問題はかつて憲法事実審査（constitutional fact review）として主題化されてきたものであり[78]、この問題をあらためて考察する。

IV　憲法事実審査

1　憲法事実審査の意味

　憲法事実とは何か。かつて日本に憲法事実の概念を持ち込もうと試みた時国康夫は「憲法上の争点の判断に当り考慮される事実は憲法事実（Constitutional Facts）と呼称される[79]」と定義した。つまり、裁判所が憲法問題について行う

---

[78]　憲法事実審査の問題は次のような問題意識のもとに登場したと考えられている。「憲法起草者たちはほとんどの裁定は行政ではなく、司法裁判所が行うものとして司法制度を想定していた。しかし、現代行政国家が進むにつれて、裁判所は行政機関に対する多くの通常の事実の判断や法適用について敬譲するようになり、限定的な司法審査しかしないようになった。ただし一定の憲法上の権利については、連邦最高裁は憲法上の権利にかかる一定の事実認定の覆審的審査を行うように裁判所に求めるようになった」。Judah A. Shechter, *De Novo Judicial Review of Administrative Agency Factual Determinations Implicating Constitutional Rights*, 88 COLUM. L. REV. 1483 (1988).

事実認定のことである。時国は論文の終わりの方で、その問題意識を次のように述べている。

> 今までの処我国では、法が違憲と攻撃される場合、その攻撃は、立法の必要性の点の攻撃に終始しているのが通例であり、従って、この点について答えている最高裁判所の憲法判例が圧倒的に多い。将来の動向としては、立法目的達成のための具体的方策の合理性の点、乃至は、具体的方策を具現した法の存在から生ずる間接的効果の点が、憲法上の争点として主張され判断されていく事案が多くなるのではないかと予想される。憲法事実たる立法事実が、憲法訴訟において重要なものであることは、既に我国でも指摘されているが、憲法事実たる立法事実の問題を体系的に取扱った文献が全くないので、この空白をいくらかでもうずめるため、憲法事実たる司法事実と立法事実の区別・憲法事実たる立法事実の類型・憲法事実たる立法事実の顕出方法に関し、我国の最高裁判所の判例、米合衆国最高裁判所の判例等を素材として、出来るだけ実務に役立つよう具体的にと心がけて、私なりの考え方をまとめてみた。[80]

したがって、時国の憲法事実論は法律の手段審査の方法を活性化させるものとして提示されており、実際、当該論文での検討内容もその多くを立法事実の検討に紙幅を割いている。つまり、時国の考える憲法事実は主として憲法訴訟における立法事実であり、それとは区別される形で憲法訴訟における司法事実があることを指摘している。[81]

時国は日本への応用を図るためにこうした分類を行ったと思われるが、[82]憲

---

79) 時国康夫「憲法事実—特に憲法事実たる立法事実について」法曹時報 15 巻 5 号 654 頁 (1963 年)。
80) 同前 685 頁。
81) 同前 654 頁。時国は、裁判所が特定の事件の中で起きた特定の事実を認定することを司法事実、立法府が立法資料として収集認定する事実のことを立法事実としている。
82) 時国が憲法事実の定義について何を参考にしたのかは定かではないが、先の憲法事実の定義の直後に、司法事実と立法事実について説明を行い、そこでリーガルプロセス学派のハート&サックス (Henry M. Hart, Jr. & Albert M. Sacks) のケースブックと立法事実論で有名なデイビス (Kenneth Culp Davis) の行政法のケースブックを引用している。司法事実と立法事実との区分についてはデイビスのケースブックが詳細な分析を行っており、主としてこちらを参照

動機審査　　211

法事実論の母国たるアメリカではその出自の状況が異なる。アメリカでは、立法事実よりもむしろ、司法事実の審査を強化するために憲法事実なる概念を打ち出していたからである。

　最初に「憲法事実」(constitutional fact) という言葉を用いたとされる[83]ディキンソン (John Dickinson) によれば、「管轄事実の法理が法律による限界になっているのと同様に、Crowell v. Benson 連邦最高裁判決[84]において展開された憲法事実の法理は行政の管轄事項に憲法上の限界を設けるものである。法律が一定の事実が存在する場合に管轄権を限定するのと同様に、現在の事実または事実状況の欠如に関する管轄権を限定するように憲法が解釈される。……要するに裁判所は政府機関の行為が憲法上の権限を逸脱しているかどうかを判断するために事実問題を決定するようになっているのである[85]」という。端的にいえば、憲法事実とは、裁判所が行政機関の行為の合憲性を判断する際に、その行為をする際に判断した事実を審査することをさしている。つまり、ここでは憲法判断に関する司法事実の審査が主な対象になっているのであり、そのことはディキンソンの次の言述にも表れている。すなわち、「法律の命運が現場の行使の合理性にかかっているとする憲法事実の法理は同じ法律でもその法律の合憲性は適用されるさまざまな具体的状況によって変わるとするものである。言い換えれば、その合憲性は当該事件に適用される事実次第ということなのである[86]」。

　それでは、かかる意味での憲法事実審査がなぜ必要なのだろうか。その理由については、①問題の性質上法と事実が混在していることから適用を通し

　　したと思われるが、ここでは憲法事実の観点から両者を区別するというよりは、事実認定の分類の観点から区分が行われている。そのため、時国の主眼はもともと立法事実の分析にあり、アメリカでいうところの憲法事実の分析を試みるものではなかったように思われる。時国・同前 654 頁、注 1。See also Henry M. Hart, Jr. & Albert M. Sacks, The Legal Process: Basic Problems in the Making and Application of Law 344 (1958); Kenneth Culp Davis, Handbook on Administrative Law 487-497 (1951). なお、時国がハート&サックスで参照している頁は 384 頁である。

83) Henry P. Monaghan, *Constitutional Fact Review*, 85 Colum. L. Rev. 229, 231 n.17 (1985).
84) Crowell v. Benson, 285 U.S. 22 (1932).
85) John Dickinson, *Crowell v. Benson: Judicial Review of Administrative Determinations of Questions of "Constitutional Fact,"* 80 U. Pa. L. Rev. 1055, 1067-1068 (1932).
86) *Id.* at 1068-1069.

て法が意味をもつこと、②問題となっている憲法的価値がきわめて重要で傷つきやすいものであること、③当該判断に偏見などが含まれているおそれがあることから信頼できないこと、があげられる。[87] 簡潔にいえば、憲法上の権利を保障するために法令の適用について事実を審査する必要があるということである。こうした問題に関心が向けられるようになったのは、行政国家の進展が背景にあった。

2 行政国家統制としての憲法事実

　モナハン（Henry P. Monaghan）は行政国家における行政機関の憲法的裁量統制として憲法事実審査を提示している。[88] モナハンによれば、Bose Corp. v. Consumers Union of United States, Inc. 連邦最高裁判決が憲法事実審査を提示した好例であるという。[89] Bose 判決では事実審の名誉毀損における現実の悪意についての事実認定を上訴審が覆すことができるかどうかが争われた。民訴法52条（a）は事実審の事実認定については明白な誤りがなければ上訴審がそれを覆すことができないとしていたが、連邦最高裁はそれを名誉毀損に適用するのは誤りであるとし、上訴審が独立して事実認定を行うことができるとした。モナハンはこのような憲法に絡む司法事実が憲法事実と呼ばれるものであるとし、憲法事実審査は修正1条に限らず、憲法事件一般に適用可能なものであるとする。

　モナハンによれば、法と事実の関係には、法宣言（law declaration）―事実認定（fact identification）―法適用（law application）の3つの段階があり、最高裁は関連事実を抜き出して憲法規範をそれに当てはめる作業を行う必要があるという。つまり、憲法事実を審査することは最高裁の権限の範囲内にあるのである。ただし、モナハンは、憲法事実審査は憲法にもとづく要請というよりも司法裁量の問題として認められるとする。なぜなら、上訴審の責務は法宣言であり、法適用ではないからである。

　モナハンの憲法事実審査は、行政国家に対する司法的統制の文脈で登場し

---

87) Adam Hoffman, *Corralling Constitutional Fact: De Novo Fact Review in the Federal Appellate Courts*, 50 DUKE L.J. 1427, 1432 (2001).
88) Henry P. Monaghan, *Constitutional Fact Review*, 85 COLUM. L. REV. 229 (1985).
89) Bose Corp. v. Consumers Union of United States, Inc., 466 U.S. 485 (1984).

たものであり、彼はそのリーディングケースとしてCrowell判決をあげている。この事件は労災補償に関する行政機関の事実の判断が問題となった事件であるが、憲法上の権利が関わる場合に、裁判所が法律判断および事実に関する判断を行うことができるかどうかという論点が浮上した。連邦最高裁は、憲法上の権利が関わる事件において行政機関の事実に関する判断が最終的判断になるかどうかという問題はデュープロセスの問題というよりも、司法権に関する問題であるとし、憲法事実は裁判所によって認定されるとした[90]。とりわけ、モナハンは憲法事実審査において、司法が行政機関の判断に拘束されずに記録を審査すると述べた点を重視している。法廷意見によれば、「憲法上の権利の実施に関わる場合、連邦裁判所が裁判所に提出された事件に関する記録自体や事実を判断することが独立した合衆国司法権の本質にとって欠かせない[91]」とした。モナハンによれば、「連邦最高裁は独立した記録の審査が"独立した司法権の行使の本質"を維持するために不可欠であるとしたのであり、憲法3条は訴訟を提起した者の権利に関わるというよりも、むしろ連邦の裁判過程における制度的独立に関わるものであることを示している[92]」という。つまり、モナハンは憲法3条の司法権にもとづき、憲法事実審査が導かれると考えているのである。

これに対して、Crowell判決におけるブランダイス（Louis D. Brandeis）裁判官の反対意見のように、港湾労働者補償法[93]は行政機関の事実に関する判断が覆ることを予定しておらず、本件は憲法3条の司法権の問題ではないとする見解もある[94]。あるいは、司法権のみを根拠として憲法事実審査を導き出すことは困難であり、デュープロセスにもとづく要請を加味しながらプラグマティックに考えるべきとするアプローチがある。シェクター（Judah A. Shechter）によれば、司法権にもとづく憲法事実審査は審査自体が可能であることを認めるものであるとしても、同時に敬譲的態度で挑む余地を認める

---

90) *Crowell,* 285 U.S. at 56-57.
91) *Id.* at 64.
92) Monaghan, *supra* note 88, at 255.
93) The Longshoremen's and Harbor Workers' Compensation Act, 33 U.S.C. §§ 901-950.
94) 285 U.S. at 65 (Brandeis, J., dissenting).

ものであるという[95]。また、司法権にもとづいて憲法事実審査を導き出すと、それによって行政機関の事実に関する判断に敬譲した下級審の判断を覆すことも正当化されるのかという問題にも直面する。そこでシェクターは、憲法上の権利を保障するために行政手続におけるデュープロセスを確保することが重要であるという観点から憲法事実審査が正当化されるとしつつ、他方でその要請はケースによって柔軟に対応すべきであるとする。

シェクターは、St. Joseph Stock Yards Co. v. United States 連邦最高裁判決[96]におけるブランダイス裁判官の同意意見[97]で、重要な権利が関わる事実の判断についてはデュープロセスの観点からプラグマティックに考慮する必要があると述べたことを重視し、Mathews v. Eldridge 連邦最高裁判決[98]が示した基準が参照に値するとする。同基準によれば、①個人の権利が関わっているかどうか、②判断を誤るリスクと手続保障によって確保される価値、③公益や行政の負担を考慮してデュープロセスの要請を検討することになる。

シェクターのアプローチはデュープロセスを重視するものであるが、必ずしも司法権を完全に排除するものではない。したがって、司法権またはデュープロセス、あるいはその両方から憲法事実審査が導かれるとする見解があり、いずれにせよ憲法事実審査が可能であるという点では一致している。

もっとも、司法権から憲法事実審査が導かれるとした場合、法律審たる上訴審にまでそれが認められるかどうかは検討の余地がある。この点についてモナハンは、いくつかのアプローチを取り上げながらその問題点を指摘し、最終的に裁量として認められるとしている。たとえば、憲法上の権利が重要であるがゆえに上訴審の憲法事実審査を認めるアプローチについては憲法価値の実現と上訴審の憲法事実審査の可否とは問題が異なるとし、修正1条の分野だけに上訴審の憲法事実審査が認められるとするアプローチについては修正1条の特殊性によって憲法事実審査が認められるわけではないといった具合である。その結果、モナハンは、上訴審の憲法事実審査は憲法上の責務とはいえないが、憲法3条にもとづいて裁量的に行使できるとするのである。

---

95) Shechter, *supra* note 78, at 1496-1498.
96) St. Joseph Stock Yards Co. v. United States, 298 U.S. 38 (1936).
97) *Id*. at 81 (Brandeis, J., concurring).
98) Mathews v. Eldridge, 424 U.S. 319, 344 (1976).

3 憲法的および司法的統制の強化

　モナハンの憲法事実の分析に対して、レディッシュ & ゴール（Martin H. Redish & William D. Gohl）は憲法的統制や司法的統制が不十分であると指摘している[99]。かれらによれば、憲法事実の審査は権利保障に直結するものであるという。かれらは、連邦最高裁が憲法問題を判断する際、事実に関する判断が憲法判断に取って代わっている場面があるとして、わいせつ表現の問題を例にあげている[100]。連邦最高裁はわいせつ表現が修正1条の保護を受けないとしてきたことから[101]、もしある表現がわいせつ表現にあたると判断されたら、それは憲法の保障を受けないことになる。そうなると、ある表現がわいせつ表現にあたるかどうかの事実に関する判断が憲法上保護されるかどうかをも決めることになるので、憲法判断に取って代わってしまっているといえる。そしてその判断を行政機関に委ねると憲法上の権利が保障されなくなってしまう。そのため、憲法問題に関する事実の判断についての司法的統制が必要になる。

　そこでかれらは修正5条と修正14条にもとづくデュープロセスと憲法3条の司法権により、司法が憲法事実を審査することが要請されると主張する[102]。まず、デュープロセスは憲法上の適正手続を保障するものであり、憲法事実は中立的に判断されなければならない[103]。そのため、デュープロセスは行政機関の恣意的な判断を排除し、司法による独立的な審査を認める。とりわけ、行政機関の事実に関する判断が憲法問題に絡んでいる場合、司法が行政機関の事実判断を審査して恣意的判断を統制する必要がある。

　次に憲法3条の司法権条項は、条文自体からは憲法事実に関する内容を読み取ることはできないが、連邦最高裁が憲法のもとで生じた事件を審査することを認めたものと解釈することができるので、連邦最高裁は憲法事実に関する審査を行うことができる[104]。かつて Yakus v. United States 連邦最高裁

---

99) Martin H. Redish & William D. Gohl, *The Wandering Doctrine of Constitutional Fact*, 59 Ariz. L. Rev. 289 (2017).
100) *Id.* at 291.
101) なお、修正1条の保護を受けないといっても、その規制の合憲性の審査は行われるのであるが、ここでは詳細には触れず、文字通り憲法上の権利の保障外となってしまうという流れで説明する。
102) Redish & Gohl, *supra* note 99, at 293-294.
103) *Id.* at 310-316.

判決においてラトリッジ（Wiley B. Rutledge, Jr.）裁判官の反対意見は、司法権が発動されるときは憲法に直接責任を負うことになるのであって、他権が介入することはできないとした。このことは、憲法事実についても当てはまるものであり、司法が憲法事実について独立した判断を行うことができるのである。

このように、かれらはデュープロセスと司法権という憲法上の要請にもとづき、連邦最高裁は憲法事実審査を行えるとする。かれらは連邦最高裁が上告審として事実に関する判断を行うことについて下級審の監督権にもとづいて正当化されるとの議論を取り上げながらも、それらは憲法上の要請ではないとして切り捨てており、デュープロセスと司法権を軸に憲法事実審査を展開しているのが特徴である。

連邦最高裁が憲法事実審査を行う憲法上の根拠があるとしても、それは他の憲法条文や憲法構造と調和が図られなければならない。つまり、他の機関も憲法解釈権を有しているのであって、その第一次的判断を覆すことは権力分立の観点からして許容されるのか、という問題である。

4 憲法事実審査と権力分立

権力分立は、権力の分割および抑制と均衡を要請するものであり、各機関が自らに割り当てられた憲法上の権限を行使するとき、他権はそれを尊重することが要請されると考えられている。それは、事実に関する判断にも関わるため、司法が憲法事実審査を行うことは権力分立上の問題を惹起する可能性がある。

一般に、司法府は政治部門が行う事実に関する第一次的判断を尊重しなければならないと解されている。立法府が法律を制定する場合、それは憲法上の立法権にもとづいて行われるだけでなく、高度な民主的正当性を背景に行われる。そのため、立法にかかる事実に関する判断は立法政策に委ねられるべきものであり、司法府はその第一次的判断を尊重するわけである。執行府の判断については、大統領が憲法上の権限を行使する場合と行政機関が法を

---

104)　*Id.* at 317-322.
105)　Yakus v. United States, 321 U.S. 414 (1944).

執行する場合とで敬譲の理由や程度は異なってくる。大統領が憲法上の権限を行使する際に行う事実の判断は、立法府の場合と同様、憲法上の権限と高度な民主的正当性に支えられるがゆえに、その事実にかかる判断については敬譲することが要請される。他方で、行政機関の事実にかかる判断については、憲法上の権限を直接実施するわけではなく、また高度な民主的正当性を有するわけではないので、立法府や大統領の判断ほどには敬譲が要請されないようにもみえる。しかし、行政機関は高度な専門的知見にもとづいて法律や命令を実施することから、司法は行政機関の第一次的判断を尊重しなければならないと考えられている。

したがって、司法が行政機関の憲法事実を厳しくチェックすることは権力分立上の問題を惹起するおそれがある。この点につき、政府の行為が憲法に反するかどうかを最終的に判断するのが司法の役割であり、司法の憲法解釈が他権に優越すると考える司法優越主義（judicial supremacy）の立場からすれば、憲法事実を厳しくチェックすることも許容されることになる。[106] 司法優越主義が要請するのは憲法解釈における優越性であるが、憲法事実審査が単なる事実の判断ではなく、憲法判断において考慮される事実であるため、そのこと自体が憲法解釈に密接に関係する。そのため、司法優越主義は他権の事実に関する第一次的判断を尊重せずに、司法が憲法事実審査を行うことを認めるものである。

これに対し、司法を憲法解釈の最終的権威とみなすのではなく、三権が同等に憲法解釈権を有し、その最終的権威は領域ごとに異なるとするディパートメンタリズム（departmentalism）の立場からみるとどうなるだろうか。一見すると、ディパートメンタリズムは各機関の専権領域を重視するので、司法による憲法事実審査を許容しないように思える。[107] しかし、マギンス＆ムレニー（John O. McGinnis & Charles W. Mulaney）によれば、ディパートメンタ

---

106) William D. Araiza, *Deference to Congressional Fact-Finding in Rights-Enforcing and Rights-Limiting Legislation*, 88 N.Y.U. L. REV. 878, 911 (2013).
107) Mark A. Graber, *Independent Constitutional Authority in American Constitutional Law and Practice*, 58 WM. & MARY L. REV. 1549, 1605-1606 (2017). たとえば、ディパートメンタリストの１人であるグレイバー（Mark A. Graber）は、連邦最高裁が憲法事実を正確に判断できるのはまれであるとしている。

リズムは憲法事実審査を許容するものであるとする[108]。ディパートメンタリズムは司法が憲法解釈の最終的権威となることを認めないものの、それぞれの機関が独立して憲法解釈をすることを認める。そのため、司法はその憲法解釈が最終的判断になるとは限らないが、他権が行った憲法事実を審査することはできる。しかも、司法は裁判を通して事実を明らかにすることができるのであって、また当事者主義によってよりよく事実判断を行えることから、憲法事実審査は権力分立上の要請ともいえる[109]。そのため、ディパートメンタリズムの立場からしても、司法による憲法事実審査は可能だというのである。

たしかに、ディパートメンタリズムは三権それぞれの専権領域を認めるものの、その領域の問題について他権が口出ししてはならないことを要求するものではない。なぜなら、三権は同等に憲法解釈権を有しているというのがディパートメンタリズムの立場であり、それを前提にしたうえで、最終的決定がそれぞれの専権領域の担当機関に任せられると考えるからである。

このように、司法優越主義およびディパートメンタリズムのいずれによっても憲法事実審査は可能であるとの結論が出るとしても、民主主義の表れたる立法意思との関係でも衝突しないかどうかを検討しなければならない。司法が行政機関の判断を審査するとき、それは行政機関の判断のみならず、行政機関に判断を委ねた立法意思との関係でも問題になるからである[110]。行政機関の判断に対する司法審査については、正式手続か否かなどによって敬譲の程度が変わるなど、必ずしも定式化されていない部分もあるが、Citizens to Preserve Overton Park, Inc. v. Volpe 連邦最高裁判決以降[111]、連邦最高裁は行政機関の事実判断について記録にもとづく判断を行い始め、Chevron U.S.A., Inc. v. Natural Resources Defense Council, Inc. 連邦最高裁判決以降[112]、二段

---

108)　John O. McGinnis & Charles W. Mulaney, *Judging Facts Like Law*, 25 CONST. COMMENTARY 69 (2008).
109)　*Id.* at 116-129.
110)　*See, e.g.,* Daniel J. Gifford, *The Emerging Outlines of a Revised Chevron Doctrine: Congressional Intent, Judicial Judgment, and Administrative Autonomy*, 59 ADMIN. L. REV. 783 (2007).
111)　Citizens to Preserve Overton Park, Inc. v. Volpe, 401 U.S. 402 (1971).
112)　Chevron U.S.A., Inc. v. Natural Resources Defense Council, Inc., 467 U.S. 837 (1984).

階審査を行う方法が有力になりつつある[113]。Chevron 判決により、法律の内容が明確であれば行政機関がそれに従っているかどうか、法律の内容が不明確であれば行政機関の判断に合理性があるかどうかが審査されるようになっている。これは立法意思を尊重する審査手法であり、これにもとづく限り、立法府との調整が図られているといえる。そのため、司法による憲法事実審査は民主主義と対立するわけではなく、むしろ民主主義を実践するための審査を行っているともいえる[114]。

5 行政機関の憲法事実審査の内容

憲法事実審査が可能であるとすれば、いかなる場面で、どのような審査を行うことになるのだろうか。

憲法事実審査は、事実についてのみ判断するような純粋な事実判断に限られない。憲法問題が絡む事実について判断する以上、そこに憲法的考慮が払われたり、憲法解釈が行われたりすることもある。

それは、たとえ行政機関の事実の判断が直接憲法的問題に関わっていない場合でも、その事実の判断について十分な憲法的考慮が払われていなければ、司法が憲法の観点からその事実の判断の是非を判断することが認められることになる。その典型例は、モナハンもあげていたわいせつの判断に関する事件である[115]。

わいせつ表現に該当するかどうかの判断につき、判断権者ごとに細分化すると、まずはわいせつを取り締まる行政機関が判断し、次に陪審が判断し、控訴を経て、最後に連邦最高裁がそれを判断することになる。連邦最高裁は、Miller v. California 連邦最高裁判決[116]において、わいせつ該当性について、好色的興味に訴えているかどうか、一般人がその時代のコミュニティの基準に照らしてみた場合に不快な方法で性行為を描写しているか、重要な文学的・

---

113) ただし、二段階審査についても動揺があり、二段階審査に行く前に別の段階の判断があるとも指摘されている。See Cass R. Sunstein, *Chevron Step Zero*, 92 VA. L. REV. 187 (2006).
114) William W. Buzbee & Robert A. Shapiro, *Legislative Record Review*, 54 STAN. L. REV. 87, 139-140 (2001).
115) Steven Alan Childress, *Constitutional Fact and Process: A First Amendment Model of Censorial Discretion*, 70 TUL. L. REV. 1229 (1996).
116) Miller v. California, 413 U.S. 15 (1973).

芸術的・政治的価値・科学的価値を欠いているかどうかを判断するというミラーテストを憲法の観点から提示しているが、通常、行政機関の判断ではこれを参考にしてわいせつ該当性のみを判断するにすぎない。また、陪審も法的な判断要素を教示されるものの、基本的にはそれがわいせつに該当するかどうかを判断するにすぎない。つまり、ここでは憲法問題であるにもかかわらず、事実の判断しか行われていないというわけである。そこで連邦最高裁は、憲法的観点からそれが表現の自由に与える影響を考慮しながら当該基準を適用してわいせつにあたるかどうかを判断すべきとした。このように、連邦最高裁は憲法の観点から事実に対する判断を行うことがあり、それが憲法事実審査なのである。

　もっとも、Miller判決はミラーテストに適うように判断するように差し戻していることから、連邦最高裁の判断は事実の判断を含んでいないのではないかという反論もありうる。そもそも連邦最高裁が法律審であることを踏まえると当然の結果であるが、ここで重要なのは、憲法の観点から事実に対する判断方法に問題があったことを指摘している点である。つまり、この例では直接事実に対する判断を行って結論にまで至っているわけではないが、憲法の観点から事実に対する判断を行っているというレベルの憲法事実審査ということになる。

　もちろん、一旦下級審に差し戻した後、連邦最高裁が再度取り上げて事実に対する法適用の問題を判断することがある。たとえば、下級審がミラーテストを事実に対して適用した際に不適切な判断であった場合、再び連邦最高裁まで上がってくることがありうる。そのとき、連邦最高裁は事実に対して法適用を行って判断するわけであり、まさに事実の判断を行うことになる。最近の例でいえば、厳格審査を適用して判断するように下級審に差し戻したうえで差戻上告審において厳格審査を適用して判断したFisher v. University of Texas連邦最高裁判決がそれにあたる。また、憲法問題を検討するように

---

117) Fisher v. University of Texas,133 S.Ct. 2411 (2013) (Fisher I); Fisher v. University of Texas, 136 S.Ct. 2198 (2016) (Fisher II). この事件は、テキサス大学の学部のアファーマティブアクションの合憲性が争われた事案である。Fisher I 判決は厳格審査基準を適用すべきとして差し戻し、Fisher II 判決は適切な厳格審査基準が適用されたかどうかを審査し、最終的に合憲の判断を下した。

下級審に差し戻し、差戻上告審において政策変更の事実関係を踏まえながら違憲判断を下した FCC v. Fox Television Stations, Inc. 連邦最高裁判決 (Fox Ⅱ判決) のようなケースもある。[118]

　憲法事実審査という言葉の印象からすれば、このように連邦最高裁が憲法的観点から事実に対して法適用を行って判断するケースの方が憲法事実審査の例としてはわかりやすいだろう。こうした判断は差戻上告審ではなく、最初から破棄自判のケースの方が一層理解しやすいかもしれない。たとえば、明白かつ現在の危険の基準のケースがあげられる。Pennekamp v. Florida 連邦最高裁判決[119]は明白かつ現在の危険の基準を当該事件の事実に適用して有罪判断を下した下級審の判断を破棄した。この判決はまさに事実を判断しながら、憲法的観点から明白かつ現在の危険の基準を当てはめて判断しており、法と事実の両方について判断している。こうした判断が憲法事実審査であることには変わりないが、しかし、他面において、かかる判断は憲法上の基準を事実に適用するものであることから、事実の問題と法の問題を混在させているともいえる。このような事実と法が混在 (mixed law-fact) するケース[120]では、先例が行った憲法的考慮にもとづいて基準を適用するだけの場合もありうるので、場合によっては憲法的考慮が見えにくくなる可能性もある。いずれにせよ、このような判断も憲法的事実審査に含まれる。

6　動機審査と憲法事実審査の関係

　行政機関の決定に対する動機審査を行う場合、憲法事実に踏み込む場合があることから、憲法事実審査について検討した。一見すると、動機審査は行政機関の決定の内実や意思決定過程にまで踏み込むため、単なる憲法事実審査よりも行政機関への介入の度合いが強いように思えるが、必ずしもそうとはいえない。動機審査が行われる場面がそれほど多いわけではなく不当な動

---

118)　FCC v. Fox Television Stations, Inc., 556 U.S. 502 (2009) (Fox I); FCC v. Fox Television Stations, Inc., 132 S.Ct. 2307 (2012) (Fox II). この事件は、テレビ放送において下品な言葉を一瞬たりとも流してはならないとする FCC の命令の合憲性が争われた事案である。Fox I 判決は憲法問題を検討するように求めて差し戻し、Fox II 判決は罰則適用時に政策変更が告知されていなかったとして違憲 (デュープロセス違反) の判断を下した。
119)　Pennekamp v. Florida, 328 U.S. 331 (1946).
120)　Childress, *supra* note 114, at 1251-1252.

機が疑われる場合に限られるのに対し、憲法事実審査は憲法問題が絡む行政事件において広く登場するものである。そのため、審査の範囲という点においては、憲法事実審査の方が動機審査よりも広い。しかも、憲法事実審査は、事案によっては審査基準を変更して事実を審査することもあり、行政機関の決定に深く立ち入ることもある。

さらにいえば、立法に対する事実認定は先例拘束性を有するのかどうかという問題が生じるが、憲法事実審査は行政機関の個別の判断に誤りがないかどうかを審査するものであり、当該事件に限定されるため、先例拘束の問題は生じにくい。そのため、裁判官の裁量の幅が広く認められる手法といえよう。

このようにみてみると、動機審査は憲法事実審査の一場面のように思えてくるが、それは分類の仕方によって異なる。たとえば、憲法事実と近い意味で使われることがある司法事実（adjudicative fact）[122]は、当該事件において当事者に適用される事実であり、誰が、何を、どこで、いつ、どのように、なぜ、いかなる動機や意図をもって、行ったのかを表すものとされる。[123]ここでは動機も含まれているため、そこに着目するのであれば、動機審査も憲法事実審査の中に含まれているともいえる。

しかし、動機審査と憲法事実審査の関係は一方が他方を包摂するというものではなく、いずれも審査の手法のひとつであり、両者独立したものともいえる。もともと動機審査が不当な動機の有無をチェックするものであるのに対し、憲法事実審査は事実の判断の是非をチェックするものであり、重複する部分もあるものの、その狙いは異なる。

したがって、どのような文脈で、いかなる観点から分類するかによって、両者の関係は変化しうるものとなる。

ともあれ、連邦最高裁が憲法事実審査を実際に行い、それが理論上も正当

---

121) Allison Orr Larsen, *Factual Precedents*, 162 U. PA. L. REV. 59 (2013).
122) 憲法事実と司法事実の異同は文脈次第である。一般に、憲法事実は憲法問題に絡む行政機関の事実判断をさし、司法事実は当該事件にかかる事実をさす。前者が主体（行政機関）や対象（憲法問題が絡む事実の判断）に重きをおくのに対し、後者は立法事実と対比される形で当該事件にかかる点を強調するものである。
123) KENNETH CULP DAVIS, ADMINISTRATIVE LAW TEXT 160 (3d ed. 1972).

化されることが判明した以上、行政機関に対する動機審査は十分可能であることがわかったといえる。もちろん、それは違憲判断を担保するためではなく、あくまで憲法的統制を行うためのものである。現代行政国家では、時に行政機関の方が憲法的考慮を行い、憲法価値の実現を行っている場面もある。しかし、行政機関の行為によって事実上の損害が生じているという場面に限って考えると、司法による動機審査ひいては憲法事実審査が重要になってくるように思われる。とりわけ、日本の状況を踏まえると、かかる手法が大きな意義をもつと考えられる。

後　序

　本稿では、事実上の憲法上の権利侵害が生じている場合にどのような対応をすべきかという問題意識のもと、その対応策のひとつとして動機審査の可能性を検討した。その際、アメリカの判例や学説を素材にしながら、立法に対する動機審査と行政行為に対する動機審査とに分けて検討を行い、両方とも可能であるものの、立法に対する動機審査には反多数決主義の難点というやっかいな問題があることと、さしあたり日本では行政行為に対する動機審査が重要なのではないかという事情を考慮して、後半では行政機関の決定に対する動機審査を考察した。結論としては、行政機関の決定に対する動機審査は実務上も理論上も可能であり、また憲法事実審査も広く行える余地があることを明らかにした。

　他方で、行政機関の決定に対する動機審査は強力な処方でもある。動機審査と審査基準との関係を分析すると、アメリカでは立法の動機審査が主として審査基準の厳緩に結びつくものであったのに対し、行政機関の決定に対する動機審査はそれが違憲・合憲の結果に結びつくものとなっていた。つまり、動機審査の結果がそのままストレートに違憲か合憲かの結論につながるのである。その意味で、行政機関の決定に対する動機審査は強力な手法であり、その射程や限界を検討する必要がある。

　本稿冒頭のエピグラフが示すように、情報化時代を迎えた今、裁判における事実認定において、他権に対する敬譲がどこまで必要かを再考する時代に

差し掛かっている[124]。あらためて、専門知とは何か、また専門知以外に敬譲する理由はあるのかについて考える必要がある。

---

124) それは、連邦最高裁があらゆる事実認定を積極的に行うべきというわけではなく、たとえば立法事実に関する検証であれば、問題の事柄や事実の性質などに応じて敬譲の度合いを考えていくとになろう。*See, e.g.,* Vicki C. Jackson, *Thayer, Holmes, Brandeis: Conceptions of Judicial Review, Factfinding, and Proportionality*, 130 HARV. L. REV. 2348, 2370-2394 (2017).

刑事手続
―― 憲法学的検討の序として

君塚正臣

     I はじめに
     II 逮捕・捜索・押収・取調手続
     III 訴訟手続
     IV 刑事実体法
     V おわりに

I はじめに

 アメリカ合衆国憲法は、修正4条、修正5条、修正6条、修正8条に刑事手続に関する条項をおいている。修正14条はこの種の保障を連邦から州の手続にも拡大した[1]。

 これらの条項は、日本国憲法にも大きな影響を及ぼしている。修正4条は日本国憲法33条と34条、35条に、修正5条後半は日本国憲法31条と38条、39条、そして刑事手続ではないが29条に、修正6条は37条に、修正8条は36条に反映されていると思われる。加えて、日本国憲法31条以下を一体的に理解し、32条も刑罰を科すには当然に事前の司法裁判所による裁判が必要であることを求めたものと解するとき[2]、陪審制を必須とせず[3]、9条や76条2項もあって軍法会議を否定している日本国憲法32条に、合衆国憲法修正5条前半は反映しているとも読める。また、日本国憲法34条

---

[1] 選択的編入理論により、刑事手続に関する諸原則も州に及ぶ。*See* Palko v. Connecticut, 302 U.S. 319 (1937).
[2] 君塚正臣『司法権・憲法訴訟論 上巻』第5章(法律文化社・2018年)参照。元は、「『裁判を受ける権利』の作法の発想転換―日本国憲法32条の法意の再再検討」横浜国際経済法学21巻3号25頁(2013年)である。
[3] 実際にアメリカでも、すべての裁判に陪審制が必須と考えられているわけでもない。Hurtado v. California, 110 U.S. 516 (1884). 松井茂記『アメリカ憲法入門〔第7版〕』358頁(有斐閣・2012年)参照。

後段の手続は、英米流の人身保護令状（Habeas corpus）を念頭においており、人身保護法の制定は日本国憲法の精神に適合的だが、政府が否定的で、日本の人身保護法は議員立法によったとの分析もある[4]。要は、日本国憲法の刑事手続に関する比較的詳細な条項群は、アメリカ合衆国憲法の初期の修正箇条を大いに反映しているのであり、日本国憲法のこれらの条項の解釈にあたっては、比較法的な参考にすべき部分が大きいと考えるのが普通であろう。

　ところが、日本の憲法学は、憲法31条以下の解釈に多くの情熱を注いできたとはいいがたい。1970年代に、杉原泰雄による研究があったが[5]、フランス憲法を専門とし、アメリカ合衆国憲法の解釈には深く踏み込まず、刑事訴訟法210条の定める緊急逮捕についても、1955年判例の評釈において[6]、「日本国憲法33条は、その令状主義の趣旨、それを支える適正手続主義およびその規定のし方からして、無辜を一人も苦しめないことを代償として、現行犯逮捕以外の例外を認めていないと解するほかない[7]」として文言解釈に徹し、それ以上の進展が望めない状況であった。アメリカ憲法を専門とする松井茂記も、憲法32条を民事・行政裁判を受ける権利と読み込み[8]、刑事手

---

4) 田中英夫『英米法研究3—英米法と日本法』206〜207頁（東京大学出版会・1988年）。
5) 杉原泰雄『基本的人権と刑事手続』（学陽書房・1980年）四六判全281頁に纏まる。
6) 最大判昭和30年12月14日刑集9巻13号2760頁。本件評釈には、江家義男「判批」判例評論4号21頁（1956年）、寺尾正二「判解」法曹時報8巻2号134頁（1956年）、同「判解」最高裁判所判例解説刑事篇昭和30年度398頁（1956年）、高田卓爾「判批」芦部信喜編『憲法判例百選』78頁（有斐閣・1963年）、同「判批」警察研究34巻7号105頁（1963年）、中武靖夫「判批」我妻栄編『判例百選〔第2版〕』192頁（1965年）、鴨良弼「判批」芦部信喜編『憲法判例百選〔第3版〕』124頁（有斐閣・1974年）、早稲田大学法学部新井研究室「判批」法学セミナー242号130頁（1975年）、上田勝美「判批」法学セミナー246号79頁（1975年）、小野慶二「判批」平野龍一ほか編『刑事訴訟法判例百選〔第3版〕』42頁（有斐閣・1976年）、平谷正弘「判批」別冊判例タイムズ9号『警察関係基本判例解説100』142頁（1985年）、小林孝輔「判批」同編『判例教室 憲法〔新版〕3』20頁（法学書院・1989年）、牧田有信「判批」別冊判例タイムズ11号『警察実務判例解説〔任意同行・逮捕篇〕』67頁（1990年）、小黒和明「判批」研修599号87頁（1998年）、杉原泰雄「判批」芦部信喜ほか編『憲法判例百選Ⅱ〔第4版〕』254頁（有斐閣・2000年）、公文孝佳「判批」別冊判例タイムズ26号『警察基本判例・実務200』226頁（2010年）、笹倉宏紀「判批」井上正仁ほか編『刑事訴訟法判例百選〔第9版〕』222頁（有斐閣・2011年）、上田健介「判批」長谷部恭男ほか編『憲法判例百選Ⅱ〔第6版〕』252頁（有斐閣・2013年）などがある。
7) 杉原・前掲注5) 255頁。
8) 松井茂記『裁判を受ける権利』7頁（日本評論社・1993年）。

続の適正については31条の射程としつつ、刑事実体法の法定と適正については、むしろアメリカのロックナー期の連邦最高裁が禍根を残したことから否定的な姿勢を示し、これは日本国憲法41条の要請であるとする。期せずして、杉原と同様、緊急逮捕について、「令状逮捕に対する例外を認めることは困難」という姿勢であることは興味深い。対して、「アメリカでも犯罪の重大性や緊急性との比例に鑑みて例外が多い」ことも実は視野に入れてか、多くの学説は緊急逮捕を合憲としてきたのであるが、たとえば、やはりアメリカ憲法研究者である佐藤幸治も、緊急「逮捕の合憲性の根拠を強いて求めるとすれば、社会秩序に対する重大な侵害を排除する緊急の措置であるという点にあ」るとしており、アメリカの判例や学説の展開を比較憲法的に検討し、日本法への示唆を得ている印象は薄いのである。

つまり、刑事手続に関する条項の憲法解釈については、日本の憲法学はほとんど研究成果がなく、それどころか守備範囲としても認識していない傾向もあり、合衆国憲法の上記条項に関する研究成果は、専ら刑事法学者の一部に頼ってきたと言っても過言ではない状況にある。

だが、憲法学者の口から発せられない憲法論は——とくに違憲論ではそうであるが——力を持たない。日本国憲法31条以下の解釈のためにも、アメリカ合衆国憲法の上記条項に関する判例および理論の研究に進む必要がある。そこで本稿では、その基礎として、上記条項に関する主な判例等をまず確認・整理する。そして、主に日本の憲法学界に向けて、本分野の研究を奨励

---

9) 同前46〜47頁。田中英夫『英米法研究2—デュー・プロセス』281頁（東京大学出版会・1987年）、同旨。
10) 松井茂記『日本国憲法〔第3版〕』519頁（有斐閣・2007年）。
11) 同前528頁。
12) 川岸令和ほか『憲法〔第4版〕』227頁〔君塚正臣〕（青林書院・2016年）。
13) 佐藤幸治『日本国憲法論』336頁（成文堂・2011年）。
14) 芦部信喜『憲法〔新版補訂版〕』222頁（岩波書店・2000年）も、「異論はあるが、一般に合憲と解されている」とする。高橋和之補訂による第6版247頁（2015年）も同様の記述である。
15) たとえば、松井・前掲注3）358頁以下も、刑事手続にはほとんど触れていない。
16) アメリカの刑事手続については、とくに、ロランド・V・デル＝カーメン（佐伯千仭監修／シルビア・ブラウン浜野協力／樺島正法＝鼎博之訳）『アメリカ刑事手続法概説』（第一法規・1994年）によった。このほか、田中利彦編『アメリカの刑事判例1』（成文堂・2017年）も参照。

することを目的とする。

II　逮捕・捜索・押収・取調手続

　逮捕には令状が必要であることが原則であり、いくら州法が長く許容していようとも、無令状での住居内の逮捕は修正4条違反である[17]。逆に、公共の場所については、法律が許すなら、逮捕後の令状取得も許容される[18]。逮捕とは、常識人からみて、自由が制約され自由に行動できないようにされた状態をさす[19]。逮捕や身体拘束には「相当の理由」が必要であり[20]、警察官が合法的行動をしているか否かを決定する。それは、「常識的な注意力を有する者に、ある犯罪が犯されたか、犯されつつあると信じさせるに十分な」理由である[21]。令状発付に実質的要件があったか否かの基準であって、裁判手続においても、特定の事実の真偽を審理するものではない[22]。逮捕に伴い、銃などの武器を取り上げることは合理的である[23]。交通法規違反事例で、逃走した被疑者をしばらくして駆け付けた警察官が家屋内で無令状逮捕するのは修正4条違反とする判例がある[24]。

　逮捕手続に関しては、連邦最高裁の1966年の著名な判決がある。誘拐と

17) Payton v. New York, 445 U.S. 573 (1980). 本件評釈に、香川喜八朗「米判批」渥美東洋編『米国刑事判例の動向IV』128頁（中央大学出版部・2012年）などがある。
18) United States v. Watson, 423 U.S. 411 (1976).
19) Michigan v. Chesternut, 486 U.S. 567 (1988).
20) See Michigan v. Summers, 452 U.S. 692, 700 (1981). 本件評釈に、信太秀一「米判批」鈴木義男編『アメリカ刑事判例研究 第2巻』1頁（成文堂・1986年）、前島充祐「米判批」渥美編・前掲注17) 49頁などがある。
21) Brinegar v. United States, 338 U.S. 160, 175-176 (1949).
22) See Illinois v. Gates, 462 U.S. 213 (1983). 本件評釈に、中野目善則「米判批」渥美編・前掲注17) 80頁、信太秀一「米判批」鈴木編・前掲注20) 29頁などがある。
23) Chimel v. California, 395 U.S. 752 (1969). 本件評釈に、香城敏麿「米判批」アメリカ法［1970-2］278頁などがある。このほか、衣服を押収し、犯行時に付着した塗料を証拠とすることも合理的とする判断もある。United States v. Edwards, 415 U.S. 800 (1974). 本件評釈に、櫻栄茂樹「米判批」鈴木義男編『アメリカ刑事判例研究 第1巻』65頁（成文堂・1982年）などがある。
24) Welsh v. Wisconsin, 466 U.S. 740 (1984). 本件評釈に、酒井安行「米判批」鈴木義男編『アメリカ刑事判例研究 第3巻』1頁（成文堂・1989年）などがある。このほか、Baldwin Gordon B.（椎橋隆幸＝中野目善則訳）「弁護人の立場から」比較法雑誌22巻3号1頁（1988年）も参照。

強姦の疑いで逮捕された被告人が取調を受け、自白を余儀なくされたが、その際に、弁護人選定権の告知が係官からなされず、本人も弁護人の選任を要求しなかった。連邦最高裁は、この事案で、個人が拘禁され、自由を奪われ、尋問を受ける場合には、黙秘権は危殆に瀕しているのであり、黙秘権を告知し、その行使が明確に保障されるような他の十分に効果的な手段が採用されない以上、尋問の前に、黙秘権があること、その供述は法廷で自己に不利益に用いられる危険性があること、弁護人の尋問立会権があること、希望するなら尋問開始に先立って国選弁護人が選任されうることを告知されなければならず、これが保障されずに得た証拠は、被告人に不利益に用いることができないと明示したのである。[25]この判決以降、逮捕時にはいわゆる「ミランダ警告」がなされるようになった。沈黙によりその権利放棄を推定することはできない。[26]連邦最高裁は、ミランダ警告は修正5条の権利を実務的に拡張したものであって、そこには「公衆の安全」という例外があり、強姦と銃保持の疑いで緊急に逮捕した後にミランダ警告を読み上げたとしても、憲法違反ではないとした。[27]また、ミランダ警告は不要であるとしつつ捜索に応じたところ、銃を発見され、銃保持の罪で起訴された被告人が、ミランダ警告なき捜索から得た証拠は「毒樹の果実」にあたり採用されえないと主張した事件で、連邦最高裁は、2004年、自発的供述にはミランダ原則は及ばないとして、銃の証拠能力を認めた。[28]

逮捕に際して致命力のある武器を使うには合理性が必要であり、危険性のない被疑者を撃つ利益がなく、修正4条違反の疑いがあるとする判断があ

---

25) Miranda v. Arizona, 384 U.S. 436 (1966). 本件評釈に、田宮裕「米判批」アメリカ法〔1966-2〕328頁、石川才顕「米判批」伊藤正己ほか編『英米判例百選 I』172頁（有斐閣・1978年）、小早川義則「米判批」藤倉皓一郎ほか編『英米判例百選〔第3版〕』114頁（有斐閣・1996年）、笹倉宏紀「米判批」樋口範雄ほか編『アメリカ法判例百選』112頁（有斐閣・2012年）などがある。
26) Tague v. Louisiana, 444 U.S. 469 (1980).
27) New York v. Quarles, 467 U.S. 649 (1984). 本件評釈に、川端和治「米判批」ジュリスト856号120頁（1986年）、平澤修「米判批」鈴木編・前掲注24）84頁などがある。
28) United States v. Patane, 542 U.S. 630 (2004). 本件評釈に、洲見光男「米判批」比較法学38巻3号191頁（2005年）、柳川重規「米判批」比較法雑誌40巻1号409頁（2006年）、小早川義則「米判批」名城ロースクール・レビュー8号161頁（2008年）、君塚正臣「米判批」憲法訴訟研究会＝戸松秀典編『続・アメリカ憲法判例』324頁（有斐閣・2014年）などがある。

る。後に警察官による逮捕が民事責任を問われた場合でも、修正4条の「客観的な合理性」で判断するものとされる。スピード違反で逃走する自動車がパトカーからバンパー攻撃を受け、車が築堤から落ちて重傷を負った被疑者が、修正4条違反の不合理な逮捕であるとして1983条訴訟を起こした事案で、連邦最高裁は、2007年、警察側のビデオテープを証拠に、逃走が人命を危険に晒しており、逮捕は違法・違憲ではないとした。

死刑判決を受け、死刑囚監房に入れられたことに対し、一審弁護人の無能と自らが無実であることを理由に人身保護令状の発給を求めた事案で、連邦最高裁は、1995年、「憲法違反が無実の者に有罪判決をもたらした蓋然性が高い」という主張を証拠によって根拠づけることを要するという基準が、誤審の審問に適用されるとして、刑の執行停止の申立てを受理し、これを却下した原判決を破棄した。精神異常故に罪に問われなかった者について強制入院を命じる法令を、犯行時に責任能力があったと主張している者に適用することは許されない、とする判例もある。他方、逮捕され起訴されていた者が、社会または個人の安全を確保する保釈条件が存在しない場合に予防拘禁を認める法律の合憲性を争った事案で、これは処罰ではなく規制であり、やむにやまれぬ利益に基づき拘禁を議会が求めれば、修正8条は保釈を要求しない、とする判例もある。

麻薬密売の情報を得て、寝室に侵入した警察官が被疑者を問い詰めたところ、被疑者がベッド脇のカプセルを飲み込んだため、保安官がこれを病院に連行して吐き出させ、これを主な証拠とした判断について、1952年に連邦

---

29) Tennessee v. Garner, 471 U.S. 1 (1985). 本件評釈に、川端和治「米判批」ジュリスト885号76頁（1987年）、酒井安行「米判批」鈴木編・前掲注24）7頁などがある。
30) Graham v. Connor, 490 U.S. 386 (1989).
31) Scott v. Harris, 550 U.S. 372 (2007). 本件評釈に、君塚正臣「米判批」憲法訴訟研究会＝戸松編・前掲注28）296頁などがある。
32) Schlup v. Delo, 513 U.S. 298 (1995). 本件評釈に、木下毅「米判批」憲法訴訟研究会＝芦部信喜編『アメリカ憲法判例』351頁（有斐閣・1998年）などがある。
33) Lynch v. Overholser, 369 U.S. 705 (1962).
34) United States v. Salerno, 481 U.S. 739 (1987). 本件評釈に、渡辺修「米判批」アメリカ法［1989-2］406頁、萩原重夫「米判批」愛知県立芸術大学紀要22号3頁（1992年）、神坂尚「米判批」鈴木義男編『アメリカ刑事判例研究 第4巻』1頁（成文堂・1994年）、津村政孝「米判批」憲法訴訟研究会＝芦部編・前掲注32）335頁などがある。

最高裁は、捜査官には居室不法侵入と暴行の罪が成立し、違法収集証拠にあたると判示した[35]。おとり捜査もよく問題となってきたが、1973年に、捜査官が訪れる前から麻薬密造をしていた者が、捜査は違法だと抗弁することはできないとする判決がある[36]。加えて、捜査の許される物件内で第三者の所有物を没収することは、別段、修正4条や修正14条には違反しないとされる[37]。令状なく、宿泊者の逮捕のために第三者の住居に入ることは修正4条違反としている[38]。ホテルの宿泊記録を警察が無令状捜索できるとする市条例は修正4条違反である[39]。

　連邦最高裁は1968年、有名な判決で、警察官は、人を停止（stop）させ、犯罪活動に関連するかもしれない嫌疑について簡単な質問をする短時間の拘束を行うことはでき、その際に、武器所持の嫌疑があれば着衣の上からはたくなどの行為（frisk）での所持品検査はできるが、警察官の権限は修正4条の伝統的なルールに服するべきであり、市民の任意の協力によらず、逮捕すべき相当な理由もなき停止命令は認められず、職務質問の固有の強制力を認めることはできないと判示した。そして、警察官が疑わしい行動をとっていた被疑者に質問し、口籠ったので着衣の上からはたいたところ、オーバーの左胸ポケットにピストルの感触を得て、店内でオーバーを脱がせてピストルを取り出した方法は、修正4条に適合的な合理的捜索であるとした[40]。その後、連邦最高裁は、警察官が内報を受けて武器携帯、麻薬保持の捜査に入り、着衣の上から触れて腰に秘匿物を感じて銃を発見して逮捕したが、その際に、別の拳銃なども発見した事案で、このように収集された証拠は違法収集証拠

---

35) Roehin v. California, 342 U.S. 165 (1952). なお、警察官が捜査令状を示して自宅を訪ねても応答がないとき、ドアを壊して立ち入るのは合理的とした判決がある。United States v. Banks, 540 U.S. 31 (2003). 本件評釈に、洲見光男「米判批」アメリカ法［2005］131頁などがある。
36) United States v. Russell, 411 U.S. 423 (1973).
37) Zurcher v. Stanford Daily, 436 U.S. 547 (1978). 本件評釈に、中野目善則「米判批」渥美編・前掲注17）246頁などがある。
38) Minnesota v. Olson, 495 U.S. 91 (1990). 本件評釈に、山下克知「米判批」関西外国語大学研究論集53集257頁（1991年）などがある。
39) City of Los Angeles v. Patel, 135 S.Ct. 2443 (2015). 本件評釈に、中山代志子「米判批」アメリカ法［2016］166頁などがある。
40) Terry v. Ohio, 392 U.S. 1 (1968). 本件評釈に、松尾浩也「米判批」アメリカ法［1969-2］246頁、阪村幸男「米判批」伊藤ほか編・前掲注25）170頁などがある。

とはいえないと判断したほか[41]、拘束するには具体的で客観的な根拠がなければならない[42]、不任意の身体拘束中に無断で手荷物を捜索するのは違法[43]、麻薬密売人の手配書にそっくりだという理由だけでの停止命令は違憲、停止行為の後、90分にわたり被疑者を拘束することは正当化できない[44]などと判示した[45]。逮捕に伴う携帯電話内のデジタル情報の無令状捜索は修正4条違反である[46]。

　捜索とは、個人の私的領域を政府・公務員が侵害することである。合理的で正当なプライバシーの権利を有している場所なら、公共の場所であっても捜索になる。賭博情報を送達した罪の事実審理において、検察側が、公衆電話ボックス外部に秘密裡に仕掛けた盗聴器によりFBIが傍受した会話を証拠として提出してきた事件で、連邦最高裁は、電話ボックスにいる人も修正4条の保護を受けるとし、通話内容を世間に知られない保障があるとして、通信傍受は捜索や押収に該当するとし、本件では裁判所の発する令状もなく、違法であったと判示した[47]。また、爆弾製造容疑の被告人の会話を令状なしに

---

41) Adams v. Williams, 407 U.S. 143 (1972). 本件評釈に、松尾浩也「米判批」アメリカ法〔1974〕173頁などがある。
42) United States v. Cortez, 449 U.S. 411 (1981).
43) Florida v. Royer, 460 U.S. 491 (1983). 本件評釈に、平澤修「米判批」鈴木編・前掲注20）7頁などがある。
44) United States v. Sokolow, 490 U.S. 1 (1989). 本件評釈に、加藤克佳「米判批」愛知大学法学部法経論集130号61頁（1992年）などがある。
45) United States v. Place, 462 U.S. 696 (1983). 本件評釈に、中野目・前掲注37）557頁などがある。
46) Riley v. California, 134 S.Ct. 2473 (2014). 本件評釈に、池亀尚之「米判批」アメリカ法〔2015〕144頁、森本直子「米判批」比較法学49巻2号336頁（2015年）、小早川義則「米判批」名城ロースクール・レビュー37号119頁（2016年）などがある。このほか、柳川重規「逮捕に伴う捜索・押収の法理と携帯電話内データの捜索―合衆国最高裁Riley判決の検討」中大法学新報121巻11=12号527頁（2015年）、辻雄一郎「合法な逮捕に伴うスマートフォンの無令状捜索に関する憲法学的考察」法政論叢51巻2号111頁（2015年）、緑大輔「逮捕に伴う電子機器の内容確認と法的規律―Riley判決を契機として」一橋法学15巻2号673頁（2016年）、髙村紳「携帯電話保存情報の逮捕に伴う無令状捜索についての考察―Riley事件判決の検討を基に」明治大法学研究論集45号165頁（2016年）なども参照。
47) Katz v. United States, 389 U.S. 347 (1967). 本件評釈に、山中俊夫「米判批」伊藤ほか編・前掲注25）176頁などがある。以前の判例では、密造酒作りの証拠を電話盗聴器で傍受することは、実際的侵入ではなく、修正4条違反ではないとされていた。Olmstead v. United States, 277 U.S. 438 (1928). しかし、1964年の判例で、建物外壁に電子機器を取り付けて収集した証拠は違法収集証拠になるとなった。Clinton v. Virginia, 377 U.S. 158

盗聴することは修正4条違反であるとした判例もある[48]。全身麻酔による弾丸の摘出は、違法な捜索・押収とされ[49]、逮捕現場に居合わせた人を無令状で捜索することは許されない[50]。これに対し、私服警官がアダルトショップの商品を調べることは捜索ではないとされる[51]。受刑者の監房の捜索・押収は合理的であるとするのが判例である[52]。

　違法収集証拠排除の原則については、著名な判決がある。手配中の爆弾事件の重要参考人が匿われ、多量の賭博用具が隠されている等の情報にもとづき、警察官が家宅捜索を求めたが、家主が弁護士に電話をしてこれを拒否したため、警察官は監視を続けて遂に侵入した。家主は、令状の提示を求め、警察官が示した紙片の奪い合いになったところで手錠をかけられ、徹底捜索でわいせつ文書・図画を発見され、逮捕され、わいせつ物所持の罪で有罪となった。連邦最高裁は、この事案で、司法には無瑕性の要請があり、修正14条を経て、修正4条の要求は州にも及ぶので、本捜索の過程で押収された物は違法収集証拠にあたり、採用できないと判示したのである[53]。この原則は、個人の憲法上の権利を侵害するかもしれない警察の行動を抑制することが、法廷における当該被告の有罪宣告を確保することより重要であるという価値判断に依拠している[54]。そして、一旦違法に収集された証拠から直接、間接に得られた証拠は、二次的証拠であっても、すべて「毒樹の果実」として

（1964）.
48) United States v. United States District Court, 407 U.S. 297 (1972).
49) Winston v. Lee, 470 U.S. 753 (1985). 本件評釈に、高橋則夫「米判批」鈴木編・前掲注24) 77頁、安冨潔「米判批」渥美編・前掲注17) 335頁などがある。
50) Ybarra v. Illinois, 444 U.S. 85 (1979). 本件評釈に、香川喜八朗「米判批」渥美編・前掲注17) 67頁などがある。
51) Maryland v. Macon, 472 U.S. 463 (1985). 本件評釈に、中野目善則「米判批」渥美編・前掲注17) 472頁などがある。
52) Hudson v. Palmer, 468 U.S. 517 (1984). 本件評釈に、土井政和「米判批」アメリカ法〔1986〕204頁、吉田章「米判批」渥美東洋編『米国刑事判例の動向II』337頁（中央大学出版部・1989年）などがある。
53) Mapp v. Ohio, 367 U.S. 643 (1961). 本件評釈に、井上正仁「米判批」伊藤ほか編・前掲注25) 174頁、酒巻匡「米判批」樋口ほか編・前掲注25) 114頁などがある。
54) United States v. Caceres, 440 U.S. 741, 754 (1979). 本件評釈に、中野目善則「米判批」渥美編・前掲注17) 301頁などがある。日本での近年の展開については、三井誠ほか編『刑事手続の新展開 下巻』379頁以下〔渡邊ゆり、中谷雄二郎、坂根真也〕（成文堂・2017年）など参照。

排除されなければならない[55]。ただ、麻薬密売の情報を得て捜査官が自宅に踏み込み、安全確認中に拳銃等を発見し、捜索令状を得た後の捜索で発見した取引記録等を証拠とすることは、「毒樹の果実」とはいえないとした例もある[56]。

室内でのマリファナの栽培には強力ランプが必要であるため、被告人宅から放出された熱量について公道から赤外線量をスキャンし、これをもって捜索令状を求め、捜索によりマリファナ栽培を発見したため起訴した事案で、連邦最高裁は、2001年、一般に公衆が用いない装置を使った政府の監視は捜査に該当するとして、証拠排除を認めなかった原判決を破棄した[57]。他方、連邦最高裁は、声のサンプルの強制提出命令は、自己不罪禁止に関する修正5条の権利の侵害にはならないと判示している[58]。

連邦最高裁は、1963年、警察が被疑者の家に違法に立ち入って自白を獲得したが、その後改めて警察に出頭して自白調書にサインした事案では、証拠能力が認められると判断された[59]。警察によって違法な行為がなされても、違法捜査とは別の源泉から得られた証拠には証拠能力がある[60]。1984年、薬物捜査官の宣誓供述書にもとづく住居や自動車の捜索令状による捜索の結果、多量の薬物が発見された事案で、後に瑕疵が発見された捜索令状を信頼し、その信頼が合理的な場合には、それに従って押収された証拠は排除されないとして、善意例外を認めた[61]。同様に、弁護士に、被疑者を何の尋問もしないで連れてくる旨を伝えたところ、護送中に被疑者が突然、刑事に話し出した

---

55) Silverthorne Lumber Co. v. United States, 251 U.S. 385 (1920).
56) Segura v. United States, 468 U.S. 796 (1984). 本件評釈に、原田保「米判批」鈴木編・前掲注24) 62頁などがある。
57) Kyllo v. United States, 533 U.S. 27 (2001). 本件評釈に、洲見光男「米判批」アメリカ法 [2003] 204頁、大野正博「米判批」朝日法学論集31号XXVII頁（2004年）、津村政孝「米判批」憲法訴訟研究会＝戸松編・前掲注28) 288頁などがある。
58) United States v. Dionisio, 410 U.S. 1 (1973).
59) Wong Sun v. United States, 371 U.S. 471 (1963).
60) United States v. Crews, 445 U.S. 463 (1980). 本件評釈に、柳川重規「米判批」渥美・前掲注17) 708頁、平澤修「米判批」鈴木編・前掲注20) 81頁などがある。
61) United States v. Leon, 468 U.S. 897 (1984). 本件評釈に、小林節「米判批」判例タイムズ564号63頁（1985年）、安井哲章「米判批」渥美編・前掲注17) 637頁、鈴木義男「米判批」鈴木編・前掲注24) 68頁、喜田村洋一「米判批」憲法訴訟研究会＝芦部編・前掲注32) 310頁などがある。See Massachusetts v. Sheppard, 468 U.S. 981 (1984). 本件評釈に鈴木同評釈がある。

供述の末、遺体の場所までの道を教えることにも同意し、そうでなくとも捜索する予定の範囲で実際に遺体が不可避的に発見できた事案で、証拠が警察官の違法な行為の果実を排除する根拠は非常に小さいものであり、証拠は採用できると判示した[62]。ただし、連邦最高裁は2013年、捜査官の敷地内への無令状立入りを修正4条違反としている[63]。

禁制品の運搬が可能な自動車の捜索は、馬車やボート同様、昔から令状がいらない[64]。連邦最高裁は、道路交通法違反の運転者を車外に出るように命じても、修正4条違反でないとしている[65]。判例は、自動車内の容器の無令状捜索はできるとする[66]。連邦最高裁は、1997年、警察官が「営業用レンタカー」と読める紙片を後部に付けたスピード違反車を発見し、同乗者にも下車を求めて捜索、大量のコカインを発見した事案で、下車命令は修正4条の禁ずる「不合理な押収」にはあたらないとした[67]。また、自動車を停止させた後の職務質問で、運転者のポケットから皮下注射器を発見し、運転者の同意を得て同乗席を捜索したところ、同乗者のハンドバッグから注射器や薬物吸引用具などが発見され、同乗者が逮捕された事案で、連邦最高裁は、禁制品を運んでいるなど、自動車内は相当の理由があれば令状なく捜索できるのが判例であり、本件物品も修正4条・修正14条違反の果実ではなく、証拠排

---

62) Nix v. Williams, 467 U.S. 431 (1984). 本件評釈に、小林節「米判批」判例タイムズ564号63頁（1985年）、小早川義則「米判批」アメリカ法［1988-2］323頁、柳川重規「米判批」渥美編・前掲注17) 729頁、関哲夫「米判批」鈴木編・前掲注24) 56頁、戸松秀典「米判批」憲法訴訟研究会＝芦部編・前掲注32) 318頁などがある。

63) Florida v. Jardines, 133 S.Ct. 1409 (2013). 本件評釈に、藤井樹也「米判批」アメリカ法［2014-2］419頁、滝平英幸「米判批」比較法学48巻2号98頁（2015年）などがある。

64) Carroll v. United States, 267 U.S. 132 (1925).

65) Pennsylvania v. Mimms, 434 U.S. 106 (1977). 本件評釈に、小木曽綾「米判批」渥美編・前掲注17) 625頁などがある。

66) United States v. Ross, 456 U.S. 798 (1982). 本件評釈に、喜田村洋一「米判批」ジュリスト809号83頁（1984年）、香川喜八朗「米判批」渥美編・前掲注17) 373頁、洲見光男「米判批」鈴木編・前掲注20) 44頁などがある。ただし、押収後に警察署に運んだトランクを無令状で捜索はできない。United States v. Chadwick, 433 U.S. 1 (1977). 本件評釈に、原田保「米判批」鈴木編・前掲注23) 71頁などがある。

67) Maryland v. Wilson, 519 U.S. 408 (1997). 本件評釈に、米国刑事法研究会「米判批」比較法雑誌31巻3号341頁（1997年）、君塚正臣「米判批」憲法訴訟研究会＝戸松編・前掲注28) 302頁などがある。

68) Carroll v. United States, 267 U.S. 132 (1925).

除は必要ないと判断した[69]。警察官が接触した時点で自動車を降りた者を逮捕した後の無令状捜査は可能となった[70]。ただし、交通違反の場合、それと関連する短時間の捜索に限られ、一段落した後の麻薬犬検査には疑義が示された[71]。警察官による法令の合理的誤解による自動車の停止命令を端緒とする捜索は、修正4条に反しないとする判断もある[73]。はっきりした嫌疑がないのに、気まぐれに自動車検問をすることは修正4条違反ではある。ただ、飲酒運転摘発のための一斉自動車検問により、1名が飲酒検査のため抑留され逮捕[74]、1名が検問を突破した後に逮捕された事案で、一斉検問は飲酒運転防止にあまり寄与せず、修正4条などに違反するとする主張がなされたが、1990年、連邦最高裁は、合理的な選択肢の中からの選択は、警察など責任を負っている政府の官吏の手中にあるとして、その訴えを斥けている[75]。

連邦最高裁は、被疑者らを令状なしに勾留し、14日から20日にわたって連日尋問し、この間、弁護人にも家族友人にも面会を許さず、取調中は4名から10名の取調官や市民が取り囲んで得た自白に基づいた州裁判所の死刑判決を破棄し、不当に得た自白は修正14条違反だとした[76]。逮捕を告げず、

---

69) Wyoming v. Houghton, 526 U.S. 295 (1999). 本件評釈に、清水真「米判批」比較法雑誌34巻3号245頁（2000年）、藤井樹也「米判批」憲法訴訟研究会＝戸松編・前掲注28）308頁などがある。

70) Thornron v. United States, 541 U.S. 615 (2004). 本件評釈に、洲見光男「米判批」アメリカ法［2005］135頁、原田和住「米判批」比較法学39巻2号361頁（2006年）などがある。

71) Arizona v. Johnson, 555 U.S. 323 (2009). 本件評釈に、檀上弘文「米判批」比較法雑誌44巻1号163頁（2010年）などがある。

72) Rodriguez v. United States, 135 S.Ct. 1609 (2015). 本件評釈に、檀上弘文「米判批」比較法雑誌49巻3号137頁（2015年）、洲見光男「米判批」アメリカ法［2016-2］289頁などがある。See Illinois v. Caballes, 543 U.S. 405 (2005). 本件評釈に、洲見光男「米判批」アメリカ法［2006］113頁、二本柳誠「米判批」比較法学41巻1号252頁（2007年）などがある。

73) Heien v. North Carolina, 135 S.Ct. 530 (2014). 本件評釈に、成瀬剛「米判批」アメリカ法［2016］160頁、君塚正臣「米判批」横浜法学26巻2号221頁（2017年）などがある。

74) Delaware v. Prouse, 440 U.S. 648 (1979). 本件評釈に、渥美東洋「米判批」判例タイムズ383号24頁（1979年）、香川喜八朗「米判批」渥美編・前掲注17）577頁などがある。

75) Michigan Department of State Police v. Sitz, 496 U.S. 444 (1990). 本件評釈に、川崎英明「米判批」アメリカ法［1992］149頁、津村政孝「米判批」憲法訴訟研究会＝戸松編・前掲注28）316頁などがある。

警察の尋問室に連行し、立ち去ろうとすれば逮捕される状況で得られた供述は修正4条に反する拘束中の自白に該当し、証拠能力がないとした[77]。別件の取調を目的とする、相当理由を欠いた身柄拘束を違法とし、この間に得られた自白を証拠排除した例もある[78]。指紋採取のための拘禁も修正4条違反とされた[79]。自白を得るための警察官の詐術は、被告人の憲法上の権利の侵害だとする判例もある[80]。

III 訴訟手続

　何が「適正」な刑事訴訟手続なのかは争いがあろうが、英米では、一定以上の刑罰を科す場合、陪審裁判が必要なのは当然とされている。これは、現在も一部が効力を有する、1297年マグナ・カルタ29条の、「いかなる自由人も、同輩の合法的裁判、または国の法によらないかぎり、逮捕または監禁されたり、自由保有権、自由、自由な慣習を奪われたり、または法の保護を奪われたり、追放されたり、またはその他の方法で害されたりすることもなければ、朕〔筆者注：エドワード1世〕が当人のもとに出向いて行ったり、糾弾したりすることはない。朕は誰にも司法または正義を売らず、何人に対してもこれを拒否したりまたは遅延させたりしない」というところを根源とし[81]、「自由人」を「市民」と置き換えているものと解される。アメリカでも、修正5条において大陪審（起訴陪審）は予定されているが、廃止した州も多い。だが、非法律家から無作為に選ばれ、有罪・無罪を決する小陪審は、独立に至るイギリス本国との抗争において、陪審が植民地の人々の自由を守る役割

---

76) Chambers v. Florida, 309 U.S. 227 (1940). 2日間の絶え間ない取調の末の自白も同様である。Ashcraft v. Tennessee, 322 U.S. 143 (1944).
77) Dunaway v. New York, 442 U.S. 200 (1979). 本件評釈に、香川喜八朗「米判批」渥美編・前掲注17) 3頁、酒井安行「米判批」鈴木編・前掲注23) 147頁などがある。
78) Taylor v. Alabama, 457 U.S. 687 (1982). 本件評釈に、香川喜八朗「米判批」渥美編・前掲注17) 17頁などがある。
79) Hayes v. Florida, 470 U.S. 811 (1985). 本件評釈に、安冨潔「米判批」渥美編・前掲注17) 25頁などがある。
80) Spano v. New York, 360 U.S. 315 (1959).
81) 初宿正典＝辻村みよ子編『新解説世界憲法集〔第4版〕』27頁〔江島晶子〕（三省堂・2017年）訳に依拠する。

を果たしたこともあって、建国当初から、陪審審理を受ける権利は不可欠な基本的人権であるという観念が強く、当時の諸憲法でも2州を除いてこれを保障していたほどである。そして、小陪審の陪審員の数は伝統的に12名である。

　民事の小陪審については、合衆国憲法の拘束は州には及ばないと解されている。7名で構成された陪審審理を合憲とし、6名でも憲法違反でないとされた。5人は違憲である。これに対して、連邦裁判所の陪審は12名であり、これを超えても、それ未満でも許されないとされてきた。ところが、1970年に、連邦最高裁は、刑事事件においても、陪審が12名で構成されることは必ずしも合衆国憲法の厳しい拘束ではないとし、6人制陪審を合憲とした。ただし、その場合の評決は全員一致でなければならない。

　陪審の評決は全員一致が原則である。しかし、12名中10名の一致で評決しても修正6条および修正14条違反ではないという判例がある。また、陪審員の選定には専断的忌避ができるが、人種を理由に黒人を排除した陪審員の構成は早々に修正14条違反とされており、現在では進んで、これによって黒人の被告人の刑事裁判が白人だけの陪審となることは許されていない。

82)　田中英夫『英米法概論 下』445頁（東京大学出版会・1980年）。
83)　See Walker v. Sauvinet, 92 U.S. 90 (1875); Hurtado v. California, 110 U.S. 516 (1884).
84)　See Chesapeake Ohio Ry. Co. v. Carnahan, 241 U.S. 241 (1916).
85)　Colgrove v. Battin, 413 U.S. 149 (1973).
86)　Ballew v. Georgia, 435 U.S. 223 (1978). 本件評釈に、中村千春「米判批」渥美東洋編『米国刑事判例の動向Ⅲ』263頁（中央大学出版部・1994年）などがある。
87)　See Thompson v. Utah, 170 U.S. 343, 349-550 (1898).
88)　Williams v. Florida, 399 U.S. 78 (1970). 本件評釈に、今井雅子「米判批」樋口ほか編・前掲注25）124頁などがある。
89)　Burch v. Louisiana, 441 U.S. 130 (1979). 本件評釈に、手塚雅之「米判批」渥美編・前掲注86）72頁などがある。
90)　Apodaca v. Oregon, 406 U.S. 404 (1972). 本件評釈に、吉田一雄「米判批」藤倉ほか編・前掲注25）128頁などがある。See also Johnson v. Louisiana, 406 U.S. 92 (1972). 重労働刑については、12名中9名の評決でよいとしていた。両判決を併せた評釈として、丸田隆「米判批」樋口ほか編・前掲注25）126頁などがある。
91)　Carter v. Texas, 177 U.S. 442 (1900).
92)　Batson v. Kentucky, 476 U.S. 79 (1986). 本件評釈に、藤田浩「米判批」判例タイムズ642号51頁（1987年）、小山田朋子「米判批」樋口ほか編・前掲注25）128頁などがある。See also Johnson v. California, 545 U.S. 162 (2005). 本件評釈に、溜箭将之

同様に、非嫡出子の認知裁判の事例で、陪審員全員が女性であった例も平等保護違反であると判示した。連邦最高裁は、法定刑が2年の拘禁刑である事例で、それは重罪であり、被告人は陪審裁判を受ける権利があるとしている。被告人はこれを放棄できるが、裁判官のみによる裁判を受ける権利があるわけではない。

　なお、ヘイトクライムであれば、差別的な動機について陪審による認定も合理的疑いの余地を残さない立証も要求していなくとも、裁判官の量刑裁量を拡大することで法定刑を加重することは可能かが争われた例がある。連邦最高裁は、2000年、これは陪審が決すべき内容を裁判官に移管し、低い基準での立証を許すものだとして、前科も含め、法の上限を超える刑罰加重は憲法上許されないと判示した。これは罰金刑でも該当する。死刑事件で、陪審の質問を2つに限定していた州法は違憲とされた。

　裁判は、修正6条により「迅速」でなければならない。連邦最高裁は、1972年、逮捕からこれまで14年が経過した事件で、遅延により被告人が憲法上の権利を侵害されたかどうかは、遅延の長さ、その理由や原因、被告人が権利主張したかどうか、遅延による被告人の損害などを比較衡量して判断するとし、本件では、被告人自身が受けた被害は少なく、本人が迅速な裁

「米判批」ジュリスト1314号135頁（2006年）などがある。
93) J.E.B. v. Alabama *ex rel.* T. B., 511 U.S. 127 (1994). 本件評釈に、紙谷雅子「米判批」アメリカ法［1995］139頁、中山道子「米判批」ジュリスト1082号172頁（1996年）、丸田隆「米判批」藤倉ほか編・前掲注25）130頁などがある。このほか、釜田泰介「性差別問題における目的手段審査の終焉—アメリカ最高裁J.E.B.判決がもたらすもの」同志社アメリカ研究32号1頁（1996年）なども参照。陪審候補者を男性のみとすることも違法である。Taylor v. Louisiana, 419 U.S. 522 (1975).
94) Duncan v. Louisiana, 391 U.S. 145 (1968).
95) Singer v. United States, 380 U.S. 24 (1965). 本件評釈に、小早川義則「米判批」名城ロースクール・レビュー13号111頁（2009年）などがある。
96) Apprendi v. New Jersey, 530 U.S. 466 (2000). 本件評釈に、岩田太「米判批」ジュリスト1200号196頁（2001年）、同「米判批」樋口ほか編・前掲注25）120頁、高山佳奈子「米判批」アメリカ法［2001］270頁などがある。
97) Southern Union Co. v. United States, 132 S.Ct. 2344 (2012). 本件評釈に、津村政孝「米判批」アメリカ法［2016］189頁、山田峻悠「米判批」比較法雑誌50巻2号391頁（2016年）などがある。
98) Kelly v. California, 555 U.S. 1020 (2008). 本件評釈に、岩田太「米判批」アメリカ法［2010］257頁などがある。

判を望んでいないのが明らかだとして、有罪判決を維持した[99]。

　裁判は公開されなければならない。被告人の異議を排した証拠排除聴聞の全部非公開は修正6条違反だとして、破棄差戻しとした判決がある[100]。被告人は法廷に居続ける権利がある。しかし、有罪判決を受けた者が、公判裁判官によりこの権利を剥奪されたとして人身保護令状を請求した事案で、連邦最高裁は1970年、元被告人がさまざまな方法で訴訟を妨害し、かつ侮辱的陳述を行って退廷を命じられ、適法に振る舞うことを約束して主に被告人側立証の間に法廷に戻った事情に鑑み、修正6条と修正14条を根拠とする権利を喪失していたものと判断したのである[101]。なお、公判廷をテレビ中継しても、これに影響を受けた証拠がない限り、違憲ではないとされる[102]。

　弁護人依頼権が効果的な弁護を受ける権利を意味することは、1932年、若年で無学文盲な被告人に強姦罪で死刑が宣告された事件で、早期に確定している[103]。州で重罪とされている罪で起訴された被告人が要求したにもかかわらず、州裁判所が弁護人の選任を拒否した事案で、連邦最高裁は、修正6条に基づき、弁護人を選任すべしとの判断を示した[104]。被疑者を訴追し、被害者や目撃者に被疑者を含む数人を見せるラインアップや1対1の面通しでは、弁護人の立会いを求める権利がある[105]。弁護人抜きの裁判の後、弁護権を奪われたため起訴事実に対して十分な防御ができなかったとして人身保護訴訟となった事案で、連邦最高裁は1972年、弁護人を付す権利は、重罪事件に限

---

99) Barker v. Wingo, 407 U.S. 514 (1972). 本件評釈に、坂口裕英「米判批」伊藤ほか編・前掲注25) 178頁などがある。
100) Waller v. Georgia, 467 U.S. 39 (1984). 本件評釈に、中野目善則「米判批」渥美編・前掲注86) 219頁などがある。
101) Illinois v. Allen, 397 U.S. 337 (1970). 本件評釈に、光藤景皎「米判批」伊藤ほか編・前掲注25) 182頁などがある。
102) Chandler v. Florida, 449 U.S. 560 (1981). 本件評釈に、中野目善則「米判批」渥美編・前掲注86) 190頁などがある。
103) Powell v. Alabama, 287 U.S. 45 (1932). 本件評釈に、山川洋一郎「米判批」藤倉ほか編・前掲注25) 108頁などがある。
104) Gideon v. Wainwright, 372 U.S. 335 (1963). 本件評釈に、山川洋一郎「米判批」藤倉ほか編・前掲注25) 110頁、指宿信「米判批」樋口ほか編・前掲注25) 110頁などがある。なお、ある一定の条件下で、自らが弁護人となる憲法上の権利もある。Faretta v. California, 422 U.S. 806 (1975).
105) United States v. Wade, 388 U.S. 218 (1967). 本件評釈に、田宮裕「米判批」アメリカ法［1968-2］308頁などがある。

られず、宣告刑が90日の拘留である本件においても、自由刑であれば保障されねばならないとしたのである。ただし、罰金50ドルが宣告刑であった貧窮な被告に対し、弁護人依頼権を保障する憲法上の要請はないとする判決もある。同年には、警察での面通しや予備審問では、この権利は保障されないとしている。利害相反な複数の被告人に別の弁護人を選任する手続をとらなかったことは修正6条に違反する。では、弁護人が付されても、当該弁護人の活動が一定の基準に達していないときはどうか。連邦最高裁は、加重事由が減軽事由よりはるかに大きいとして死刑を宣告された事案で、弁護人が精神鑑定の要求をせず、被告人の性格を証言する証人を探そうとしなかったが、量刑判断を変更する合理的蓋然性はないとして、新たな事実認定による裁判のやり直し請求は斥けた。

被告人は自己に不利益な供述を強制されない。検察官は、黙秘を理由に被告人を有罪とするコメントや議論を、陪審員に向けてしてはならない。連邦最高裁は、1986年に、精神病者が自発的に行った、自己に不利益な供述の任意性が争われた事件で、連邦最高裁は、警察の違法行為が存在していない場合には、自白には常に任意性があると判断し、ミランダ告知の放棄に「自由意思」の観念を持ち込むべきでないとした。

---

106) Argersinger v. Hamlin, 407 U.S. 25 (1972). 本件評釈に、渥美東洋「米判批」伊藤ほか編・前掲注25) 180頁などがある。See also Maine v. Moulton, 474 U.S. 159 (1985). 本件評釈に、喜田村洋一「米判批」ジュリスト898号96頁（1987年）などがある。
107) Scott v. Illinois, 440 U.S. 367 (1979). 本件評釈に、喜田村洋一「米判批」ジュリスト778号85頁（1982年）、宮島里史「米判批」渥美編・前掲注86) 46頁などがある。
108) Kirby v. Illinois, 406 U.S. 682 (1972).
109) Holloway v. Arkansas, 435 U.S. 475 (1978). 本件評釈に、関哲夫「米判批」鈴木編・前掲注23) 223頁、宮島里史「米判批」渥美編・前掲注86) 108頁などがある。
110) Strickland v. Washington, 466 U.S. 668 (1984). 本件評釈に、加藤克佳「米判批」鈴木編・前掲注24) 124頁、岡田悦典「米判批」樋口ほか編・前掲注25) 118頁、宮城啓子「米判批」憲法訴訟研究会＝芦部編・前掲注32) 342頁、椎橋隆幸「米判批」渥美編・前掲注86) 90頁などがある。なお、死刑事件で精神科医の鑑定を受ける経済的能力がないとき、鑑定人の国選が修正14条の要請であるとする判例がある。Ake v. Oklahoma, 470 U.S. 68 (1985). 本件評釈に、井上典之「米判批」判例タイムズ611号115頁（1986年）、平澤修「米判批」アメリカ法［1987-2］439頁、吉田章「米判批」渥美編・前掲注52) 66頁などがある。
111) Griffin v. California, 380 U.S. 609 (1965).
112) Colorado v. Connelly, 479 U.S. 157 (1986). 本件評釈に、宮城啓子「米判批」憲法訴訟研究会＝芦部編・前掲注32) 327頁、平澤修「米判批」鈴木編・前掲注34) 89

謀殺罪で起訴された被告人が精神鑑定で公判を受ける能力ありと鑑定され、有罪評決後に鑑定を行った医師が被告人は将来再犯者となる危険があると証言し、死刑が言い渡された事案で、連邦最高裁は、被告人には精神鑑定に際し黙秘権も、その証言が不利に影響することも告げられておらず、当該医師の公判での証言により自己負罪免責特権と正当な弁護人による弁護の機会も奪われており、修正6条違反だと判断した。[113]

　わいせつ事件の裁判で、被害者をスクリーン越しに証言させることにつき、連邦最高裁が、反対尋問権（対審権）の十分な保障ではないとして、個別の判断を求めて差し戻した例がある。[114] 他方、被告人に性的虐待を受けた6歳の子どもに法廷で証言をさせることは、重大な感情的混乱をもたらすとして、別の部屋での証言を認め、検察官や弁護人はそこで反対尋問を行う手続は、重要な公共政策を促進するため必要だとして許容された。[115]

　伝聞証拠排除の原則は、反対尋問権を被告人に保障し、刑事手続を厳正に行うために必要である。だが、一定程度の伝聞例外が生じる。原証言者が死亡しているときが典型であるが、臨終での陳述、不利益な事実の供述、宣誓陳述書、興奮状態で思わず出た叫びなど、証言が不能、困難、無用なケースがそれにあたる。[116] 麻薬犯罪の事案で、犯罪情報提供者への反対尋問を認めなくとも、修正6条や修正14条に違反しないとする判断もある。[117] このような例外をいつ認めるかにつき、連邦最高裁は1980年、唯一の証人である被害者の娘が行方不明になったため、予備審問の段階での供述調書が法廷に提出された事案で、「信頼性の十分な徴候（adequate indicia）」があれば証拠採用できると判示した。[118] だが、比較衡量が前面に出たこの判断では、どのような

　　　頁などがある。
113) Estelle v. Smith, 451 U.S. 454 (1981). 本件評釈に、中空壽雅「米判批」鈴木編・前掲注20) 111頁などがある。
114) Coy v. Iowa, 487 U.S. 1012 (1988). 本件評釈に、津村政孝「米判批」ジュリスト965号86頁（1990年）などがある。
115) Maryland v. Craig, 497 U.S. 836 (1990). 本件評釈に、津村政孝「米判批」アメリカ法［1994-2］375頁などがある。
116) J.H. ウィグモア（平野龍一＝森岡茂訳）『証拠法入門』196頁以下（東京大学出版会・1964年）。
117) McCray v. Illinois, 386 U.S. 300 (1967). 本件評釈に、河上和男「米判批」アメリカ法［1969］75頁などがある。

法廷外証言に証拠能力を認めるのか難しいという問題があった。連邦最高裁は、2004 年、「証言的（testimonial）」かどうか一本で判断する基準に転じ、被告人の妻の、州法上の婚姻特権による法廷での証言拒否のため、その供述の録音テープを被告人の正当防衛を否定する証拠には使えないと判断したのである[119]。この基準はどのように活用されるか。連邦最高裁は、2006 年、検察側の証人が緊急通報に対応した警察官だけというケースで、緊急通報を受けたオペレーターとのやり取りの録音を証拠として認めたが、他方、夫婦喧嘩で殴打された妻は出廷せず、その宣誓供述調書だけで有罪に持ち込むことはできないとした[120]。第 1 級謀殺罪の事案で、検察は、裏切ったら殺すと被告人に脅されていた状況における、事件の 3 週間前の被害者の供述を提出したが、連邦最高裁は、これでは反対尋問権が保障されていないとの判断に至った[121]。飲酒運転か否かが争われた事案で、血中アルコール濃度報告があるだけで、分析官が出廷しないのでは反対尋問権が保障されたとはいえず、このままでは有罪とはできないとする判断もなされており[122]、このルールは狭い

---

118) Ohio v. Roberts, 448 U.S. 56 (1980). 本件評釈に、中空壽雅「米判批」鈴木編・前掲注 20）105 頁、安冨潔「米判批」渥美編・前掲注 86）297 頁などがある。
119) Crawford v. Washington, 541 U.S. 36 (2004). 本件評釈に、早野暁「米判批」比較法雑誌 39 巻 4 号 210 頁（2006 年）、二本柳誠「米判批」比較法学 39 巻 3 号 204 頁（2006 年）、小早川義則「米判批」名城ロースクール・レビュー 20 号 57 頁（2011 年）、君塚正臣「米判批」大沢秀介＝大林啓吾編『アメリカ憲法判例の物語』411 頁（成文堂・2014 年）、津村政孝「米判批」樋口ほか編・前掲注 25）116 頁、同「米判批」憲法訴訟研究会＝戸松編・前掲注 28）341 頁などがある。このほか、寺尾美子ほか「座談会・合衆国最高裁判所 2003-2004 年開廷期重要判例概観」アメリカ法［2004］178 頁、257～263 頁、堀江慎司「第 6 修正の対面条項の射程をめぐる最近の判例」同［2010］106 頁などがある。関連して、婚姻特権を配偶者が放棄したとき、被疑者はそれを阻止できない。Trammel v. United States, 445 U.S. 40 (1980). 本件評釈に、宮島里史「米判批」渥美編・前掲注 52）488 頁などがある。
120) Davis v. Washington, Hammon v. Indiana, 547 U.S. 813 (2006). 本件評釈に、小早川義則「米判批」名城ロースクール・レビュー 20 号 79 頁（2011 年）、津村政孝「米判批」憲法訴訟研究会＝戸松編・前掲注 28）350 頁などがある。堀江・同前も参照。
121) Giles v. California, 554 U.S. 353 (2008). 本件評釈に、小早川義則「米判批」名城ロースクール・レビュー 21 号 49 頁（2011 年）、津村政孝「米判批」憲法訴訟研究会＝戸松編・前掲注 28）359 頁などがある。堀江・同前も参照。
122) Bullcoming v. New Mexico, 564 U.S. 647 (2011). 本件評釈に、君塚正臣「米判批」横浜国際経済法学 21 巻 2 号 187 頁（2012 年）、大庭沙織「米判批」比較法学 47 巻 2 号 226 頁（2013 年）などがある。このほか、浅香吉幹ほか「座談会・合衆国最高裁判所 2010-2011 年開廷期重要判例概観」アメリカ法［2011-2］301 頁、371～373 頁などがある。

範囲では絶対的なものとなってきた。訴追側証人リストになかった精神鑑定医の証言を認めた州裁判所の死刑判決につき、人身保護令状を出し、修正5条・修正6条違反とする判例がある。[123]

少年事件に関する憲法上の保護もしばしば問題となる。Parens Patriaeの精神から、未成年者保護として、多くの州では未成年者審判の非公開が続いてきた。1966年に連邦最高裁は、少年裁判所が、事件を地方裁判所に移送すると5年の自由刑から死刑までの危険があった以上、移送を前に移送理由書の弁護人による閲覧を含む審理が行われるべきであると判示した。[124] 翌年、少年審判手続において、州少年裁判所の手続が、弁護人依頼権を欠き、証人への反対尋問権や黙秘権の非告知であり、上訴ができないものについて、適正手続を欠いているとも判断した。[125] ただし、連邦最高裁は1971年に、「基本的公正さ」は必要であるが、陪審は必須ではないとも判示している。[126]

IV 刑事実体法

英米法では罪刑法定主義が厳密ではなく、判例法によって形成されたコモンローにより犯罪を認めることは許され、一般に合衆国憲法1条9節3項や10節1項に示される事後法の禁止には、制定刑罰法規を要求しない。[127] それは、自然犯的なものとなる。[128] ただ、古い判例ながら、移り住んだ市の条例では、自分には重罪人登録が必要であるということを知らなかったため、これに違反するとして起訴された例で、1957年に連邦最高裁が、デュープ

---

123) Estelle v. Smith, 451 U.S. 454 (1981). 本件評釈に、中空壽雅「米判批」鈴木編・前掲注20) 111頁などがある。
124) Kent v. United States, 383 U.S. 541 (1966).
125) In re Gault, 387 U.S. 1 (1967). 本件評釈に、所一彦「米判批」藤倉ほか編・前掲注25) 116頁などがある。In re Winship, 397 U.S. 358 (1970) でも、問責の告知、弁護人依頼権、反対尋問権が少年審判でも保障されるべきことが判示された。
126) McKeiver v. Pennsylvania, 403 U.S. 528 (1971). 本件評釈に、荒木伸怡「米判批」伊藤ほか編・前掲注25) 188頁などがある。
127) 田中・前掲注82) 580頁。
128) 同前581頁。
129) 判例によると、陪審裁判を受けるべき重罪とは、最高刑が6か月の拘禁刑以上のものをいう。Baldwin v. New York, 399 U.S. 66 (1970).

ロセスの点で有罪判決を受けることはないと判断したことがある[130]。

　刑罰法規の明確性は憲法上も要求される。修正 4 条と修正 14 条は逮捕に「相当な理由」を要求している。連邦最高裁は、浮浪者取締条例の文言の「呑んだくれと知れ渡っている者」や「わいせつな、好色な者」、「罵る者」などの語が曖昧であり、通常の知能の持ち主が、これからしようとする行為が法律で禁じられていることの公正な告知がなければならず、また、恣意的な逮捕や有罪判決を助長しないためにも、このようなものは違憲とすべきであると判示した[131]。州法上、「被害者に激しい苦痛を与えたり、」「ひどい暴行を加えたり」した謀殺には死刑を宣告できるとしていたが、連邦最高裁は、その不明確で広すぎる解釈は修正 8 条および修正 14 条違反となり、採用できず、被告人の行為はそれに該当しないとした例がある[133]。また、「うろつく」ことを罪とするギャング取締条例は、警察の裁量を制限するような十分な制限を与えていないとの判例もある[134]。

　遡及処罰の禁止も修正 6 条の保障である。第 1 級謀殺罪などで死刑を宣告された者が、長期の身柄拘束の間に、判例が変わり、法令の最大限を超えて処罰するいかなる事実でも陪審に提出されなければならず、また、死刑事件でも加重理由は陪審によって証明されねばならない[135]、となったため、連邦控訴裁が元の死刑判決を無効にした事案で、連邦最高裁はこれを破棄し、新[136]

---

130) Lambert v. California, 355 U.S. 225 (1957). 本件評釈に、井上祐司「米判批」伊橋ほか編・前掲注 25) 160 頁などがある。
131) United States v. Harris, 347 U.S. 612 (1954).
132) Papachristou v. City of Jacksonville, 405 U.S. 156 (1972). 本件評釈に、佐藤文哉「米判批」伊橋ほか編・前掲注 25) 158 頁などがある。
133) Godfrey v. Georgia, 446 U.S. 420 (1980). 本件評釈に、椎橋隆幸「米判批」椎橋隆幸編『米国刑事判例の動向V』139 頁（中央大学出版部・2016 年）などがある。死刑要件の「謀殺がとくに凶悪、非道、残虐」という文言は、漠然としており修正 8 条違反とした例もある。Maynard v. Cartwright, 486 U.S. 356 (1988). 本件評釈に、柳川重規「米判批」同 148 頁などがある。
134) Chicago v. Morales, 527 U.S. 41 (1999). 本件評釈に、森村たまき「米判批」比較法雑誌 33 巻 3 号 267 頁（1999 年）、木内英仁「米判批」ジュリスト 1219 号 150 頁（2002 年）などがある。このほか、門田成人「刑罰法規の明確性の判断構造について」島大法学 44 巻 4 号 189 頁（2001 年）なども参照。
135) See Apprendi, supra note 96.
136) Ring v. Arizona, 536 U.S. 584 (2002). 本件評釈に、岩田太「米判批」アメリカ法 [2003] 210 頁、小木曽綾「米判批」椎橋編・前掲注 133) 417 頁などがある。

しい実体法のルールは、有罪でないことで処罰される重大な危険であるから一般に遡及するが、新しい手続法のルールは遡及して適用されず、争点となっている判例変更は手続法上のものであると述べた例もある。[137]

合衆国憲法における刑事実体法に関する規定は、修正8条の「残虐で異常な刑罰」の禁止程度である。公共の場所で酩酊状態であったとして州刑法違反で逮捕された者が州裁判所で50ドルの罰金を科された事案で、連邦最高裁は1968年、麻薬中毒ゆえに処罰することは修正8条違反とした先例[138]とは事案が異なるとして、違憲としなかった。[139]

死刑の存廃は各法域に委ねられている。18州で廃止され、立法により廃止されなくとも、執行が止まっている州も多い。だが、南部を中心に死刑執行は続いており、先進国の中で突出している。アメリカでは、死刑がしばしば黒人により多く科されていたことから、1972年、連邦最高裁は、それが恣意的に運用されないように、法律が死刑を科するか否かについての判断の基準を明確に示して裁判所の裁量権を制約していなければならないと判示した。[140]これに対して、州の中には、裁量の余地がなくなればよいと反応し、死刑を絶対的に科す犯罪を列挙する立法を行ったところがある。しかし、これにより、かえって必要以上に死刑を科す結果になるとして、連邦最高裁は、1976年、そのような例を「残虐で異常な刑罰」に該当し、違憲であると判断した。[141]他方、同年には、謀殺犯の成立範囲を限定した州法のもとでの死刑は、修正8条に違反しないとも判示している。[142]連邦最高裁は、処刑方法と

---

137) Schriro v. Summerlin, 542 U.S. 348 (2004). 本件評釈に、君塚正臣「米判批」憲法訴訟研究会＝戸松編・前掲注28）366頁、小木曽綾「米判批」椎橋編・前掲注133) 426頁などがある。
138) Robinson v. California, 370 U.S. 660 (1962).
139) Powell v. Texas, 392 U.S. 514 (1968). 本件評釈に、田宮裕「米判批」伊藤ほか編・前掲注25) 156頁などがある。
140) Furman v. Georgia, 408 U.S. 238 (1972). 椎橋編・前掲注133) iii頁など参照。
141) See Woodson v. North Carolina, 428 U.S. 280 (1976); Robert v. Louisiana, 428 U.S. 325 (1976). 前者は第1級謀殺に絶対的死刑を科すもの、後者は警官殺しなど5つの殺人に絶対的死刑を科すもの。前者の評釈に、小早川義則「米判批」名城ロースクール・レビュー27号39頁（2013年）などがある。
142) Gregg v. Georgia, 428 U.S. 153 (1976). 本件評釈に、三井誠「米判批」伊藤ほか編・前掲注25) 166頁、所一彦「米判批」藤倉ほか編・前掲注25) 118頁、岩田太「米判批」樋口ほか編・前掲注25) 122頁などがある。

して、ケンタッキー州で行われている手順による、塩化カリウムなど3種の薬剤による薬殺刑は修正8条に違反しないと判示した。[143]

1988年、連邦最高裁は、犯行時15歳の者に対する死刑を違憲と判断したが[144]、翌年には、犯行時18歳未満の者に対する死刑は違憲ではないとしたほか[145]、心神喪失者への死刑執行はできないとしつつ[146]、精神遅滞者の処刑を合憲と判示した[147]。しかし、2003年には、精神遅滞者の処刑は修正8条違反となった[148]。2005年には、犯行時18歳未満の者に対する死刑は、修正8条の「残虐で異常な刑罰」に該当し、違憲だと判示するに至った[149]。これらの判断の基準は容認州の数のように見える。謀殺の際に、殺害行為を実行せず、謀殺に故意のない共犯者に対する死刑は、修正8条違反とされる[150]。謀殺以外

143) Baze v. Rees, 553 U.S. 35 (2008). 本件評釈に、小早川義則「米判批」名城ロースクール・レビュー18号169頁（2010年）、横大道聡「米判批」憲法訴訟研究会＝戸松編・前掲注28）373頁などがある。銃殺、電気椅子処刑も「残酷で異常な刑罰」ではないとされている。Wilkerson v. Utah, 99 U.S. 130 (1879); *In re* Kemmler, 136 U.S. 436 (1890).
144) Thompson v. Oklahoma, 487 U.S. 815 (1988). 本件評釈に、山下克知「米判批」関西外国語大研究論集50集259頁（1989年）、成田秀樹「米判批」椎橋編・前掲注133）265頁などがある。
145) Stanford v. Kentucky, 492 U.S. 361 (1989).
146) Ford v. Wainwright, 477 U.S. 399 (1986). 本件評釈に、横藤田誠「米判批」判例タイムズ642号55頁（1987年）、中空壽雅「米判批」アメリカ法［1988］151頁、同「米判批」鈴木編・前掲注34）207頁、清水真「米判批」椎橋編・前掲注133）537頁などがある。
147) Penry v. Lynaugh, 492 U.S. 302 (1989).
148) Atkins v. Virginia, 536 U.S. 304 (2003). 本件評釈に、岩田太「米判批」ジュリスト1237号233頁（2003年）などがある。このほか、小早川義則「デュー・プロセスと精神遅滞犯罪者への死刑」桃山法学3号112頁（2004年）、城涼一「言語的弱者の司法手続上の権利保障」中央大学大学院研究年報37号421頁（2007年）なども参照。IQ70以上のスコアであれば、精神能力につき、他の証拠は不要だとする州法は修正8条違反とされた。Hall v. Florida, 134 S.Ct. 1986 (2014). 本件評釈に、中野目善則「米判批」椎橋編・前掲注133）309頁などがある。
149) Roper v. Simmons, 543 U.S. 551 (2005). 本件評釈に、岩田太「米判批」アメリカ法［2005-2］368頁、杉本一敏「米判批」比較法学40巻3号151頁（2007年）、勝田卓也「米判批」大沢＝大林編・前掲注119）315頁などがある。このほか、門田成人「『進展する品位の水準』原理と修正第8条（1）」神戸学院法学35巻3号631頁（2005年）、斉藤功高「米国最高裁ローパー対サイモンズ判決における国際人権法の影響」文教大学国際学部紀要18巻1号25頁（2007年）、Huizenga Shawn「Juvenile Sentencing After Roper v. Simmons」近畿大学法学63巻1号1頁（2015年）、成田秀樹「米判批」椎橋編・前掲注133）274頁なども参照。
150) Enmund v. Florida, 458 U.S. 782 (1982). 本件評釈に、上野芳久「米判批」鈴木編・前掲注20）118頁などがある。しかし、連邦最高裁は、謀殺に参加せずとも重罪の主犯である場合には、死刑となりうるとしている。Tison v. Arizona, 481 U.S. 137 (1987). 本件評釈に、

での死刑は許されない方向である。成人女性を強姦した罪で死刑を課すのは修正8条違反とされていたが[151]、犯罪が子どもに対するレイプでも死刑を科すのは違憲であるとも判示されている[152]。他方、陪審の無期刑勧告を覆す死刑判決も違憲ではないとされた[153]。

絶対的終身刑は一般に修正8条違反ではない[154]。だが、少年殺人犯にそれを義務的に科する量刑制度は修正8条違反である[155]。少額でも7つの非暴力的重罪で有罪となった常習犯罪者は仮釈放のない終身刑とする州法は、「残酷で異常な刑罰」とされた[156]。連邦最高裁は、貧乏で罰金が支払えないが故に労役に従事せねばならないのは、修正14条の平等保護違反だとした[157]。また、収監後の懲罰手続にもデュープロセス条項は及ぶとする判例もある[158]。このほか、近年、3度目の重罪起訴があると、終身刑を含む宣告をしうる、いわゆる三振法が各地で登場しているが、3度目の犯罪においてゴルフクラブ3本を盗んで25年から終身の刑を言い渡された事案で、連邦最高裁の相対多数意見は、修正8条違反ではないとした[159]。在監者虐待を修正8条違反とする

　　　新倉修「米判批」鈴木編・前掲注34) 169頁などがある。本件評釈に、堤和通「米判批」椎橋編・前掲注133) 99頁などがある。
151) Coker v. Georgia, 433 U.S. 584 (1977). 本件評釈に、小木曽綾「米判批」椎橋編・前掲注133) 87頁などがある。
152) Kennedy v. Louisiana, 554 U.S. 407 (2008). 本件評釈に、会沢恒「米判批」アメリカ法［2009］180頁、小早川義則「米判批」名城ロースクール・レビュー16号9頁 (2010年)、小木曽綾「米判批」椎橋編・前掲注133) 111頁などがある。
153) Spaziano v. Florida, 468 U.S. 447 (1984). 本件評釈に、上野芳久「米判批」鈴木編・前掲注24) 164頁、安井哲章「米判批」椎橋編・前掲注133) 377頁などがある。関連して、日本で裁判員制度導入で死刑の言渡しはかなり減ったとの論評がある。三井誠ほか編『刑事手続の新展開 上巻』80頁〔四宮啓〕(成文堂・2017年)。
154) Rummel v. Estelle, 445 U.S. 263 (1980).
155) Miller v. Alabama, 567 U.S. 460 (2012). 本件評釈に、堤和通「米判批」比較法雑誌46巻3号461頁 (2012年)、勝田卓也「米判批」アメリカ法［2013］170頁などがある。このほか、今出和利「アメリカ少年司法と合衆国憲法修正第8条に関する判例の動向について」東洋法学57巻3号139頁 (2014年) なども参照。
156) Solem v. Helm, 463 U.S. 277 (1983). 本件評釈に、中空壽雅「米判批」鈴木編・前掲注20) 132頁などがある。
157) Tate v. Short, 401 U.S. 395 (1971).
158) Wolff v. McDonnell, 418 U.S. 539 (1974). 本件評釈に、朝倉京一「米判批」アメリカ法［1976-2］259頁、福田雅章「米判批」伊藤ほか編・前掲注25) 168頁などがある。
159) Ewing v. California, 538 U.S. 11 (2003). 本件評釈に、津村政孝「米判批」憲法訴訟研究会＝戸松編・前掲注28) 382頁などがある。このほか、門田成人「非死刑事件における罪刑均衡原則について（再論）」神戸学院法学34巻3号975頁 (2005年)、小早

判例がある。[160]

　なお、量刑には人権侵害的不公平があるというリベラル派の批判と、近年の量刑は軽すぎるという保守派の批判が奇妙に合致して量刑改革法が成立し、連邦最高裁のもと、合衆国量刑委員会が成立した。この委員会は量刑指針を作成するが、それは、立法の違憲的委任ではないかとの論点について、連邦最高裁は合憲との結論を下している。[161]1997 年の 2 つの事案で、連邦最高裁は、起訴された一部の犯罪については無罪評決が出されたものの、裁判所が証拠の優越により犯罪事実を発見し、量刑指針に基づいてより重い刑を宣告した事案において、量刑指針は裁判所の裁量を変えるものではなく、余罪の加算は許されており、被告人を二重の危険に晒したものではない、と判示した。[162]

V　おわりに

　以上の判例は、主に刑事法のものとして紹介されてきたのである。日本国憲法 31 条以下の解釈を守備範囲とするはずの憲法学界にはほとんど認識されていない。このような判例群を鳥瞰しても、アメリカの刑事手続条項の解釈において、「合理的な容疑」や「相当の理由」などの語は頻出するが、憲法上の司法審査基準は何か、という議論はほぼない。司法審査基準は一般に緩やかなのか。[163]司法審査基準とは、究極、当該事件で裁判官が違憲の推定を

　　川義則「合衆国憲法第 8 修正と罪刑の均衡原理─合衆国最高裁ユーイング三振法合憲判決を契機に」桃山法学 7 号 376 頁（2006 年）なども参照。
160)　Hudson v. McMillian, 503 U.S. 1 (1992). 本件評釈に、日笠完治「米判批」ジュリスト 1039 号 116 頁（1994 年）などがある。
161)　Mistretta v. United States, 488 U.S. 361 (1989). なお、このような独立「司法」委員会や、あるいは独立「立法」委員会が憲法上許容されるのかという問題は日本にもある。君塚正臣「日本における憲法院的機関の憲法上の可能性─内閣法制局・再考─」『司法権・憲法訴訟論』補遺(1)」横浜法学 26 巻 3 号 1 頁（2018 年）参照。
162)　United States v. Watts; United States v. Putra, 519 U.S. 148 (1997). 本件評釈に、君塚正臣「米判批」憲法訴訟研究会＝戸松編・前掲注 28) 334 頁などがある。なお、有罪判決を不服として上訴した際、被告人がそこで一審より重い罪で訴追されることは、二重の危険を侵されたとされている。Green v. United States, 355 U.S. 184 (1957). 被告人が裁判で事実を認めたことに基づいて、同じ行為をより重い罪で起訴することも二重の危険を侵すことである。Grady v. Corbin, 495 U.S. 508 (1990). 本件評釈に、北川佳世子「米判批」アメリカ法［1992］160 頁などがある。
163)　柳川重規「ミランダ法理の憲法上の意義について」中大法学新報 110 巻 7=8 号 271 頁、

及ぼすか合憲の推定を及ぼすか、それはそのまま、これを覆す立証責任をいずれの当事者に負わせるかの問題であろうが、正面からこれに言及した判決は見当たらないようである。この点は、刑事法学界でも議論されていないであろうことが推察できる。アメリカと同様、日本でも、このような問題は憲法問題（日本国憲法 31 条以下の解釈問題）なのであり、日本国憲法解釈への示唆という観点から、今後は、このような分野への日本の憲法学の進出が望まれよう[164]。本稿をそのささやかな第一歩としたい。

　　［付記］本稿は、平成 25 年度—29 年度日本学術振興会科学研究費基盤研究（C）一般「司法権・憲法訴訟論の総合構築」（課題番号 25380029）による研究成果の一部である。

---

310 頁（2003 年）は、この場面で「『合理性の基準』ではなく、より厳格な『厳格な合理性の基準』を用いるべきではないか」とする。
[164] これとは逆に、刑事法学者が、刑事法解釈のために必要であるとして、憲法問題に研究を広げる例もみられる。小早川義則「合衆国憲法修正条項について」名城法学 67 巻 1 号 1 頁（2017 年）、同「アメリカでの三権分立と法の支配—トランプ暴走を契機に」名城ロースクール・レビュー 41 号 71 頁（2018 年）など。

主張適格
―― 憲法上の争点を提起する当事者適格

渋谷秀樹

- I はじめに
- II ブランダイスルール
- III アメリカ合衆国における当事者適格をめぐる問題状況
- IV 第三者の憲法上の権利の実現に必要不可欠の関係にある事案
- V 他者への法令の適用の違憲性の主張の事案
- VI むすびにかえて

I はじめに

本稿は、standing to raise constitutional issues として論じられる問題[1]について、アメリカ合衆国の判例ではどのように処理されてきたかを回顧し、日本の憲法訴訟への示唆を探究しようとするものである。

アメリカ連邦最高裁の司法権の行使の対象は、合衆国憲法3条1項によって「事件 (case)」または「争訟 (controversy)」に限定されている。また、同憲法には裁判所に違憲審査権を付与する日本国憲法81条に比すべき明文の条項はないが、Marbury v. Madison 連邦最高裁判決 (1803年)[2]でこの権限は確立された。以上の与件のもとで、裁判所は、いかなる事案において憲法判断をなすべきか――裏からみると、憲法判断をなすべきではないか――の準則も、判例によって形成されてきた。その準則の総体は、憲法判断回避

---

[1] 2002年、オーストラリアのブリスベンにおいて開催された国際比較法学会の第14回総会 (XVIth Congress of the International Academy of Comparative Law) におけるテーマは、「Standing to Raise Constitutional Issues: Comparative Perspectives」であった。筆者には日本の状況を報告する任務が与えられたが諸般の事情で参加できず、論文提出のみとなった。この総会の成果はのちに RICHARD S. KAY ED., STANDING TO RAISE CONSTITUTIONAL ISSUES: COMPARATIVE PERSPECTIVES (2005) として公刊され、筆者の論稿も319頁以下に Hideki Shibutani, *Standing to Raise Constitutional Issues in Japan* として収録された。

[2] 5 U.S. (1 Cranch) 137 (1803).

の準則と呼ばれるが、これをめぐる判例の流れを総括したのが、いわゆるブランダイスルールである。本稿の考察対象とする「憲法上の争点を提起する当事者適格」も、このルールの一角を構成するので、まずはブランダイスルールの通観から始める。

II　ブランダイスルール

このルールは、1916年から1939年まで連邦最高裁裁判官を務めたブランダイス（Louis D. Brandeis）が、Ashwander v. Tennessee Valley Authority 連邦最高裁判決（1936年）[3]の補足意見として述べたもので、その内容は以下の通りである。

最高裁は、その裁判権の範囲に入ると一般に認められている事件における自己統御のために、裁判を迫られたすべての憲法問題の大部分について判断を下すことを回避するために適用してきている一連の準則を展開させた。それらを列挙すると次のようになる。

1　最高裁は、友誼的・非対立的訴訟手続においては、立法の合憲性の判断を下さないであろう。この拒絶は以下の理由による。そのような問題を決めることは、「万策尽きた場合に限って、そして、個人間の真剣で熱心で活力に満ちた争訟の決定にあたり不可欠とされるときに正当性をもつ。立法部において敗れた者が、友誼的訴訟を用いて当該立法行為の合憲性に関する吟味を持ち込むということは決して予期されてはいなかった。」〔引用判決略〕

2　最高裁は、「憲法問題の決定が不可欠とされる前にそれに先走って論じないであろう。」〔引用判決略〕「事件の裁判に絶対不可欠でない場合に憲法上の問題を決定することは、裁判所の慣行ではない。」〔引用判決略〕

3　最高裁は、「憲法の準則を、それが適用される明確な事実によって要求される以上に広く定式化しない」であろう。〔引用判決略〕

---

3)　297 U.S. 288 (1936).

4 最高裁は、事件が処理可能な他の根拠が提出されているならば、訴訟記録によって憲法問題が適正に提出されていても、それの判断を下さないであろう。この準則は、多種多様な形で適用されてきている。たとえば、もし、事件が、憲法問題を含む根拠と法律の解釈または一般法の問題の根拠とのいずれによっても裁判されうるならば、最高裁は、後者のみによって裁判するであろう。〔引用判決略〕合衆国憲法に関する問題について州の最上級裁判所によって下された判断を争う上訴は、判決が、州の別の根拠にもとづいて維持されうるという理由で、しばしば斥けられている。〔引用判決略〕

5 最高裁は、法律の施行によって侵害を被っていることを証明していない者の訴えにもとづいて当該法律の有効性についての判断を下さないであろう。〔引用判決略〕この準則は、数多く適用されているが、そのうちで個人的または財産的権利を欠く者に争う権利を否定する場合ほど典型的なものはない。たとえば、職務上の義務の履行に関してのみ利益を有する公務員による訴えも、受理されないであろう。〔引用判決略〕Fairchild v. Hughes 連邦最高裁判決[4]において、最高裁は、合衆国憲法第10修正の違憲宣言を求める市民によって提起された訴えの却下を支持した。Massachusetts v. Mellon 連邦最高裁判決[5]においては、連邦母性保護法に対する訴えは、全市民を代表してこの州によって提起されたにもかかわらず、受理されなかった。

6 最高裁は、その法律を援用した者の事案においては、法律の合憲性の判断は下さないであろう。〔引用判決略〕

7 「連邦議会の制定法の有効性が問題とされたときは、合憲性について重大な疑念が提起されている場合でも、当最高裁は、その問題が回避できる当該法律の解釈が十分に可能か否かをまず確認することが基本的な原則である。」〔引用判決略〕[6]

---

4) 258 U.S. 126 (1922).
5) 262 U.S. 447 (1923).
6) 297 U.S. at 346-348.

このルールは以下のように分析・整理できる。

まず、憲法判断回避の問題を訴訟の提起の段階から考えた場合、そもそもその訴えを裁判所がとりあげることができるか否かの段階、すなわち合衆国憲法が規定する「事件」または「争訟」の要件（以下「事件性の要件」という）の充足の問題がある。1と5の各準則がこれに関わる。

次に、本案審理の段階においては、「争点の取捨」の際の憲法判断回避がある。4の準則、5の準則、すなわち「主張の利益」で述べられた、誰の申立てにもとづき憲法判断を下すかの問題、そして6の準則がこれに関わる。

もっとも、「法の解釈」の局面の準則、すなわち、憲法解釈に関する3の準則、法令解釈に関する7の準則[7]、そして「法の適用」の局面の適用違憲の手法は、憲法判断は行うが、法令の違憲判断を回避する準則であり、「違憲判断の要件」に関わる。

本稿は「憲法上の争点を提起する当事者適格」に焦点を合わせて論じるが、まずは、この準則の上位準則である「憲法上の争点取捨に関する準則」をブランダイスルールに絡めて概観すると以下のようになる。

憲法上の争点の取捨に関して、4の準則で示された憲法上の争点とその他の争点が存在する場合の処理の問題[8]、5の準則で示された主張の利益の問題、6の準則で示された信義誠実の原則の問題、7の準則で示された「法律の合憲性に対する疑いの回避」の問題のほかに、憲法上の争点が複数存在する場合の処理の問題、違憲性主張の時期に関する問題などがある。

III　アメリカ合衆国における当事者適格をめぐる問題状況

1　2種類の当事者適格

アメリカ合衆国の連邦裁判所において用いられる用語としての当事者適格（standing）は、概念上、原告適格（standing to sue）と第三者の権利の主張適格（standing to raise *jus tertii*）とに区別される[9]。原告適格の法理は、原告が訴

7）　アメリカ合衆国の学説におけるこの準則の扱いから、この準則には、「法律の違憲判断の回避」（純粋の合憲解釈）と「法律の合憲性に対する疑いの回避」の2種類が含まれているとされる。芦部信喜『憲法訴訟の理論』300頁以下（有斐閣・1973年）参照。
8）　これは、2の準則の中では必要性の原則として示されている。

えを提起し、訴訟の本案につき裁判所の判断を得るための資格、すなわち「訴えの利益」の局面に関連し、合衆国憲法３条１項の「事件」または「争訟」の文言に基礎をおく法理である。これに対して、第三者の権利の主張適格の法理は、適法に開始された訴訟で訴訟当事者が攻撃・防御の方法として訴外第三者の権利・利益を援用・主張する資格、すなわち「主張の利益」の局面に関連し、事件性の要件をみたす事案として適法とされた訴訟で憲法上の争点を提起できる資格があるかに関する法理である。

連邦最高裁は、当事者適格の法理への言及にあたって、これが憲法上の制限の部分と、慎重な配慮に係る (prudential) 制限の部分とから構成されることにしばしば触れている。これは、当事者適格の上位概念である裁判適性 (justiciability) の概念が、憲法次元のものと慎重な配慮に係るものとから構成されているとの理解の論理的帰結でもある。もっとも、連邦最高裁自身が、原告適格と主張適格の概念上の区別につき明確な自覚をもっているかにつき疑義がないわけではない。そこで、ここで指摘できるのは、適法に開始された訴訟において訴訟当事者はいかなる主張をなしうるかに関わる準則が、当事者適格という用語で語られてきた法理の中の、憲法次元の問題ではなく慎重な配慮上の問題であり、裁判所が法廷に提出された事案を処理する経験を通して実践的に形成されてきたという点である。

---

9) 「*jus tertii*」とは「the right of a third party」を意味するラテン語である。
10) この法理を日本で紹介した文献として、たとえば、芦部・前掲注 7) 55 頁以下がある。
11) Robert A. Sedler, *The Assertion of Constitutional Jus Tertii: A Substantive Approach*, 70 CAL. L. REV. 1308 (1982) は、当事者適格の概念を使用するアプローチは分析上妥当ではないとする (*see id*. at 1315-1319)。しかし、この問題の核心は、「訴訟当事者が、ある第三者の権利を法または政府の行為が侵害するおそれがあるという事実を利用し、これに依拠して勝訴しうるとすべきか否か」(at 1320) であり、また、「〔当事者適格という用語法の〕基本的な考え方は、一定の争点を提出する当事者の特徴と状況ゆえに当該争点の決定を裁判所が拒否しうるか否かということにある」(13 CHARLES A. WRIGHT & ARTHUR R. MILLER, FEDERAL PRACTICE AND PROCEDURE 203 (1975)) から、この問題が「主張の利益」のレベルの問題であるという認識 (芦部・前掲注 7) 65 頁参照) を明確にしておく限り、分析上の格別の不都合は生じない。
12) 憲法レベルの当事者適格は、「純粋の (pure) 当事者適格」とも呼ばれる。*See* ALEXANDER BICKEL, THE LEAST DANGEROUS BRANCH: THE SUPREME COURT AT THE BAR OF POLITICS 123-124 (1962); Note, *Standing to Assert Constitutional Jus Tertii*, 88 HARV. L. REV. 423, 430 & n.43 (1974).

2 「訴えの利益」としての当事者適格

　「訴えの利益」としての当事者適格、すなわち原告適格は、事件性の要件の一角を構成するので、以下の考察の前提として、連邦最高裁における「事件性の要件」を構成する要素に簡単に触れておく。

　連邦最高裁が言及する事件性の要件は、①訴訟当事者間の関係における「対立性」の要素、②裁判の対象となる争点または係争利益に対する「事実上の侵害の発生」、そしてそれを法的に保護する規範、すなわち「保護規範」の要素、③訴訟当事者と係争利益との関係において、原告と当該係争利益との関係における直接・密接性、すなわち「自己の利益」の要素と、被告と原告に生じている事実上の侵害との間の「因果関係」の要素、④判決の効果としての「最終性」の要素、⑤紛争を生成から終結に至る時間の角度からみた「現実性・具体性」の要素、以上の諸要素から構成されている[13]。

　この分析を前提とすると、原告適格のレベルで問題となるのは、事件性の要件を構成する要素のうち「事実上の侵害の発生」、「自己の利益の主張」および「因果関係」の各要素であるが、これらは憲法上の要請である[14]。したがって、「自己の利益の主張」をなさず、専ら第三者の権利・利益に生じた、あるいは生ずべき事実上の侵害を主張して出訴してきた原告は、この要素をみたさないから、その原告適格は否定されることになる[15][16]。しかし、原告が自己の利益に対する事実上の侵害の発生を一応主張しているが当該訴訟の実質的な争点・主題が第三者の権利・利益に対する侵害の発生である場合においては、その原告適格および第三者の権利・利益の主張適格をいかに処理すべきかが問題となる。

　そして、このときには、まず原告適格の法理における各構成要素の充足が問われるのであるが、この原告は「自己の利益」に対する「事実上の侵害の

---

[13]　渋谷秀樹『憲法訴訟要件論』68～78頁（信山社・1995年）参照。
[14]　Cf. Valley Forge Christian College v. Americans United for Separation of Church and State, Inc., 454 U.S. 464, 471-476 (1982).
[15]　See Tileston v. Ullman, 318 U.S. 44 (1943). Cf. BICKEL, supra note 12, at 143-144; Note, supra note 12, at 430 & n.37.
[16]　See FCC v. Sanders Bros. Radio Station, 309 U.S. 470 (1940). Cf. Lee A. Albert, Standing to Challenge Administrative Action: An Inadequate Surrogate for Claims for Relief, 83 YALE L.J. 425, 470-472 (1974).

発生」は主張しているのであるから、残る「因果関係」[17]および「保護規範」[18]の各要素の充足が問題となる[19]。

3　「主張の利益」としての当事者適格

　第三者の権利につき「主張の利益」として論じられてきた主張適格の問題は、訴訟当事者と訴外第三者との関係の観点から、以下の２つの類型に分けられる。第１は、訴訟当事者の行為が訴外第三者の憲法上の権利の実現に必要不可欠な関係にある場合に、訴訟当事者が訴外第三者の権利を主張するとき、第２は、訴訟当事者と訴外第三者との間に第１の場合の関係がない場合に、自分の帰属しない集合に帰属する者に適用されると係争法令は違憲になると主張するときである。

IV　第三者の憲法上の権利の実現に必要不可欠の関係にある事案

　第１の類型は、さらに原告適格があわせて問題となる場合とそうでない場合に分けられる。

1　原告適格があわせて問題となる場合

　この場合、係争対象の法令または契約により義務・不利益を原告は課されているが、原告による当該義務の履行または当該不利益の甘受が訴外第三者

---

17)　Sedler, *supra* note 11 は、第三者の権利の主張適格の判定は、原告適格の判定と異なり、当事者と攻撃された法との関係（＝因果関係）の要素を裁判所は吟味しないとする（*see id.* at 1315-1316）。

18)　この要素は憲法上の要請ではなく、自制の準則が適用される慎重な配慮に係る制約である（*see, e.g.,* Gladstone, Realtors v. Village of Bellwood, 441 U.S. 91, 100 n.6 (1979)）から、連邦議会は直截的に保護規範を設定でき、また裁判所も関連法規の解釈を通じてこの要素の充足の有無を判定できる。*See* Ass'n of Data Processing Service Org. v. Camp, 397 U.S. 150, 153-155 (1970). *Cf.* Robert A. Sedler, *Standing and the Burger Court: An Analysis and Some Proposals for Legislative Reform,* 30 RUTGERS L. REV. 863 (1977); Louise W. Lucas, *Standing to Challenge the Constitutionality of the Federal Election Campaign Act: The Effect of Congressional Attempt to Relax Standing Requirements,* 65 GEO. L.J. 1231 (1977).

19)　*Cf.* Daniel P. Condon, *The Generalized Grievance Restriction: Prudential Restraint or Constitutional Mandate?* 70 GEO. L.J. 1157 (1982).

の権利・利益を侵害すると主張する場合（以下「原告が義務づけられている場合」という[20]）と、係争対象の法令または契約により義務・不利益が訴外第三者に課されているが、この第三者による当該義務の履行または当該不利益の甘受が原告の権利・利益を侵害すると主張する場合（以下「第三者が義務づけられている場合」という[21]）とに分けて考察を進める。[22]

(1) **原告が義務づけられている場合** 原則として、原告は訴外第三者の権利を援用できないことを、Cronin v. Adams 連邦最高裁判決（1904年）[23]は判示する。この事案は、酒場に女性が自由に出入りできる席を設けた経営者を処罰する旨を定めるデンバー市の条例が州憲法・法律、合衆国憲法に違反するとして、酒場の経営者がその執行の差止めを求めて出訴したものである。最高裁は以下のように訴えを斥ける。「当該条例の制約が彼の免許の条件で、免許の受領により、彼はその条件を受け入れたので、彼のいかなる権利も侵害されていない。……そうすると、どのような請求原因を〔彼〕はもつのか。彼は、女性でないし、女性がその条例下でもつ不満の闘士として活動するよう委任されていない。酒を小売する権利は州法に基礎づけられており、それらが当該条例表現された条件を付している」。[24]

この事案では、出訴には、原告に一定の権利が存在すること、また原告とは異なる性である女性の権利を基礎として出訴できないことが示唆されている。

この事案と対比すべきは、Craig v. Boren 連邦最高裁判決（1976年）[25]である。この事案は、アルコール分3.2%のビールの21歳未満の男性・18歳未満の女性への販売を禁止するオクラホマ州法の合憲性が18歳以上21歳未満の年齢に該当する男性と女性の販売業者によって争われた。最高裁は、男性が訴訟係属中に21歳になったので、彼につき訴訟がムートとなったと論[26]

---

20) 「義務保持者が主張者（dutyholder-claimant）」（Note, *supra* note 12, at 431）の場合である。
21) 「派生的な主張者（derivative claimant）」（*id.* at 433）の場合である。
22) *See* Note, *supra* note 12, at 431-436; *The Supreme Court, 1974 Term,* 89 HARV. L. REV. 47, 192 n.32.
23) 192 U.S. 108 (1904).
24) *Id.* at 114.
25) 429 U.S. 190 (1976).

じた後、女性が 18 歳以上 21 歳未満の男性の平等保護にもとづく異議に依拠して、年齢−性区別の違憲性を主張しうるかの問題につき、以下のように判示した。すなわち、訴訟当事者による第三者の権利主張の制限は憲法上の要請ではなく、憲法上の争点が不明確で想像上のものである争訟への裁判所の不当な関与を最小限とするための自制の準則である、とまず確認する[27]。そして、当事者適格の憲法上の要請の、事実上の侵害と因果関係の各要素に言及しその充足を承認するが[28]、理論上原告適格の法理を構成するもうひとつの要素の保護規範について触れない。この点をどう解すべきか。

　Cronin 判決が示唆するように、酒の販売行為を保護する規範の肯定はかなり難しい。とすれば、実質的に考慮された保護規範は、原告自身の利益を侵害から保護する規範ではなく第三者の利益を侵害から保護する規範であり、第三者の利益に係る保護規範が原告に係る保護規範の要素を補完する、このような暗々裏の操作を経由してこの要素の判定がなされたと解すれば説明できるのではないか。

　アルバート（Lee A. Albert）の言葉を借りれば、原告適格の有無は、ここでは、「〔憲法または法律による第三者〕保護の範囲と目的が原告との関係の派生的保護の端緒となるか否か」[29]にかかっていたといえる。

　(2) 第三者が義務づけられている場合　　この場合、原告適格の判定では、保護規範の要素のほかに因果関係の要素も問題になる。つまり、原告に事実上の侵害が発生していても、係争法令の名宛人または契約の当事者は訴外第三者であり、そこで主張された事実上の侵害はこの第三者の義務の履行または当該不利益の甘受の結果発生したから、この第三者の段階で、係争の法令・契約と原告自身の利益に生じた事実上の侵害との間の因果関係は切断されているとの反論もありうる[30]。また、第三者の権利の主張適格の判定にあたって、当該法令・契約は原告に直接的な義務・不利益を課していないから、

---

26)　ムートネスの法理については、渋谷・前掲注 13）195 頁以下を参照せよ。
27)　*See Craig*, 429 U.S. at 193.
28)　*See id.* at 194-195.
29)　Albert, *supra* note 16, at 465.
30)　因果関係は必ずしも直接的である必要はないが、間接的であれば、その認定がより困難となる。*See, e.g.,* Warth v. Seldin, 422 U.S. 490, 504-505 (1975). *Cf.* Note, *supra* note 12, at 433 n.54.

この原告に当該訴訟の実質的争点の明確な形成者となる誘因があるか否かが問われる。

　Pierce v. Society of Sisters 連邦最高裁判決（1925年）[31]が典型例である。この事案では、その保護下にある子弟の公立学校への通学を命じるオレゴン州法の違憲性を主張して、私立学校がその差止めを求めて出訴した。まず、私立学校の原告適格が問題となる。最高裁は、係争法律の施行により、原告・私立学校がその顧客、すなわち生徒となるべき者の保護者からの教育の依頼を失い経済的損失を被ることを「事実上の侵害」の充足とみなした。ただし、原告自身に係る保護規範には格別言及しない[32]。もっとも、「〔第三者〕が当該権利を行使する可能性は当該法律により課された制約からの自由に依存しているのではなく、私立学校の存在にもまた依存している。もし、生徒の不足が学校の閉鎖を強いるとすれば、たとえ父兄がその法律上の義務を無視しようとしても子弟を私立学校に通学させることはできなくなるし、また攻撃に成功したとしてもそれが全私立学校を再開させることには直ちにならない」[34]状況が本件の場合には認められる。

　したがって、第三者たる親または保護者のその子弟を教育する権利・自由（本判決は、私立学校の教育を子弟に受けさせる権利がこれに包含されているとする）の享有・実現にとって原告、すなわち私立学校の事業活動が不可欠である点に着目して、原告適格の法理における保護規範の要素の充足を認めたと説明できる。他方、係争法律は、原告・私立学校ではなく、第三者の親または保護

---

31)　268 U.S. 510 (1925). *Cf.* John Hart Ely, *The Wages of Crying Wolf,* 82 YALE L.J. 920, 931-932 n.79 (1973).

32)　原告は自己に生じる経済的損失を主張して出訴したから、本件をこの要素についての原告適格の法理の例外と考えることはできない。Robert A. Sedler, *Standing to Assert Constitutional Jus Tertii in the Supreme Court,* 71 YALE L.J. 599 (1962). したがって、「本件の判示事項は、Tileston v. Ullman 判決〔318 U.S. 44 (1943)〕に代表される一連の判決と容易に調和がとれない」(3 KENNETH C. DAVIS, ADMINISTRATIVE LAW TREATISE 229 (1958)) とみるのは不正確である。*See also* LOUIS L. JAFFE, JUDICIAL CONTROL OF ADMINISTRATIVE ACTION 498 n.142 (1965); Note, *supra* note 12, at 434.

33)　判決文からは、原告の財産権ではなく、第三者すなわち親または保護者の教育の自由が注目されたと解される。なお、Barrows v. Jackson 連邦最高裁判決（346 U.S. 249 (1953)）の法廷意見は、この事案につき「当該学校は、その財産的権利を防御するために、親と保護者の憲法上の権利の主張が認められた」(at 257) と解する。同様に解するものとして、Sedler, *supra* note 11, at 1328 n.64 および Sedler, *supra* note 32, at 642 がある。

34)　Note, *supra* note 12, at 434-435.

者を直接の適用対象としているので、原告に発生した経済的損失は、第三者が当該法律により課された義務を遵守した結果派生的に生起し、この第三者の段階で当該法律と当該損失との間の因果関係は切断されたのではないかとの争点もある。本判決も、原告に発生した経済的損失は、「将来の顧客に対して行使〔され〕つつある不当な強制を経由して」、あるいは「顧客に対する専断的・非合理的かつ違法な侵害……の結果として」生じた旨を指摘するが、にもかかわらず、原告の有する利益は「明白かつ直接的である」と簡単な説明を付して因果関係の要素の充足を承認する。

　第三者の権利の主張適格の問題が、本判決で明確に認識されていたか疑問の余地はあるが、原告に生じる侵害の深刻さからして、真剣な争点への熱意が十分に期待できると判断したのであろう。たしかに、本件の場合、第三者が自ら出訴することは可能であるが、権利者自身がその権利主張に常に熱心であるとはいえないし、また、訴訟当事者による第三者の権利主張を拒絶すれば、権利者自身が別訴でその主張をしなければならない。しかし、そうなると、「当該拒絶から権利者自身の攻撃が成功裏に終結するまでの間、憲法上の保護に修復不能の損失をもたらす」。主張適格の判定にあたり、第三者たる親または保護者の有する権利・自由の実体的内容とその享有の確保が重要な鍵となっていたと解される。

　次に、第三者に法令による義務が課されてはいないが、受益的行政活動の対象から第三者が除外された結果、第三者に不利益が発生し、第三者がこの不利益を甘受したならば、原告自身にも不利益が発生するとして出訴がなされた事案がある。

---

35)　研究ノート（Note, *"Directness" of the Injury Necessary to Challenge the Constitutionality of a Statute,* 35 ILL. L. REV. 983 (1941)）は、法律の合憲性は、その執行の結果としての直接の侵害を被っている、あるいはまさに被らんとしている者によってのみ問題とされうる」（at 983）とし、本判決はこういったこれまでの判例の態度とは異なるが、これは、「憲法上切迫した重要性を有すると最高裁が思料した宗教の自由という枢要な問題を〔本件〕が包蔵していたという根拠によって説明できる」（at 987）とする。

36)　権利者は、当該義務に違背して敗訴の危険のある民事訴訟・刑事訴訟における被告（人）の途をあえて選択するとは限らないし、また、将来的救済を求めるだけの時間と費用を常に進んで負担するとはいえないであろう。*Cf.* Note, *supra* note 12, at 435 n.60.

37)　*Id.* at 436.

Singleton v. Wulff 連邦最高裁判決（1976年）[38]がそれである。この事案では、医師が、医療上必要ではない妊娠中絶を困窮者に利用可能な医療保障制度の便益の対象から除外するミズーリ州法の違憲性を主張して、その旨の宣言的判決と差止めを求めて出訴している。

　本判決は、まず、原告自身に金銭的損失、すなわち事実上の侵害が発生することに触れ、財布の中身の増減を理由として当該規定と原告の当該侵害発生との間に因果関係が存在することを承認する[39]。もっとも、この要素の充足を簡単に認めてよいのか疑問は残る。論理的に誰に対して金銭が支払われるのか、曖昧さが残るからである[40]。医師が事実上それを受領しても、便益の授受関係は州政府と患者との間にあり、医師が金銭を受け取ることは、論理的には患者の代理人として、あるいは便宜上患者の経由を省略したといえるので、因果関係は患者の段階で切断されたとも解される。また保護規範の要素に本判決は格別言及しない。ただし、慎重な配慮に係る事項を検討する部分の冒頭で、原判決が医師自身の権利に言及し、第三者たる患者の権利に依拠して原告適格と本案での救済を付与したと思われると指摘している[41]。

　次に本判決は、第三者の権利の主張適格に本格的に言及する。

　ブラックマン（Harry A. Blackmun）裁判官が代表する相対多数意見は、原則として主張適格を認めない政策的配慮・正当化根拠として、①権利は個人的であるから不必要に第三者の権利について判断を示すことは回避すべきこと、②権利者自身が通常はその権利の最善の擁護者であるし、実効的な弁論が展開された後に下された判決に先例拘束力を認めることが望ましいこと、を指摘する。しかし、これらの正当化根拠がみたされない状況、すなわち（ⅰ）第三者の権利の享有・実現につき原告の行動が密接不可分に結び付いているという事実と（ⅱ）第三者自身が当該権利を主張できない立場にあり、原告が当該権利の実際上の最善の擁護者であるという事実が判明すれば、例外的に原告に対して第三者の権利の主張適格を承認すると述べる[42]。

---

[38] 428 U.S. 106 (1976).
[39] See id. at 112-113.
[40] See id. at 109-110.
[41] See id. at 113.
[42] この意見に対する批判として、ローア（Marc Rohr）の論文（Marc Rohr, *Fighting for the*

これに対して、パウエル (Lewis F. Powell, Jr.) 以下 4 名の裁判官は以下の趣旨の反対意見を展開する。

ブラックマン裁判官の指摘する正当化根拠は、①はそのまま支持し、②にも一応の賛意を表する。しかし、②は原告適格の判定の際にも考慮される要因であり、慎重な配慮に係る事項である主張適格については、擁護の質よりも適正な司法部の役割の要因が考慮されるべきとする。[43] 次に、例外を認める状況につき、(ii) に対して、この要因をあまりに重視することに疑問を投げかけ、[44]ブラックマン裁判官よりも厳格なテストを課し、[45]本件の場合、第三者は架空の名前で出訴でき、またムートネスの問題はクラスアクションの活用によって回避できるとする。[46]

2 原告適格が問題とならない場合

事件性の要件を充足し、適法に成立している訴訟においては、原告適格の問題は生じない。ただし、当該訴訟の当事者が、本案審理における攻撃・防御の手段として第三者の権利を援用・主張しうるか否かの問題が生じる。[47]

(1) 民事訴訟の被告 私人間の民事訴訟における被告の場合、憲法上の権利を防御方法として提出できるか否かを決定する前提として、憲法上の規範が直接的に私人間に効力を有するかの問題がある。私人間の契約により課された義務・不利益を攻撃・排除するために憲法上の権利を持ち出す場合、常にこれが先決問題となる。

Barrows v. Jackson 連邦最高裁判決 (1953 年)[48] では私人間効力がまず問題とされた。この事案は、非白人に対しては不動産を譲渡しないという制限約

Rights of Others: The Troubled Law of Third-Party Standing and Mootness in the Federal Courts, 35 U. MIAMI L. REV. 393, 405-406, 412-416 (1981)) を参照せよ。

43) *See* 428 U.S. at 124 n.3.
44) 「私は……第三者の利益を主張することの承認が他の根拠にもとづき正当化される事案においては、当該利益が十分代表されるであろうという信頼感を伝達する要因としてのみ『関係』の緊密性を考慮するであろう」(*id.* at 127 n.5) とする。
45) *See id.* at 126.
46) *See ibid. See also id.* at 116 n.6. *Cf.* Sedler, *supra* note 11, at 1313 n.22.
47) *See* Sedler, *supra* note 11, at 1316. *Cf.* PAUL M. BATOR ET AL., HART AND WECHSLER'S THE FEDERAL COURTS AND THE FEDERAL SYSTEM 184-191 (2d ed. 1973).
48) 346 U.S. 249 (1953).

款に違反して土地を非白人に譲渡したことによって生じた周辺地域の土地の価格の下落についての損害賠償を求められた者が、その防御のために合衆国憲法第14修正の平等保護条項を持ち出せるか否かが問題となった。

　判決は、州裁判所による当該損害賠償の認容が州の行為（state action）を構成すると論じたうえで、州の当該行為が非白人から合衆国憲法第14修正の平等保護を奪うと結論づける[49]。白人と同じ条件で土地保有にアクセスする可能性が合衆国憲法第14修正の実体的内容に包含され、第三者たる非白人のこの権利が州の行為によって否定され、当事者たる売主の行為により侵害される旨を述べた。次に、主張の利益の問題に言及する。当事者適格の問題には合衆国憲法3条1項に関連する訴訟要件としてのそれと、裁判所の自己統制に関連する自制の準則としてのそれがあることを指摘し、両者に共通するものとして、攻撃者自身の利益が侵害されるという原則があげられる。しかし、現に民事訴訟の被告になっている者が、両要件に共通する最小限の要求とでもいうべきこの原則をみたすことは問題ないから、原則として第三者の権利を防御方法として提出できないとする自制の準則を破る例外的事由の存在に関心は向けられる[50]。そして、①州裁判所の行為が憲法上の権利を否定し、またかえってそれを助長する虞があること、②権利者自身の出訴が事実上困難であること、③当事者に生じる金銭的損失、すなわち事実上の侵害が、第三者の憲法上の権利の侵犯に密接に結合し、それゆえこの当事者が当該侵犯に対する最後の実効的な擁護者であること、以上とする。

　①は州の行為（state action）の理論との関連で述べられた事由であるから、私人間の民事訴訟において考慮される事項である。また②の権利者自身による出訴の困難性は、上述の先例でも重要な考慮事項とされるが[51]、本判決は出訴の完全な不能性を要求していない。注目すべきは③の要因である。本判決は、第三者の憲法上の権利の実体的内容を確認したうえで、その享有・実現に当事者の行為が結合し、それゆえこの当事者が当該権利の唯一の実効的な擁護者となるとした。主張適格の判定にあたっては、第三者の実体的内容が

---

49) *See id.* at 253-254.
50) *See id.* at 254-259.
51) Sedler, *supra* note 32 は、この要因が本件の決定的なものとする（*see id.* at 631）。

決定的に重要な鍵となる点を示唆している。

この判決は、攻撃・防御の方法として第三者の権利の主張はできないとの原則を確認すると同時に、その例外を認めたので、他の判決においてもしばしば引用されることになる。

(2) **刑事事件の被告人** 「刑事訴追においては、『事件』または『争訟』は明確に存在している。政府は被告人が法を犯したと主張するし、他方被告人は、自分がその法を犯していない、その法の適用は誤っている、あるいはその法が違憲である旨を主張する。この状況では現実的争訟が法廷の前にある」[52]。この場合、被告人が自己の憲法上の権利侵害を防御方法として主張できることには問題はないが、第三者の権利を主張できるか否かが問題になる。

先例は Griswold v. Connecticut 連邦最高裁判決（1965年）[53]である。この事案では避妊のための薬品・器具等を使用した者を処罰する旨規定するコネティカット州法のもとで医務局長が既婚者に対して避妊方法の指導・助言を行った科（とが）で訴追された同州計画出産連盟の事務局長と同連盟が、同規定の合憲性を争った。問題となる権利は夫婦のプライバシーの権利（出産についての自己決定権）である。最高裁は、①被告人が正犯幇助の罪に問われていること、②被告人と夫婦との間には専門職業的関係、すなわち信頼関係が存すること、また③当該権利の主張がそこで認められないとその享有・実現が危うくなること、を指摘して、被告人に主張適格を承認した[54]。ただし、判示内容は簡潔でこれらの要因の相互関係の理解になお不明確さを残した。

Eisenstadt v. Baird 連邦最高裁判決（1972年）[55]がこの問題に詳細に言及した。この事案はボストン大学の学生に対する避妊についての講義中に避妊具を提示したこと、その講義の最後に避妊剤を若い女性に与えたことを理由に、登録医師または登録薬剤師以外の者で、避妊のための薬品・器具を配布した者は5年以下の禁錮刑に処する旨を規定するマサチューセッツ州法のもと

---

52) JAMES E. RADCLIFFE, THE CASE-OR-CONTROVERSY PROVISION 140 (1978). *See also* Sedler, *supra* note 11, at 1316.
53) 381 U.S. 479 (1965).
54) *Id.* at 481.
55) 405 U.S. 438 (1972).

で訴追された者がその合憲性を争った[56]。被告人は既婚者であるから既婚者と未婚者を区別する当該法律によって自分の避妊手段へのアクセスが差別的に制限されてはいない。また、当該法律は、未婚・既婚を問わず、素人（layman）による避妊手段の配布を規制したものとも解される。したがって、既婚者で医師でも薬剤師でもない素人の被告人が未婚者のプライバシーの権利を自己の有罪判決を争う理由として主張できるか否かが問題となった。

その判断にあたり被告人が当該訴訟で敗訴して当該行為が違法とされた場合、結果として生じる第三者の権利の享有・実現に対するインパクトを他の要因よりも重視することを本判決は指摘した[57]。つまり、第三者たる未婚者のプライバシーの権利または平等保護の権利の実体的内容の理解が重要な鍵となっている[58]。プライバシーの権利の内容が避妊手段を用いても処罰されないというにとどまり、避妊手段に対するアクセスまで包含されていない、あるいは既婚者には当該アクセスを認めるが未婚者にはこれを認めないことが平等保護条項に違反しないとすれば、被告人の行為は当該権利の享有・実現とは無関係であり、当該アクセスを現実に保障する行為、すなわち避妊手段を未婚者に配布する行為を法律で禁止しても当該権利に対するインパクトは発生しないことになる。逆に当該アクセスを憲法が保障しているとすれば、当該行為に対する制約がインパクトとなっている。こう考えると被告人が既婚者か否かは考慮する必要がなくなり、配布者か否かが重要になる。もっとも、被告人が配布者という点から直ちに主張適格が認められるのではなく、なお、医師あるいは薬剤師でないと当該争点を主張できないのではないかとの問題が残る。その判断の際に当該法律による禁止が「保健目的の措置」か否かが鍵となる[59]。つまり、「保健目的の措置」であれば、素人の本件被告人は、当

---

56) 本件は連邦裁判所に人身保護令状（habeas corpus）の発給を求めた事案であるが、これは、現在は州裁判所の有罪判決に対する上訴審の判断を仰ぐのと同様の機能を有しており（see 28 U.S.C. §2241(c)(3)）、事件性の要件の充足は問題とならない。See generally CHARLES A. WRIGHT, THE LAW OF FEDERAL COURTS §53 (4th ed. 1983).
57) See Eisenstadt, 405 U.S. at 443-446.
58) ただし、法廷意見は、本案判断において、避妊手段へのアクセスがプライバシーの権利によって保護されていることの承認を慎重に回避し、当該法律が避妊手段の配布を既婚者に対しては許容し、未婚者に対しては禁止するという区別が有効な公共目的と合理的な関連性を有さないから平等保護条項に違反すると判示した。See id. at 446-456.

268

該区別が違憲と判定されても配布者となる地位を獲得できない。バーガー (Warren E. Berger) 長官の反対意見の眼目はここにあった。しかし、禁止目的の特定は本案で判断すべき事項であるから、主張適格の判定の段階でこの判断を先取りするこの反対意見は問題である。法廷意見は、原審での本案判断に鑑み、この段階ではなおその判断を留保して、本件被告人に主張適格を付与したとみることができる。[60]

以上、争点となった権利の実体的内容のほかに考慮された要因として、本件被告人が当該権利の熱心な擁護者で、十分明確に争点を形成する誘因をもつこと、また、第三者たる権利者自身には当該権利を主張する場・機会がないことが指摘できる。[61]

セドラー (Robert A. Sedler) は、Griswold 判決では、被告人自身のデュープロセスの権利がその準備書面において主張され、結果的にこの権利が承認されたとする[62]。そして、避妊手段を処方する医師の権利がそれを使用する彼の患者の権利から派生するとしても、やはり彼自身の権利を主張していることには変わりはないとする[63]。また、Eisenstadt 判決についても、未婚者に避妊手段を与える配布者の自由という被告人自身の自由に依拠して判決を下しえたとし[64]、ホワイト (Byron R. White) 裁判官もその補足意見において、「少なくともある者に対しては避妊手段を配布する憲法上の権利をもっていたとする立場をとった」とみる[65]。

たしかに、この補足意見は「健康に危険を及ぼすことが証明されていない避妊手段の配布に医療上の制約を認めることは、憲法上の権利の行使を侵害

---

59) *Cf. The Supreme Court, 1971 Term,* 86 HARV. L. REV. 1, 117 (1972).
60) 本件被告人が配布者となる可能性はあくまで「一応のもの」であるにすぎないが、主張適格の判断についてはこれで足りることを本判決は示している。なお、本判決は、本案判断において詳細に検討したうえで、「保健上の措置」という目的の合理性を否定している。*See Eisenstadt,* 405 U.S. at 450-452.
61) ただし、州裁判所の判決では、州裁判所において自ら宣言的救済を求める訴訟を提起しうる可能性が指摘されている。*Cf.* Commonwealth v. Baird, 247 N.E.2d 574, 581-582 (1969) (Spiegel, J., dissenting).
62) *See* Sedler, *supra* note 11, at 1330.
63) *See id.* at 1330 n.72.
64) *See id.* at 1331.
65) *Ibid.*

主張適格 269

することになろう(66)」と述べるが、ここで指摘されている憲法上の権利とは、前後の文脈からして、避妊手段を使用する既婚者の権利のことである。結局、「そもそも既婚者および未婚者が避妊手段を使用することを憲法は保護しているのか、そしてもし保護しているとすれば、その保護の背後にある理由が、さらに具体的避妊手段にアクセスする権利まで必要とし、あるいはそのような権利を保護しているか否か(67)」が問われたとみるべきである。

V 他者への法令の適用の違憲性の主張の事案

　他者への法令の適用の違憲性の主張の問題は、従来、主に法令の漠然性（vagueness）または過度の広汎性（overbreadth）の主張の問題として、また違憲審査の方法としては、文面審査・適用審査との関係で論じられてきた。本稿の問題関心は、この問題を訴訟当事者が提起することがいかなる場合に許されるのか、またこの問題を提起された裁判所はいかにそれを審査するのかにある。(68)

　類型的には、当事者が原告として出訴し、法令の過度の広汎性・漠然性を争う場合、およびすでに適法に開始された訴訟において、法令の過度の広汎性・漠然性を争う場合に分類できる(69)。

　主張適格の分析に先立ち、漠然性および過度の広汎性の概念を明確にしておく。(70)

---

66)　*Eisenstadt,* 405 U.S. at 464.
67)　Albert, *supra* note 16, at 467. *See also* Note, *supra* note 12, at 433.
68)　こうした角度から分析した日本の先駆的業績として、芦部・前掲注 7) 55 頁以下がある。
69)　被告（人）については、IV-2 (2) と同様に、事件性の要件の充足問題は生じない。*Cf.* Note, *First Amendment Overbreadth Doctrine,* 83 Harv. L. Rev. 844, 863 (1970); Henry Monaghan, *Overbreadth,* 1981 Sup. Ct. Rev. 1, 1 n.1; Martin H. Redish, *The Warren Court, the Burger Court and the First Amendment Overbreadth Doctrine,* 78 Nw. U. L. Rev. 1031, 1039 (1983).
70)　*See* Laurence H. Tribe, American Constitutional Law §§12-28 (1978); Brian M. Sax, *Judicial Rewriting of Overbroad Statutes: Protecting the Freedom of Association from Scales to Robel,* 57 Cal. L. Rev. 240, 240 n.1 (1969).
　第 1 修正の分野における両者の完全な区別について疑問視する学説もある。*See* Note, *supra* note 12, at 873-875.

1 漠然性と過度の広汎性

　漠然性とは、法令の規定文言が規制対象としていかなる行為を包含するのかが曖昧な規範の属性をさす[71]。主張適格との関係で問題となるのは、主張者の行動が規制対象になることが明白であるにもかかわらず、その漠然性を主張できるか否かである。

　過度の広汎性とは、法令の規定文言による規制対象たる行為の中に、合憲的に規制可能な行為と規制すれば違憲となる行為の両方を含む、いわゆる過大包含となる規範の属性をさす[72]。主張適格との関係で問題となるのは、主張者の行動が合憲的に規制可能な行為に属するにもかかわらず、過度の広汎性を主張できるか否かである。

　漠然性の法理および過度の広汎性の法理の存在理由について、Grayned v. City of Rockford 連邦最高裁判決（1972年）[73]は、以下のように判示する。

　「もし立法による禁止が明確に規定されていないならば、その立法は漠然性ゆえに無効であるというのがデュープロセスの基本原則である。漠然とした法令は、いくつかの重要な価値に反する。第1に、人は適法な行動と違法な行動との間で身を処する自由が当然にあると考えるので、法令が通常の知性の持ち主に何が禁止されているかを知る合理的機会を与え、それにもとづいて彼が行為できるべきと我々は主張する。漠然とした法令は、公正な警告を提供しないことによって無実の者を陥れることになる。第2に、恣意的・差別的執行が阻止されねばならないとすれば、法令は、それを適用する者に対して明白な基準を提供しなければならない。漠然とした法令は、基本的な政策事項につきその場限りの主観的な基礎にもとづく解決を、恣意的・差別的適用の危険性を帯びたまま、警察官・裁判官・陪審員に対して許容で

---

71) 漠然性に関する基本的先例である Connally v. General Construction Co., 269 U.S. 385 (1926) によれば、「ある行為をすることを通常の知性をもつ者がその意味につきやむなく当て推量をなさねばならず、またその適用につき意見を異にせざるをえないような漠然とした文言で、禁止または要求する制定法は、法のデュープロセスの第一要義に反する」(*id.* at 391) とする。

72) *See generally* Note, *supra* note 12; Note, *The Hatch Act Reaffirmed: Demise of Overbreadth Review?* 42 FORDHAM L. REV. 161 (1973); Note, *Overbreadth Review and the Burger Court,* 49 N.Y.U. L. REV. 532 (1974); TRIBE, *supra* note 70, §§12-24 – 12-30; Monaghan, *supra* note 69.

73) 408 U.S. 104 (1972).

きないかたちで委ねることになる。第3に、……漠然とした制定法が、『基本的な〔合衆国憲法〕第1修正の自由という敏感な領域に触れる』場合には、それは『〔それらの〕自由の行使を抑制するよう作用する』。不確かな意味は、『禁止された領域が明確に記された場合よりも、違法な区域からより遠く離れるように』市民を不可避的に導く」。

「明白かつ正確な立法であっても、その射程範囲において憲法上保護された行動を禁止する場合には『過度に広汎』でありうる。……過度に広汎な法令は、漠然とした法令と同様、特権の付与された行動を躊躇させるので、我々の諸判決は、過度の広汎性を攻撃できる〔訴訟当事者の〕当事者適格を堅固に確立してきた」。

2 原告適格があわせて問題となる場合

(1) 刑事訴追の差止めを求める場合以外　　事例として課税対象からの債務の控除に関する連邦法と州法との抵触が問題となった Supervisors v. Stanley 連邦最高裁判決(1881年)がある。この判決は、「無効あるいは違憲の規定を包含している法律においては、これらの規定によって影響を受けないもの、あるいはそれらがなくても存立しうるものは、存続しなければならないという一般命題が認められねばならない。もし有効なものと無効なものとが分離可能であるならば後者のみが無視さるべきである」とした。法律の中の別個の条文に規定された準則相互の独立性・分離可能性が検討されたのである。ここでは、過度の広汎性そのものは問題とされていないが、過度の広汎性の法理は、個別の規定に解釈を施した結果産まれる、より下位の準則(サブ・ルール)相互の独立性・分離可能性を問題とするので、発想は同じである。

この問題に詳細に言及した判決が、United States v. Raines 連邦最高裁判決(1960年)である。この事案は、「市民の権利に関する法律(Civil Rights

---

74)　*Id.* at 108-109. *See also* Lanzetta v. New Jersey, 306 U.S. 451, 453 (1939).
75)　*Grayned*, 408 U.S. at 114. *See also* NAACP v. Button, 371 U.S. 415, 432-433 (1963).
76)　105 U.S. 305 (1881).
77)　*Id. at* 312.
78)　*See generally* Robert Stern, *Separability and Separability Clauses in the Supreme Court,* 51 Harv. L. Rev. 76 (1937).
79)　362 U.S. 17 (1960).

Act)」にもとづき提起された訴訟であるが、この訴訟の根拠となったこの法律の規定の合憲性が争点となった。事案としては複雑で、事件性の要件との関係でいえば、利益の帰属関係および保護規範の要素の実定法による充足を図った[80]連邦議会の行為の合憲性が争われた。具体的には、被告が係争行為を違憲と主張するとき、いかなる争点を提起しうるかが問題となる。それは同時に事件性の要件の上記の要素の充足を決定することになる。つまり、被告の主張がとりあげられ、その主張が認められれば上記充足は自動的に否定されることになるからである。本件の被告は公務員としての行為につき訴えを提起されているが、当該法律は私人の行為についても訴えの提起を認めているので、合衆国および州を対象として一定の行為を禁止し、その施行のための法律を制定する権限を連邦議会に与えた合衆国憲法第15修正に違反すると主張したのである。

連邦最高裁は、ブランダイスルールの2および3の準則に引用された判決を詳細に引用し[81]、これに類似する準則として、「自分に対する法律の適用が合憲である者は、その適用が違憲であるかもしれない他の者または他の状況に適用されるものととられるかもしれないという理由でその法律を攻撃しても受け付けてもらえない[82]」と述べる。この準則を支える根拠は、違憲を宣する権限が想像された仮定上の事件を参照して行使されれば、将来の具体的に争われた場合における裁判所の同一条文の解釈の可能性を閉ざすということにある。ただ、本判決は、この準則についての例外を認めないわけではなく、この準則が憲法の命じる準則ではなく、慣行の準則であり、重要な対抗する政策のある場合にはその主張は許されるとする[83]。本判決のあげる例外を要約すると、①問題になっているまさにその訴訟の結果として当事者ではない者の憲法上の権利が侵害される場合、②訴外権利者が自ら憲法上の権利を守る実効的方法をもたない場合、③これらの準則の適用自体が言論の自由に

---

80) 原審判決は、「最近立法された〔条項〕の規定がなければ、司法長官は、本件訴訟を提起する原告適格をもたない」（552 F.Supp. 552, 556）とする。
81) Liverpool, New York & Philadelphia S.S. Co. v. Commissioners of Emigration, 113 U.S. 33 (1885).
82) *Raines*, 362 U.S. at 21.
83) Barrows v. Jackson, 346 U.S. 249, 257 (1953) を引用。

抑制的効果をもつ場合、④刑事法律において2つの場合の適用を分離すれば、当該法律が行為規範としての明確性をもたなくなる場合、⑤それまでの適用の大多数において係争法律が違憲とされ、ごくまれな適用において有効とする意図が明確にない場合、⑥州法について州裁判所がその有効な規定・適用と無効な規定・適用とに分離不能と最終的に判断された場合、⑦連邦法について連邦議会が立法のすべての適用において有効でないならば、存立を望まなかったであろうと連邦裁判所が判断する場合、以上の7つの場合を指摘する。そして、本件は、これらいずれの場合にも該当しないと結論づけた。

　以上の7つの例外的場合は、以下のように整理できる。①②は、判決の文言からは、2つの場合をそれぞれ別個にあげているとも読めるが、その引用判決からすれば、両方の要件がそろった場合に例外とする趣旨と考えられる。ただ、この場合は、類似の立場にあるものの権利主張とは考えられない。むしろIVで論じた、第三者の権利を主張する問題と思われる。③は、そこで問題となる権利の性格に起因する例外を語ったと考えられる。④は、過度の広汎性の瑕疵が解釈によって漠然性の瑕疵に転じる場合について語った。⑤は、裁判所における適用を通じて当該法律の違憲性がほぼ確定している場合である。⑥⑦は、法令の規定・適用につき不可分一体との解釈が確定した場合である。

　以上のように本判決のあげる例外的場合は整理できる[84]。

　次に過度の広汎性、漠然性の重要な判決として、Broadrick v. Oklahoma 連邦最高裁判決（1973年）[85]を指摘できる。この事案では、公務員の一定の政治活動を規制するオクラホマ州法の合憲性が争われた。上訴人の行動が憲法上保護されないことを本人は認めていたが、過度の広汎性および漠然性ゆえに当該条項が文面上無効であるとして訴えは提起された。本件は、合衆国法典第28編1983条（28 U.S.C. §1983）にもとづいて提起された訴訟なので事件性の要件については格別言及されていない。そして、最高裁は、他の状況に対する違憲的適用の可能性を理由として、当該規定を攻撃できないとする

---

84) その後の判例として、Cramp v. Board of Public Instruction of Orange County, Florida, 368 U.S. 278, 283-285 (1961) をみよ。
85) 413 U.S. 601 (1973).

Raines判決の一般原則を確認して本件を処理した。

　ここでは、表現の自由が関わるので、Raines判決の③の例外に該当するか否かが問題となる。この判決は、この一般原則に密接に関連する準則として「憲法上の権利は個人的（personal）なものであり、身代わりになって（vicariously）主張できない[86]」という準則を指摘する。その根拠として、憲法体系上の裁判所の位置づけ、すなわち憲法判断の抑制を語るときしばしば喩えられる[87]「必要と考えられるすべての所でどのような調査でもなす権限をもつ組織（roving commission）」に裁判所はならないとする。ただし、表現の自由については例外的に他人への違憲的な適用の可能性を理由とする攻撃を認める。しかし、この例外を認めることから生じる帰結はドラスティックとなるから、この例外をきわめて限定しようとする。つまり、限定解釈がなされる場合には、文面上の過度の広汎性は用いられていないし、通常の刑事法規についてはさらにその適用は限定され、中立的非検閲的態様で合衆国憲法第1修正に近接する行動を規制する場合にも、過度の広汎性の吟味の程度は厳格ではないとする。さらに、憲法上保護されない行為と保護される行為の両方を係争法令が含んでいる場合においても、保護されない方の行為が「純粋の言論」から「行動」に近くなれば、そしてその「行動」が州の正当に規制できる有効な刑事法の中に入るとすると過度の広汎性の出番は少なくなるとする。この最後の点について、本判決は、それが先例と述べるのみで明確な正当化理由は提示していない。もっとも、そこで示された基本的考え方は、広汎な法令の規定によって憲法上保護された言論をも抑制する可能性と、州が正当に規制できる、憲法上保護されない行動を放置することによって生じる不都合との衡量であると思われる。そして、前者の可能性の現実性・実質性を過度の広汎性を理由とする文面上の審査発動の要件としている。以上のように、文面審査の発動場面を厳しく限定し、事案ごとに限定解釈を施していく適用審査の方法が原則であることが示されている。

　(2)　**刑事訴追の差止めを求める場合**　エクイティの法理にその淵源をも

---

[86]　*Id*. at 610.
[87]　*See, e.g.,* Abbott Laboratories v. Gardner, 387 U.S. 136, 177 (1967) (Fortas, J., dissenting); Secretary of State of Maryland v. Joseph H. Munson Company, 467 U.S. 947, 976 (1984) (Rehnquist, J., dissenting).

つ差止命令 (injunction) は、コモンロー上の救済では不十分な場合に補充的に認められたものであるため、刑事法規を争う場合においても刑事訴追手続の過程でそれを問題にすればよいとされた。ところが、この原則は、20世紀に入って徐々に崩れはじめ、刑事訴追の差止めを認める事案が出された。

Ex parte Young 連邦最高裁判決 (1908年) がその重要な先例である。この判決において連邦最高裁は、①当該法律の執行の意図が明確であり、今まさにそれがなされようとし、あるいは現になされつつあること、②私人が重要な権利・利益を懸けて、遵法・不遵法の択一的行動を迫られていること、③事後の救済、すなわち刑事訴訟手続内における当該規定の無効の確認によっては、当該権利・利益の貫徹が図れないこと、④裁判所によって刑事訴追手続が開始されていないこと、以上4点を要件としてあげて刑事訴追の差止めを認めるに至った。この判決では、当該事件における具体的事実とは無関係に、問題となった州法は文面上無効であるとした。そこでは本件訴訟を認めるか否か、すなわちエクイティ法理および事件性の要件の充足を認める根拠についての論述に多くが割かれていて、文面審査の考え方については必ずしも明らかではないが、②③がこれに重要な関わりがある。本件では財産権という当時非常に重視された利益が問題になったという点にも留意しておきたい。

その後の判例はこの判決を基礎に展開していくが、文面審査との関係で重要な判例は、Dombrowski v. Pfister 連邦最高裁判決 (1965年) である。この事案は、暴力による政府転覆の唱導等の活動を規制するルイジアナ州法のもとでの訴追の差止めを求めたものである。本件は実定法にもとづく訴訟であったが、事件性の要件のうちの現実性の要素の充足、および州法のもとで

---

88) *See, e.g., In re* Sawyer, 24 U.S. 260, 210 (1888). これに依拠した例として、Hakrader v. Wadley, 172 U.S. 148 (1894); Davis & Farnum Manufacturing Co. v. Los Angeles, 189 U.S. 207 (1903) がある。
89) 刑事事件以外でこれを認めた例外として、Truax v. Raich, 239 U.S. 33 (1915) があげられる。
90) *See, e.g.*, Dobbins v. Los Angeles, 195 U.S. 223 (1904). *See generally* GARY L. MCDOWELL, EQUITY AND THE CONSTITUTION 101-105 (1982).
91) 209 U.S. 123 (1908).
92) 380 U.S. 476 (1965).

の刑事訴追の差止めを求めたから、上記 Young 判決がどのように本件に適用されるのかが問題となる。しかし、この判決は、Young 判決と異なり、州政府への配慮という連邦制度上の障壁に由来する不干渉の法理（abstetion doctrine）に多くの論述を割き、その判旨が文面審査を正当化するためのものか、不干渉の法理の不適用を基礎づけるためのものか、議論は錯綜し必ずしも明快ではない。ただし、Young 判決との共通点は、問題となる権利、本件の場合は、表現の自由への侵害のおそれを強調しているところにある。[93] これは Young 判決の②③と軌を一にする。主張の利益の観点からみて重要な点は、「攻撃を行う者に自分の行動が、必要とされる限定的な明確性をもって作成された法律によっては規制されえないことを立証する要件なしに過度に広汎な法律をすることを認めてきている[94]」とする一文である。その意味は、自分の行動が憲法上保護された行動か否かにかかわりなく、すなわち当該事件における具体的事実とは無関係に係争法令の表現の自由に対する萎縮効果が存することを決定的な条件として文面審査を認めるとする。もっとも、不干渉の法理の適用否定を正当化する文脈においてではあるが、訴状で記載された行動がどのような解釈をとっても明らかに禁止される中核的なものであるか否かという限度で具体的事実の考慮を述べている点に注意する必要がある。また州の法令についての解釈権はあくまで州にあり、表現の自由が問題となる場合には不干渉の法理は漠然性の法理の前に膝を屈するが、これもあくまで暫定的なものであるとしている。

　この Dombrowski 判決に対して一定の枠をはめたのが、Younger v. Harris 連邦最高裁判決（1971 年[95]）である。この事案は、サンディカリズム運動を禁止するカリフォルニア州法のもとでの刑事訴追の差止めを求めたものである。原審である連邦地裁は Dombrowski 判決に則り、当該法律を文面上無効としたが、連邦最高裁はこれを覆した。そこでは、エクイティ法理の限定的性格、および州権への配慮が述べられ、刑事訴追の可能性が一回あるというだけでは、差止命令の要件である回復不能の侵害に該当しないとして、Dombrowski

---

93)　*See id.* at 486.
94)　*Id.* at 486.
95)　401 U.S. 37 (1971).

判決の適用場面を実質的に狭めた。また連邦裁判所の介入を正当化する主たる根拠であった、表現の自由に対する萎縮効果の除去についても疑問を呈する。そこでは、憲法上明らかに保護されない有害な行動を州が規制できなくなることを考慮する必要を論じ、また表現の自由に対する禁止を付随的効果としてもつ場合に規制する必要性および代替手段の有無に照らして判断すべき旨を論じている。

　以上は連邦制度に由来する限界に関係づける判旨であるが、さらに文面審査の限界にも言及する。すなわち、裁判所の合憲性判断の権限・責務が具体的な紛争を解決する責務に由来することを論じ、文面審査があたかも立法過程全般にわたる事前の承認または拒絶に喩えられるとする。いずれにせよ、文面上の無効を主張して出訴した原告を事件性の要件の段階で斥けた。

3　原告適格が問題とならない場合

　(1)　**民事事件の被告**　Austin v. Alderman 連邦最高裁判決（1868年）[96]は、銀行会社の株に対する課税に関して連邦法と州法律の抵触が問題となった。最高裁は、「その文言に付与されるきわめて厳格な解釈に従えば、当該事実は当該法律内の文言内にこの事件を含ましめる。異なる事実状況にもとづき生起する異なる事件において当該法律が連邦議会の立法と抵触する結果を生むか否か、そしてこれを当裁判所が修正し、是正しなければならなくなるかは、我々が取り組むことを求められていない探究である。我々は、我々の前にある事件に関連してのみ当該法律を考察できるにすぎない」[97]とする。この事案は、Ⅴ－2(1)で触れた Stanley 判決より前の事案であり、また州法の違憲性ではなく、違法性が問題となった例であるが、のちに違憲性の主張にも該当する基本的な考え方、すなわち裁判所は、法廷に提出された事件の事実に関連してのみ法令を見、それ以外の事件を考慮して法令自体の瑕疵を考察しないという「適用審査」の原型が示された。

　合憲性が争われた先例としてあげられるのは、Yazoo & Mississippi Valley R.R. Co. v. Jackson vinegar Co. 連邦最高裁判決（1912年）[98]である。この事

---

96)　74 U.S. (7 Wall.) 694 (1868).
97)　*Id.* at 698-699.

案では、ミシシッピー州法で定められた損害賠償規定の合憲性が争われた。ここでは被告は自分に対する適用では合憲であるが、他の事実関係における適用では違憲であり、この場合に無効であれば、当該法律が全体として無効と主張した。この判決は、他の事実関係に対する適用を考察することが想定上の事件の処理になり、そのような場合についてまで本件において考察する必要はないとしてこの主張を斥けている。

(2) **刑事事件の被告人** この場合の古典的先例が、United States v. Reese 連邦最高裁判決（1875年）[99]である。この事案は、選挙に関与する公務員が投票に際して一定の行為をした場合と投票行為を妨害した場合に刑事制裁を定めた連邦法のもとでの刑事事件である。この法律は南北戦争後の合衆国憲法第15修正の施行のために制定されたので、この法律の規定がこの修正条項に違反するか否かが問題となった。

本判決は、法律の文言と裁判所の解釈のあり方に言及した。すなわち、法律の文言上は明らかに議会の権限内に入り合憲な部分と、権限外の違憲な部分とが含まれている場合、果たして裁判所がその文言に限定解釈を施し、権限内の部分につき当該規定を有効として当該事案に適用できるか否かを考察している。

そして、限定解釈の限界の一般論として、裁判所が施した限定解釈の結果が議会の意思に反するか否かという基準が述べられ、新たに設けられる刑事法規はさまざまな解釈の余地のない明確な文言であるべきとする。要求される明確性の基準は、標準的な知性の持ち主の理解を欺くか否かとする。この事案の場合、法律の文言中に当該法律を合衆国憲法第15修正の枠内に限定する議会の意思が読み取れる言葉がなく、また裁判所がその適用を合憲的な部分に限定できる解釈ができるか否かについては、違憲の部分と合憲の部分との区別は不可能とする。なぜならば、一定の言葉の排除や無視によってそれらを分離できず、そこに存在しないものを挿入してはじめてそれを達成できるからとする。またそのような言葉の挿入による限定が許されない理由を、立法部が大きい網を張り、それに対する具体的適用を裁判所が行うことは、

---

98) 226 U.S. 217 (1912).
99) 92 U.S. 214 (1875).

立法部と司法部との権限・機能の分割からして許されないとする。

のちにこの問題につき詳細に言及した著名な判例として、Thornhill v. Alabama 連邦最高裁判決（1940年）[100]がある。この事案では、「うろつき」「ピケ張り」を禁止するアラバマ州法の合憲性が問題となった。ここでは、争点となる権利が表現の自由の範疇に含まれることを間接的に確認した後、文面上の審査が正当化される理由および場合を次のように述べる。まず本件の訴訟記録、すなわち訴因の書き方、原審までの事実認定、および当該規制に対する州判決による限定解釈がないことを文面審査の正当化の理由とする。次に係争対象たる法令が「見解を伝えることの許可を目的とする」ものであることによる理由が先述の理由とは別個にあげられる。すなわち許可制度に内在する害悪の性格を評価すると、それがあること自体に内在する広範囲に及ぶ効果ゆえに、自分が許可申請を出せば許可を得たであろう者がそれを怠ったゆえに訴追されたときは許可制度全体を問題としうる。本件で問題となった刑事法規は、州規制の許される領域に入る害悪を明示的にその対象とせず、憲法上保護されるような行為までもその対象に包含しているが、このような場合にも同様の脅威が存在する。そうした場合、刑事被告人は自分の行為が憲法上保護される範疇に入ることを立証する責任はないとする。

以上が文面審査を正当化する理由であるが、さらに州裁判所による解釈の権威性に触れる。州裁判所で与えられた解釈は、例外の余地を認めないものであり、労働争議の事実に関する情報を伝えることは憲法上保護された行為になるとして、当該条項が文面上無効であると結論づけるのである。

VI　むすびにかえて

アメリカ合衆国の判例理論は、IVで述べた第三者の憲法上の権利の実現に必要不可欠の関係にある事案につき、日本では以下のごとく理解された。すなわち、原則として第三者の権利主張はできないが、一定の要因をみたす場合には例外的に主張可能とする。そして、例外的主張が許されるか否かの判

---

[100]　310 U.S. 88 (1940).

断は、①援用者（他人の憲法上の権利を援用して国家行為を攻撃する者）の訴訟における利益の程度の違い（損害賠償請求の被告か刑事被告人かなど）の要素、②援用される憲法上の権利の性格の要素、③援用者と第三者との関係の要素、すなわちこの関係が偶然的なものであるか、それとも事件前から援用者と第三者との間に実質的な関係があったか、④出訴可能性の要素、すなわち第三者が独立の訴訟で自己の権利侵害を主張することが実際上可能かどうか、以上4つの要素が考慮されるとし、④の要素が重要な役割を果たすとする[101]。

このように、判例分析の結果抽出された要因も重要ではあるが、注目すべきは判決理由の中に言及された、これらの要因の制度的背景を踏まえたうえで、あるべき裁判所像への探究に臨む連邦最高裁の真摯な姿勢である。連邦最高裁は日本と同様に事件性の要件の枠内の活動を前提としつつ当事者適格に憲法上の要請（constitutional requirement）と自制の要請（prudential requirement）があることを洞察しながらも、基本原理たる個人主義の尊重に配慮を示す一方で司法部が果たすべき機能とその限界まで深い探究を試みる。

日本で同種の争点を扱った関税法第三者没収規定をめぐって最高裁は、一旦「訴訟において、他人の権利に容喙干渉し、これが救済を求めるがごときは本来許されない筋合いのもの」とした[102]。ところが、その2年後、判例変更を行い違憲との判断を下した[103]。もっとも、この違憲判決は、被告人自身に対する不利益を理由に上告の利益を認めたようにも読め[104]、直前の合憲判決を変更する説明責任を果たさず、ましてやアメリカ合衆国の判例のように裁判所のあり方をめぐる省察はなしていない。

Ⅴで述べた他者への法令の適用の違憲性の主張についても、アメリカ合衆国の判例と同様に取り扱うべきことが今や日本でも共通理解となった[105]。とこ

---

101) 芦部・前掲注7) 55頁以下参照。
102) 最大判昭和35年10月19日刑集14巻12号1611頁。なお、この判決に先立ち最大判昭和32年11月27日刑集11巻12号3132頁は、「原審で主張判断を経ない事項であるから上告適法の理由とならない」としつつ「職権により調査するに」として第三者が善意の場合には憲法29条違反としている。
103) 最大判昭和37年11月28日刑集16巻11号1593頁。
104) 渋谷・前掲注13) 385頁以下参照。
105) 芦部信喜（高橋和之補訂）『憲法〔第6版〕』205頁以下（岩波書店・2015年）等。

ろが、これを問題とすべき事案でも最高裁は主張適格には言及せず、まして や法令を違憲とした判例はない。他方、文面審査の言葉のみが独り歩きし、 表現の自由への萎縮効果をファーストチャンスで除去する必要性の考察に至 らなかった。

　付随的・具体的違憲審査制を日本国憲法はとるとの前提に立っても、違憲 判決が極端に少ない日本の最高裁判決の現状に照らすと、個人主義の原理に もとづく私権保障型モデルを前提としつつ憲法保障型モデルへ例外的に踏み 込む手がかりとして、主張適格の問題の探究は、日本国憲法 81 条により明 文で付与された違憲審査権の行使に消極的に過ぎ、明らかに機能不全を来し ている日本の最高裁の現状からみると不可避と思われる憲法裁判所の創設ま での間、なお考察に値する重要性をもつと考える。

---

106) 徳島市公安条例事件（最大判昭和 50 年 9 月 10 日刑集 29 巻 8 号 489 頁）、税関検査 事件（最大判昭和 59 年 12 月 12 日刑集 38 巻 12 号 1308 頁）等。
107) 渋谷秀樹『憲法〔第 3 版〕』699 頁以下（有斐閣・2017 年）参照。

司法積極主義
―― その多面性および憲法理論との連関　　会沢　恒

Ⅰ　はじめに
Ⅱ　「司法積極主義」概念の多面性
Ⅲ　司法積極主義の時代と憲法理論
Ⅳ　別の視角から：司法積極主義を懸念すべきか？
Ⅴ　結　語

Ⅰ　はじめに

　連邦最高裁のスティーブンス（John P. Stevens）裁判官が引退を表明し、新裁判官の任命が政権の課題となった 2010 年 4 月、オバマ（Barak Obama）大統領（当時）は取材に対し、1960 年代から 70 年代にかけてはリベラル陣営が司法積極主義的な行動について「責めを負っていた guilty」のに対し、近年は保守派裁判官がそのように行動している、との所感を表明した。[1] これに先立つ同年 1 月の一般教書演説では、直前に下され、会社を含む法人による政治献金の規制を修正 1 条に反するとした Citizens United v. FEC 連邦最高裁判決を、[2]「100 年にわたる法を覆した」ものだとして批判していたことが想起される時期の発言であった。

　このエピソードには、アメリカ合衆国における「司法積極主義」という表現の使われ方の特徴が集約的に現れているといえよう。第 1 にこの語は、裁判所（以下、とくに断らない限り、連邦最高裁を念頭におく）の違憲判断を、批判的に評価する際に援用される。単なる批判を超えて、強い非難や侮蔑の響きをも伴うこともしばしばである。決してポジティブに語られる言葉ではない。

---

1) Ben Feller, *Obama Warns of a 'Conservative' Judicial Activism*, Associated Press, Apr. 29, 2010.
2) 558 U.S. 310 (2010).

むしろ、その対義語である "judicial restraint"――「司法消極主義」に相当するが、直訳すれば「司法の謙抑」――の方がヨリ肯定的な表現として使われる。

　第2に、とくに形容のない「司法積極主義」という語は、しばしば「リベラルな」という含意をもつ。第1点目と組み合わせると、リベラルな違憲判断に対する、政治的には保守の陣営からの批判として、というのがこの言葉が使われる典型的な場面として想起される[3]。もっとも本稿で論じる通り、そのような用法は自明ではない。

　第3に、この言葉は法律家の独占物ではない。オバマ自身はたしかに法律家としての訓練を受けているが、ここでは大統領として、すなわち政治の世界で「司法積極主義」を語っている。この語は、狭義の法の世界（裁判所を含む実務法曹や法学界）のみならず、政治家を含め広く社会一般で使われている。

　アメリカの連邦最高裁における違憲審査基準が本書の主題であるが、本稿に与えられた「司法積極主義」という主題は、本書所収の他の論稿とはいささか趣が異なる。米国におけるこの語／概念は、裁判所自身がその判断のために援用するものというよりは、司法部の判断に対して外部から批判的に論評する際に使用されるものだからである[4]。他方でこの語は、連邦最高裁をめぐる言説においてきわめて頻繁に言及されるものでもある。そうであるとすれば、この言葉の「語られ方」を吟味することは、アメリカ社会において、連邦最高裁とその判断がどのように受け止められ、いかなる地位を占めているか、ということの理解にもつながるであろう。本稿はささやかなものではあるが、そうした吟味のための覚え書きである。

　以下、IIでは、「司法積極主義」という言葉のもつ多面的な含意を洗い出し、単なる侮蔑語を超えた批評概念としての有用性を探る。IIIでは、20世紀において連邦最高裁が「積極的」であったとされる時代を概観のうえ、そ

---

3) *See, e.g.*, MARK R. LEVIN, MEN IN BLACK: HOW THE SUPREME COURT IS DESTROYING AMERICA (2005).

4) ちなみに筆者の調査によれば、連邦最高裁の判決中でこの語が直接に使われるのは意外と少なく16件にすぎず、そのほとんどが反対意見においてである。初出は United States v. Wade 連邦最高裁判決（388 U.S. 218 (1967)）のブラック（Hugo L. Black）裁判官反対意見である。

のことと憲法理論との連関をみる。Ⅳでは若干視点を変え、最高裁の機能に関する近時の指摘と実務の動向から、「司法積極主義」を語ることの意義を再考する。

　本論に入る前に、「司法積極主義」という言葉の由来を確認しておこう。"Judicial activism" の語が初めて使われたのは、1947年、若き日の歴史家シュレージンガー（Arthur M. Schlesinger, Jr.）が『フォーチューン（Fortune）』誌——すなわち、法律家のみならず、広く社会一般に向けられた媒体——に寄稿した論説[5]の中においてであるとされる[6]。この論説では、いわゆる「憲法革命」を通じて連邦最高裁が社会経済立法に対する介入的な姿勢を改めてから10年という節目が意識される[7]一方、United States v. Carolene Products Co. 連邦最高裁判決・脚注4[8]の示唆する、個人の権利の保護のための新たな最高裁の役割の胎動が感じられていたタイミングでの掲載でもあった。

　シュレージンガーの論説は、インタビュー等にもとづいて当時の連邦最高裁の9名の裁判官（"Nine Young Men"！）を論評し、その中でかれらを「司法積極主義者 judicial activists」と「司法の謙抑の擁護者 champions of judicial restraint」とに分類している[9]。シュレージンガー自身は、両者にフェアであろうとしつつ、ロックナー時代の記憶から後者に傾いていた面は否定できないと、後年述懐している[10]。この起源に照らすと、同論説の直接の論評対象はニューディール後に最高裁入りした「ルーズヴェルトの子供たち」である

---

5) Arthur M. Schlesinger, Jr., *The Supreme Court: 1947*, 35 FORTUNE 73 (1947).
6) STEFANIE A. LINDQUIST & FRANK B. CROSS, MEASURING JUDICIAL ACTIVISM 1-2 (2009); Craig Green, *An Intellectual History of Judicial Activism*, 58 EMORY L.J. 1195, 1999, 1201-1209 (2009); Keenan D. Kmiec, Comment, *The Origin and Current Meanings of "Judicial Activism"*, 92 CAL. L. REV. 1441, 1445-1450 (2004). ただし、シュレージンガー自身はこの語のオリジンをハーバード大学教授であったパウエル（Thomas R. Powell）に帰せしめている。ARTHUR M. SCHLESINGER, JR., A LIFE IN THE 20TH CENTURY: INNOCENT BEGINNINGS, 1917-1950, at 421 (2000).
7) 後記Ⅲ－1参照。
8) United States v. Carolene Products Co., 304 U.S. 144, 152 n.4 (1938).
9) 前者の裁判官として、ブラック、ダグラス（William O. Douglas）、マーフィ（Frank Murphy）、ルートリッジ（Wiley B. Rutledge）が、後者として、フランクファーター（Felix Frankfurter）、ジャクソン（Robert H. Jackson）、バートン（Harold H. Burton）があげられている。ビンソン（Fred M. Vinson）長官およびリード（Stanley F. Reed）裁判官は中間派（"balance of power"）とされている。
10) SCHLESINGER, *supra* note 6, at 421.

が、そこで「司法積極主義」として連想されていたものはロックナー時代の最高裁の行動ということになる。だが、数年後にウォーレン（Earl Warren）が最高裁長官に就任し、ウォーレンコートが個人の権利の保障に向けて力強く活動するようになると、これを批判する陣営が「司法積極主義」の語を援用するようになる。[11]

　無論、この表現が直接に使用されていなくとも、司法部の判断がその領分を超えるとの批判は建国期以来、存在した。たとえば、ジェファソン（Thomas Jefferson）はマーシャル（John Marshall）長官以下の連邦派主導の連邦最高裁の動向を「専制的despotic」と論評したとされる。[12]また、ある論者は、シュレージンガーに先行する「司法積極主義」の例として、マーシャルコートおよびロックナー時代に加え、Dred Scott連邦最高裁判決および南北戦争後の時期をあげている。[14]しかし、連邦最高裁の判断に対する批判的なリアクションを通史的に記述するのは、紙幅についても筆者の能力についてもさすがに限界を超える。現代的な憲法訴訟が本格化したという観点からも、本稿では、シュレージンガーの論評対象であったニューディール期以降に焦点を当てることとする。

II 「司法積極主義」概念の多面性

　そもそも、「司法積極主義judicial activism」という言葉自体は頻繁に言及されるものの、あるいはそれゆえに、その内実は明晰さとはほど遠い。[15]この語は法（学）的概念というよりもヨリ幅広い通用性を有していることが、その内包の不分明さに拍車をかけている。

---

11) Kmiec, *supra* note 6, at 1452. なお、初期には肯定的な含意とともにこの語を使う例もあったという。*Id.* at 1451-1452.
12) CHARLES GROVE HAINES, THE ROLE OF THE SUPREME COURT IN AMERICAN GOVERNMENT AND POLITICS: 1789-1835, at 254 (1944).
13) Dred Scott Case (Dred Scott v. Sandford), 60 U.S. (19 How.) 393 (1857).
14) Green, *supra* note 6, at 1209-1216.
15) 大沢秀介教授も「司法積極主義に対する適切な批判をなすにあたっては、何をもって司法積極主義と定義するか、またそもそも司法積極主義について十分に定義することは可能かということが問われる必要があるように思われる」とする。大沢秀介『司法による憲法価値の実現』223頁（有斐閣・2011年、初出2010年）。

このことから、「司法積極主義」という語は、論評対象の裁判官ないし裁判所の判断が誤っている、不適切である、（あるいはもっと単純に、嫌いである）とラベルづけするにすぎない空虚な概念であるとする論者も少なくない。ケネディ（Anthony M. Kennedy）連邦最高裁裁判官も、ある講演で「司法積極主義的な裁判所とは、あなたが気に入らない判断を下す裁判所のことですね」と語ったという。

　しかし、この語を使うことで一定の言説空間が成立している以上、ある程度の共通了解は成立しているとはいえよう。代表的な法律辞典は「司法積極主義」を、「裁判官が、他の要素に加えて、公共政策に関する個人的見解によってその判断を導くことを許容する司法的決定の哲学。しばしば、この哲学の支持者は、憲法違反を見出す傾向にあり、関連する文言と先例を無視することを厭わない、との示唆を伴う」と解説している。この定義も、「司法積極主義」という語には複数の多面的なアスペクトを伴うことを仄めかしている。この語が使われる局面ないし態様には多様なものが含まれることから、これらを分析し、その指し示す内容を類型化することが論者によって試みられている。そこで本節では、そうした類型化に依拠しつつ、語義の整理をしてみよう。なお、この言葉は必ずしも裁判所の憲法判断についてのみに限定して使用されるわけではないが、本書の趣旨としても、また実際に援用されるのは憲法事件に関する場合であることが多いことからも、以下では主として憲法訴訟を念頭におく。

1 「制度的積極主義」と「イデオロギー的積極主義」

　客観的な指標に着目した最もシンプルな形式的把握としては、司法部が制定法を違憲判断することそれ自体を積極主義の徴表としてとらえるものがあ

---

16) See, e.g., Randy E. Barnett, *Is the Rehnquist Court an "Activist" Court? The Commerce Clause Cases*, 73 U. COLO. L. REV. 1275, 1275-1276 (2002); Frank H. Easterbrook, *Do Liberals and Conservatives Differ in Judicial Activism?*, 73 U. COLO. L. REV. 1401, 1401-1402 (2002); カーミット・ルーズヴェルトIII世（大沢秀介訳）『司法積極主義の神話――アメリカ最高裁判決の新たな理解』（慶應義塾大学出版会・2011年、原著2006年）.

17) Matt Sedensky, *Justice Questions Way Court Nominees Are Grilled*, Associated Press, May 14, 2010.

18) *Judicial Activism*, BLACK'S LAW DICTIONARY (10th ed. 2014).

る。とくに統計的手法によって司法部の行動を研究する際にしばしばとられるアプローチである[20]。論者によっては、「制度的積極主義」[21]「制度的外的積極主義[22]」などとも呼ばれている[23]。

　この定式化は、民主政と権力分立原理からの反多数派的困難（counter-majoritarian difficulty）という、違憲判断に対する規範的な消極的評価とも呼応する[24]。裁判所による違憲判断とは、多数派主義的民主政に立脚し、人民に対して直接のアカウンタビリティを負う政治部門の決定を、選挙によって選ばれているわけでもない司法部が覆すことにほかならない。したがって、連邦議会が採択し大統領が署名した連邦法を、同格の機関である連邦裁判所が違憲とする局面が、「司法積極主義」の典型的な場合とされる。他方、州法を連邦司法部が覆すことについては、最高法規条項や修正14条1節にも鑑みて[25]、規範的問題性は相対的に低いとされることが多い。しかし、州レベルとはいえ民主的に成立しているはずの法を覆すことに加え、一定の自律性が期待されるはずの州の判断に対して連邦の裁判所が介入することにより、連邦制ないし垂直的権力分立上の懸念をも惹起することになる。また実際問題としても、連邦法が主題となるものよりも州法の合憲性を問う事件の方が数は多く、よってそれに対して裁判所が見解を示すことは影響力の広がりをもつ。このことから、州法の違憲判断をまったく問題視しない見解はない。

　しかし、この概念把握は明らかに広すぎるものといえる。司法部による違憲審査制を憲法上の制度の一部として承認するのであれば、あらゆる違憲判断を「積極主義」として批判の対象とするのは背理である。したがって、裁判所による違憲判断のうちのあるものを不適切な「司法積極主義的」判断と

---

19) Easterbrook, *supra* note 16; Green, *supra* note 6, at 1218-1219; Ernest A. Young, *Judicial Activism and Conservative Politics*, 73 U. COLO. L. REV. 1139, 1145-1147 (2002).
20) *See* LINDQUIST & CROSS, *supra* note 6, at 43-44.
21) *Id*. at 62-63.
22) Caprice L. Roberts, *In Search of Judicial Activism: Dangers in Quantifying the Qualitative*, 74 TENN. L. REV. 567, 580-587 (2007). もっとも、同論文の語法はもう少し広がりがある。
23) わが国最高裁の違憲判断の少なさをもって「司法消極主義に立つ」などと論評することも同様の語法といえよう。
24) LINDQUIST & CROSS, *supra* note 6, at 32-36; William P. Marshall, *Conservatives and the Seven Sins of Judicial Activism*, 73 U. COLO. L. REV. 1217, 1220, 1223-1229 (2002).
25) U.S. CONST. art. VI, §2.

して同定するための、裏を返せば適切な司法判断であることを正当化し担保するための、法的判断方法論と憲法理論が求められることになる。

　逆に、先にあげた法律辞典の解説などは裁判官の判断過程に着目しており、いわば「主観的」な方面からこの概念にアプローチしている。この辞典の定義では裁判官自身の個人的見解を判断要素のひとつとすることを「許容」するものとして控えめに記述しているが、このこと自体、裁判官のもつ世界観をその思考から排除して「客観的」に判断することは可能か、という問いを産むだろう。さらに進んで、裁判官が専ら特定の結果を志向し、それを実現すべく判断を下すことは、強い批判を招く。先のものと対比して、「イデオロギー的積極主義」[26]あるいは「判断過程積極主義」[27]と呼ぶ論者もいる。

　もっとも、一口に「結果志向」と言っても、その動機には異なる種類のものがありうることが想定されているように思われる。まずは、裁判官自身のイデオロギーや政策的選好が、特定の結論を志向する動機となっている場合である。そのような論拠から公共的判断を下すのは選挙によって選出された政治部門の役割であるとして、民主政と権力分立原理上の観点から、しばしば「司法による立法 judicial legislation」という批判が加えられることになる。もっとも当該結論を支持する側からすれば「裁判所はしかるべき役割を果たした」という評価になるのであり、このような側面が「司法積極主義」の語が判決批判のためのラベル以上のものではないとする先述の見解の背景にある。

　最悪の「積極主義」とされるのが、純粋な政策的選好を超えて、党派政治的な動機が判断を駆動しているように看取される場合である。2000年大統領選挙の決着をつけた Bush v. Gore 連邦最高裁判決[28]などはそうした典型として、保守派の論者を含め、しばしば言及される。[29]

　もっとも、こうした裁判官の動機に着目する概念規定は、理念型としてはともかく、実際に下された特定の判決／判断の評価に際しては困難にぶつか

---

26) LINDQUIST & CROSS, *supra* note 6, at 63.
27) Roberts, *supra* note 22, at 591-595.
28) 531 U.S. 98 (2000).
29) LINDQUIST & CROSS, *supra* note 6, at 42; Marshall, *supra* note 24, at 1222, 1245-1254; Young, *supra* note 19, at 1157-1158.

る、とも指摘されている。裁判官の主観的動機が直接に表に現れてくることはほぼないからである。[30]したがって、ある裁判所／裁判官の判断が専ら当該帰結を志向していたものだと批判するためには、判決文等に現れた法的判断のプロセスがその帰結の正当化に十分か、（さらには必要に応じて、当該判断プロセスが、その裁判官が従前からとっていたアプローチと一貫しているか）を検証することが必要となってくる。その意味で、この方面からもやはり、「司法積極主義」を語るには法的判断方法論や憲法理論が枢要になってくることになる。

2 「積極性」の諸側面

したがって、一般に受け入れられた法解釈方法からの逸脱は、批判としての「司法積極主義」の語を召喚することになる。[31]反多数派主義の困難を、憲法に込められたヨリ上位の人民の意思を実現する、という形で克服しようとするのであれば、裁判所の判断が「憲法解釈」の枠内に収まっていなければならない。典型的には、憲法の文言に十分にもとづいていない、あるいは文言や歴史・伝統を無視して判断するとすれば、「司法による立法」との批判を集めることになる。[32] Griswold v. Connecticut 連邦最高裁判決が、[33]各条項の「半影」からプライバシーの権利を見出すが如くである。もっともこの場合も、何が一般に受容された法的判断方法なのかは一義的に決まるわけではない。

法的判断方法論に着目した把握の一種として、先例拘束性 (stare decisis) の強さに関するものがある。判断に際し、関連する先例に従わなかったり、これを無視したり、とりわけ先例を覆すことに着目して、「司法積極主義的」と評価されることがある。[34][35]先例への追従により、判断の予測可能性と安定性

---

30) Young, *supra* note 19, at 1158-1161; Kmiec, *supra* note 6, at 1476. ただし、経験的手法による、裁判官のイデオロギー的投票行動の研究について、LINDQUIST & CROSS, *supra* note 6 およびこれを参照する後記Ⅲ-4参照。
31) Kmiec, *supra* note 6, at 1473-1475.
32) Young, *supra* note 19, at 1147-1149.
33) 381 U.S. 479 (1965).
34) LINDQUIST & CROSS, *supra* note 6, at 36-37; Marshall, *supra* note 24, at 1220, 1232-1236; Young, *supra* note 19, at 1149-; Kmiec, *supra* note 6, at 1466. Roberts, *supra* note 22, at 587-591 は、前項であげた2類型に並ぶ類型としての「制度的内的積極主義」の一種として位置づける。
35) なお、本稿は専ら連邦最高裁の態度・判断について議論しているが、下級裁判所が最高裁

がもたらされるとともに、裁判官は、自らの政策志向や現状の政治情勢ではなく、「法」にもとづいて判断していると示すことができる[36]。これに対し、判例変更、とくにかなり以前に判断されて定着したといえる判例を変更することは、先例を「法」であるとしてきた社会の信頼と法的安定性を覆すとともに、かつての裁判所の法的判断に対する現在の裁判所の優越を主張することになる。もっともこれもまた、程度の問題ではある。判例変更が許容される場合の一般的な基準は必ずしも確定しているわけではないし、とくに憲法判例については先例の拘束力は一般に弱いとされる[37]。

また別の観点として、判示の射程の広さに着目される場合がある。事案の処理に必ずしも必要ではないであろう、ヨリ幅広い一般的射程を伴った準則を打ち出している判示を批判して「積極主義」と論評するような場合である。

裁判所の判断態様に着目したここまでの議論は、必ずしも憲法訴訟に限定されるものではなく、他の法分野の判断についても同様に当てはまる。それでは憲法判断固有の文脈についてはどうか。前項でみたように、ある違憲判断を「司法積極主義」として批判することが的を射たものとなるためには、正当化しうる違憲判断と、正当化しがたいものとを識別するための憲法理論が要求される。換言すれば、批判語としての「司法積極主義」と、司法審査を正当化する憲法理論とは、コインの表裏ということになる。たとえば、「司法積極主義」概念の有用性を否定するルーズヴェルト（Kermit Roosevelt Ⅲ）の議論[38]は、「たとえ司法積極主義と目される判決であったとしても、それが正当化されうる判断と言えるか否かに関心を払うべきであるというものである」[39]と評されているが、これも以上の理解と軌を一にするものといえよう。

だが、議論の焦点を、単なる侮蔑語としての「司法積極主義」から、判断

の先例に従わないことをもって「司法積極主義」と評する例もあるとされる。Kmiec, *supra* note 6, at 1466-1467.

36) *See* Planned Parenthood of Southeastern Pennsylvania v. Casey, 505 U.S. 833, 854-869 (1992)（Roe v. Wade 連邦最高裁判決（410 U.S. 113 (1973)）の先例性を強調してこれを維持）.

37) *See id.* at 854 ("[I]t is common wisdom that the rule of *stare decisis* is not an 'inexorable command,' and certainly it is not such in every constitutional case ….")； Kmiec, *supra* note 6, at 1469.

38) ルーズヴェルト・前掲注 16)。

39) 大沢・前掲注 15) 226 頁。

の正当性／正統性を担保するための憲法理論へと移したとしても、それによって問題が解決されるわけではない。議論の戦場が、当該理論を受け入れるか、というメタレベルに移行するのみである。一方の側がある理論にもとづいて判決を正当化しようとしても、その理論を受け入れない論者からすればやはり「積極主義的な」判断だ、と批判することはありうるだろう。たとえば、ある論者は「司法積極主義の7つの大罪」のひとつとして「反・原意主義的積極主義」をあげているが、これは言うまでもなく原意主義が「保守派の中核的信念」になっているからであって、原意主義にコミットしない論者からは無関係の立論、ということになる。この、「司法積極主義」批判と憲法理論との連関については次節であらためてみることとする。[40]

　ここまでの議論は基本的に、事案の（憲法問題に関する）本案判断に着目した視角である。他方、手続的な方面から「司法積極主義」を問う観点も存在する。その第1は、事件や争点に対する、広い意味での「管轄」に着目するものである。すなわち、（連邦）裁判所が事件を受理するに際しての、その入り口の判断に利用される当事者適格（standing）や司法判断適合性、主権免責といった法理の運用のあり方を俎上に載せ、裁判所が事件を拡張的に受け付け、幅広い公共的問題に介入することを批判的に評して「司法積極主義」とするものである。[41] あるいは、当事者や下級審が十分に展開していない争点について最高裁が取り上げることを批判する場合に援用されることもある。[42]

　他方、事件の出口、すなわち救済に着目して「司法積極主義」が語られる場合もある。[43] 裁判所の救済命令が、幅広い範囲の市民に影響を及ぼす、公共機関の日常的な運営に対して細々と指図する、多額の予算を要求する、あるいは長期間にわたっての裁判所の監督を必要とするといったようなものであるとして、過度に干渉的であり被告の自律性を損なうと消極的に論評する状

---

40) Marshall, *supra* note 24, at 1220, 1229-1232.
41) LINDQUIST & CROSS, *supra* note 6, at 32-36, 105-120; Marshall, *supra* note 24, at 1220, 1236-1240.
42) Roberts, *supra* note 22, at 595; Young, *supra* note 19, at 1152.
43) LINDQUIST & CROSS, *supra* note 6, at 36; Marshall, *supra* note 24, at 1220, 1242; Young, *supra* note 19, at 1154-1157. 大沢・前掲注15）も救済の側面の「司法積極主義」を（ただし肯定的に）論じる。

況である。(前述の、本案の判示が幅広すぎることを批判する観点とも重なる面もある。)これが典型的に現れるのが、制度改革訴訟に対する批判として「司法積極主義」が語られる場合であろう。人種別学解消のためのバス通学命令を[44]批判するような状況である。

以上、司法部の行動や判断態様の諸側面において、「司法積極主義」の語が指し示しうるものが多様であることを指摘した。付け加えれば、ここであげた諸々の側面は必ずしも排他的なものではない。複数の要素を複合的にもつ司法判断もあるだろうし、そのような場合には、いっそう強い意味で、批判としての「司法積極主義」が語られることになる。「憲法上の文言からの導出を十分に議論しないまま」「先例を変更して」「幅広い判示により」「連邦法を文面上違憲とし」「大規模な差止命令を許容する」がごとくである。

もっとも、逆の状況もありうることも指摘されている。すなわち、ある基準によれば「謙抑的」な裁判所の行動が、別の基準によれば「積極的」なものとして評価しうる場合である[45]。たとえば、立法を合憲判断するという意味では「謙抑的」だが、そのために確立した先例を判例変更する(あるいはその逆)というような状況である。このような場合、「司法積極主義」をめぐる議論はさらに複雑化することになる。

以上の検討から浮かび上がるのは、裁判所の違憲判断の結論に対する単なるネガティブなラベルづけではないよう、「司法積極主義」の概念に意味をもたせようとすれば、あるべき司法部の機能とは何か、という問いに焦点が移る、ということである[46]。すなわち、本案判断の正しさ——たとえば、争われている権利の性質やその保障の程度や範囲——をめぐる議論を一旦脇に置いたうえで、権力分立原理のもとで並立する諸機関のうち、裁判所に配分される権能の適切さをめぐる検討を前景化する、という機能である[47]。さらに本項では、狭義の憲法理論とは区別できる法的判断方法論のアスペクトにも言及している。これは、かかる権能の配分の検討に際して、他の機関とは異な

---

44) *See* Swann v. Charlotte-Mecklenburg Bd. of Educ., 402 U.S. 1 (1970)(人種別学解消にあたり、裁判所の広範なエクイティ権限にもとづくバス通学の命令を承認).
45) Young, *supra* note 19, at 1164-1171.
46) *Id.* at 1161-1164, 1171-1174.
47) アメリカの場合、水平的権力分立のみならず垂直的権力分立=連邦制の考慮もあることに注意。

る裁判所ならではの判断の特性を明らかにする必要があるためだ、と位置づけることができよう。

　法的判断方法論との関係では、判例変更や幅広い判示をもって「積極的」と評価されることがあるのも興味を引かれる。ある論者は、前者を現在の裁判所が過去の判断に対する敬譲をしないこと、後者を現在の裁判所が将来の判断を拘束しようとすることとして把握し、現在の司法の行動の幅を増大させようとする試みとして共通性があるとする[48]。司法部に求められる徳として、過去の司法判断を尊重するとともに、あまりに広範な判示を避ける、ということが求められていることになる。これは伝統的なコモンローのあり方とも平仄の合うものであり、かようなコモンロー型法思考と憲法論との連関も検討されるべき論点だろう。

　もうひとつ、ここまでの議論では曖昧なままにしてきた視点として、「司法積極主義的」なのは裁判所か、裁判官か、という点がある。本節でここまであげた概念把握は、個々の裁判官がその判断を導くにあたっての判断過程・態様・方法論に着目するものであった。他方、次節でみるような用法が典型的であるが、特定の事件の処理の仕方・判決の結論に着目して、裁判所全体としての「司法積極主義」や、一定の傾向の裁判所の判断が続いた時代、が語られることもある[49]。だが、裁判所としての結論は個々の裁判官の判断の集積であるとの理解からか、これらの差異を強調する論者は少なく、本稿でも指摘にとどめる。

III　司法積極主義の時代と憲法理論

　ある著名な連邦高裁裁判官は1999年の判決の意見の中で、20世紀の「司法積極主義は3つの総括的な時期に分類される」と述べている[50]。すなわち、

---

48)　Young, *supra* note 19, at 1161-1164.
49)　わが国の代表的な辞典もそのような観点から解説している。田中英夫編集代表『英米法辞典』16頁（東京大学出版会・1991年）参照。
50)　Brzonkala v. Va. Polytechnic Inst. & State Univ., 169 F.3d 820, 890 (4th Cir. 1999) (Wilkinson, C.J., concurring), *aff'd sub nom.* United States v. Morrison, 529 U.S. 598 (2000). なお、同裁判官は多数意見の違憲判断を擁護すべく、そのような参照を行っ

ロックナー時代、ウォーレンコートから初期のバーガーコートにかけて、そしてレーンキストコート以降である。本節では、米国で一般に共有されている「司法積極主義」の具体的なイメージをつかむためにも、それぞれの時期の連邦最高裁の憲法実践の特徴を概観する。そのうえで、前節では「司法積極主義」の議論にあたって憲法理論のあり方が決定的であることを指摘したが、「積極主義的」と評された憲法実践に対し、理論の側がどのように応接したかを簡単に指摘したい。[51]

1 ロックナー時代

周知の通り、"Lochner era" という呼称は、ニューヨーク州によるパン工場の労働者の労働時間規制を違憲判断した Lochner v. New York 連邦最高裁判決に由来する[52]。19世紀末から20世紀初頭にかけての世紀転換期の米国では、産業革命の進展・資本主義の高度化とそれに伴う社会の発展に伴い、労働問題・資本の独占・都市問題といった種々の経済的・社会的課題が認識されるようになった。革新主義 (Progressivism) 運動と呼ばれる政治・社会運動はこうした問題への対応を訴え、実際、立法等を通じたそれらに対応する政策も州と連邦の双方のレベルで打ち出された。この事件で主題となった労働時間規制もその一環といってよい。

しかし、同判決の法廷意見は、修正14条のデュープロセス条項[53]は「自由 liberty」を保護しているが、労働時間規制は労働者と雇用主の「契約の自由 liberty of contract」を侵害するとした。革新主義的政策とそれを具現化する社会経済立法に対し、司法部は夜警国家的な冷淡な態度で臨み、そのひとつの法的回路として経済的実体的デュープロセスの法理が援用されたのである。この時期の連邦最高裁は同様のロジックで、労働組合保護立法、最低賃金法等を違憲としている[54]。

---

51) ロックナー時代からバーガーコート期までの包括的な検討として、中谷実『アメリカにおける司法積極主義と消極主義──司法審査制と民主主義の相克』(法律文化社・1987年) がある。
52) 198 U.S. 45 (1905).
53) U.S. CONST. amend. XIV, § 1.
54) See, e.g., Adkins v. Children's Hospital, 261 U.S. 525 (1923) (コロンビア特別区における女性・児童労働者の最低賃金法を違憲判断); Coppage v. Kansas, 236 U.S. 1 (1915)

同時にこの時期の連邦最高裁は、連邦議会の立法権限を制限的に解してもいる。連邦議会が行った革新主義的な立法につき、その根拠とされた州際通商条項[55]や課税条項[56]を限定的に解することにより、違憲と判断し、あるいは射程を限定している。[57]

　こうした態度の司法部と、社会・経済問題に取り組んでいこうとする政治部門との緊張関係は、1930年代のニューディール期に最高潮に達する。F. D. ルーズヴェルト (Franklin D. Roosevelt) 大統領以下によるニューディール政策は、1929年以来の大恐慌によって生じた経済的・社会的混乱に対応しようとするものであった以上、必然的に経済活動に対する介入を伴った。また、その際に連邦政府が主要なプレイヤーになったことも特徴的である。しかし、このニューディール政策の特徴は、ロックナー時代の連邦最高裁の志向とはベクトルの異なるものであった。したがって、ニューディール期前半においては、主要なニューディール立法を違憲とするという形で、政治部門と連邦最高裁との対立が先鋭化することになった。[58] この経験がロックナー時代を「司法積極主義」の時代として記憶させる一因となっている。

　この対立は、1936年秋の選挙でのルーズヴェルト大統領再選およびそのもとの民主党の連邦議会選挙での勝利を経て、最高裁の側が態度を修正する形で収束することになった。1937年3月、West Coast Hotel Co. v. Parrish 連邦最高裁判決[59]により「契約の自由」の法理が放棄され、その2週間後には NLRB v. Jones & Laughlin Steel Co. 連邦最高裁判決[60]が、よりゆるやか

　　　（労働組合に入らないことを条件に雇用する契約を禁止する立法を違憲判断）。
55)　U.S. CONST. art. I, §8, cl. 3.
56)　U.S. CONST. art. I, §8, cl. 1.
57)　*See, e.g.*, Child Labor Tax Case (Bailey v. Drexel Furniture Co.), 259 U.S. 20 (1922)（児童を労働させている工場の製品に「課税」する立法につき、課税条項の射程外として違憲判断）; Hammer v. Dagenhart, 247 U.S. 251 (1918)（同様の工場の製品の州をまたぐ移動を禁じる立法につき、州際通商条項の射程外として違憲判断）; United States v. E.C. Knight Co., 156 U.S. 1 (1895)（州際通商条項の対象には製造業を含まないとして、独占禁止法（シャーマン法）を限定解釈）。
58)　*See, e.g.*, United States v. Butler, 297 U.S. 1 (1936)（農業調整法を課税権限の範囲外として違憲判断）; A.L.A. Schechter Poultry Corp. v. United States, 295 U.S. 495 (1935)（全国産業復興法を、委任立法の限界を超え、また州際通商条項の範囲外として、違憲判断）; *see also* Morehead v. New York *ex rel.* Tipaldo, 298 U.S. 587 (1936)（ニューヨーク州女性労働者最低賃金法を「契約の自由」違反として違憲判断）。
59)　300 U.S. 379 (1937).

な州際通商条項の適用により全国労働関係法（ワグナー法）を合憲判断している[61]。さらに翌 1938 年の Carolene Products 判決は社会経済立法には合憲性の推定が働くとまで判示され、あるいは 1942 年の Wickard v. Filburn 連邦最高裁判決[63]が州際通商への直接的な影響が軽微なものにとどまる場合でも州際通商条項による規制が正当化されるとするなど、この態度変容は定着していった。

かくして、社会経済立法につき司法部は政治部門の政策判断を尊重し、また新たに採用された連邦議会の立法権限のゆるやかな解釈を通じて、連邦政府が国民生活にとって大きなプレゼンスを示す体制が成立し、現在まで基本的に継続している。この変容が「憲法革命」ともいわれる所以である。本稿の主題との関係では、かかる憲法体制の変動が、フォーマルな憲法修正を経ずに、連邦最高裁の解釈態度の変化として生じた、という点にとくに関心が向く。新たな体制を確固たるものとするべく、この解釈態度の変化を肯定的に把握し、反面としてそれ以前のロックナー時代をネガティブに評価することを基礎づける（憲）法理論が求められることになった。

戦後、一世を風靡したリーガルプロセス学派（Legal Process School）は、そのような要請に応えるものであったと位置づけることができる[64]。実際、この思潮の中心的な担い手はニューディール政策の実施に関与していた人々であった[65]。リーガルプロセス学派の特徴は、法を特定の機関の産物と考えるので

---

60) 301 U.S. 1 (1937).
61) なお、連邦最高裁の態度変更が 1937 年 1 月のルーズヴェルトによる裁判所封じ込め策（court packing plan）の脅しに屈したものであるとの見解は、現在では誤りであると確認されている。West Coast Hotel 事件の評議は裁判所封じ込め策の発表前に行われており、そこですでに結論は決まっていた。
62) 304 U.S. 144 (1938).
63) 317 U.S. 111 (1942).
64) リーガルプロセス学派に関する記述は椎名智彦准教授のご教示よるところが大きい。椎名智彦「現代アメリカ法におけるプロセス的視座の諸相」青森法政論叢 18 号 1 頁（2017 年）、同「プロセス法学再訪—その背景と意義」青森中央学院大学研究紀要 16 号 17 頁（2011 年）等を参照。他の邦語文献として、髙見勝利「『より良き立法』へのプロジェクト—ハート・サックス"THE LEGAL PROCESS" 再読」ジュリスト 1369 号 11 頁（2008 年）、藤谷武史「『より良き立法』の制度論的基礎・序説—アメリカ法における『立法』の位置づけを手がかりに」新世代法政策学研究 7 号 149 頁（2010 年）等を参照。
65) William N. Eskridge, Jr. & Philip P. Frickey, *An Historical and Critical Introduction to The Legal Process*, in THE LEGAL PROCESS: BASIC PROBLEMS IN THE MAKING AND

はなく、複数の機関／制度——そこには、議会、行政庁、裁判所といったフォーマルなものに限らず、「市場」などというものも含まれる——が並立していることを前提としたうえで、その間の相互作用として法を把握することにある。そのうえで、各々の機関／制度の、その構成原理によって得手・不得手とする機能——「制度的適性 institutional competence」——を見極めることで、各機関にふさわしい法形成作用を割り当てようとする。広く国民一般に影響する課題については立法部がそれに対処するにふさわしい正統性と権限を有している。他方、司法部とそのもとでの判断には、当事者対抗主義によってインプットの制約を受けるとともに、中立性の維持と理性的な法解釈という、拘束でもあり利点でもある特徴がある。このことにより、具体的な事件との関係における法のあり方の、理由にもとづいた精緻化（reasoned elaboration）こそが、期待される役割として司法部に割り振られると同時に、他の機関もそれぞれにふさわしい機能がある以上、司法部はそれらの判断を尊重すべきことが帰結された。他の機関の判断の尊重——すなわち「司法の謙抑」にほかならない。

　前記のシュレージンガーの論考はこの時期のものであり、司法積極主義から距離をとり、司法の謙抑を重視する論調はかかる時代状況を反映している。同論考の中で「司法の謙抑の擁護者」の筆頭とされたフランクファーター裁判官自身、リーガルプロセス学派の主要人物と密接な関連がある。[66] しかし、連邦最高裁の実践の展開により、シンプルな「司法の謙抑」は壁にぶつかることとなった。

2　ウォーレンコートから初期バーガーコートへ

　19世紀前半まで多数が奴隷とされていた黒人は、南北戦争修正により、憲法条項上はマジョリティと同等の市民として位置づけられることとなった。だが、かれらを従属的な立場におくことは、南部を中心として、社会的にも政治的・法的にも継続していた。これに対する異議申立ては、司法の場にお

　　APPLICATION OF LAW, at lxxii-lxxviii（Henry M. Hart, Jr. & Albert M. Sacks eds., 1994) [Tentative ed. 1958]
　66)　椎名・前掲注64)「諸相」5〜7頁。

いても 1940 年代頃から本格化しつつあった[67]。1953 年のウォーレンの連邦最高裁長官就任と、翌年の Brown v. Board of Education 連邦最高裁判決[68]により、司法部なかんずく連邦最高裁がこの問題における主要なプレイヤーのひとつとして躍り出ることとなる。

　この時期の最高裁の、そして社会一般の、最大の関心が人種間関係に注がれていたことは言うまでもない。Brown 判決は公立学校における人種別学制度を平等保護条項[69]にもとづいて違憲としたものである。同判決の判示それ自体は初等・中等教育の特殊事情を強調した限定的な射程とも読めるものであるにもかかわらず、ウォーレン長官の執筆した全員一致の法廷意見は、それまでの「分離すれども平等」法理を支えていた Plessy v. Ferguson 連邦最高裁判決[70]を実質的に判例変更し、南部社会に対して、人種にもとづく別異取扱いを許さないという連邦司法部の確固たるメッセージを発したものと受け止められた。実際、他の公共施設等における人種分離を違憲とする事件が相次いだ[71]。

　平等保護条項が直接に問題となる場合のみならず、他の憲法条項が争点となった事件も、しばしば黒人の地位向上のための社会運動が契機になって裁判所に持ち込まれており、そして連邦最高裁はそれらにおいても権利保障を手厚くしていった。言論の自由をめぐるこの時期の代表的判決のひとつ、New York Times Co. v. Sullivan 連邦最高裁判決[72]はその典型例といえる。あるいは刑事司法における権利保障の拡充も、南部諸州において黒人がしばしば、差別的な刑事手続により有罪とされ、死刑を含む刑罰に直面しているこ[73]

---

67) See, e.g., Shelley v. Kraemer, 334 U.S. 1 (1948)（人種差別的な不動産の制限的約款の執行禁止）; Smith v. Allwright, 321 U.S. 649 (1944)（予備選挙での人種差別禁止）; Missouri ex rel. Gaines v. Canada, 305 U.S. 337 (1938)（州立ロースクールへの黒人の入学拒否を違憲判断）.
68) Brown v. Board of Education of Topeka, 347 U.S. 483 (1954).
69) U.S. CONST. amend. XIV, §1.
70) 163 U.S. 537 (1896).
71) 樋口範雄『アメリカ憲法』450～451 頁（弘文堂・2011 年）.
72) 376 U.S. 254 (1964)（名誉毀損における現実の悪意の要求）. 同判決の事案は公民権運動に関わっており、反対派による運動家への嫌がらせともいえるものであった。
73) 後注 79)～80) およびその本文参照。

司法積極主義　　299

とへの掣肘という、動機と効果をもつものであった。[74]

　もっとも、ウォーレンコート期の個人の権利の拡充は、人種間関係からの関心にとどまるものではない。選挙[75]や、宗教と国教樹立禁止[76]といった領域でも、従来とは期を画する、新たな判断が打ち出されていった。

　加えて、統治体制の観点からは、この時期が編入理論（incorporation theory）の完成の時期とも重なることに注意が払われるべきであろう。編入理論とは、修正1条以下の権利章典の趣旨を修正14条のデュープロセス条項に読み込むという解釈技法により、元来連邦政府を念頭においていた前者の規定する権利を州に対して主張することを認めるものである[77]が、連邦最高裁が全部編入ではなく選択的編入の立場をとることはすでに確認されていた。[78] しかしそれでは、いずれの条項の編入を認めるのか。このことについて、ウォーレンコートは一気にその範囲を拡大したのである。[79] 結果的に、「選択的編入」といいつつも、権利章典にあるほとんどの条項の編入が認められており、連邦のみに主張できて州に対しては主張できない権利章典上の条項は数えるほどしか残っていない。

　このことは、ウォーレンコートが単に個人権の保障の水準を高めただけでなく、州におけるその保護について連邦司法部が積極的に行動することが可能になり、実際に州に介入するようになった、ということを意味する。この

---

74)　*See* Corrinna Barrett Lain, *Countermajoritarian Hero or Zero? Rethinking the Warren Court's Role in the Criminal Procedure Revolution*, 152 U. PA. L. REV. 1361, 1382-1389 (2004).

75)　Baker v. Carr, 369 U.S. 186 (1962)（選挙区割りについて司法審査適合性を承認）; Reynolds v. Sims, 377 U.S. 533 (1964)（選挙における一人一票原則）.

76)　*See, e.g.*, School District of Abington Township, Pa. v. Shempp, 374 U.S. 203 (1963); Engel v. Vitale, 370 U.S. 421 (1962)（公立学校における祈祷・聖書朗読の禁止）.

77)　編入理論についてはさしあたり、松井茂記『アメリカ憲法入門〔第7版〕』207～210頁（有斐閣・2012年）、樋口・前掲注71）第8章参照。

78)　Palko v. Connecticut, 302 U.S. 319 (1937).

79)　*See, e.g.*, Edwards v. South Carolina, 372 U.S. 229 (1963)（修正1条・請願権）; Mapp v. Ohio, 367 U.S. 643 (1961)（修正4条・不合理な捜索押収の禁止および違法収集証拠排除則）; Griffin v. California, 380 U.S. 609 (1965), Malloy v. Hogan, 378 U.S. 1 (1964)（修正5条・自己負罪拒否特権）; Duncan v. Louisiana, 391 U.S. 145 (1968)（修正6条・刑事小陪審の権利）; Pointer v. Texas, 380 U.S. 400 (1965)（同・証人対質権）; Gideon v. Wainwright, 372 U.S. 335 (1963)（同・弁護人の援助を受ける権利）; Robinson v. California, 370 U.S. 660 (1962)（修正8条・残虐で異常な刑罰の禁止）.

ことが明瞭に現れるのが刑事司法の分野である。通常の犯罪は州法で取り扱われ、州の刑事司法手続によって処理されるところ、権利章典上の条項を州に対しても主張できるようになったことにより、刑事司法のあり方が底上げされ、一定の範囲で統一されるようになった。刑事司法の「(連邦) 憲法化 Constitutionalization」の語られる所以である[80]。

シュレージンガーが言説空間に導入した「司法積極主義」の語が批判のための言葉として定着するのは、このようなウォーレンコートの諸判決に対してであった。その代表的判決が、「司法の謙抑の擁護者」の筆頭であるフランクファーター裁判官の引退 (1962年) 後のウォーレンコート後期に集中するというのは示唆的である。他方、同様に「積極主義」という評価を向けるにしても、そこで俎上に載る事案はロックナー時代とは大きく異なる。ロックナー時代の連邦最高裁の関心が社会経済立法に向けられていたのに対し、ウォーレンコート期の関心は個人の人権の保障に向けられていた。むしろ、「人権の砦」としての裁判所というわが国でも一般的なイメージは、ウォーレンコートを原風景として形成されたというべきではなかろうか。

ウォーレン長官の引退とバーガーコートへの移行 (1969年) は、この傾向をすぐには変えることはなかった。むしろ、最も論争的な「積極主義的」判決とされることも多い Roe v. Wade 連邦最高裁判決[81]はバーガーコートに入ってからのものである。また、裁判所の救済命令の幅広さに対する「積極主義」との批判はこの時期の判決に向けられることもしばしばである[82]。

一連の連邦最高裁の憲法実践に対し、リーガルプロセス学派は困難に追い込まれることになった。政治的にはリベラルな陣営に属し、ウォーレンコートの打ち出す結論は支持したい。だが、かれらの理論は司法部の役割を限定的に位置づけるものであって、最高裁の実践を正当化することは難しい。ウェクスラー (Herbert Wechsler) の1959年のよく知られた論説はかれらの悩みを端的に表現している[83]。あるいは、ビッケル (Alexander M.Bickel) はこの

---

80) WAYNE R. LAFAVE ET AL., CRIMINAL PROCEDURE §§2.1-2.6 (3d ed. 2000).
81) 410 U.S. 113 (1973) (人工妊娠中絶を受ける権利の承認とその禁止の違憲判断).
82) *See* Swann v. Charlotte-Mecklenburg Bd. of Educ., 402 U.S. 1 (1970).
83) Herbert Wechsler, *Toward Neutral Principles of Constitutional Law*, 73 HARV. L. REV. 1 (1959).

憲法理論上の問題を、現在でも一般的なフレーズとなっている「反多数派主義的困難 counter-majoritarian difficulty」という形で定式化したが、この問いの答えをめぐっては今でも議論が続いている。リーガルプロセス学派のシンボル的存在が、ハーバード大学の授業で使われ、毎年改訂されていた教材であるが、その改訂が 1958 年で最後となっていることも象徴的である。

もちろん、ウォーレンコート以来のリベラルな憲法実践を正当化しようとの理論構築も試みられている。代表的なもののひとつが、イリー（John Hart Ely）のプロセス憲法学であろう。リーガルプロセス学派の次の世代にあたる彼は、その遺産を継ぎつつ換骨奪胎してみせた。Carolene Products 判決・脚注 4 の合憲性の推定が働かない例外に示唆を受けつつ、通常の民主的過程によって法・政策を修正しえない場合こそが司法部の出番であると位置づけた。

かかる理論構築に従事しているのはイリーに限らない。憲法の道徳的解釈を主張するドゥオーキン（Ronald Dworkin）の法／政治哲学は、リベラルな憲法実践に裏付けを与えようという側面がある。あるいは、英米のコモンロー裁判所の伝統——個別事件の処理という形をとりながら、漸進的に、しかし司法部のイニシアティブで法を発展させていく実践——に「生ける憲法」論を接続しようとの試みもある。

他方、こうしたリベラルな「司法積極主義」を批判する憲法理論の代表格として、現在も強いモメンタムを有しているのが原意主義（originalism）といえよう。一連の事件では、教育、宗教、セクシュアリティといった日常の国

---

84) ALEXANDER M. BICKEL, THE LEAST DANGEROUS BRANCH: THE SUPREME COURT AT THE BAR OF POLITICS (1962).
85) HART & SACKS EDS., *supra* note 65.
86) Eskridge & Frickey, *supra* note 65, at xcvii-xcix.
87) ジョン・H. イリィ（佐藤幸治＝松井茂記訳）『民主主義と司法審査』（成文堂・1990 年、原著 1980 年）。
88) United States v. Carolene Products Co., 304 U.S. 144, 152, fn. 4 (1938).
89) ロナルド・ドゥウォーキン（木下毅＝小林公＝野坂泰司訳）『権利論〔増補版〕』（木鐸社・2003 年、原著 1977 年）；同（森村進＝鳥澤円訳）『原理の問題』（岩波書店・2012 年、原著 1985 年）；同（石山文彦訳）『自由の法——米国憲法の道徳的解釈』（木鐸社・1999 年、原著 1996 年）。
90) *See, e.g.*, DAVID A. STRAUSS, THE LIVING CONSTITUTION (2010). 大沢・前掲注 16) も、ルーズヴェルトやファロン（Richard H. Fallon, Jr.）の所説にコモンロー的契機を見出す。

民生活とも関わりの深い案件が主題となり、これに連邦裁判所が介入的に行動したのに対して、裁判官の政策観・イデオロギーを人々に押しつける「司法による立法」だと反発された。これに対し原意主義は、裁判官の裁量的判断を拘束すべく、採択時の憲法テクストの意味・理解が決定的な重要性をもつとして、裁判官の役割をその探求に限定しようとする。これはとりわけ、Roe 判決を否定すべく、実体的デュープロセスによる権利主張のような裁判所の裁量の幅の大きい憲法法理を掣肘しようとするものであるといえる。実際、原意主義の立場に立つ代表的な保守派裁判官であるスカリア（Antonin G. Scalia）もトーマス（Clarence Thomas）も、実体的デュープロセスの法理それ自体を認めない。これに対し、Brown 判決に対する原意主義の態度はアンビバレントである。同判決の達成はあまりに偉大であるがゆえに、もはやその結論は誰も否定できないが、原意にもとづいてこれを正当化するのは困難である。論者によっては「原意」として探求すべき対象を抽象化することで説明しようとするが、裁判官の裁量性の限定という観点からは後退となる。「例外」としての先例拘束性を引き合いに出して端的に正当化を放棄してしまうこともある。

結局のところ、Brown 判決をはじめとするウォーレンコートの積極主義の理論的正当化は、いまだに最終的な解答を得ていない、といえる。他方で忘れてはならないのは、ウォーレンコートの遺産は現在でも維持されている、という事実である。たしかに、各判決の打ち出した法理の射程が切り詰められ、あるいは潜脱されているという（批判的な）指摘は少なくない。だが他

---

91) さしあたり、大林啓吾「時をかける憲法―憲法解釈論から憲法構築論の地平へ」帝京法学 28 巻 1 号 91 頁（2012 年）；大河内美紀『憲法解釈方法論の再構成―合衆国における原意主義論争を素材として』（日本評論社・2010 年）；松尾陽「原意主義の民主政論的展開（1～3・完）：民主的憲法論の一つの形」法学論叢 166 巻 4 号 49 頁（2010 年）、167 巻 3 号 98 頁（同）、5 号 42 頁（同）参照。
92) *See, e.g.*, Planned Parenthood of Southeastern Pennsylvania v. Casey, 505 U.S. 833, 979 (1992) (Scalia, J., joined by Thomas, J., *et al.*, concurring in the judgment in part and dissenting in part).
93) 大林・前掲注 91) 参照。
94) *See* Amy Coney Barrett, *Originalism and Stare Decisis*, 92 NOTRE DAME L. REV. 1921 (2007); *but see* Rutan v. Republican Party of Illinois, 497 U.S. 62, 95 n.1 (1990) (Scalia, J., dissenting).
95) Roberts, *supra* note 22, at 578-579.
96) たとえば、Miranda v. Arizona 連邦最高裁判決（384 U.S. 436 (1966)）について、洲

方で，ウォーレンコートの「積極主義的な」主要判例を正面から判例変更して覆した判断は存在しない[97]，ということも確認されるべきであろう。

3　レーンキストコートから現代へ[98]

　レーンキストコートが「司法積極主義的」であると評されるようになるのは1990年代に入ってからである。その際の中心的な問題領域となったのは連邦制にかかる事件群であった。連邦に対し「州権」を重視する「新連邦主義」は政治の世界では1980年代から語られていたが，それが最高裁に到達したのが90年代だったともいえよう。そしてこのタイミングは，レーガン（Ronald W. Reagan）大統領以来の共和党政権が，意識的に司法部に保守派の法律家を任命するようになったのと軌を一にしている。

　具体的には，たとえば，修正10条[99]により連邦政府は州政府に直接の指示をすることができないとされた（anti-commandeering）[100]。あるいは，「憲法革命」後，ほとんどノーチェックともいえる状態であった州際通商条項にもとづく連邦立法について違憲判断が下されている[101]。さらに，修正11条[102]を州に対する免責であると解したうえで，州政府に賠償責任を負わせる連邦法が同修正を乗り越えることができるか，修正14条にもとづいてその射程を問う一連の判断が下された[103][104]。

　　見光男「ミランダ判決の45年」井上正仁＝酒巻匡編『三井誠先生古稀祝賀論文集』751頁（有斐閣・2012年）参照。
- 97)　*See* Dickerson v. United States, 530 U.S. 428 (2000)（Miranda判決を維持してこれを潜脱するとする連邦立法を違憲判断）。
- 98)　レーンキストコートの概観として，宮川成雄編『アメリカ最高裁とレーンキスト・コート』（成文堂・2009年）がある。
- 99)　U.S. CONST. amend. X ("The powers not delegated to the United States by the Constitution, nor prohibited by it to the States, are reserved to the States respectively, or to the people.").
- 100)　Printz v. United States, 521 U.S. 898 (1997)（銃購入時の身元照会を州法執行官に義務づける連邦法を違憲判断）; New York v. United States, 505 U.S. 144 (1992)（放射性廃棄物の処理を州に義務づける連邦法を違憲判断）。
- 101)　United States v. Morrison, 529 U.S 598 (2000)（性暴力の被害者に私的訴権を与える連邦法を違憲判断）; United States v. Lopez, 514 U.S. 549 (1995)（学校付近で銃所持を禁ずる連邦法を違憲判断）。
- 102)　U.S. CONST. amend. XI ("The Judicial power of the United States shall not be construed to extend to any suit in law or equity, commenced or prosecuted against

他の主題についていえば、たとえばアファーマティブアクションについて厳格審査基準を採用することを確認し[105]、これに対する厳しい姿勢をみせている。そして、レーンキストコートの司法積極主義の極北として、2000年大統領選挙の勝利を共和党の G. W. ブッシュ（George W. Bush）に実質的に与えた Bush v. Gore 判決[106]が指摘される[107]。

　これらの事件は、新規な判例法を展開し、あるいは従来とは異なる動向を示しているところから、連邦最高裁において大きな地殻変動が生じているとして、とりわけリベラル派の論客からは批判的に注目を集めることとなった。だが現在からすると、いささか過剰な評価だとの観もないではない。連邦制関係事件についていえば、連邦議会の立法権限についてはその後、比較的ゆるやかに解する方向へ回帰しているし[108]、修正11条関係事件でも一定の限界が示されている[109]。ロバーツコート期に入ってから最大の連邦制関連事件といってよいオバマ健康保険改革法の事件でも、結論は（一応）合憲判断であった[110]。アファーマティブアクションについても、2003年のミシガン大学2事

---

one of the United States by Citizens of another State, or by Citizens or Subjects of any Foreign State.").

103) *See, e.g.*, Board of Trustees of the University of Alabama v. Garrett, 531 U.S. 356 (2001)（障害をもつアメリカ人法（ADA）第1編によって州の主権免責を排除できないと判断）; Kimel v. Fla. Bd. of Regents, 528 U.S. 62 (2000)（年齢差別禁止法につき同様）; Seminole Tribe of Florida v. Florida, 517 U.S. 44 (1996)（州際通商条項にもとづく立法によって州の主権免責を排除できないと判断）.

104) もっとも、連邦法による州法の専占（preemption）との関係では、レーンキストコートは必ずしも州権重視ではなく、連邦法による州法の排除に躊躇しない、との指摘もある。Richard H. Fallon, Jr., *The "Conservative" Paths of the Rehnquist Court's Federalism Decisions*, 69 U. CHI. L. REV. 429, 462-465 (2002).

105) Adarand Constructors, Inc. v. Pena, 515 U.S. 200 (1995)（連邦政府の公共事業に関するアファーマティブアクションにつき、厳格審査基準を適用して違憲判断）; City of Richmond v. J.A. Croson Co., 488 U.S. 469 (1989)（州／地方自治体による公共事業につき同様）.

106) 531 U.S. 98 (2000).

107) *See, e.g.*, Jack M. Balkin & Sanford Levinson, *Understanding the Constitutional Revolution*, 87 VA. L. REV. 1045 (2001). 大沢・前掲注 15) 221〜224頁も参照。

108) *See* United States v. Comstock, 560 U.S. 126 (2010)（性犯罪者の民事拘禁を必要かつ適切条項（U.S. CONST. art. I, §8, cl. 18）にもとづき合憲判断）; Gonzales v. Raich, 545 U.S. 1 (2005)（連邦ドラッグ規制法を州際通商条項にもとづき合憲判断）.

109) Tennessee v. Lane, 541 U.S. 509 (2004)（ADA 第2編による主権免責排除を肯定）.

110) National Federation of Independent Business v. Sebelius, 567 U.S. 519 (2012). も

件がそれぞれ合憲・違憲の結論を分ける形で一定の妥協点を提示しており、これはロバーツコートでも受け入れられているといってよい。Bush v. Gore 判決の問題性は保守派の論者からも指摘されており、アノマリーとみるべきである。

とはいえ、レーンキストコートが「保守的司法積極主義」とのパーセプションを獲得したのは確かである。そして、これに対するリアクションのひとつとして、人民立憲主義（popular constitutionalism）をあげることができる。そこでは、連邦最高裁による憲法解釈の独占が批判され、憲法の解釈をその権威の淵源たる人民に取り戻すべきことが主張される。

他方、保守派の法律家の裁判官任用が広がるに伴い、憲法解釈のための理論としての原意主義は、初期の理論的困難を克服しつつ、勢力を確固たるものとした。「我々は皆、原意主義者である（We are all originalists）」とすらいわれる。他方、そのことによりかえって、その内部での複雑化・交錯が生じているようにも思われる。前述の通り、原意主義はウォーレンコートから初期バーガーコート（とくに Roe 判決）を批判する理論という側面があり、その点で「司法の謙抑」志向である。それでは「原意の探求」により違憲判断を導く場合はどうか。たとえば、初期ロバーツコートを代表する 2008 年の District of Columbia v. Heller 連邦最高裁判決は、修正 2 条にもとづいて個

っとも、結論を述べたロバーツ意見が州際通商条項について違憲との判示をしたことは、結論を左右しない不要な判示だとの批判もある。
111) Grutter v. Bollinger, 539 U.S. 306 (2003)（ロースクール入学者選抜手続におけるアファーマティブアクションにつき合憲判断）; Gratz v. Bollinger, 539 U.S. 244 (2003)（学部入学者選抜手続における措置につき違憲判断）.
112) *See* Fisher v. University of Texas at Austin, 136 S.Ct. 2198 (2016)（大学学部入学者選抜手続におけるアファーマティブアクションにつき合憲判断）; *but see* Parents Involved in Community Schools v. Seattle School Dist. No. 1, 551 U.S. 701 (2007)（中等教育の生徒配置における人種の考慮につき違憲判断）. *See also* Shelby County v. Holder, 133 S.Ct. 2612 (2013)（1965 年投票権法の事前承認制度における対象地区指定を違憲判断）.
113) Marshall, *supra* note 24, at 1247.
114) *See, e.g.,* LARRY D. KRAMER, THE PEOPLE THEMSELVES: POPULAR CONSTITUTIONALISM AND JUDICIAL REVIEW (2004); MARK TUSHNET, TAKING THE CONSTITUTION AWAY FROM THE COURTS (1999).
115) Lawrence B. Solum, *We Are All Originalists Now*, in CONSTITUTIONAL ORIGINALISM: A DEBATE 1 (Robert W. Bennett & Lawrence B. Solum eds., 2011); Laurence H. Tribe, Comment, *in* ANTONIN SCALIA, A MATTER OF INTERPRETATION 65, 67 (1997).

人の武装する権利を承認したうえで、コロンビア特別区の規制法を違憲判断した。同判決では保守派とリベラル派の5対4に裁判官の意見がシャープに分かれたが、法廷意見・反対意見ともに「原意の探求」からその結論を導こうとしている。すなわち、「原意の探求」がいずれの結論にも結びついており、裁判官の判断の裁量を限定づけるとの原意主義の想定は必ずしも実現しないことが露呈した形になっている。同判決はある種の司法積極主義に陥っていると、保守派と目される法律家からも批判を招いているところである。[117)][118)]

現在のロバーツコートを、全体として、「司法積極主義」と「司法の謙抑」の二分コードで語ることは難しい。その始まりとなった2005年の裁判官の交代により最高裁が保守方向へシフトするとも指摘されたが、一概に「保守」「リベラル」二分コードで語ることも困難である。政治資金規正については保守的な[119)]、同性愛者の権利をめぐる問題系ではリベラルな違憲判断が目立つ[120)]。人工妊娠中絶やアファーマティブアクションについての結論は交錯している[121)]。問題領域による、というのが最も的確な描写であろう[122)]。

4　統計的研究からの眺望

ここで、連邦最高裁における「司法積極主義」の流れを別の視点から眺めてみよう。すなわち、果たして裁判所／裁判官はどれだけの数・頻度で違憲

---

116)　554 U.S. 570 (2008).
117)　Richard A. Posner, *In Defense of Looseness*, THE NEW REPUBLIC (Aug. 27, 2008), https://newrepublic.com/article/62124/defense-looseness; J. Harvie Wilkinson III, *Of Guns, Abortions, and the Unraveling Rule of Law*, 95 VA. L. REV. 253 (2009).
118)　Heller判決に関するヨリ詳細な分析は、会沢恒「ロバーツコートのゆくえ―スカリア裁判官の遺産（の危機?）」大林啓吾＝溜箭将之編『ロバーツコートの立憲主義』329頁以下、353～362頁（成文堂・2017年）参照。
119)　*See, e.g.*, Citizens United v. FEC, 558 U.S. 310 (2010).
120)　*See* Obergefell v. Hodges, 135 S.Ct. 2584 (2015)（州が同性婚を認めないことを違憲判断）; United States v. Windsor, 133 S.Ct. 2675 (2013)（連邦法上の「婚姻」を異性婚に限定する規定を違憲判断）; *see also* Lawrence v. Texas, 539 U.S. 558 (2003)（同性間の性行為に刑罰を科すことを違憲判断）; Romer v. Evans, 517 U.S. 620 (1996)（同性愛者の保護を否定する州憲法修正を違憲判断）.
121)　*Compare* Whole Woman's Health v. Hellerstedt, 136 S.Ct. 2292 (2016)（妊娠中絶の提供者への規制を違憲判断）*with* Gonzales v. Carhart, 550 U.S. 124 (2007)（いわゆる「一部出生中絶」を規制する連邦法を合憲判断）.
122)　2014～2015年度開廷期頃までのロバーツコートの動向の概観として、大林＝溜箭編・前掲注118）がある。

判断をなしているのか、統計的にアプローチする研究が提出されている。むろんこの場合、形式的基準（たとえば「連邦制定法を文面上違憲としたか」）によって裁判所の行動を評価せざるをえないから、真に「司法積極主義」の描写となっているかについては留保が必要だが[123]、一応のベンチマークないし代理変数としては有用であろう。

(1) **違憲判断の件数** 包括的なもののひとつであるリンドクウィスト＆クロス（Stefanie A. Lindquist & Frank B. Cross）の研究は[124]、20世紀以降レーンキストコート（1986～2005年）までの憲法判断を中心に多面的に検討したうえで、ウォーレンコート、バーガーコート、レーンキストコートについてはさらに詳細に分析を加えている。

これによると、第1に、連邦制定法の違憲判断に着目すると、20世紀後半の裁判所は前半に比して多くの違憲判断を下している[125]。開廷期あたりの平均違憲判断件数に着目すると、ニューディール前期の政権との対決期を含むヒューズコート[126]で1開廷期あたり2件の違憲判断であったのに対し、ウォーレンコート後期（1963～1969年）はこれを超え、バーガーコートも2件弱、レーンキストコート後期（1995～2004年）に至っては約3.6件に及ぶ[127]。他方、「ルーズヴェルト」コート[128]の違憲判断はとくに少ない。

第2に、州法に対する違憲判断についてはどうか。やはり開廷期あたりの平均違憲判断の件数をみると、「司法積極主義」の典型的な用法をなぞるかのように、ウォーレンコート後期とバーガーコートは多く15件を超え20件に迫っている。一般的な理解と異なり、バーガーコート期の方が多い。こ

---

123) See Roberts, *supra* note 22.
124) LINDQUIST & CROSS, *supra* note 6. 他の研究として、see, *e.g.,* Lori A. Ringhand, *The Rehnquist Court: A "By the Numbers" Retrospective*, 9 U. PA. J. CONST. L. 1033 (2007); Lori A. Ringhand, *Judicial Activism: An Empirical Examination of Voting Behavior on the Rehnquist Natural Court*, 24 CONST. COMMENT. 43 (2007).
125) LINDQUIST & CROSS, *supra* note 6, at 49-52.
126) ヒューズ（Charles E. Hughes）自身は1941年まで連邦最高裁長官の地位にあったが、同研究では「憲法革命」後を別に取り扱っており、ここでは1930～1936年をさしている。LINDQUIST & CROSS, *supra* note 6, at 49.
127) もっとも20世紀後半を通じて違憲判断が多かったわけではなく、ウォーレンコート前期（1954～1962年）およびレーンキストコート前期（1986～1994年）は1開廷期あたり1件にみたない。
128) 同研究は、「憲法革命」後、ビンソンコート（1943～1953年）までをこう総称している。

れらには及ばないが、ロックナー時代に相当するホワイトコート、タフトコートの数も目立つ。意外にも、ヒューズコート、ウォーレンコート前期はこれらに比べるとおとなしい一方、「ルーズヴェルト」コートはたしかに控えめではあるが、連邦法の場合とは異なり州法の違憲判断に躊躇しているとはいえない。そして、レーンキストコート期に入ると州法の違憲判断の数は減じ、とくにその後期は開廷期あたり 5 件未満と、20 世紀初頭のフラーコートに近い水準まで落ち込んでいる。[129]

　開廷期あたりの平均の件数でみれば、連邦法の違憲判断の数が州法の違憲判断の数を上回る時期はないが、その比率は大きく異なる。とくにレーンキストコート後期はその差は大きく縮まっており、その連邦法に厳しく州法に優しい姿勢が目立つ。

　この 2 つの局面に着目するだけでも、違憲判断というシンプルな基準での「司法積極主義」でさえ、一筋縄ではとらえがたいことがわかる。「司法積極主義」の典型例として語られる連邦制定法の違憲判断は実際には少なく、連邦最高裁でのプレゼンスという点では州法の違憲判断の方が大きい。だがこれも時期により繁閑があり、とりわけレーンキストコート後期の連邦法に対する態度は、その「保守的司法積極主義」のイメージの形成に寄与したといえよう。

　ただし、数字の解釈において、いかなる事件が連邦最高裁に係属するかにつき、いくつかの意味で留意が必要である。まず、（少なくとも法的な意味では）従前とりたてて問題視されていなかった法実務が違憲と判断されるようになると、同様の事案が裁判所に持ち込まれて件数が増加することになる。加えて、1988 年までは取り上げる事件の選択について、裁判所の裁量の幅に制限があった。こうしたことが、ウォーレンコートからバーガーコート期において、人種差別関係等で身近な事件が数多く裁判所に係属したうえで違憲判断に帰結し、「司法積極主義」と見えることにつながったのだろう。他方、1988 年の法改正により、連邦最高裁は上訴の許可においてほぼ全面的な裁量を握った。このことを念頭におくと、レーンキストコートのとくに連

---

129) LINDQUIST & CROSS, *supra* note 6, at 70-74.

邦法を違憲とする数の多さおよび州法についての数の少なさとの対比は、いわば連邦法を「狙い撃ち」にして違憲にした形であり、ここからも同コートの「積極性」を垣間見ることができる。[130]

(2) **裁判官の投票行動** リンドクウィスト＆クロスの研究はさらに、ウォーレンコート、バーガーコート、レーンキストコートの各裁判官の憲法事件における投票行動について分析している。そこでは、違憲判断に積極的か、という軸に加え、事件の性質、すなわち保守的な法の合憲性判断とリベラルな法の場合とで投票行動に差異が出ているかについても分析している。そして、前者の評価軸と後者の評価軸では必ずしも裁判官の顔ぶれは一致しない、ということが指摘されている。この知見が、Ⅱ－1でふれた「制度的積極主義」と「イデオロギー的積極主義」の区分につながっている。

連邦法との関係でいえば、合憲性の問題が裁判所で争点化した場合に最も高い割合で違憲判断に投票するのがダグラス裁判官で、以下ブラック、トーマス、ケネディ、マーシャル（Thurgood Marshall）と続く。逆に違憲判断の少ない側では（評判通り）フランクファーター裁判官が突出しており、続いてクラーク（Tom Campbell Clark）、バーガー（Warren Earl Burger）、ホワイト（Byron R. White）の順になる。他方、後者の評価軸では、ダグラス裁判官に加え、ウォーレン、ブラック、ブレナン（William J. Brennan, Jr.）、ハーラン（John M. Harlan）、マーシャルらが保守的な法の違憲判断が偏って多く、逆にトーマス、スカリア、レーンキスト（William H. Rehnquist）らはリベラルな法の違憲判断が多い。

こうした知見にもとづき、リンドクウィスト＆クロスは、制度的積極主義の高低とイデオロギー的積極主義の高低を組み合わせて、3コート22名の裁判官を4つのカテゴリに分類している。いずれの指標でも高い――違憲判断に積極的で、その投票行動にはイデオロギー的偏りがみられる――裁判官として、

　　高－高： マーシャル、ブレナン、トーマス、スカリア、スーター（David H. Souter）、オコナー（Sandra D. O'Connor,）、ダグラス、

---

130) LINDQUIST & CROSS, *supra* note 6, at 50-52, 70-74.

　　　　　ブラック

をあげる。以下同様に、

　　高－低：　ケネディ
　　低－高：　バーガー、レーンキスト、ギンズバーグ (Ruth B. Ginsburg)、
　　　　　　　スティーブンス、クラーク、ウォーレン
　　低－低：　ブラックマン (Harry A. Blackmun)、ブライヤー (Stephen G. Breyer)、
　　　　　　　ホワイト、パウエル (Lewis F. Powell, Jr.)、ステュワート
　　　　　　　(Potter Stewart)、フランクファーター、ハーラン

とグループ分けされている[131]。

　州法事件についても同様の分析が加えられている。結論だけを紹介すれば、制度的積極主義－イデオロギー的積極主義の順で、

　　高－高：　マーシャル、ブレナン、トーマス、ウォーレン、ダグラス、
　　　　　　　ブラック、スーター
　　高－低：　パウエル*、ブラックマン*、スティーブンス*、ステュワート*、ケネディ、ブライヤー*
　　低－高：　レーンキスト、ハーラン*、スカリア*、ギンズバーグ、バーガー、クラーク
　　低－低：　フランクファーター、オコナー*、ホワイト

と分類されている。興味深いのは、連邦法事件の場合とで各カテゴリの顔ぶれが異なっていることである（アスタリスク（*）を付した者が異なる者）。

　こうした知見からは、「司法積極主義」の実相の理解について、いくつかの教訓を引き出すことができるだろう。第1に、「積極主義」のどの側面に着目するかにより、裁判官の評価は異なりうることである。ここでは制度的積極主義とイデオロギー的積極主義の2側面についてのみ言及したが、前節であげたさらに多様な側面についても考慮すれば、より多彩な（そして複

---

131)　なお、一部の裁判官の指標の出方について注意が喚起されている。キャリアの途中で投票行動のパターンに変化が生じた裁判官（とくに言及されているのがブラックマンとスティーブンス）の場合、キャリア全体で平均化されて指標では見えなくなってしまう（とくにイデオロギー指標）と指摘されている。また、ウォーレンコートからレーンキストコートまでしか扱っていないため、フランクファーターらそれ以前から、あるいはスティーブンスらそれ以降も、最高裁に在籍している裁判官をキャリア全体で評価すれば、また異なった結果になりうる。

雑な）側面が見えてくるであろう。第 2 に、そうした「積極性」はさらに、事件の種類によっても変わってきうることである。ここでは最も主要な場合であるといえる連邦法と州法の合憲性判断の局面を紹介したが、別の事件類型・争点に着目することでまた異なる眺望が現れることもあるだろう。[132]

IV 別の視角から：司法積極主義を懸念すべきか？

　ところで、連邦最高裁の役割については、近時、実際的な視角からの見解が提出されている。すわなち、しばしば、最高裁がランドマークとされる判決を下すことにより、社会の転換がもたらされたのだ、とされるが、果たして本当にそうか、最高裁判決が社会の変化をもたらしたとはいいがたいのではなかろうか、という指摘である。代表的な論者の 1 人ローゼンバーグ (Gerald N. Rosenberg) は、Brown 判決等を題材に、最高裁判決それ自体が社会変革をもたらしたとはいいがたい、と指摘する。[133] 同判決の主題であった人種別学の解消にしても、連邦議会が予算によるインセンティブ措置を講じるなどしないとなかなか進まなかった。判決が一朝一夕に社会を変えるものではなく、最高裁も政府の他の部門やヨリ広い社会一般に埋め込まれた形で行動せざるをえない。

　そうであるとすれば、「司法積極主義」は懸念すべきことなのであろうか。このような指摘の教えるところは、連邦最高裁はヨリ広い社会からあまりに突出した判断はできない、ということである（仮にそのような判断を下したとしても、社会の側から拒絶されるだけであろう）。裁判官の「独善的」な決定が国民一般を拘束することに対する批判が「司法積極主義」という言葉を持ち出す動機となるわけだが、そもそもそのような事態は起こらない——少なくとも社会のメインストリームとの関係では——とすれば、批判の基礎そのものが

---

132) リンドクウィスト＆クロスの研究ではほかに、行政部門の判断に対する司法審査、裁判所へのアクセスについての判断、判例変更について分析している。
133) GERALD N. ROSENBERG, THE HOLLOW HOPE: CAN COURTS BRING ABOUT SOCIAL CHANGE? (1991) (2d ed. 2008). ローゼンバーグやクラーマン (Michael J. Klarman) の所説も参照しつつ同様の指摘をする邦語研究として、勝田卓也『アメリカ南部の法と連邦最高裁』（有斐閣・2011 年）参照。

掘り崩されることになる。[134]

　とはいえ、IIで指摘した通り、この語をめぐる議論の本質が司法部の判断の正統性という規範的な問いであるとすれば、かかる事実認識は思考の素材であっても結論に直結するものではない。ただ同時に、「正しさ」を追求しようとする裁判所に対する制約条件でもある。

　そして、実際にも、裁判所／裁判官はかかる制約条件を認識して、慎重に行動しているのではないか、とも思われる。ここでは、レーンキストコートからロバーツコートにかけて司法部にも裁定が持ち込まれた主題のひとつ、いわゆる同性愛者の権利（gay rights）をめぐる問題系に対する連邦最高裁の対応を例としてあげてみたい。この争点は、いわゆる「文化戦争 culture war」、すなわち公共的価値をめぐって政治的・社会的に二分される論争の対象の代表的なもののひとつである。中長期的にみれば、最高裁の判断は同性愛者の権利の拡大という（政治的にはリベラルな）方向にあったが、その道程をたどる足取りはかなり慎重なものでもあった。

　代表的事件のひとつ、Lawrence 判決は、同性間の性行為に刑事罰を科すこと（いわゆるソドミー sodomy 法）を合憲としていた 16 年前の Bowers v. Hardwick 連邦最高裁判決[135]を明示的に覆して違憲と判断したものであった。一面で画期的な判断ではあるが、別の見方をすれば「当たり前」の結論とも評価しうる。Bowers 判決で敗れた同性愛者の権利の運動家たちは手をこまねいていたわけではない。各州の州議会に働きかけてそのような刑事立法の撤廃を求めたのであり、そして州議会の側もその主張を受け入れ、実際に廃止していった。[136]そういった流れを受けて Lawrence 判決は下されているのであり、換言すればすでに明らかになっている趨勢を追認して、動きの遅い州に対応を促した、とも位置づけることができる。

　同性愛者の権利運動の大きな争点のひとつが同性婚の問題であった。[137]この争

---

134)　勝田卓也「マーベリ判決の神話」法学新報 119 巻 9・10 号 149 頁、181〜190 頁（2013 年）も参照。
135)　478 U.S. 186 (1986).
136)　Lawrence v. Texas, 539 U.S. 558, 573 (2003).
137)　以下の記述については、会沢恒「実体的デュープロセス・平等保護をめぐる合衆国最高裁の動向：論争的主題に取り組む裁判所」法曹時報 69 巻 7 号 1845 頁、1873〜1891 頁

点は Lawrence 判決では明示的に考慮から外されていたが、すぐに裁判所でも争われるようになった。同性婚を禁じたカリフォルニア州の州憲法修正をめぐる事件を連邦最高裁が取り上げた時、これを推進する陣営も反対する陣営も、最高裁による解答を欲したことだろう。しかしこの事件、Hollingsworth v. Perry 連邦最高裁判決の回答は本案判断を回避する、というものだった。5対4で上訴人の当事者適格を否定したわけだが、そこでの当事者適格の分析をどこまで額面通り受け止めるべきであろうか。私見からは、その法廷意見の目的はいかに「火中の栗を拾わない」かに動機づけられているように思えてならない。他方、同日の、より射程の限定された事案である Windsor 判決──事前の注目度も Hollingsworth 事件ほどではなかった──では違憲判断を下しているが、その理由づけは家族政策に関する連邦と州の権限分配という、連邦制上の根拠に軸足を置いたものであった。換言すれば、「家族とは」あるいは「家族に対する個人の権利とは」という問いを正面から扱おうとしていない。

　この両判決を受ける形で、同性愛者の権利運動の運動家たちはあらためて全米で訴訟を提起し、そして各地の下級裁判所もその主張を認めていった。連戦連勝である。連邦最高裁が上訴を認める基本的な状況は下級裁判所間で見解の相違（split）がある場合であることもあり、2014-15 年度開廷期が始まった 2014 年 10 月初旬段階ではこれらの下級審判決に対する裁量上訴は認められていなかったし、同時期のギンズバーグの講演でも最高裁が事件を

（2017 年）およびそこに引用の文献も参照。

138) *Lawrence*, 539 U.S. at 578 ("[The present case] does not involve whether the government must give formal recognition to any relationship that homosexual persons seek to enter").

139) 133 S.Ct. 2652 (2013).

140) 「結果志向」という観点からは「積極主義的」と評価できる判断である。他方、「裁判所の敷居を上げる」という点では「謙抑的」な結論でもある。

141) Hollingsworth 判決と Windsor 判決の意見構成を組み合わせてみてみると興味深い。前者の法廷意見（=本案の憲法判断に消極的）と反対意見（積極的）、後者の法廷意見（リベラルな判決）と反対意見（保守的な判決）とで 2×2 のマトリクスを作ると、裁判官の意見構成はきれいに 3:2:2:2 に分かれる。ケネディ裁判官が前者で反対意見、後者で法廷意見を執筆しており、同性愛者の権利の問題系に積極的な彼の志向がよく現れている。他方、双方で法廷意見に加わったギンズバーグ、ブライヤー、ケイガン（Elena Kagan）の 3 裁判官は、いずれにも意見を執筆していない。

取り上げる必要がないと示唆されていた。最高裁が重い腰を上げてこの争点の裁量上訴を認めたのは、同年11月に第6巡回区連邦高裁が合憲判断を下して連邦高裁間のsplitが生じてからであった。そしてこの開廷期の終わりには、Obergefell判決が同性婚を認める（正確には同性婚を州法が認めないことは違憲となる）と判断する。

このプロセスでみられる連邦最高裁の姿勢は、よくいえば「慎重」だが、悪くいえばprocrastinator（ぐずぐずと先延ばしする人）ともいえるものであった。最高裁は、裁量上訴、当事者適格、あるいは争点や理由づけの操作といった形で、旗幟を鮮明に「しない」ようにしていた。だが、いささか後付け的かもしれないが、そのような最高裁の行動が、この主題をめぐる社会内の議論の成熟を喚起し、その判断の需要を促した面もあるといえないか。[142] 21世紀に入ってからも最高裁が同性婚を認めればバックラッシュは避けられないとの予想があったが、[143] 蓋を開けてみれば、抵抗が皆無だったとはいえないものの、驚くほどスムーズに受容されたといえる。少なくとも、「積極主義」の代表格、人種別学禁止や人工妊娠中絶についての場合とは大きく異なる。最高裁も歴史の教訓から学んでいる。

Ⅴ　結　語

本稿では、アメリカで語られている「司法積極主義」という、きわめて厄介で掴みどころのない概念を何とか捕まえてみようと試みた。Ⅱでは、この語が憲法理論・法的判断方法論の問題と表裏一体であること、司法判断のあり方を前景化する機能があることを指摘のうえで、なお憲法判断の多様な側面に着目して語られるものであることを指摘した。Ⅲでは、米国において司法積極主義が優勢であったとされる時期の連邦最高裁の憲法実践を管見したうえで、各時代の憲法理論がそれに対応──正当化または批判──する形で提出されていることを指摘した。と同時に裁判所／裁判官の行動を分析対象

142）　Obergefell判決自体、同性婚の問題をめぐる社会内の議論の蓄積を論拠のひとつにあげている。Obergefell v. Hodges, 135 S.Ct. 2584, 2596-2597, 2605, 2608-2612 (2015). ただしそこに隠れている皮肉につき、会沢・前掲注137）1887〜1888頁参照。
143）　See Obergefell, 135 S.Ct. at 2611-2612 (Roberts, C.J., dissenting).

とする経験的研究からも、「積極主義」とは多面的なものであることが示されることに触れた。Ⅳでは、最高裁が実際におかれているコンテクストに照らすと「司法積極主義」批判は杞憂にすぎないかもしれないことを示唆したうえで、最高裁の側もそうしたコンテクストを意識しているのではないかということを同性愛者の権利をめぐる動向を例に論じた。

　本稿の主題である「司法積極主義」は、アメリカ憲法のあらゆる問題——狭義の憲法論にとどまらず、これをめぐる米国政治・社会のあり方を含めて——を集約しているかのようなテーマである。このような巨大なテーマを前に、限られた紙幅で、また浅学の身がどの程度意味のある議論をできているかおぼつかないが、さしあたっての覚え書きとして成立していれば幸いである。

事項・人名等索引

あ行

芦部信喜 ……………………………………… 91
生ける憲法 …………………………………… 19
違憲審査基準（論）………… 33-35, 58, 61, 91, 171
泉徳治 ………………………………………… 33
違法収集証拠排除 …………………………… 235
イリー（John Hart Ely）………… 79, 100, 196, 302
ウォーレンコート ………………………… 300-302
訴えの利益 …………………………………… 258
営利的表現 …………………………………… 104
オブライエンテスト ………………………… 150

か行

過度の広汎性 ………………………… 271, 275
ガンサー（Gerald Gunther）…… 86, 153, 202
行政国家 …………… 4, 5, 17, 18, 22, 24, 26, 27, 213
原意主義 ……………………………………… 199
厳格審査 ………………… 3, 35, 55, 56, 117, 201
原告適格 ……………………………… 258, 261
憲法事実 …………………………… 210-212, 214, 218
憲法判断回避 ………………………………… 256
公共の福祉 …………………………………… 92
合憲限定解釈 ………………………………… 207
合憲性の推定 ………………………………… 2
合理性基準 ……… 62, 63, 65, 66, 72-74, 80, 82, 86-88

さ行

シェブロン法理 ………………………… 21, 30, 32
事実認定 ……………………………………… 191
思想・良心の自由 …………………………… 167
自白 …………………………………… 238, 239
司法権 ………………………………… 190, 217
司法消極主義 ………………………………… 284
司法積極主義 …………………… 283, 284-293, 301, 307-309, 311, 312, 315, 316
司法優越主義 ………………………………… 218
シャーバートテスト ………… 150-158, 162, 164, 168
修正1条 ……………………………………… 147
重大かつ差し迫った危険 ……………………… 55
主張適格 …………………… 263, 264, 266, 267, 270, 271
信教の自由 …………………… 147, 148, 150, 152, 178
人身保護令状 ………………………………… 228
人民立憲主義 ………………………………… 306
スミステスト ……………… 154-157, 160, 161, 164, 168
政治問題の法理 ………………………… 41, 158

た行

正当な理由 …………………………………… 43
セイヤー（James B. Thayer）………………… 45
相当の理由（逮捕・身体拘束等）…………… 230

た行

秩序づけられた自由 ………………………… 51
定義づけ衡量 ………………………… 102, 111
ディパートメンタリズム ………………… 218, 219
適合性と比例性 ……………………………… 179
デュープロセス ………… 1, 28, 69, 72, 94, 149, 181, 184, 185, 215-217, 271, 295, 303
動機審査 … 191-195, 197-201, 204, 206, 208, 209, 222-224
トライブ（Laurence H. Tribe）……………… 118

な行

二重の基準 …………………………… 1, 3, 4, 28, 30
ニューディール …… 18, 19, 22, 23, 31, 63, 65, 286, 296

は行

排除的理由 …………………………………… 203
パブリック・フォーラム ………… 126, 128-134, 136, 137, 140, 142
比較衡量 ……… 91, 92, 94, 96-101, 115, 117, 119-121, 203
比例原則 ……………………………… 119, 121
不当な動機 …………………………………… 193
プライバシー ………………………………… 99
ブラックストーン（William Blackstone）…… 76
フランクファーター（Felix Frankfurter）
……………………………………… 53, 107, 108
ブランダイスルール …………… 254, 256, 273
ブランデンバーグテスト …………… 109, 110
ヘイトクライム ……………………………… 241
ホームズ（Oliver W. Holmes, Jr.）…… 49, 70, 106
ポリスパワー …… 43, 45, 47-49, 62, 65-69, 74-77, 87, 180

ま行

マーシャル（John Marshall）…… 37, 42, 50, 173, 174
ミランダ ……………………………… 231, 243
明白かつ現在の危険 ……………… 91, 106, 222
目的手段審査 ………………………………… 194
黙秘権 ………………………………………… 231

ら行

リーガルプロセス …………………… 297, 302
立法裁量論 …………………………… 172, 186

判例索引

【アメリカ】

A

A.L.A. Schechter Poultry Co. v. United States (1935) ········· 23, 47
Abbott Laboratories v. Gardner (1967) ········ 275
Abrams v. United States (1919) ······· 105, 126, 140
Adair v. United States (1908) ····················· 47
Adams v. Williams (1972) ························ 234
Adarand Constructors, Inc. v. Pena (1995) ····· 305
Adderley v. Florida (1966) ······················ 130
Adkins v. Children's Hospital (1923) ········ 50, 295
Ake v. Oklahoma (1985) ························ 243
Amalgamated Food Employees Union v. Logan Valley Plaza, Inc. (1968) ······················ 145
Apodaca v. Oregon (1972) ······················· 240
Apprendi v. New Jersey (2000) ··················· 241
Argersinger v. Hamlin (1972) ···················· 243
Arizona v. Johnson (2009) ······················· 238
Ashcraft v. Tennessee (1944) ···················· 239
Ashcroft v. American Civil Liberties Union (2002) ··· 104
Ashcroft v. The Free Speech Coalition (2002) ··· 103
Ashwander v. Tennessee Valley Authority (1936) ··· 254
Ass'n of Data Processing Service Org. v. Camp (1970) ··· 259
Atkins v. Virginia (2003) ························ 249
Attorney Gen. of New York v. Soto-Lopez (1986) ··· 195
Auer v. Robbins (1997) ·························· 20
Austin v. Alderman (1868) ······················· 278

B

Bailey v. Drexel Furniture Co. (1922) ··········· 296
Baker v. Carr (1962) ························ 41, 300
Baldwin v. New York (1970) ····················· 246
Ballew v. Georgia (1978) ························ 240
Barker v. Wingo (1972) ·························· 242
Barrows v. Jackson (1953) ············· 262, 265, 273
Batson v. Kentucky (1986) ······················· 240
Baze v. Rees (2008) ····························· 249
Bendix Autolite Corp. v. Midwesco Enterprises, Inc. (1988) ······················ 116
Berman v. Parker (1954) ························· 76

Board of Education, Island Trees Union Free School District No. 26 v. Pico (1982) ········· 208
Board of Trustees of the University of Alabama v. Garrett (2001) ··············· 179, 305
Bolling v. Sharpe (1954) ························ 56
Boos v. Barry (1988) ···························· 133
Boreali v. Axelrod (N.Y. 1987) ····················· 7
Bose Corp. v. Consumers Union of United States, Inc. (1984) ··························· 213
Bowen v. Roy (1986) ···························· 152
Bowers v. Hardwick (1986) ···················· 4, 313
Brandenburg v. Ohio (1969) ···················· 109
Branzburg v. Hayes (1972) ······················· 97
Bridges v. California (1941) ···················· 106
Brinegar v. United States (1949) ················ 230
Broadrick v. Oklahoma (1973) ·················· 274
Brown v. Board of Education of Topeka (1954) ································ 56, 73, 299
Brown v. Entertainment Merchants Association (2011) ··························· 116
Brown v. Maryland (1827) ······················· 66
Brzonkala v. Va. Polytechnic Inst. & State Univ. (4th Cir. 1999) ························ 294
Bullcoming v. New Mexico (2011) ··············· 245
Burch v. Louisiana (1979) ······················· 240
Bush v. Gore (2000) ··················· 289, 305, 306
Bush v. Vera (1996) ····························· 195

C

Cafeteria & Restaurant Workers v. McElroy ··· 135
Calder v. Bull (1798) ···························· 66
Cantwell v. Connecticut (1940) ······ 93, 106, 129, 149
Carey v. Brown (1980) ····················· 129, 135
Carroll v. United States (1925) ··················· 237
Carter v. Texas (1900) ·························· 240
Central Hudson Gas & Elec. Corp. v. Public Service Commission (1980) ··················· 105
Chambers v. Florida (1940) ····················· 239
Chandler v. Florida (1981) ······················ 242
Chaplinsky v. New Hampshire (1942) ·········· 103
Cheffer v. McGregor (1993) ····················· 137
Chesapeake Ohio Ry. Co. v. Carnahan (1916) ··· 240
Chevron U.S.A., Inc. v. Natural Resources Defense Council, Inc. (1984) ············· 20, 219
Chicago v. Morales (1999) ······················ 247
Chimel v. California (1969) ····················· 230

Church of the Lukumi Babalu Aye, Inc. v. City
　of Hialeah (1993) ･･････････････････････････ 159, 195
Citizens to Preserve Overton Park, Inc. v.
　Volpe (1971) ･･･････････････････････････････････････ 219
Citizens United v. FEC (2010) ････････････ 283, 307
City Council of Los Angeles v. Taxpayers for
　Vincent (1984) ･･････････････････････････････････ 134
City of Boerne v. Flores (1997) ････････････ 162, 178
City of Cleburne v. Cleburne Living Center
　(1985) ･･ 86, 186
City of Los Angeles v. Patel (2015) ･･････････････ 233
City of Madison Joint Sch. Dist. v. Wisconsin
　Emp't Relations Comm'n (1976) ････････････ 130
City of New Orleans v. Dukes (1976) ･･････････ 84
City of Richmond v. J.A. Croson Co. (1989)
　･･ 194, 305
Clinton v. Virginia (1964) ･･････････････････････ 234
Coker v. Georgia (1977) ･･･････････････････････ 250
Colgrove v. Battin (1973) ･･････････････････････ 240
Colorado v. Connelly (1986) ･･･････････････････ 243
Commonwealth v. Baird (1969) ･････････････ 269
Connally v. General Construction Co. (1926) ･･･ 271
Consol. Edison Co. v. Public Service Comm'n
　(1980) ･･･ 129
Coppage v. Kansas (1915) ･･････････････････ 46, 295
Cornelius v. NAACP Legal Defense &
　Educational Fund, Inc. (1985) ･･･････････････ 136
Coy v. Iowa (1988) ･･････････････････････････････ 244
Craig v. Boren (1976) ････････････････････････････ 260
Craigmiles v. Giles (6th Cir. 2002) ･･････････････ 83
Cramp v. Board of Public Instruction of
　Orange County, Florida (1961) ･･･････････ 274
Crawford v. Washington (2004) ･･･････････････ 245
Cronin v. Adams (1904) ･･･････････････････････ 260
Crowell v. Benson (1932) ･･････････････････････ 212

D

Dandridge v. Williamson, 397 U.S. 471 (1970) ･･･ 182
Danskin v. San Diego Unified School Dist.
　(1946) ･･･ 125
Davis v. Commonwealth (1895) ･･･････････････ 126
Davis v. Massachusetts (1897) ･･･････････ 126, 128, 130
Davis v. Washington (2006) ･･･････････････････ 245
Davis & Farnum Manufacturing Co. v. Los
　Angeles (1903) ･･･････････････････････････････ 276
Decatur v. Paulding (1840) ･････････････････････ 40
De Jonge v. Oregon (1937) ････････････････ 93 ,106
Delaware v. Prouse (1979) ･････････････････････ 238
Dennis v. United States (1951) ･･････････････ 106
Dickerson v. United States (2000) ･･･････････ 304
District of Columbia v. Heller (2008) ･･････ 117, 306
Dobbins v. Los Angeles (1904) ･･･････････････ 276

Dombrowski v. Pfister (1965) ････････････････ 276
Dred Scott v. Sandford (1857) ････････････ 73, 286
Dunaway v. New York (1979) ･･･････････････ 239
Duncan v. Louisiana (1968) ･･･････････････ 241, 300

E

Edwards v. South Carolina (1963) ････････････ 300
Eisenstadt v. Baird (1972) ････････････････････ 267
Employment Division v. Smith (1990) ･･･････････ 153
Engel v. Vitale (1962) ･･･････････････････････････ 300
Enmund v. Florida (1982) ････････････････････ 249
Estelle v. Smith (1981) ･････････････････････ 244, 246
Everson v Board of Education (1947) ････････････ 93
Ewing v. California (2003) ･･････････････････ 250
Ex parte Young (1908) ････････････････････････ 276

F

Fairchild v. Hughes (1922) ･･････････････････ 255
Faretta v. California (1975) ････････････････ 242
FCC v. Beach Communic'ns, Inc. (1993) ･･････････ 64
FCC v. Fox Television Stations, Inc. (2009)
　(Fox I) ･･ 222
FCC v. Fox Television Stations, Inc. (2012)
　(Fox II) ･･･ 222
FCC v. Sanders Bros. Radio Station (1940) ････ 258
Fisher v. University of Texas (2013) (Fisher I) ･･･ 221
Fisher v. University of Texas (2016) (Fisher II)
　･･ 221, 306
Fiske v. Kansas (1927) ･･････････････････････････ 106
Fletcher v. Peck (1810) ････････････････････････ 197
Florida v. Jardines (2013) ･･････････････････････ 237
Florida v. Royer (1983) ････････････････････････ 234
Ford v. Wainwright (1986) ･･･････････････････ 249
Foster v. Nelson (1829) ･･････････････････････････ 39
44 Liquormart, Inc., v. Rhode Island (1996) ･･･ 105
FPC v. Natural Gas Pipeline Co. (1942) ･･･････ 72
Furman v. Georgia (1972) ･･････････････････････ 248

G

Gains v. Canada (1938) ････････････････････････ 299
Garcia v. San Antonio Metropolitan Transit
　Authority (1985) ････････････････････････････ 28
Garrison v. Louisiana (1964) ･･････････････････ 111
Gibbons v. Ogden (1824) ･･････････････････････ 174
Gideon v. Wainwright (1963) ･･･････････････ 242, 300
Giles v. California (2008) ･･･････････････････ 245
Ginsberg v. New York (1968) ･･･････････････ 117
Gitlow v. New York (1925 ････････････････････ 93
Gladstone, Realtors v. Village of Bellwood
　(1979) ･･･ 259
Godfrey v. Georgia (1980) ･････････････････････ 247
Goldman v. Weinberger (1986) ･･･････････････ 151

Gonzales v. Carhart (2007) ················ 307
Gonzales v. Raich (2005) ············· 178, 305
Grady v. Corbin (1990) ······················· 251
Graham v. Connor (1989) ··················· 232
Gratz v. Bollinger (2003) ····················· 306
Grayned v. City of Rockford (1972) ···· 128, 129, 271
Greater New Orleans Broadcasting
　Association, Inc. v. United States (1999) ···· 105
Green v. United States (1957) ············· 251
Greer v. Spock (1976) ·················· 130, 132
Gregg v. Georgia (1976) ······················ 248
Griffin v. California (1965) ············ 243, 300
Griswold v. Connecticut (1965) ······· 136, 267, 290
Grutter v. Bollinger (2003) ·················· 306

H

Hague v. CIO (1939) ···················· 126, 129
Hakrader v. Wadley (1894) ················· 276
Hall v. Florida (2014) ························· 249
Hamilton v. Regents of the University of
　California (1934) ····························· 93
Hammer v. Dagenhart (1918) ·········· 47, 296
Hammon v. Indiana (2006) ·················· 245
Hayes v. Florida (1985) ······················· 239
Heart of Atlanta Motel v. United States (1964) ··· 175
Heien v. North Carolina (2014) ············ 238
Herndon v. Lowry (1937) ···················· 105
Hill v. Colorado (2000) ······················· 139
Hodge v. Talkin (D.C. Cir. 2015) ············· 132
Holder v. Humanitarian Law Project (2010)
　·· 109, 117
Hollingsworth v. Perry (2013) ·············· 314
Holloway v. Arkansas (1978) ··············· 243
Home Building & Loan Association v.
　Blaisdell (1934) ······························ 94
Hosanna-Tabor Evangelical Lutheran Church
　& School v. EEOC (2012) ·················· 160
Hudgens v. NLRB (1976) ···················· 145
Hudson v. McMillian (1992) ················· 251
Hudson v. Palmer (1984) ················ 99, 235
Hurtado v. California (1884) ··········· 227, 240
Hustler Magazine, Inc. v. Falwell (1988) ······· 133

I

Illinois v. Allen (1970) ························ 242
Illinois v. Caballes (2005) ···················· 238
Illinois v. Gates (1983) ······················· 230
In re Gault (1967) ···························· 246
In re Kemmler (1890) ························ 249

J

Jamison v. Texas (1943) ······················ 127

Jeannette Rankin Brigade v. Chief of Capitol
　Police (1972) ································ 133
J.E.B. v. Alabama *ex rel*. T.B. (1994) ············ 241
Johanns v. Livestock Marketing Association
　(2005) ······································· 142
Johnson v. California (2005) ················ 240
Johnson v. Louisiana (1972) ················ 240
Jones v. Opelika (1942) ························ 52

K

Kadrmas v. Dickinson Pub. Sch. (1988) ········ 195
Katz v. United States (1967) ················ 234
Katzenbach v. McClung (1964) ············· 175
Katzenbach v. Morgan (1966) ·············· 178
Kelly v. California (2008) ···················· 241
Kelo v. City of New London (2005) ·············· 182
Kennedy v. Louisiana (2008) ················ 250
Kent v. United States (1966) ················ 246
Keyishian v. Board of Regents (1967) ·········· 209
Kimel v. Fla. Bd. of Regents (2000) ············· 305
Kirby v. Illinois (1972) ························ 243
Korematsu v. United States (1944) ········ 3, 55, 56
Kyllo v. United States (2001) ················ 236

L

Lambert v. California (1957) ················ 247
Lanzetta v. New Jersey (1939) ················· 272
Lawrence v. Texas (2003) ············· 186, 307, 313
Lee Optical of Oklahoma, Inc. v. Williamson
　(W.D. Okla. 1954) ··························· 72
Legal Service Corp. v. Velazquez (2001) ········ 142
Lehman v. City of Shaker Heights (1974) ······· 135
Lehnhausen v. Lake Shore Auto Parts Co.
　(1973) ·· 64
Lemon v. Kurtzman (1971) ·················· 195
License Cases (1847) ·························· 67
Liverpool, New York & Philadelphia S.S. Co.
　v. Commissioners of Emigration (1885) ······· 273
Lloyd Corp. v. Tanner (1972) ············ 128, 145
Lochner v. New York (1905) ········· 1, 45, 49, 69, 93, 180, 194, 295
Locke v. Davey (2004) ························ 142
Lorillard Tobacco Co. v. Reilly (2001) ············ 105
Lovell v. Griffin (1938) ···················· 52, 127
Luther v. Borden (1849) ······················· 40
Lynch v. Overholser (1962) ·················· 232
Lyng v. Northwest Indian Cemetery Prot. Ass'n
　(1988) ······································· 152

M

Madsen v. Women's Health Center, Inc. (1994) ··· 137
Maine v. Moulton (1985) ···················· 243

Malloy v. Hogan (1964) ·················· 300
Mapp v. Ohio (1961) ················· 235, 300
Marbury v. Madison (1803) ·············· 36, 73, 253
Martin v. Mott (1827) ················· 40
Maryland v. Craig (1990) ·············· 244
Maryland v. Macon (1985) ············· 235
Maryland v. Wilson (1997) ············· 237
Massachusetts v. Mellon (1923) ············ 255
Massachusetts v. Sheppard (1984) ············ 236
Mathews v. Eldridge (1976) ············· 215
Maynard v. Cartwright (1988) ············ 247
McCray v. Illinois (1967) ·············· 244
McCreary County v. ACLU of Kentucky (2005) ··· 204
McCullen v. Coakley (2014) ············· 139
McCulloch v. Maryland (1819) ··········· 38, 80, 172
McGuire v. Reilly (1st Cir. 2001) ············ 139
McGuire v. Reilly (1st Cir. 2004) ············ 139
McKeiver v. Pennsylvania (1971) ············· 246
McLaughlin v. Florida (1964) ············· 194
Mem'l Hosp. v. Maricopa County (1974) ······ 195
Merrifield v. Lockyer (9th Cir. 2008) ············ 83
Metromedia, Inc. v. City of San Diego (1981) ··· 134
Meyer v. Nebraska (1923) ················ 48
Michigan v. Chesternut (1988) ············· 230
Michigan v. Summers (1981) ············· 230
Michigan Department of State Police v. Sitz
  (1990) ························· 238
Miller v. Alabama (2012) ················ 250
Miller v. California (1973) ············· 104, 220
Minersville School district v. Gobitis (1940) ···· 53
Minnesota v. Olson (1990) ··············· 233
Miranda v. Arizona (1966) ············ 231, 303
Missouri ex rel. Gaines v. Canada (1938) ······· 299
Mistretta v. United States (1989) ············ 251
Morehead v. New York ex rel. Tipaldo (1936) ···· 296
Mugler v. Kansas (1887) ················ 45, 65
Muller v. Oregon (1908) ················ 48
Munn v. Illinois (1876) ················ 44, 67
Murdock v. Pennsylvania (1943) ············· 53

N

NAACP v. Button (1963) ················ 272
National Federation of Independent Business
  v. Sebelius (2012) ················ 182, 305
Near v. Minnesota (1931) ················ 93
Nebbia v. New York (1934) ··············· 48
Nevada Department of Human Resources v.
  Hibbs (2003) ······················· 179
New York Times Co. v. Sullivan (1964) ··· 110, 111, 299
New York v. Ferber (1982) ················ 103
New York v. Quarles (1984) ··············· 231
New York v. United States (1992) ············ 304

Niemotko v. Maryland (1951) ················ 127
Nix v. Williams (1984) ···················· 237
NLRB v. Jones & Laughlin Steel Co. (1937) ······· 48,
                                          174, 296

O

O'Gorman & Young, Inc. v. Hartford Fire
  Insurance Co. (1931) ···················· 70
O'Lone v. Estate of Shabazz (1987) ············ 151
Obergefell v. Hodges (2015) ·············· 307, 315
Ohio v. Roberts (1980) ··················· 245
Olmstead v. United States (1928) ············ 234
Olsen v. Nebraska (1941) ··················· 2
Operation Rescue v. Women's Health Center,
  Inc. (Fla. 1993) ······················· 137
Oregon v. Mitchell (1970) ················· 178

P

Palko v. Connecticut (1937) ············ 50, 227, 300
Papachristou v. City of Jacksonville (1972) ···· 247
Parents Involved in Community Schools v.
  Seattle School Dist. No. 1 (2007) ············ 306
Patterson v. Kentucky (1878) ················ 68
Payton v. New York (1980) ················· 230
Pennekamp v. Florida (1946) ················ 222
Pennsylvania v. Mimms (1977) ··············· 237
Penry v. Lynaugh (1989) ··················· 249
Perez v. United States (1971) ················ 176
Perry Education Association n v. Perry Local
  Educators' Association (1983) ·············· 129
Pierce v. Society of Sisters (1925) ············ 262
Planned Parenthood of Southeastern
  Pennsylvania v. Casey (1992) ···· 95, 195, 291, 303
Pleasant Grove v. Summum (2009) ············ 142
Plessy v. Ferguson (1896) ············ 48, 73, 299
Pointer v. Texas (1965) ···················· 300
Police Dep't of Chicago v. Mosley (1972) ······· 128
POM Wonderful, LLC v. Coca-Cola Co.(2014) ···· 8
Posada de Puerto Rico Assoc. v. Tourism Co.
  (1986) ······························ 105
Powell v. Alabama (1932) ·················· 242
Powell v. Pennsylvania (1888) ················ 45
Powell v. Texas (1968) ···················· 248
Powers v. Harris (10th Cir. 2004) ·············· 85
Printz v. United States (1997) ················ 304
Pro-Choice Network of Western N.Y. v. Project
  Rescue Western N.Y. (W.D. N.Y. 1992) ······ 138
PruneYard Shopping Center v. Robins (1980)
  ··································· 145

R

R.A.V. v. City of St. Paul (1992) ·············· 111

判例索引　321

Reed v. City of Gilbert (2015) ·················· 126
Renton v. Playtime Theatres, Inc. (1986) ······ 133
Reynolds v. Sims (1964) ························· 300
Reynolds v. United States (1878) ··············· 148
Ribnik v. McBride (1928) ·························· 2
Riley v. California (2014) ························ 234
Ring v. Arizona (2002) ··························· 247
Robert v. Louisiana (1976) ······················· 248
Robinson v. California (1962) ·············· 248, 300
Rodriguez v. United States (2015) ·············· 238
Roe v. Wade (1973) ················ 73, 95, 98, 291, 301
Roehin v. California (1952) ······················ 233
Romer v. Evans (1996) ················· 86, 186, 307
Roper v. Simmons (2005) ························ 249
Rosenberger v. Rector & Visitors of University
   of Virginia (1995) ······························· 142
Rummel v. Estelle (1980) ························ 250
Rust v. Sullivan (1991) ··························· 142
Rutan v. Republican Party of Illinois (1990) ··· 303

S

Schenck v. Pro-Choice Network of Western
   New York (1997) ······························· 138
Schlup v. Delo (1995) ····························· 232
Schneider v. Irvington (1939) ············ 52, 129, 134
Schneider v. New Jersey (1939) ··················· 94
School District of Abington Township, Pa. v.
   Shempp (1963) ·································· 300
Schriro v. Summerlin (2004) ····················· 248
Scott v. Harris (2007) ····························· 232
Scott v. Illinois (1979) ···························· 243
Secretary of State of Maryland v. Joseph H.
   Munson Company (1984) ······················ 275
Segura v. United States (1984) ··················· 236
Seminole Tribe of Florida v. Florida (1996) ···· 305
Shelby County v. Holder (2013) ·················· 306
Shelley v. Kraemer (1948) ························ 299
Sherbert v. Verner (1963) ························ 148
Silverthorne Lumber Co. v. United States (1920)
   ·· 236
Singer v. United States (1965) ··················· 241
Singleton v. Wulff (1976) ························· 264
Skinner v. Oklahoma (1942) ···················· 3, 55
Smith v. Allwright (1944) ························ 299
Solem v. Helm (1983) ····························· 250
Sorrell v. IMS Health Inc.2 (2011) ·············· 105
Southeastern Promotions, Ltd. v. Conrad (1975)
   ·· 130
Southern Pacific Co. v. Arizona (1945) ··········· 93
Southern Union Co. v. United States (2012) ··· 241
Spano v. New York (1959) ························ 239
Spaziano v. Florida (1984) ······················· 250

St. Joseph Abbey v. Catille (5th Cir. 2015) ······ 84
St. Joseph Stock Yards Co. v. United States
   (1936) ··· 215
Stanford v. Kentucky (1989) ····················· 249
Strickland v. Washington (1984) ················ 243
Supervisors v. Stanley (1881) ···················· 272
Swann v. Charlotte-Mecklenburg Bd. of Educ.
   (1970) ······································ 293, 301

T

Tague v. Louisiana (1980) ······················· 231
Tate v. Short (1971) ······························ 250
Taylor v. Alabama (1982) ························ 239
Taylor v. Louisiana (1975) ······················· 241
Tennessee v. Garner (1985) ················· 96, 232
Tennessee v. Lane (2004) ··················· 179, 305
Terminiello v. Chicago (1949) ···················· 106
Terry v. Ohio (1968) ······························ 233
Thompson v. Oklahoma (1988) ·················· 249
Thompson v. Utah (1898) ························ 240
Thompson v. Western States Medical Center
   (2002) ··· 105
Thornhill v. Alabama (1940) ················ 106, 280
Thornron v. United States (2004) ··············· 238
Tileston v. Ullman (1943) ··················· 258, 262
Tison v. Arizona (1987) ·························· 249
Trammel v. United States (1980) ··············· 245
Truax v. Raich (1915) ···························· 276

U

U.S. Department of Agriculture v. Moreno
   (1973) ·· 81
United States Department of Agriculture v.
   Moreno (1973) ································· 186
United States Postal Service v. Council of
   Greenburgh Civic Ass'ns (1981) ········ 129, 130
United States v. Alvarez (2012) ············ 113, 117
United States v. Banks (2005) ··················· 233
United States v. Butler (1936) ·············· 23, 296
United States v. Caceres (1979) ················· 235
United States v. Carolene Products Co. (1938)
   ······························ 2, 51, 71, 181, 285, 297, 302
United States v. Chadwick (1977) ··············· 237
United States v. Comstock (2010) ·········· 173, 305
United States v. Cortez (1981) ·················· 234
United States v. Crews (1980) ··················· 236
United States v. Darby (1941) ··············· 49, 174
United States v. Dionisio (1973) ················· 236
United States v. E.C. Knight Co. (1895) ········ 296
United States v. Edwards (1974) ················ 230
United States v. Grace (1983) ···················· 131
United States v. Harris (1954) ··················· 247

322

United States v. Kebodeax (2013) ·············· 173
United States v. Kokinda (1990) ·············· 135
United States v. Leon (1984) ················ 236
United States v. Lopez (1995) ············ 176, 304
United States v. Morrison (2000) ······ 177, 294, 304
United States v. O'Brien (1968) ·········· 195, 200
United States v. Patane (2004) ················ 231
United States v. Place (1983) ················ 234
United States v. Putra (1997) ················ 251
United States v. Raines (1960) ················ 272
United States v. Reese (1875) ················ 279
United States v. Ross (1982) ················· 237
United States v. Rumely (1953) ··············· 140
United States v. Russell (1973) ··············· 233
United States v. Salerno (1987) ··············· 232
United States v. Sokolow(1989) ··············· 234
United States v. Stevens (2010) ··········· 113, 116
United States v. United States District Court
 (1972) ···································· 235
United States v. Virginia (1996) ················ 86
United States v. Wade (1967) ············ 242, 284
United States v. Watson (1976) ················ 230
United States v. Watts (1997) ················· 251
United States v. Windsor (2013) ··· 86, 184, 200, 307

V

Valentine v. Chrestensen (1942) ················ 104
Valley Forge Christian College v. Americans
 United for Separation of Church and State,
 Inc. (1982) ································ 258
Virginia State Board of Pharmacy v. Virginia
 Citizens Consumer Council, Inc. (1976) ······ 28,
                                104, 105, 133
Virginia v. Black (2003) ······················ 112

W

Walker v. Sauvinet (1875) ···················· 240
Walker v. Texas Division, Sons of Confederate
 Veterans (2015) ···························· 142
Waller v. Georgia (1984) ····················· 242
Warth v. Seldin (1975) ······················· 261
Welsh v. Wisconsin (1984) ···················· 230
West Coast Hotel Co. v. Parrish (1937)
 ·································· 31, 48, 71, 181, 296
West Virginia State Board of Education v.
 Barnette (1943) ··············· 53, 208, 209
Whitney v. California (1927) ··················· 105
Whole Woman's Health v. Hellerstedt (2016)
 ······································ 95, 307
Wickard v. Filburn (1942) ············ 49, 174, 297
Widmar v. Vincent (1981) ···················· 130
Wilkerson v. Utah (1879) ····················· 249

Williams v. Florida (1970) ····················· 240
Williamson v. Lee Optical Co. of Oklahoma
 (1955) ································ 64, 181
Winston v. Lee (1985) ························ 235
Wisconsin v. Yoder (1972) ···················· 151
Wolff v. McDonnell (1974) ···················· 250
Wong Sun v. United States (1963) ·············· 236
Woodson v. North Carolina (1976) ············· 248
Wyoming v. Houghton (1999) ················· 238

Y

Yakus v. United States (1944) ················· 216
Yates v. United States (1957) ·················· 109
Yazoo & Mississippi Valley R.R. Co. v. Jackson
 vinegar Co. (1912) ························ 279
Ybarra v. Illinois (1979) ······················· 235
Younger v. Harris (1971) ····················· 277

Z

Zivotofsky v. Clinton (2012) ···················· 41
Zobel v. Williams (1982) ······················ 195
Zurcher v. Stanford Daily (1978) ··············· 233

【日本】

最大判昭 30・12・14 刑集 9-13-2760 ·············· 228
最大判昭 32・11・27 刑集 11-12-3132 ············ 281
最大判昭 33・9・10 民集 12-13-1969 ············· 207
最大判昭 35・10・19 刑集 14-12-1611 ············ 281
最大判昭 37・11・28 刑集 16-11-1593 ······ 207, 281
最大判昭 41・10・26 刑集 20-8-901 ·············· 122
最大判昭 44・4・2 刑集 23-5-305 ················ 122
最大決昭 44・11・26 刑集 23-11-1490 ············ 122
最大判昭 48・4・4 刑集 27-3-265 ················ 206
最大判昭 49・11・6 刑集 28-9-393 ··············· 122
最大判昭 50・4・30 民集 29-4-572 ·········· 89, 206
最大判昭 50・9・10 刑集 29-8-489 ··············· 282
最大判昭 53・10・4 民集 32-7-1223 ·············· 207
最大判昭 56・6・15 刑集 35-4-205 ··············· 122
最大判昭 59・12・12 刑集 38-12-1308 ············ 282
東京地判昭 61・3・20 判時 1185-67 ·············· 165
最大判昭 62・4・22 民集 41-3-408 ··············· 206
最大判平 4・7・1 民集 46-5-437 ················· 122
最判平 6・2・8 民集 48-2-149 ··················· 122
最判平 7・3・7 民集 49-3-687 ··················· 122
最大判平 8・3・8 民集 50-3-469 ············ 165, 207
最大判平 9・4・2 民集 51-4-1673 ················ 207
最大判平 14・9・11 民集 56-7-1439 ·············· 206
最判平 14・9・24 判時 1802-60 ·················· 122
最判平 15・3・14 民集 57-3-229 ················· 122
最大判平 17・9・14 民集 59-7-2087 ·············· 206
最決平 18・10・3 民集 60-8-2647 ················ 122

最判平 19・9・18 刑集 61・6・601 ……………… 122	最大決平 25・9・4 民集 67・6・1320 ………… 122, 206
最判平 20・4・11 刑集 62・5・1217 …………… 207	最判平 25・9・26 民集 67・6・1384 …………… 190
最大判平 20・6・4 民集 62・6・1367 …………… 206	最大判平 27・12・16 民集 69・7・2035 ………… 122
最大判平 22・1・20 民集 64・1・1 ………… 122, 207	最大判平 27・12・16 民集 69・8・2427 ……… 206
最判平 23・5・30 民集 65・4・1780 …………… 167	最大判平 27・12・16 民集 69・8・2586 ……… 190
福岡地判平 24・6・13 最高裁 HP ……………… 189	広島地判平 29・7・19 LEX/DB25546443 ………… 59
最判平 24・12・7 刑集 66・12・1337 …………… 122	大阪地判平 29・7・28 LEX/DB25448879 ………… 59
福岡高判平 25・3・29 判タ 1415・134 ………… 189	東京地判平 29・9・13 LEX/DB2548892 ………… 59

【編者紹介】

山本 龍彦（やまもと・たつひこ）／慶應義塾大学大学院法務研究科教授
慶應義塾大学大学院法学研究科後期博士課程単位取得退学（博士（法学））。主要業績として、『プライバシーの権利を考える』（信山社、2017年）など。

大林 啓吾（おおばやし・けいご）／千葉大学大学院専門法務研究科准教授
慶應義塾大学大学院法学研究科後期博士課程修了（博士（法学））。主要業績として、『憲法とリスク』（弘文堂、2015年）など。

【執筆者紹介】

大沢 秀介（おおさわ・ひでゆき）／慶應義塾大学法学部名誉教授
慶應義塾大学大学院法学研究科博士課程単位取得退学（博士（法学））。主要業績として、『アメリカの司法と政治』（成文堂、2016年）など。

会沢 恒（あいざわ・ひさし）／北海道大学大学院法学研究科教授
東京大学大学院法学政治学研究科博士課程退学。主要業績として、「実体的デュープロセス・平等保護をめぐる合衆国最高裁の動向」法曹時報69巻7号1845頁（2017年）など。

尾形 健（おがた・たけし）／同志社大学法学部・法学研究科教授
京都大学大学院法学研究科博士後期課程研究指導認定退学（博士（法学））。主要業績として、『福祉国家と憲法構造』（有斐閣、2011年）など。

紙谷 雅子（かみや・まさこ）／学習院大学大学院法務研究科教授
東京大学大学院法学政治学研究科博士課程修了（博士（法学））。主要業績として、「ダーラム宣言 -- Durham Statement --- オープン・アクセスの提言と法律雑誌という学術情報」アメリカ法［2010-1］53頁など。

君塚 正臣（きみづか・まさおみ）／横浜国立大学大学院国際社会科学研究院教授
大阪大学大学院法学研究科博士後期課程終了（博士（法学））。主要業績として、『司法権・憲法訴訟論 上巻・下巻』（法律文化社、2018年）など。

川岸 令和（かわぎし・のりかず）／早稲田大学政治経済学術院教授
早稲田大学大学院政治学研究科博士後期課程満期退学。J.S.D. 主要業績として、『注釈日本国憲法(2)―国民の権利及び義務(1) §§10～24』（共著、有斐閣、2017年）など。

渋谷 秀樹（しぶたに・ひでき）／立教大学大学院法務研究科教授
東京大学大学院法学政治学研究科博士課程満期退学。主要業績として、『憲法〔第3版〕』（有斐閣、2017年）など。

藤井 樹也（ふじい・たつや）／成蹊大学法学部教授
京都大学大学院法学研究科博士課程単位取得退学（博士（法学））。主要業績として、『「権利」の発想転換』（成文堂、1998年）など。

安西 文雄（やすにし・ふみお）／明治大学大学院法務研究科教授
東京大学大学院法学政治学研究科博士課程修了（博士（(法学））。主要業績として、『憲法学読本〔第2版〕』（有斐閣、2014年）など。

【編　者】
山本 龍彦　慶應義塾大学大学院法務研究科教授
大林 啓吾　千葉大学大学院専門法務研究科准教授

【執筆者】
大沢 秀介　慶應義塾大学法学部名誉教授
会沢　恒　北海道大学大学院法学研究科教授
尾形　健　同志社大学法学部・法学研究科教授
紙谷 雅子　学習院大学法学部教授
君塚 正臣　横浜国立大学大学院国際社会科学研究院教授
川岸 令和　早稲田大学政治経済学術院教授
渋谷 秀樹　立教大学大学院法務研究科教授
藤井 樹也　成蹊大学法学部教授
安西 文雄　明治大学大学院法務研究科教授

違憲審査基準──アメリカ憲法判例の現在

2018（平成30）年4月30日　初版1刷発行

編　者　山本龍彦・大林啓吾
発行者　鯉渕　友南
発行所　株式会社 弘文堂　101-0062　東京都千代田区神田駿河台1の7
　　　　TEL 03(3294)4801　振替 00120-6-53909
　　　　http://www.koubundou.co.jp

装　幀　宇佐美純子
組　版　堀江制作
印　刷　大盛印刷
製　本　牧製本印刷

Ⓒ 2018 Tatsuhiko Yamamoto, Keigo Obayashi et al. Printed in Japan
JCOPY〈(社)出版者著作権管理機構 委託出版物〉
本書の無断複写は著作権法上での例外を除き禁じられています。複写される場合は、そのつど事前に、(社)出版者著作権管理機構（電話 03-3513-6969、FAX 03-3513-6979、e-mail: info@jcopy.or.jp）の許諾を得てください。
また、本書を代行業者等の第三者に依頼してスキャンやデジタル化することは、たとえ個人や家庭内での利用であっても一切認められておりません。

ISBN 978-4-335-35754-1

好評発売中　　　　　　　　　　　　＊表示価格（税別）は2018年4月現在のものです。

憲法　戸松秀典　　　　　　　　　　　　　　　　　　　Ａ５判　4200円
憲法秩序の形成の様相がもっとも憲法らしく展開している平等原則と法定手続の原則とを詳述するなど日本国憲法の現状を正確に描くことに努めた、実務に資する憲法概説書。

アメリカ憲法【アメリカ法ベーシックス】　樋口範雄　　　Ａ５判　4200円
自由の国アメリカの根本にあるものを理解するための基本書。連邦最高裁が変化する社会の現実を背景に無数の憲法訴訟を通して作り上げた創造物＝アメリカ憲法の全体像を描く。

憲法裁判権の動態【憲法研究叢書】　宍戸常寿　　　　　Ａ５判　8000円
立法者との関係での限界画定論の動態についてドイツを素材に精密な史的分析を行った上で、憲法裁判権の判例傾向や現在的問題状況に多角的な検討を試み、その再構成に挑む。

表現・教育・宗教と人権【憲法研究叢書】　内野正幸　　Ａ５判　3800円
言葉で表現したり教育したりする側の自由や利益と、それを受け取る側の気持ちを害されるおそれとを、どのように調整していくべきか。長年、思考を重ねてきた著者の集大成。

現代国家における表現の自由【憲法研究叢書】　横大道聡　Ａ５判　5000円
国家の規制手法がますます不可視化・巧妙化する現代、表現の自由はいかなる意味を持つのか。従来個別に論じられてきた諸法理の関係を再検討し、表現の自由論のアップデートを試みる。

憲法とリスク【憲法研究叢書】　大林啓吾　　　　　　　Ａ５判　5800円
監視、犯罪予防、公衆衛生、情報提供、環境問題について、リスク対策をめぐる三権の動態を考察しながら「リスク社会」にふさわしい憲法秩序を探究する。

異質性社会における「個人の尊重」【憲法研究叢書】　齊藤愛　Ａ５判　3500円
デュルケームの社会思想を手がかりに、日本国憲法の核心原理である「個人の尊重」の現代的意義に迫る。異質性社会の構成員の精神的紐帯が「個人の尊重」であることを力強く謳う。

グローバル化と憲法【憲法研究叢書】　山田哲史　　　　Ａ５判　5800円
超国家的法規範への国内議会関与および国内裁判所によるその適用に関する独米の議論を素材に、国際法学との間にも橋を架けながら「民主主義の赤字」論に憲法学から応答する。

精読憲法判例［人権編］　木下昌彦 編集代表　　　　　Ｂ５判　4600円
厳選された73の最高裁判例の判決文を原則全文掲載、パラグラフごとに詳細な注釈を加えた次世代のケースブック。図解や設問などのサポートも充実し、判例の内在的理解に資する決定版。

憲法判例の射程　横大道聡 編　　　　　　　　　　　　Ａ５判　2700円
判例相互を「有機的に関連づける」とはどういう作業なのか、「判例を踏まえた検討」とは何か──「メイン型」「対比型」「通覧型」という3つのアプローチを用いて重要憲法判例の「射程」に迫る。